Kenny Sylvandz

Werner Neumann

Handbuch der Kantaten
Johann Sebastian Bachs

Breitkopf & Härtel · Wiesbaden

ISBN 3 7651 0054 4
4., revidierte Auflage 1971
Copyright 1947 by Breitkopf & Härtel, Leipzig
Printed in the GDR

Inhalt

Vorwort zur 3. Auflage

Der 2., erweiterten Auflage (1953) des erstmals im Jahre 1947 erschienenen Kantatenhandbuchs kann nunmehr eine 3., neubearbeitete Auflage folgen. Daß diese vom Autor mit besonderer Ungeduld erwartet und angestrebt wurde, liegt an der Fülle der Neuerkenntnisse, die die Bachwerkforschung gerade während des letzten Jahrzehnts gewinnen konnte. Im Rahmen der Arbeit an der Neuen Bach-Ausgabe führten exakte quellenkritische Neuuntersuchungen nicht nur zu bemerkenswerten Grenzberichtigungen am Werkbestand durch Ausscheiden unechter und Hineinnahme neuentdeckter Werke oder Werkfassungen, sondern in zahlreichen Fällen auch zur Bereinigung der Werkgestalt von Editionsfehlern früherer Ausgaben.[1] Von umwälzender Bedeutung wurde jedoch die sich allmählich herausbildende Neuordnung des Bachschen Kantatenschaffens mit Hilfe verfeinerter schrift- und papierkundlicher Methoden. Durch die zusammenfassenden Darstellungen Alfred Dürrs und Georg von Dadelsens (Literaturverzeichnis Nr. 1 und 2) wurden die Einzeldatierungen der alten Bach-Ausgabe sowie die Kantatenchronologie Philipp Spittas weitgehend umgestoßen. So ergab sich für unser Kantatenhandbuch, das in den chronologischen Angaben den alten Autoren folgte, die zwingende Notwendigkeit einer gründlichen Revision der entsprechenden Abschnitte.

Im Zusammenhang mit dieser Maßnahme erwies es sich als zweckmäßig, alle Hinweise auf die Literatur zur Werkgeschichte und Werkgestalt der einzelnen Kantaten in eine systematischere Form überzuführen. Das neu eingefügte Literaturverzeichnis, das alle wichtigen Veröffentlichungen auf diesem Gebiet zusammenfaßt, weist deren Bezug auf die einzelnen Kantaten nach und gestattet durch die Numerierung ein leichteres Zitieren.

Weiterhin erfuhr die Gruppierung des Werkbestands einige Änderungen, indem einerseits das Weihnachts- und Oster-Oratorium hinzugenommen und andererseits die unechten Kantaten in einen Sonderabschnitt ausgegliedert wurden. Für die nur teilweise erhaltenen, verschollenen und zwei-

---

[1] Die Ergebnisse der bisher erschienenen Kantatenbände (vgl. die Zusammenstellung auf S. 311 f.) wurden selbstverständlich in unserer Neuauflage verwertet. Aber gerade aus der Tatsache, daß der überwiegende Teil dieser systematischen Revisionsarbeit zur Zeit noch aussteht, ergibt sich für unser Handbuch die Notwendigkeit, sich auch diesmal wieder mit einer Zwischenlösung zu begnügen und sich auf die Möglichkeit weiterer Korrekturen und Veränderungen einzurichten. Die bisher noch nicht erschienenen Bände der NBA sind (ohne Autorname und Jahreszahl) gemäß Editionsplan bereits eingezeichnet.

felhaften Kantaten schien eine neue Klassifizierung mit der Nummernfolge I bis XXXIII angebracht. Dabei wurde den auch in Wolfgang Schmieders Bach-Werke-Verzeichnis enthaltenen Kantaten dieser Gruppe zur besseren Orientierung die entsprechende BWV-Nummer in Klammern beigefügt, während sich für den Hauptabschnitt mit der Zahlenfolge 1 bis 249b der Bezug auf Schmieders Verzeichnis durch die Identität der Numerierung von selbst versteht.[2]

Unangetastet blieb der Grundriß der einzelnen Kantaten-Tableaus mit den Angaben zu Besetzung, Stimmumfang, Aufführungsdauer, Satzordnung, Satzform und Tonartenfolge. Die entsprechenden Ausführungen in den bisherigen Vorworten des Handbuchs behalten deshalb im wesentlichen ihre Gültigkeit und seien daher auszugsweise hier wiederholt.

Hinsichtlich der Einzelstücke innerhalb der Kantaten war es wünschenswert, in kurzen, treffenden Bezeichnungen ein Bild von dem formalen Befund der Komposition zu vermitteln und es in möglichst klarer Weise bestimmten Gestaltungstypen zuzuordnen, wenn auch zahlreiche Übergangsformen, wie sie besonders im Bereiche der monodischen Formenwelt Bachs zutage treten (Rezitativ – Arioso – Arie), eigenartige Schwierigkeiten boten. Im Gebiete des Rezitativs wurde dem reinen „Secco" das „ausinstrumentierte Secco" zur Seite gestellt, während die Bezeichnung „Accompagnato" nur für motivisch-thematisch gestaltete Instrumentalbegleitung, die nun wiederum allein vom Continuo getragen sein kann, angewendet wurde. Als Sonderzweig des Accompagnato wurde jene typisch Bachsche Instrumentalumspielung eines Rezitativgesanges durch ostinate Bewegungsmotive (Matthäus-Passion!) als „motivgeprägtes Accompagnato" bezeichnet. Es gehört dem Gesangspart nach in allen Fällen mehr zum Secco als zum Arioso. Hinsichtlich der Abgrenzung von Arioso und Arie war lediglich das Kriterium der geöffneten oder der architektonisch geschlossenen Form maßgebend, so daß viele aus textinhaltlichen Gründen von Bach traditionsgemäß bezeichnete „Arioso"-Sätze (Bibelwort!) als „Arien" angesprochen werden mußten. Auch hier sind verschiedene nicht eindeutig bestimmbare Zwischenformen vorhanden. Unter Bachs Choralsätzen wurde der schlichte Schlußchoraltyp lediglich als „Choral" bezeichnet, während dem groß angelegten, wesentlich von der Orchesterentwicklung getragenen oder motettisch-polyphon durchgestalteten Eröffnungschor der Name „Choralchorsatz" zuerteilt wurde. Die übrigen (solistischen)

---

[2] Eine Erweiterung der BWV-Zählung machte sich lediglich infolge der sinngemäßen Einordnung folgender Werkfassungen nötig: 66a, 70a, 120b, 147a, 184a, 190a, 194a.

Choralsätze mannigfacher Formprägung erhielten die neutrale Sammelbezeichnung „Choralbearbeitung".

Für verschiedene Chorprobleme bildet des Verfassers Studie „J. S. Bachs Chorfuge"[3] die Grundlage, von der einige Formbegriffe (Permutationsfuge, Choreinbau) übernommen wurden.

Die genauere Festlegung der Stimmgattungen durch Angabe der jeweiligen Stimmgrenzen war von aufführungspraktischen Erwägungen bestimmt. Sie trägt der bekannten Tatsache Rechnung, daß Bachs Gattungsbezeichnungen in zahlreichen Fällen sich umfangsmäßig nicht mit den unsrigen in Einklang bringen lassen. So umschließt etwa die Sammelbezeichnung „Baß" außer einigen abgrundtiefen Lagen (Kantaten 131, 162, 172) das normale Baß- und Baritongebiet und reicht sogar gelegentlich weit in die tenorale Sphäre hinüber (Kantaten 173a, 194). Eine gewisse Freizügigkeit in der Stimmbesetzung entspricht durchaus den Gepflogenheiten der barocken Aufführungspraxis und ist von Bach selbst gelegentlich bei Parodierungen vertreten worden.

Ebenso verhält es sich mit der Frage der chorischen oder solistischen Besetzung der Einzelstücke. So werden einige als „Chor" bezeichnete Sätze eine Solo-Ausführung in Ausrichtung auf das kammermusikalische Begleitinstrumentarium zulassen. Andererseits werden verschiedene „Solostücke" – besonders solche, die den schlichten Cantus firmus vokal darstellen[4] oder im breiten Ariosostil Überindividuelles ausdrücken, dazu einige Duette und Terzette[5] – durch die Besetzung mit einem kleinen Chor gewinnen, weil für Bachs Aufführungspraxis die beiden Besetzungsmöglichkeiten überhaupt nichts von der modernen Gegensätzlichkeit und Ausschließlichkeit an sich hatten, wovon ja schon die originalen Kantatentitel Zeugnis ablegen. So läßt sich in Wirklichkeit – und dies ist für bescheidenere Aufführungsverhältnisse von Bedeutung – eine Anzahl von Kantaten mit wesentlich geringerem „Solisten"-Aufwand aufführen, als sich aus der Besetzungsübersicht ergibt, so daß sich etwa ein Werk wie die Kantate 4 auch in reiner Chorausführung (mit entsprechender Stärkedifferenzierung) denken läßt. Ähnliches gilt für das Instrumentarium, wo nicht jedes Fehlen einer ausdrücklichen Solo-Vorschrift das vielfach besetzte Orchester verlangt. (Die

---

[3] Schriftenreihe des Staatlichen Instituts für deutsche Musikforschung, Bd. 4, Leipzig 1938; 2. Aufl., Bach-Studien, Bd. 3, Leipzig 1950

[4] Wiederum beweisen aber die Choralbearbeitungen in den reinen Solokantaten die Unmöglichkeit einer summarischen Behandlung der Frage.

[5] Etwa in den Kantaten 36, 37, 38, 78, 110, 116 u. a.

Typenbezeichnung „Orchestersatz" bei den Arienformen will natürlich ebensowenig etwas für den tatsächlichen Instrumentalaufwand festlegen.) Das Kantateninstrumentarium steckt bekanntermaßen voller Problematik. Trotz wertvoller Spezialstudien[6], gewissenhafter Quellenüberprüfung im Rahmen der neuen Gesamtausgabe und experimentierfreudigen Angehens der aufführungspraktischen Probleme durch den Instrumentenbau bleiben weiterhin verschiedene Fragen ungelöst.

Im Bereich der Streichinstrumente sind *Viola d'amore* und *Viola da gamba* vielerorts wieder ständige Mitglieder des Bachorchesters geworden; dagegen widersetzt sich der für neun Kantaten geforderte *Violoncello piccolo* beharrlich allen Wiederbelebungsversuchen. Die von Heinrich Husmann glaubhaft gemachte Gleichsetzung des Instruments mit der von Bach erfundenen fünfsaitigen und in Geigenart zu spielenden *Viola pomposa* war zwar ein theoretischer Lösungsvorschlag, blieb aber für die Bachpflege ohne praktische Auswirkung, so daß man sich weiterhin mit der unbefriedigenden Zurechtlegung der Partien auf normalem Violoncello (unter Verzicht auf die Diskantbeweglichkeit) oder der Bratsche (unter Einbuße der Baßtöne) abfinden muß. Die Frage, ob Bach vielleicht doch eine Kleinform der „Kniegeige" in Gebrauch hatte, bleibt indes weiterhin erwägenswert.

Daß die in zwei Fällen von Bach verwendete Kleinform der Violinfamilie, der *Violino piccolo*, als „Terzgeige" anzusprechen ist, ergibt sich eindeutig aus der Notationsart. Die nur in drei Kantaten auftretenden Partien der *Violetta* wird man bedenkenlos der anderweitig mit „Viola" bezeichneten Bratsche anvertrauen dürfen, wenngleich die merkwürdige Doppelbezeich-

---

[6] Erwähnt seien besonders:

Heinrich Husmann, *Die Viola pomposa*, in: BJ 1936, S. 90–100

Manfred Ruëtz, *Die Blockflöte in der Kirchenmusik J. S. Bachs*, in: Musik und Kirche VII, 1935, S. 112–120 u. 170–186

Hans-Peter Schmitz, *Querflöte und Querflötenspiel in Deutschland während des Barockzeitalters*, Kapitel IV: Johann Sebastian Bach, Kassel 1952

Johann Hadamowsky, *Die Oboe bei J. S. Bach* (Diss. Wien 1930), maschinenschriftlich

Werner Menke, *Die Geschichte der Bach- und Händeltrompete. Neue Anschauung und neue Instrumente*, London 1934

John Albert Sweeney, *Die Naturtrompeten in den Kantaten J. S. Bachs* (Diss. Berlin 1961), Berlin 1961

Walter Blankenburg, *Von der Verwendung von Blechblasinstrumenten in Bachs kirchenmusikalischen Werken und ihrer Bedeutung*, in: Musik und Kirche XX, 1950, S. 65–70

Georg Karstädt, *Zur Geschichte des Zinken und seiner Verwendung in der Musik des 16. bis 18. Jahrhunderts*, AfMf II, 1937, Heft 4, S. 385–432. – *Horn und Zink bei Johann Sebastian Bach*, in: Musik und Kirche XXII, 1952, S. 187–190

nung in ein und derselben Kantate (16, 215) auch die Verwendung einer Sonderform der Violenfamilie möglich erscheinen läßt.[7]

Andersartige Probleme stellen die Holzbläser. Daß der besonders häufig in den frühen Kantaten eingesetzte *Flauto*, der sich schon durch die Eigenart seiner Notation von dem erst später herangezogenen *Flauto traverso* („Querflöte") abhebt, die Blockflöte bezeichnet, ist allgemein bekannt. Entgegen früheren Meinungen von wechselnden Blockflötenstimmungen bei Bach kann es als erwiesen gelten, daß seine Blockflötenpartien ausnahmslos dem Diskantflötentyp mit dem Stimmumfang $f'-g'''$ zugehören, der also unserer F-Altflöte entspricht. Scheinbare Umfangsverschiebungen in den frühen Kantaten haben ihren Grund in den durch die bekannten Stimmtondifferenzen ausgelösten Transpositionsnotwendigkeiten im Instrumentarium. Neuausgaben müssen dieser Tatsache, für die die alte Bach-Ausgabe keine brauchbare Lösung bot, durch entsprechende Transposition der Grundtonart Rechnung tragen.[8] Als kleine Abart der Schnabelflöte wird der *Flauto piccolo* von Bach nur in zwei Leipziger Kantaten verwendet. Bei den Partien der *Oboe* fallen die vielen Stimmumfangsunterschreitungen auf. Die diesbezüglichen Anmerkungen heben allerdings nur die Fälle heraus, die für die moderne Oboe von Bedeutung sind, ungeachtet der Schwierigkeiten, die für das umfangärmere Bachsche Instrument ($c'-d'''$) zusätzlich vorhanden waren. Verhältnismäßig leicht lösen sich die Probleme dort, wo die Oboen nur als Klangverstärkung zu den Streichinstrumenten eingesetzt werden und hier im Umknickverfahren die extremen Melodiestücke sich zurechtzulegen haben, wozu Bach selbst gelegentlich durch Einzeichnungen Richtlinien gegeben hat. Weiterhin klärt sich eine große Anzahl bedenklicher Stellen durch die Erkenntnis, daß der Oboenchor als Ripieno-Einheit zweifellos nicht den Streicherpart durchgängig starr mitzuspielen hatte, sondern häufig auf ein besonderes Zeichen hin pausierte. Bei Umfangsunterschreitungen in obligaten Oboenpartien wird man bisweilen in späteren Werken eine *Oboe d'amore* annehmen dürfen, oder die erwähnten Stimmtondifferenzen sind in Frühkantaten für die Komplikationen verantwortlich zu machen. In einzelnen Fällen wird auch zu erwägen sein, ob Bach nicht das Mitgehen einer Violine oder Bratsche im Auge gehabt hat. Der als Colla-Viola-Instru-

---

[7] Vgl. Johann Gottfried Walther, *Musicalisches Lexicon*, Leipzig 1732, S. 637: „Violetta (ital.) ist eine Geige zur Mittel-Partie, sie werde gleich auf Braccien, oder kleinen Viole di Gamben gemacht."

[8] Vgl. etwa die Neuausgabe der Kantate 18 in NBA I/7.

ment geführten 3. Oboe hat Bach häufig die französische Stimmlagen-
bezeichnung *Taille* gegeben, die als Synonym für *Oboe da caccia*, schon in
Anbetracht der Altlage, angesehen werden darf. Der in elf Kantaten
geforderte *Cornetto* ist der altehrwürdige Zink, der von Bach vorzugsweise
als Diskant des Posaunenchores oder als Colla-parte-Instrument des Chor-
soprans verwendet wird, wozu ihm ein Tonumfang von *a–c'''* zur Verfü-
fügung steht.[9]

Die Problematik der Bachschen Blechbläserpartien liegt im wesentlichen
in der Diskrepanz zwischen der Obertongebundenheit der Naturinstru-
mente und dem ihnen tatsächlich abgeforderten Tonbereich begründet.
Die Zuflucht zu modernen Ventilinstrumenten ist eine Notlösung, die das
historisch-aufführungspraktische Problem verschleiert. So wird die ge-
fürchtete Clarinlage der Trompeten (*c''–d'''*) heute in der Regel mittels
kleinerer Ventilinstrumente bezwungen, die den Namen „Bachtrompeten"
zu Unrecht tragen, aber immerhin den geforderten Tonvorrat sicherstellen,
so daß eine Umbesetzung der „unspielbaren" Partien etwa durch Klari-
netten, wie sie in der Frühzeit der Bachbewegung üblich war, nicht mehr
erwogen zu werden braucht. Das echte Clarinblasen auf (ventillosen)
Naturinstrumenten ist bisher noch das Reservat einiger Spezialisten ge-
blieben. Bekannt ist, daß Bach neben der Naturtrompete auch die altera-
tionsfähige Zugtrompete gekannt und angewandt hat, was sich aus der
Bezeichnung *Tromba* (auch *Corno*) *da tirarsi* ebenso wie aus der spezifischen
Melodiestruktur einiger Trompetenpartien mit Sicherheit ergibt. Daß die
in Kantate 118 vorgesehenen *Litui* hohe *B*-Hörner bedeuten, hat schon
Curt Sachs[10] glaubhaft gemacht. Vor besondere Probleme stellen uns einige
der mit *Corno* bezeichneten Bläserpartien, nicht nur wegen der ungemeinen
technischen Schwierigkeiten, die sie dem heutigen Bläser bieten, sondern
auch wegen der häufigen Ausweitung des naturgesetzlich bestimmten Ton-
bereichs, eine Tatsache, die auch bei Einbeziehung gewisser Alterations-
möglichkeiten durch Treiben und Sinkenlassen des Naturtons keine befrie-
digende Klärung findet. So ist die für Kantate 109 von Bach in Klang-
notation eigenhändig ausgeschriebene Partie des *Corne du Chasse* mit ihrer
lückenlosen diatonischen Führung in der eingestrichenen und ihrem chro-

---

[9] Die häufig vertretene Ansicht, daß auch Kantate 95 eine durch die Titelaufschrift be-
legte Zinkenpartie enthalte, beruht auf einer irrtümlichen Mitteilung W. Rusts in
BG XXII, Vorwort.

[10] *Die Litui in Bachs Motette „O Jesu Christ"*, in: BJ 1921, S. 96–97. Im Handbuch der
Musikinstrumentenkunde, 2. Aufl., Leipzig 1930, sind sie allerdings (wohl versehent-
lich) als „Waldhörner in tief B" zitiert.

matischen Aufstieg in der zweigestrichenen Oktave keineswegs eine typische Jagdhornpartie, sondern nähert sich in ihrem Charakter jener für Kantate 67 geschaffenen *Corno*-Partie, die Bach nachträglich durch den eigenhändigen Zusatz *da Tirarsi* näher bestimmt hat. Auch unter den dem Cantus firmus der Choralchöre zugeordneten *Corno*-Stimmen finden sich einige, die bei diatonisch-chromatischer Führung in Klangnotation eher der Wesensart der *Tromba da tirarsi* oder des *Cornetto* entsprechen, wofür die ausdrücklich mit *Cornetto* bezeichnete Originalstimme zu Kantate 133 ein bemerkenswertes Beweisstück liefert. Allerdings konnte das auf Curt Sachs (Real-Lexikon der Musikinstrumente) zurückgehende Argument der naturtonmäßigen Unspielbarkeit dieser Partien durch Georg Karstädts Untersuchungen weitgehend entkräftet werden, freilich nur unter Einbeziehung von sechs verschiedenen Hornstimmungen und unter Annahme einer möglichen chromatischen Führung vom 7. Partialton ab. Jedenfalls wollen unsere bei Choralchören in Klammer zugefügten Angaben (+ Horn) als sehr weitbegriffliche Instrumentalbezeichnungen angesehen werden, wie denn auch in Bachs Alltagspraxis zweifellos eine gewisse Freizügigkeit gerade in der situationsgebundenen Verwendung der Horn- und Trompeteninstrumente angenommen werden darf.

Der Großaufbau der Kantaten, der häufig in seiner wundervollen Bogenwölbung und zyklisch-chiastischen Gliederung die geniale Raumgestaltungskraft Bachs offenbart, ist aus der übersichtlichen Anordnung der Einzelstücke ohne weiteres erschaubar, während die rechts herausgerückte Tonartenkette gesondert den Grundriß vom Harmonischen her bewußtmachen soll. In der Frage der Kirchentonarten wurde dabei ein nicht allzu orthodoxer Standpunkt eingenommen. Zahlreiche Choralchöre zeigen bekanntlich trotz der kirchentonalen Herkunft der Grundmelodie ein klares Dur-Moll-Klangbild, so daß für die Darlegung des Klangebenenwechsels und der großkadenzmäßigen Spannung, auf die es hier vordringlich ankam, eine Kennzeichnung durch moderne Harmoniesymbole genügte. Im wesentlichen waren es – neben einigen in der modulatorischen Entwicklung bewußt sich altertümlich gebenden Choralsätzen – nur die durch ihre tonale Nichtgeschlossenheit befremdlich wirkenden Stücke, die eines Hinweises auf kirchentonale Abhängigkeit bedurften.

Die beigefügte Aufführungsdauer versucht, für die einzelnen Kantaten Mittelwerte zu geben, die aus Aufführungen, Schallplatten- und Tonbandaufnahmen verschiedener Interpreten gewonnen wurden. Hierzu haben zahlreiche Aufführungsleiter ihre Aufzeichnungen in dankenswerter Weise zur Verfügung gestellt.

Der breit ausgeführte Anhang mit seinen zahlreichen Übersichten, Querschnitten und systematischen Zusammenfassungen möchte schließlich dem Benutzer eine leichte Überschaubarkeit gewisser Formzusammenhänge und Besetzungen sowie eine schnelle Orientierung bei Bearbeitung von Einzelfragen gewährleisten.

So wurde von den verschiedensten Seiten aus versucht, den reichhaltigen Formenbestand des Bachschen Kantatenwerkes zu durchdringen und ihn in anschaulicher Form dem Chorleiter, dem Wissenschaftler, dem Sänger und letztlich jedem an formalen und aufführungspraktischen Fragen teilnehmenden Bachfreund zur weiteren Verarbeitung bereitzustellen.

Leider muß dem Benutzer auch weiterhin zugemutet werden, durch Nachtrag der aus der gegenwärtigen und künftigen Bachforschung und Bachedition erwachsenden Neuerkenntnisse das Handbuch bis zu einer späteren Neuauflage auf dem laufenden zu halten.

Leipzig, im Juli 1965   Werner Neumann

Bemerkung zur 4. Auflage

Die Neuauflage versucht, ohne eingreifende Veränderung des Satzbildes Neuerscheinungen der Fachliteratur und wichtige Werkausgaben einzufügen, wesentliche Neuerkenntnisse nachzutragen sowie einige Irrtümer und Satzfehler der bisherigen Auflage stillschweigend zu beheben. Hierfür sind mir aus dem weiten Benutzerkreis Anregungen und Hinweise zugeflossen, für die ich nur pauschal danken kann. Besonders verpflichtet bin ich Herrn Dr. Alfred Dürr, Göttingen, für fachkundige Ratschläge und Fräulein Christine Fröde, Leipzig, für vielfältige Hilfeleistung.

Leipzig, im Januar 1970   W. N.

Abkürzungen

AD	=	Aufführungsdauer
AfMf	=	Archiv für Musikforschung, 1936–1943
AfMw	=	Archiv für Musikwissenschaft, 1918/19–1926 und 1952 ff.
Anh.	=	Anhang
Aufl.	=	Auflage
B. c.	=	Basso continuo
Bd.	=	Band
BG	=	Bach-Gesamtausgabe. Johann Sebastian Bachs Werke, hrsg. von der Bach-Gesellschaft zu Leipzig (Leipzig 1851–1899)
BJ	=	Bach-Jahrbuch, hrsg. von der Neuen Bachgesellschaft, 1904 ff.
BWV	=	Bach-Werke-Verzeichnis. Wolfgang Schmieder, Thematisch-systematisches Verzeichnis der musikalischen Werke von Johann Sebastian Bach, Leipzig 1950 und öfter
C. f.	=	Cantus firmus
Diss.	=	Dissertation
ebd.	=	ebenda
EZ	=	Entstehungszeit
ff.	=	und folgende
hrsg.	=	herausgegeben
Instr.	=	Instrument(e)
instr.	=	instrumental
Jg.	=	Jahrgang
Jh.	=	Jahrhundert
Lit.	=	Literatur
Mel.	=	Melodie
Mf	=	Die Musikforschung, 1948 ff.
Min.	=	Minuten
NBA	=	Neue Bach-Ausgabe. Johann Sebastian Bach, Neue Ausgabe sämtlicher Werke, hrsg. vom Johann-Sebastian-Bach-Institut Göttingen und vom Bach-Archiv Leipzig (Leipzig und Kassel 1954 ff.); Serie I: Kantaten; Serie II: Messen, Passionen, Oratorien. (Nur die durch Bearbeitername und Erscheinungsjahr gekennzeichneten Bände – die erste Jahreszahl ist das Erscheinungsjahr der Partitur, die zweite die des Kritischen Berichts – sind bisher erschienen.)
NBG	=	Veröffentlichung der Neuen Bachgesellschaft

NZfM = Neue Zeitschrift für Musik, 1834–1945 und 1948 ff.
rev. = revidiert
S. = Seite(n)
SIMG = Sammelbände der Internationalen Musikgesellschaft, 1899–1914
U = Umarbeitung
vgl. = vergleiche
vok. = vokal
WA = Wiederaufführung
ZfM = Zeitschrift für Musik, 1920–1955
ZfMw = Zeitschrift für Musikwissenschaft, 1918/19–1935
* = Kennzeichen für Kantatensätze mit gleicher Choralmelodie
C = C-Dur usw.
c = c-Moll usw.

Literaturverzeichnis

Die vorgesetzten Nummern dienen dem leichteren Zitieren der maßgeblichen Literatur für die einzelnen Kantaten. Dabei werden die unter den Nummern 1–11 zusammengefaßten Darstellungen des Gesamtwerks oder seiner größeren Teilgruppen im einzelnen nicht mehr angeführt, da deren Heranziehung für den weiterforschenden Benutzer vorausgesetzt werden darf. In besonderem Maße gilt dies für die beiden grundlegenden Chronologie-Studien Nr. 1 und 2.

1. Dadelsen, Georg von
   Beiträge zur Chronologie der Werke Johann Sebastian Bachs, Tübinger Bach-Studien, Heft 4/5, Trossingen 1958

2. Dürr, Alfred
   Zur Chronologie der Leipziger Vokalwerke J. S. Bachs, in: BJ 1957, S. 5–162
   (nur Leipziger Kantaten)

3. Neumann, Werner
   Johann Sebastian Bach. Sämtliche Kantatentexte, unter Mitbenutzung von Rudolf Wustmanns Ausgabe der Bachschen Kirchenkantatentexte, Leipzig 1956, 2. Aufl. ebd. 1967

4. Tagliavini, Luigi Ferdinando
   Studi sui testi delle cantate sacre di J. S. Bach, Padua 1956 sowie Kassel und Basel 1956
   (nur Kirchenkantaten)

5. Terry, Charles Sanford
   Joh. Seb. Bach Cantata Texts sacred and secular. With a Reconstruction of the Leipzig Liturgy of his Period, London 1926, 2. Aufl. ebd. 1964

6. Terry, Charles Sanford
   Bach. The Cantatas and Oratorios, Book I, II, Oxford u. a. 1926

7. Voigt, Woldemar
   Die Kirchenkantaten Johann Sebastian Bachs. Ein Führer bei ihrem Studium und ein Berater für ihre Aufführung, hrsg. vom Württembergischen Bachverein, Stuttgart 1918, 2. Aufl. Leipzig 1928
   (Auswahl von 104 Kantaten)

8. Whittaker, W. Gillies
   The Cantatas of Johann Sebastian Bach. Sacred and Secular, Volume I, II, London 1959

9. Wolff, Leonhard
   J. Sebastian Bachs Kirchenkantaten. Ein Nachschlagebuch für Dirigenten und Musikfreunde, Leipzig 1913, 2. Aufl. ebd. 1930
10. Wustmann, Rudolf
    Joh. Seb. Bachs Kantatentexte, im Auftrage der Neuen Bachgesellschaft hrsg., Leipzig 1913
    (nur Kirchenkantaten)
11. Zander, Ferdinand
    Die Dichter der Kantatentexte Johann Sebastian Bachs. Untersuchungen zu ihrer Bestimmung (Diss. Köln 1966), Köln 1967; Teilabdruck in: BJ 1968, S. 9–64

---

12. Aber, Adolf
    Studien zu J. S. Bachs Klavierkonzerten, in: BJ 1913, S. 5–30
    (Kantaten 49, 146, 169, 188)
13. Ansbacher, Luigi
    Sulla cantata profana N. 209 „Non sa che sia dolore" di G. S. Bach. Bach librettista italiano? in: Rivista musicale italiana LI, 1949, S. 98 bis 116; und in: Bach-Gedenkschrift 1950, im Auftrag der Internationalen Bach-Gesellschaft hrsg. von K. Matthaei, Zürich 1950, S. 163–177.
    (Kantate 209)
14. Berri, Pietro
    Sulla cantata profana N. 209 di Bach, in: Rivista musicale italiana LI, 1949, S. 306–309
    (Kantate 209)
15. Dürr, Alfred
    Studien über die frühen Kantaten J. S. Bachs, Leipzig 1951
    (Kantaten 4, 12, 15, 18, 21, 31, 53, 54, 59, 61, 63, 70, 71, 72, 80a, 106, 131, 132, 141, 142, 147, 150, 152, 155, 158, 160, 161, 162, 163, 164, 165, 168, 172, 182, 185, 186, 189, 196, 199, 208)
16. Dürr, Alfred
    Marginalia Bachiana, in: Mf IV, 1951, S. 373–375
    (Kantaten 61, 63, 197, 197a)
17. Dürr, Alfred
    Zur Echtheit einiger Bach zugeschriebener Kantaten, in: BJ 1951/52, S. 30–46
    (Kantaten 141, 145, 160, 189, 218, 219, XVII)

18. Dürr, Alfred
Zur Echtheit der Kantate „Meine Seele rühmt und preist" (BWV 189),
in: BJ 1956, S. 155
(Kantate 189)

19. Dürr, Alfred
„Ich bin ein Pilgrim auf der Welt". Eine verschollene Kantate J. S.
Bachs, in: Mf XI, 1958, S. 422–427
(Kantate VI)

20. Dürr, Alfred
Verstümmelt überlieferte Arien aus Kantaten J. S. Bachs, in: BJ 1960,
S. 28–42
(Kantaten 21, 37, 139, 166, 181)

21. Dürr, Alfred
Der Eingangssatz zu Bachs Himmelfahrts-Oratorium und seine Vorlage,
in: Hans Albrecht in memoriam. Gedenkschrift von Freunden und
Schülern, hrsg. von W. Brennecke und H. Haase, Kassel 1962, S. 121 bis
126
(Kantaten 11, 30a, III, XXV)

22. Dürr, Alfred
Zur Entstehungsgeschichte des Bachschen Choralkantaten-Jahrgangs,
in: Bach-Interpretationen, hrsg. von Martin Geck, Göttingen 1969,
S. 7–11
(Kantate 116)

23. Götze, Walther
Johann Sebastian Bach und Fürst Leopold von Anhalt-Köthen, in:
Serimunt. Mitteilungen aus Vergangenheit und Gegenwart der Heimat X,
Folge 8/9, Köthen 1935
(Kantate 244a)

24. Gojowy, Detlef
Zur Frage der Köthener Trauermusik und der Matthäuspassion, in:
BJ 1965, S. 86–134
(Kantate 244a)

25. Hase, Hermann von
Breitkopfsche Textdrucke zu Leipziger Musikaufführungen zu Bachs
Zeiten, in: BJ 1913, S. 69–127
(Kantaten 157, 205a, 206, 207a, 208a, 210, 213, 214, 215, II, III, IV, VIII,
XV, XXVII)

26. Herz, Gerhard
Cantata No. 4, Christ lag in Todesbanden, New York 1967
(Kantate 4)

27. Jauernig, Reinhold
Johann Sebastian Bach in Weimar. Neue Forschungsergebnisse aus
Weimarer Quellen, Kap. VIII: Neue Quellen zur Kirchenmusik wäh-
rend Bachs Weimarer Zeit, in: Johann Sebastian Bach in Thüringen.
Festgabe zum Gedenkjahr 1950, Weimar 1950, S. 90–98
(Kantaten 15, 106, 147, 208)

28. Jauernig, Reinhold
Zur Kantate „Ich hatte viel Bekümmernis" (BWV 21), in: BJ 1954,
S. 46–49
(Kantate 21)

29. Krey, Johannes
Zur Entstehungsgeschichte des ersten Brandenburgischen Konzerts, in:
Festschrift Heinrich Besseler zum sechzigsten Geburtstag, Leipzig 1961,
S. 337–342
(Kantate 208)

30. Marshall, Robert L.
Zur Vollständigkeit der Arie „Mein Jesus soll mein alles sein" aus
Kantate BWV 75, in: BJ 1965, S. 144–147
(Kantate 75)

31. Melchert, Hermann
Das Rezitativ der Kirchenkantaten Johann Sebastian Bachs (Diss.
Frankfurt a. M. 1957), Frankfurt a. M. 1958; Teilabdruck in: BJ 1958,
S. 5–83
(Kirchenkantaten)

32. Mendel, Arthur
Recent Developments in Bach Chronology, in: The Musical Quarterly
XLVI, 1960, S. 283–300
(Kantaten 4, 21, 71, 182)

33. Mies, Paul
Die geistlichen Kantaten Johann Sebastian Bachs und der Hörer von
heute, Teil I, II, III, Wiesbaden 1959, 1960, 1964
(Kantaten 4; 50, 56, 78, 82, 140, 161; 20, 60, 71)

34. Mies, Paul
Die weltlichen Kantaten Johann Sebastian Bachs und der Hörer von heute, Wiesbaden 1967
(Kantaten 198, 201, 202, 205, 208, 210, 211, 212, 215)

35. Neumann, Werner
Das „Bachische Collegium Musicum", in: BJ 1960, S. 5–27
(Kantaten 205a, 213, 214, 215, II, IV, VII, XV)

36. Neumann, Werner
Eine verschollene Ratswechselkantate J. S. Bachs, in: BJ 1961, S. 52 bis 57
(Kantate V)

37. Neumann, Werner
Über Ausmaß und Wesen des Bachschen Parodieverfahrens, in: BJ 1965, S. 63–85
(alle parodiebezogenen Kantaten)

38. Noack, Elisabeth
Georg Christian Lehms, ein Textdichter Johann Sebastian Bachs, in: BJ 1970, S. 7–18
(Kantaten 13, 16, 32, 35, 54, 57, 110, 151, 170, 199)

39. Noack, Friedrich
Johann Sebastian Bach und Christoph Graupner: Mein Herze schwimmt in Blut, in: AfMw II, 1919/1920, S. 85–98
(Kantate 199)

40. Oppel, Reinhard
Zur Tenorarie der 166. Kantate, in: BJ 1909, S. 27–40
(Kantate 166)

41. Owen (Jaffé), Angela Maria
The Authorship of Bach's Cantata No. 15, in: Music & Letters XLI, 1960, S. 28–32 und 202
(Kantate 15)

42. Pirro, André
L'Esthétique de Jean-Sébastien Bach, Paris 1907, S. 349
(Kantaten 11 und III)

43. Platen, Emil
Untersuchungen zur Struktur der chorischen Choralbearbeitung Johann Sebastian Bachs (Diss. Bonn 1957), Bonn 1959
(Choralkantaten)

44. Richter, Bernhard Friedrich
Über die Schicksale der der Thomasschule zu Leipzig angehörenden
Kantaten Joh. Seb. Bachs, in: BJ 1906, S. 43–73
(Kantaten 1–5, 7–11, 14, 20, 22, 25, 26, 33, 36c, 38, 41, 42, 53, 54, 58,
62, 64, 68, 76, 78, 80, 90–94, 96, 97, 99, 101, 106, 107, 111–116, 119,
121–130, 133, 135, 137, 139, 140–142, 144, 149, 150, 153, 154, 157–159,
172, 177–180, 199, 217, 218, 220, XVII, XX, XXI)

45. Richter, Bernhard Friedrich
Zur Kantate „Ärgre dich, o Seele, nicht", in: BJ 1906, S. 133–134
(Kantate 186)

46. Richter, Bernhard Friedrich
Über Seb. Bachs Kantaten mit obligater Orgel, in: BJ 1908, S. 49–63
(Kantaten 27, 29, 35, 49, 169, 170, 172, 188)

47. Richter, Bernhard Friedrich
Joh. Seb. Bach und die Universität zu Leipzig, in: BJ 1925, S. 1–10
(Kantaten 198, 215, XV)

48. Robinson, Percy
Bach's Indebtedness to Handel's Almira, in: The Musical Times 1907,
S. 309–312
(Kantaten 8, 21, 70, 142)

49. Scheide, William H.
Johann Sebastian Bachs Sammlung von Kantaten seines Vetters Johann
Ludwig Bach, in: BJ 1959, S. 52–94, 1961, S. 5–24, 1962, S. 5–32
(Kantaten 15, 17, 39, 43, 45, 88, 102, 187)

50. Schering, Arnold
Beiträge zur Bachkritik, in: BJ 1912, S. 124–133
(Kantaten 141, 142, 144, 146, 150, 188, 203, 209)

51. Schering, Arnold
Die Kantate Nr. 150 „Nach dir, Herr, verlanget mich", in: BJ 1913,
S. 39–52
(Kantate 150)

52. Schering, Arnold
Über Bachs Parodieverfahren, in: BJ 1921, S. 49–95
(Kantaten 6, 11, 12, 29, 30, 30a, 34, 34a, 36, 36a, 36b, 36c, 40, 46, 67,
72, 79, 102, 120, 120a, 134, 134a, 136, 171, 173, 173a, 187, 191, 197,
197a, 198, 201, 204, 205, 205a, 213, 215, 216, 244a, 248, III, VIII)

53. Schering, Arnold
Kleine Bachstudien, in: BJ 1933, S. 30–70
(Kantaten 29, 34a, 69, 110, 116, 118, 119, 120, 137, 193, 209, 210, 210a,
213, 214, 249b, III, IV, XI)

54. Schering, Arnold
Bachs Musik für den Leipziger Universitätsgottesdienst 1723–1725,
in: BJ 1938, S. 62–86
(Kantaten 59, 64, 74, 80, 142, 145, 160, 172, 218, XXI)

55. Schering, Arnold
Johann Sebastian Bach und das Musikleben Leipzigs im 18. Jahrhundert.
Musikgeschichte Leipzigs, Bd. III, Leipzig 1941
(Kantaten 6, 8, 11, 14, 19, 22, 23, 29, 30, 30a, 34a, 36b, 39, 46, 61, 65, 68,
69, 74, 75, 76, 77, 79, 80, 105, 110, 116, 118, 119, 120, 120a, 127, 128,
137, 157, 177, 183, 184, 186, 190, 192, 193, 194, 195, 198, 201, 203, 204,
205, 205a, 206, 207, 207a, 209, 210, 211, 212, 213, 214, 215, 216, 244a,
248, VIII, X, XI, XVIa, XVIb, XXI u. a.)

56. Schering, Arnold
Über Kantaten Johann Sebastian Bachs (Geleitwort von Friedrich
Blume), Leipzig 1942, 2. und 3. Aufl. ebd. 1950
(Kantaten 1, 4, 6, 7, 8, 11, 12, 19, 21, 31, 34, 39, 46, 50, 51, 54, 55, 56,
60, 65, 67, 78, 79, 80, 81, 85, 92, 105, 106, 119, 123, 140, 155, 161, 176,
182, 211)

57. Schünemann, Georg
Bachs Trauungskantate „Gott, Beherrscher aller Dinge", in: BJ 1936,
S. 31–52
(Kantate 120a)

58. Schultz, Helmut
Eine Continuo-Aussetzung Bachs und eine Messenskizze Mozarts, in:
ZfMw XV, 1932/33, S. 225–229
(Kantate 3)

59. Schulze, Hans-Joachim
Bemerkungen zu einigen Kantatentexten Johann Sebastian Bachs, in:
BJ 1959, S. 168–170
(Kantaten 170, 199, 215, XXVII)

60. Schulze, Hans-Joachim
Marginalien zu einigen Bach-Dokumenten, in: BJ 1961, S. 79–99
(Kantate 204)

61. Schulze, Hans-Joachim
Neuerkenntnisse zu einigen Kantatentexten Bachs auf Grund neuer
biographischer Daten, in: Bach-Interpretationen, hrsg. von Martin
Geck, Göttingen 1969, S. 22–28
(Kantaten 34a, 36a, 116, 201, 207, 208)

62. Siegele, Ulrich
Kompositionsweise und Bearbeitungstechnik in der Instrumentalmusik
Johann Sebastian Bachs (Diss. Tübingen 1957), maschinenschriftlich
(Kantaten 29, 35, 49, 76, 120a, 146, 169, 188)

63. Smend, Friedrich
Bachs h-moll-Messe. Entstehung, Überlieferung, Bedeutung, in: BJ
1937, S. 1–58
(Kantaten 11, 12, 29, 46, 120, 171, 215)

64. Smend, Friedrich
Bachs Markus-Passion, in: BJ 1940/48, S. 1–35
(Kantaten 54, 244a)

65. Smend, Friedrich
Neue Bach-Funde, in: AfMf VII, 1942, S. 1–16
(Kantaten 193, 193a, 249, 249a, 249b, VII)

66. Smend, Friedrich
Joh. Seb. Bach
Kirchen-Kantaten (I) von Ostern bis Pfingsten, Berlin 1947
(Kantaten 4, 12, 34, 37, 67, 87, 108, 112)
Kirchen-Kantaten (II) vom Trinitatis-Fest bis zum 7. Sonntag nach
Trinitatis, Berlin 1947
(Kantaten 9, 21, 39, 76, 88, 176, 177, 187)
Kirchen-Kantaten (III) vom 8. Sonntag nach Trinitatis bis zum Michae-
lis-Fest, Berlin 1947
(Kantaten 19, 27, 33, 35, 46, 78, 99, 105, 178, 199)
Kirchen-Kantaten (IV) Ende des Kirchenjahres, Berlin 1947
(Kantaten 26, 38, 56, 70, 79, 140, 177, 180)
Kirchen-Kantaten (V) vom 1. Sonntag im Advent bis zum Epiphanias-
Fest, Berlin 1948
(Kantaten 30a, 36, 61, 63, 64, 65, 248, II, III)
Kirchenkantaten (VI) vom 1. Sonntag nach Epiphanias bis zum Sonntag
Estomihi, Berlin 1949
(Kantaten 3, 66, 66a, 124, 126, 127, 144, 145, 159, 184, 184a)

67. Smend, Friedrich
Bachs Himmelfahrts-Oratorium, in: Bach-Gedenkschrift 1950, im Auftrag der Internationalen Bach-Gesellschaft hrsg. von Karl Matthaei, Zürich 1950, S. 42–65
(Kantaten 11, I, XXV)

68. Smend, Friedrich
Bachs Trauungskantate „Dem Gerechten muß das Licht immer wieder aufgehen", in: Mf V, 1952, S. 144–152
(Kantaten 30, 30a, 195, 197, 197a)

69. Smend, Friedrich
Bach in Köthen, Berlin 1951
(Kantaten 22, 23, 32, 35, 63, 64, 66, 66a, 120, 134, 134a, 145, 173, 173a, 184, 184a, 190, 193, 193a, 202, 244a, 249a, IX, XII, XIII)

70. Spitta, Philipp
Über die Beziehungen Sebastian Bachs zu Christian Friedrich Hunold und Mariane von Ziegler. Historische und Philologische Aufsätze, Festgabe an Ernst Curtius zum 2. September 1884
(Kantaten 66a, 134a, 204, IX, XII, XIII)

71. Vetter, Walther
Der Kapellmeister Bach, Potsdam 1950
(Kantaten 3, 4, 21, 23, 29, 31, 36, 36a, 39, 47, 52, 68, 80, 82, 87, 94, 110, 120a, 140, 141, 154, 159, 171, 173, 173a, 174, 201, 208, 210a, 211, 212)

72. Werthemann, Helene
Die Bedeutung der alttestamentlichen Historien in Johann Sebastian Bachs Kantaten, Tübingen 1960, Beiträge zur Geschichte der biblischen Hermeneutik, Bd. 3
(146 Kantaten)

73. Werthemann, Helene
Zum Text der Bach-Kantate 21 „Ich hatte viel Bekümmernis in meinem Herzen", in: BJ 1965, S. 135–143
(Kantate 21)

74. Wolffheim, Werner
„Mein Herze schwimmt in Blut". Eine ungedruckte Solo-Kantate Joh. Seb. Bachs, in: BJ 1911, S. 1–22
(Kantate 199)

75. Wolffheim, Werner
   Das Autograph der J. S. Bachschen Hochzeitskantate „Vergnügte
   Pleißen-Stadt", in: Festschrift Hermann Kretzschmar zum 70. Ge-
   burtstage, Leipzig 1918, S. 180–184
   (Kantate 216)

76. Zirnbauer, Heinz
   Die Urfassung der 151. Kantate von Johann Sebastian Bach, in: ZfM
   1950, S. 303–304
   (Kantate 151)

Bachs Kantatenwerk

1. Erhaltene Kantaten

a Kirchenkantaten

1 Wie schön leuchtet der Morgenstern

Mariae Verkündigung. – EZ: 1725.
Text: 1. und 6. Philipp Nicolai 1599; 2.–5. Umdichtung eines unbekannten Verfassers.
BG I (Hauptmann 1851); Taschenpartitur Eulenburg (Schering 1928); NBA I/28.
Lit.: 44, 56.

Solo: Sopran, Tenor, Baß. – Chor.
Horn I, II (*F*); Oboe da caccia I, II; Streicher; B. c. – AD: 25 Min.

*1. **Choralchorsatz** „Wie schön leuchtet der Morgenstern"
Selbständiger Orchestersatz mit 2 konzertanten Violinen (Ritornell-
umrahmung, Zeilenzwischenspiele). C.f. Sopran, imitatorisch unterbaut.
Gesamtinstrumentarium. **F**

2. **Rezitativ** „Du wahrer Gottes und Marien Sohn"
Secco. **Tenor** (*f–a'*). **d–g**

3. **Arie** „Erfüllet, ihr himmlischen, göttlichen Flammen"
Triosatz: Oboe da caccia, **Sopran** (*c'–as''*), B. c. Freies Da-capo. **B**

4. **Rezitativ** „Ein irdscher Glanz, ein leiblich Licht"
Secco. **Baß** (*B–es'*). **g–B**

5. **Arie** „Unser Mund und Ton der Saiten"
Streichersatz mit 2 konzertanten Violinen; B. c. **Tenor** (*es–b'*).
Da-capo-Form. **F**

*6. **Choral** „Wie bin ich doch so herzlich froh"
Schlichter Chorsatz mit obligatem 2. Horn (Gesamtinstrumentarium). **F**

2 Ach Gott, vom Himmel sieh darein

2. Sonntag nach Trinitatis. – EZ: 1724.
Text: 1. und 6. Martin Luther (nach Psalm 12) 1524; 2.–5. Umdichtung eines unbekannten
Verfassers.
BG I (Hauptmann 1851); NBA I/16.
Lit.: 44.

Solo: Alt, Tenor, Baß. – Chor.
Posaune I–IV[1]; Oboe I, II[2]; Streicher; B. c. – AD: 20 Min.

[1] Nur Chorstütze in 1. und 6.
[2] Umfang: *g–d'''* (= Oboen + Violinen).

*1. **Choralchorsatz** „Ach Gott, vom Himmel sieh darein"
Motettischer Satz (Orchester duplierend). C.f. Alt.
Choralzeilenfugierung (Gesamtinstrumentarium). **g–D¹**
(*) 2. **Rezitativ** „Sie lehren eitel falsche List"
Secco mit Choralzitaten (Kanon: Tenor – B.c.). **Tenor** *(d–as')*. **c–d**
(*) 3. **Arie** „Tilg, o Gott, die Lehren"
Triosatz: Violine (solo), **Alt** *(c'–es'')*, B.c.
Freies Da-capo. Choralzeilenzitat im Alt. **B**
4. **Rezitativ** „Die Armen sind verstört"
Ausinstrumentiertes Secco mit ariosem Teilstück: Streicher; B.c.
Baß *(c–es')*. **Es–g**
5. **Arie** „Durchs Feuer wird das Silber rein"
Streichersatz (+Oboen); B.c. **Tenor** *(d–a')*. Da-capo-Form. **g**
*6. **Choral** „Das wollst du, Gott, bewahren rein"
Schlichter Chorsatz (+Gesamtinstrumentarium). **g–D¹**

3 Ach Gott, wie manches Herzeleid I

2. Sonntag nach Epiphanias. – EZ: 1725.
Text: 1., 2. und 6. Martin Moller 1587; 3.–5. Umdichtung eines unbekannten Verfassers.
BG I (Hauptmann 1851); NBA I/5.
Lit.: 44, 58, 66^{VI}, 71.

Solo: Sopran, Alt, Tenor, Baß. – Chor.
Horn², Posaune³; Oboe d'amore I, II; Streicher; B.c. – AD: 27 Min.

*1. **Choralchorsatz** „Ach Gott, wie manches Herzeleid"
Mel. „O Jesu Christ, meins Lebens Licht"
Selbständiger Orchestersatz (Ritornellumrahmung, Zeilenzwischenspiele). C.f. Baß (+Posaune); imitatorischer Nebenstimmensatz (thematisch einheitlich).
Oboe d'amore I, II; Streicher; B.c. **A**
*2. **Choral + Rezitativ** „Wie schwerlich läßt sich Fleisch und Blut"
Schlichter Chorsatz (mit choralmotivischen Ostinatobildungen im B.c.),
zeilenmäßig von Secco unterbrochen (Choraltropierung). **Tenor** *(fis–g')*,
Alt *(dis'–dis'')*, **Sopran** *(fis'–g'')*, **Baß** *(A–e')*. **D–A**
3. **Arie** „Empfind ich Höllenangst und Pein"
Continuosatz (mit Ostinatobildungen). **Baß** *(Gis–e')*. Da-capo-Form. **fis**

---

¹ phrygisch
² Nur C.f.-Verstärkung in 6. (Zink?).
³ Nur C.f.-Verstärkung in 1.

4. **Rezitativ** „Es mag mir Leib und Geist verschmachten"
Secco. **Tenor** (*cis–a'*). cis–E
5. **Arie** (Duett) „Wenn Sorgen auf mich dringen"
Quartettsatz: Violinen + Oboe d'amore I, II, **Sopran** (*e'–a''*), **Alt**
(*a–dis''*), B.c. Da-capo-Form. E
*6. **Choral** „Erhalt mein Herz im Glauben rein"
Schlichter Chorsatz (+ Horn, Oboe d'amore I, II; Streicher; B.c.). A

4 Christ lag in Todes Banden

1. Ostertag. – EZ: vor 1714, U und WA: 1724 und 1725.
Text: Martin Luther 1524.
BG I (Hauptmann 1851); Taschenpartitur Eulenburg (Ochs 1911, Schering 1932);
NBA I/9.
Lit.: 15, 26, 32, 33^{I}, 44, 56, 66^{I}, 71.
Solo: Sopran, Alt, Tenor, Baß[1]. – Chor.
Zink[2], Posaune I–III[2]; Streicher (geteilte Bratschen); B.c. – AD: 22 Min.

(*) 1. **Sinfonia**
Kurzer fünfstimmiger Streichersatz im venezianischen Stil. Choral-
anklänge und Choralzeilenzitat. e
*2. **Choralchorsatz** *Vers 1* „Christ lag in Todes Banden"
Zwei knappe Orchesterzwischenspiele, sonst geschlossener Chorsatz.
C.f. Sopran; imitatorische Choralzeilendurchführung. Letzte Zeile zu
durchimitierendem, motettischem Satz geweitet (Alla breve). Orchester-
part nur geringe Selbständigkeit.
Streicher; B.c. (Zink, Posaune I–III). e
*3. **Choralbearbeitung** (Duett) *Vers 2* „Den Tod niemand zwingen kunnt"
Continuosatz (Ostinatomotiv). C.f. arios geweitet: **Sopran** + Zink
(*dis'–fis''*); kontrapunktische Gegenstimme: **Alt** + Posaune (*a–cis''*). e
*4. **Choralbearbeitung** *Vers 3* „Jesus Christus, Gottes Sohn"
Triosatz: Violinen, **Tenor** C.f. (*dis–fis'*), B.c. e
*5. **Choralchorsatz**[3] *Vers 4* „Es war ein wunderlicher Krieg"
Motettisch (nur B.c.-Begleitung). Choralzeilenfugierung; C.f. Alt
(*h*-Moll). e
*6. **Choralbearbeitung** *Vers 5* „Hier ist das rechte Osterlamm"
Aufgelockerte Form durch frei kontrapunktierende Melodieabschnitte.
C.f. auf **Baß** (*E–e'*) und Streicher verteilt. Streichersatz; B.c. e

[1] Durchweg chorische Ausführung möglich (vgl. Vorwort, S. 9).
[2] Nur Vokalstimmenverstärkung in 2., 3., 8.
[3] Wahrscheinlich Soloquartett.

*7. Choralbearbeitung (Duett) *Vers 6* „So feiern wir das hohe Fest"
Aufgelockerte Form mit freimelodischen Abschnitten. Continuosatz
(mit Ostinatobildungen). **Sopran** (*d'–a''*), **Tenor** (*dis–g'*). C.f. auf beide
Stimmen verteilt (mit Kanonbildungen).   e

*8. Choral *Vers 7* „Wir essen und leben wohl"
Schlichter Chorsatz (+ Gesamtinstrumentarium).   e¹

5 Wo soll ich fliehen hin

19. Sonntag nach Trinitatis. – EZ: 1724, WA: um 1732–1735.
Text: 1. und 7. Johann Heermann 1630; 2.–6. Umdichtung eines unbekannten Verfassers.
BG I (Hauptmann 1851); NBA I/24.
Lit.: 44.

Solo: Sopran, Alt, Tenor, Baß. – Chor.
Hohe Trompete (*B*); Oboe I, II; Streicher; B.c. – AD: 23 Min.

*1. Choralchorsatz „Wo soll ich fliehen hin"
Mel. „Auf meinen lieben Gott"
Selbständiger Orchestersatz (Ritornellumrahmung, Zeilenzwischen-
spiele).
C.f. Sopran (+ Trompete²), imitatorisch (Choralmotivik) oder akkord-
lich unterbaut.
Gesamtinstrumentarium.   g

2. **Rezitativ** „Der Sünden Wust hat mich nicht nur befleckt"
Secco. **Baß** (*G–e'*).   d–g

3. **Arie** „Ergieße dich reichlich, du göttliche Quelle"
Triosatz: Bratsche (solo), **Tenor** (*d–a'*), B.c. Da-capo-Form.   Es

*4. Rezitativ + Choral „Mein treuer Heiland tröstet mich"
Secco. **Alt** (*b–d''*), überlagert von C.f. Oboe.   c–c

5. **Arie** „Verstumme, Höllenheer"
Orchestersatz: hohe Trompete³; Streicher (+ Oboen); B.c. **Baß** (*A–e'*).
Da-capo-Form.   B

6. **Rezitativ** „Ich bin ja nur das kleinste Teil der Welt"
Secco. **Sopran** (*d'–g''*).   g–g

*7. Choral „Führ auch mein Herz und Sinn"
Schlichter Chorsatz (+ Gesamtinstrumentarium).   g

---

¹ dorisch
² „Tromba da tirarsi"
³ „Tromba"

6 Bleib bei uns, denn es will Abend werden

2. Ostertag. – EZ: 1725.

Textdichter unbekannt; 1. Lukas 24,29; 3. Strophe 1 nach Melanchthons „Vespera iam venit", deutsch 1575, Strophe 2 Freiberg 1602.

BG I (Hauptmann 1851); NBA I/10 (Dürr 1955/1956); Taschenpartituren Eulenburg (Schering 1926), rev. Hänssler (Horn 1961), Bärenreiter (Dürr 1959).

Lit.: 52, 55, 56.

Solo: Sopran, Alt, Tenor, Baß. – Chor.

Oboe I, II, Oboe da caccia; Violoncello piccolo[1], Streicher; B.c. –

AD: 26 Min.

1. **Chorsatz** „Bleib bei uns, denn es will Abend werden"
   Einleitungssinfonie. Dreiteilige Form: A: $^3/_4$, B: ¢, A': $^3/_4$ (freies Dacapo):
   A: Knappe homophone und imitatorische Chorabschnitte mit gliedernden Zwischenspielen. Instrumentalpart bisweilen obligat.
   B: Fugenartiger Chorsatz (Imitationsgeflecht aus 4 Themen) mit duplierenden Instrumenten (Oboe I und Violine I gelegentlich thementragend). Solochor – Tuttichor (?).
   A': Verkürzte und teilweise transponierte Wiederholung von A.
   Oboe I, II, Oboe da caccia; Streicher; B.c.   **c**

2. **Arie** „Hochgelobter Gottessohn"
   Triosatz: Oboe da caccia (oder Bratsche)[2], **Alt** (*b–es''*), B.c. Form:
   A B B (mit Ritornellabrundung).[3]   **Es**

3. **Choralbearbeitung** „Ach bleib bei uns, Herr Jesu Christ" (2 Strophen)
   Triosatz: Violoncello piccolo (Choralthematik), **Sopran** C.f. (*g'–f''*),
   B.c.   **B**
   = Schübler-Orgelchoral Nr. 5 (BWV 649).

4. **Rezitativ** „Es hat die Dunkelheit an vielen Orten"
   Secco. **Baß** (*G–es'*).   **d–g**

5. **Arie** „Jesu, laß uns auf dich sehen"
   Streichersatz (ausinstrumentierter Triosatz?); B.c. **Tenor** (*d–a'*).
   Zweiteilige Form (mit Ritornellabrundung).   **g**

6. **Choral** „Beweis dein Macht, Herr Jesu Christ"
   Mel. „Erhalt uns, Herr, bei deinem Wort"
   Schlichter Chorsatz (+ Instrumentarium wie 1.).   **g**

---

[1] Umfang: *G–e''* (= Viola pomposa).
[2] Der Besetzungswechsel entspricht verschiedenen Aufführungen.
[3] Die seit Waldersee (BG XXXIV) vermutete Parodiebeziehung zu Kantate VIII, Satz 2, ist unwahrscheinlich.

7 Christ unser Herr zum Jordan kam

Johannistag. – EZ: 1724.
Text: 1. und 7. Martin Luther 1541; 2.–6. Umdichtung eines unbekannten Verfassers.
BG I (Hauptmann 1851); Taschenpartitur Eulenburg (Schering 1936); NBA I/29.
Lit.: 44, 56.

Solo: Alt, Tenor, Baß. – Chor.
Oboe d'amore I, II; Streicher; B.c. – AD: 26 Min.

*1. **Choralchorsatz** „Christ unser Herr zum Jordan kam"
Selbständiger Orchestersatz mit konzertanter Violine (Ritornellumrahmung, Zeilenzwischenspiele). C.f. Tenor; imitatorischer und freipolyphoner Nebenstimmensatz. Chor und Orchester ohne thematische Beziehung.
Gesamtinstrumentarium (+ konzertante Violine).   e

2. **Arie** „Merkt und hört, ihr Menschenkinder"
Continuosatz. **Baß** (A-e'). Da-capo-Form. Ostinatobildungen.   G

3. **Rezitativ** „Dies hat Gott klar mit Worten"
Secco. **Tenor** (dis-a').   e–d

4. **Arie** „Des Vaters Stimme ließ sich hören"
Quartettsatz: konzertante Violine I, II, **Tenor** (c-a'), B.c.
Starke Dominanz des Instrumentalsatzes (Ostinatoperioden).
Gigue-Charakter.   a

5. **Rezitativ** „Als Jesus dort nach seinen Leiden"
Ausinstrumentiertes Secco und Accompagnato: Streicher; B.c. Arioser Ausklang. **Baß** (H-e').   e–h

6. **Arie** „Menschen, glaubt doch dieser Gnade"
Streichersatz (+ Oboe d'amore I, II); B.c. **Alt** (h-e''). Vokalpart dreigliedrig, Ritornellumrahmung. Starke Dominanz des Instrumentalsatzes (Ostinatoperioden: e-a-h-e).   e

*7. **Choral** „Das Aug allein das Wasser sieht"
Schlichter Chorsatz (+ Gesamtinstrumentarium).   e–h[1]

8 Liebster Gott, wenn werd ich sterben?

16. Sonntag nach Trinitatis. – EZ: 1724, WA: späte Leipziger Zeit (in D-Dur).
Text: 1. und 6. Caspar Neumann vor 1697; 2.–5. Umdichtung eines unbekannten Verfassers.
BG I (Hauptmann 1851); Taschenpartitur Eulenburg (Schering 1932); NBA I/23.
Lit.: 44, 48, 55, 56.

[1] dorisch-äolisch

Solo: Sopran, Alt, Tenor, Baß. – Chor.
Horn[1]; Querflöte, Oboe d'amore I, II (Oboe da caccia); Streicher; B.c. –
AD: 23 Min.

*1. **Choralchorsatz** „Liebster Gott, wenn werd ich sterben?"
Selbständiger Orchestersatz mit 2 konzertanten Oboi d'amore[2] (Ritornellumrahmung, Zeilenzwischenspiele). C.f. Sopran (+Horn), akkordlich unterbaut.
Gesamtinstrumentarium. **E**

2. **Arie** „Was willst du dich, mein Geist, entsetzen"
Triosatz: Oboe d'amore, **Tenor** (*cis–a'*), B.c.
Zweiteilige Form (mit Ritornellabrundung). **cis**
Thematische Beziehungen zu Händels „Almira" (?)

3. **Rezitativ** „Zwar fühlt mein schwaches Herz"
Ausinstrumentiertes Secco: Streicher; B.c. **Alt** (*c'–e''*). **gis–A**

4. **Arie** „Doch weichet, ihr tollen, vergeblichen Sorgen"
Orchestersatz (ausinstrumentierter Triosatz?): Querflöte; Streicher;
B.c. **Baß** (*A–e'*). Freies Da-capo. **A**
Thematische Beziehungen zu Händels „Almira" (?)

5. **Rezitativ** „Behalte nur, o Welt, das Meine"
Secco. **Sopran** (*dis'–ais''*). **fis–gis**

*6. **Choral** „Herrscher über Tod und Leben"
Sopran die Unterstimmen vorsängerartig anführend (+Gesamtinstrumentarium). **E**
= Entlehnung aus Daniel Vetters „Musicalischer Kirch- und Haus-Ergötzlichkeit,
Anderer Theil", Leipzig 1713, Nr. 91 (eingreifende Änderungen Bachs).

9 Es ist das Heil uns kommen her

6. Sonntag nach Trinitatis. – EZ: um 1732–1735.
Text: 1. und 7. Paul Speratus 1523; 2.–6. Umdichtung eines unbekannten Verfassers.
BG I (Hauptmann 1851); NBA I/17.
Lit.: 44, 66[II].

Solo: Sopran, Alt, Tenor, Baß. – Chor.
Querflöte, Oboe d'amore; Streicher; B.c. – AD: 28 Min.

---

[1] Nur C.f.-Verstärkung in 1. und 6.
[2] In späterer Fassung 2 konzertante Violinen, während die 2 Oboi d'amore (+Oboe da
caccia) die Chorstimmen stützen.

*1. **Choralchorsatz** „Es ist das Heil uns kommen her"
Selbständiger Orchestersatz (Ritornellumrahmung, Zeilenzwischenspiele). C.f. Sopran, imitatorisch unterbaut.
Gesamtinstrumentarium. **E**

2. **Rezitativ** „Gott gab uns ein Gesetz"
Secco. **Baß** (*H–e'*). **cis–H**

3. **Arie** „Wir waren schon zu tief gesunken"
Triosatz: Violine, **Tenor** (*c–a'*), B.c. Freies Da-capo. **e**

4. **Rezitativ** „Doch mußte das Gesetz erfüllet werden"
Secco, arios ausklingend. **Baß** (*H–e'*). **h–A**

5. **Arie** (Duett) „Herr, du siehst statt guter Werke"
Quintettsatz: Querflöte, Oboe d'amore, **Sopran** (*e'–gis''*), **Alt** (*a–d''*),
B.c. Kanonbildungen. Da-capo-Form. **A**

6. **Rezitativ** „Wenn wir die Sünd aus dem Gesetz erkennen"
Secco. **Baß** (*Ais–e'*). **fis–E**

*7. **Choral** „Ob sichs anließ, als wollt er nicht"
Schlichter Chorsatz (+ Gesamtinstrumentarium). **E**

10 Meine Seel erhebt den Herren

Mariae Heimsuchung. – EZ: 1724, WA: nach 1744.
Text: Lobgesang der Maria nach Lukas 1,46–55; 1., 5., 7. wörtlich, 2.–4., 6. Umdichtung eines unbekannten Verfassers.
BG I (Hauptmann 1851); NBA I/28.
Lit.: 44.

Solo: Sopran, Alt, Tenor, Baß. – Chor.
Trompete[1]; Oboe I, II; Streicher; B.c. – AD: 23 Min.

*1. **Choralchorsatz** „Meine Seel erhebt den Herren"
Selbständiger Orchestersatz (Ritornellumrahmung, Zeilenzwischenspiele). C.f. Sopran, dann Alt (+ Trompete), imitatorisch und freipolyphon unterbaut. Freimotettischer Anhang. Chor und Orchester ohne thematische Beziehung.
Gesamtinstrumentarium. **g**

2. **Arie** „Herr, der du stark und mächtig bist"
Orchestersatz: Oboe I + II, Streicher; B.c. **Sopran** (*c'–a''*).
Da-capo-Form. **B**

3. **Rezitativ** „Des Höchsten Güt und Treu"
Secco (mit melismatischer Schlußdehnung). **Tenor** (*d–a'*). **g–d**

---

[1] Nur C.f.-Verstärkung in 1., 5., 7. (= Zugtrompete?).

4. **Arie** „Gewaltige stößt Gott vom Stuhl"
   Continuosatz. **Baß** (*F–es'*). Ostinatobildungen.   **F**

*5. **Choralbearbeitung** (Duett+ instr. C. f.)„Er denket der Barmherzigkeit"
   Quartettsatz: Oboen + Trompete C. f., **Alt** (*h–d''*), **Tenor** (*e–a'*), B. c.   **d**
   = Schübler-Orgelchoral Nr. 4 (BWV 648).

6. **Rezitativ** „Was Gott den Vätern alter Zeiten"
   Secco, dann Accompagnato (motivisch geprägt): Streicher; B. c.
   Tenor (*d–g'*).   **B–g**

*7. **Choral** „Lob und Preis sei Gott dem Vater"
   Schlichter Chorsatz (+ Gesamtinstrumentarium).   **g**

11 Lobet Gott in seinen Reichen
(Himmelfahrts-Oratorium)

Himmelfahrt. – EZ: 1735.

Textdichter unbekannt; 2. Lukas 24,50—51; 5. Apostelgeschichte 1,9 und Markus 16,19;
6. Johann Rist 1641 (Du Lebenfürst, Herr Jesu Christ); 7. Apostelgeschichte 1,10—11;
9. Lukas 24,52 und Apostelgeschichte 1,12; 11. Gottfried Wilhelm Sacer 1697 (Gott fähret
auf gen Himmel).

BG II (Hauptmann 1852); Taschenpartitur Eulenburg (Schering 1925), rev. Hänssler
(Horn 1961); Arie Nr. 10 in Urfassung bei Bärenreiter (Smend 1950); NBA II/7.

Lit.: 21, 42, 44, 52, 55, 56, 63, 67.

Solo: Sopran, Alt, Tenor, Baß. – Chor.

Trompete I–III (*D*), Pauken; Querflöte I, II, Oboe I, II; Streicher; B. c. –
AD: 32 Min.

1. **Chorsatz** „Lobet Gott in seinen Reichen"
   Orchestersatzumrahmung und Zwischenspiele. Akkordliche, freipoly-
   phone und imitatorische Chorabschnitte mit teilweise obligatem und
   dominantem Orchesterpart. Freies Da-capo.
   Gesamtinstrumentarium.   **D**
   Urbild: vermutlich Kantate III, Satz 1.

2. **Rezitativ** „Der Herr Jesus hub seine Hände auf"
   Secco. **Tenor** (*fis–a'*).   **h–A**

3. **Rezitativ** „Ach Jesu, ist dein Abschied"
   Accompagnato: Querflöte I, II; B. c. **Baß** (*H–e'*).   **fis–a**

4. **Arie** „Ach bleibe doch, mein liebstes Leben"
   Triosatz: Violinen, **Alt** (*a–e''*), B. c. Freies Da-capo.   **a**
   Parodie: Messe *h*-Moll (BWV 232), Agnus Dei (Kürzung).
   Urbild: vermutlich Kantate I, Satz 3.

5. **Rezitativ** „Und ward aufgehoben zusehends"
   Secco. **Tenor** (*fis–g'*).   **e–fis**

37

6. **Choral** „Nun lieget alles unter dir"
Mel. „Ermuntre dich, mein schwacher Geist"
Schlichter Chorsatz (+ Querflöte I, II, Oboe I, II; Streicher; B.c.).   **D**

7. **Rezitativ** (Duett) „Und da sie ihm nachsahen"
Secco (**Tenor**) – duettisches Arioso: **Tenor** (*e–a'*), **Baß** (*cis–e'*), B.c.
Kanonbildungen.   **D–D**

8. **Rezitativ** „Ach ja, so komme bald zurück"
Ausinstrumentiertes Secco: Querflöte I, II; B.c. **Alt** (*h–d''*).   **G–h**

9. **Rezitativ** „Sie aber beteten ihn an"
Secco. **Tenor** (*d–g'*).   **D–G**

10. **Arie** „Jesu, deine Gnadenblicke"
Quartettsatz: Querflöte I + II, Oboe, **Sopran** (*e'–a''*), Violinen +
Bratsche (ohne B.c.). Da-capo-Form.   **G**
Urbild: vermutlich Kantate I, Satz 5.

11. **Choralchorsatz** „Wann soll es doch geschehen"
Mel. „Von Gott will ich nicht lassen"
Selbständiger Orchestersatz (Ritornellumrahmung, Zeilenzwischen-
spiele). C.f. Sopran, imitatorisch unterbaut (Choral *h*-Moll!).
Gesamtinstrumentarium.   **D**

12 Weinen, Klagen, Sorgen, Zagen

Jubilate. – EZ: 1714, WA: 1724.
Text: wahrscheinlich Salomo Franck; 3. Apostelgeschichte 14,22; 7. Samuel Rodigast
1674.
BG II (Hauptmann 1852); Taschenpartitur Eulenburg (Schering 1926); NBA I/11.
Lit.: 15, 52, 56, 63, 66[1].

Solo: Alt, Tenor, Baß. – Chor.
Trompete[1]; Oboe; Streicher (geteilte Bratschen); B.c. (+ Fagott). –
AD: 28 Min.

1. **Sinfonia**
Oboe konzertierend über Streichorchester; B.c. (+ Fagott).   f

2. **Chorsatz** „Weinen, Klagen, Sorgen, Zagen"
Da-capo-Form:
A: (Lento) Instrumentalchaconne mit imitatorischem oder akkord-
lichem Chorsatz über chromatischem Baßthema (vgl. Kantate 78,
Satz 1).[2]
Streicher; B.c. (+ Fagott).

---

[1] „Tromba" (Zugtrompete?)
[2] Von Franz Liszt als Thema eines Variationswerkes verwendet.

Parodie: Messe *h*-Moll (BWV 232), Crucifixus (um eine Viertaktperiode als Einleitung erweitert und Chorsatzverlängerung; leichte Umgestaltung des Instrumentalpartes).

B: (Un poco Allegro) Motettischer Chorsatz (nur B. c. - Begleitung)[1].   **f**

3. **Arioso** „Wir müssen durch viel Trübsal"
   Akkordliche Streicherbegleitung; B. c. (+Fagott). **Alt** (*c'–des''*).   **c–c**

4. **Arie** „Kreuz und Krone sind verbunden"
   Triosatz: Oboe, **Alt** (*b–c''*), B. c. Da-capo-Form.   **c**

5. **Arie** „Ich folge Christo nach"
   Quartettsatz: Violine I, II, **Baß** (*Es–c'*), B. c. Kanonbildung (Choralanklang). Vokalpart dreigliedrig (mit Da-capo-Andeutung).   **Es**

6. **Choralbearbeitung** (Arie+ instr. C.f.) „Sei getreu, alle Pein"
   Continuosatz. **Tenor** (*d–g'*), C.f. Trompete („Jesu, meine Freude").   **g**

7. **Choral** „Was Gott tut, das ist wohlgetan, dabei will ich verbleiben"
   Schlichter Chorsatz. Obligate Oboe (oder hohe Trompete). (Streicher; B. c.+ Fagott).   **B**

   Vgl. Kantate 69a, Satz 6.

13 Meine Seufzer, meine Tränen

2. Sonntag nach Epiphanias. − EZ: 1726.
Text: Lehms 1711; 3. Johann Heermann 1636 (Zion klagt mit Angst und Schmerzen); 7. Paul Fleming 1642 (In allen meinen Taten).
BG II (Hauptmann 1852); NBA I/5.
Lit.: 38.

Solo: Sopran, Alt, Tenor, Baß. − Chor (nur Schlußchoral).
Blockflöte I, II[2], Oboe[3], Oboe da caccia; Streicher; B. c. − AD: 21 Min.

1. **Arie** „Meine Seufzer, meine Tränen"
   Quintettsatz: Blockflöte I, II, Oboe da caccia, **Tenor** (*d–a'*), B. c. Da-capo-Form.   **d**

2. **Rezitativ** „Mein liebster Gott läßt mich"
   Secco mit Schlußmelisma. **Alt** (*b–d''*).   **B–F**

3. **Choralbearbeitung** „Der Gott, der mir hat versprochen"
   Mel. „Freu dich sehr, o meine Seele"
   Streichersatz; B. c. **Alt** (+Blockflöten[4], Oboe da caccia) C.f. (*c'–d''*). Choralmotivik in den Violinstimmen.   **F**

[1] Aber wahrscheinlich mit duplierenden Instrumenten.
[2] Umfang: *f'–e'''*, *f'–es'''*; nur in Satz 5 bis *e'* herab (=+ Violine).
[3] Nur C. f.-Verstärkung in 6. (wahrscheinlich auch Oboe da caccia).
[4] Blockflöten oktaviert.

4. **Rezitativ** „Mein Kummer nimmet zu"
Secco. **Sopran** (*es'–g''*).   **B–B**
5. **Arie** „Ächzen und erbärmlich weinen"
Triosatz: Violine (solo)+ Blockflöten, **Baß** (*G–es'*), B.c.
Freies Da-capo.   **g**
6. **Choral** „So sei nun, Seele, deine"
Mel. „O Welt, ich muß dich lassen"
Schlichter Chorsatz (+ Blockflöten, Oboe; Streicher; B.c.).   **B**

14 Wär Gott nicht mit uns diese Zeit

4. Sonntag nach Epiphanias. – EZ: 1735 (autographes Datum).
Text: 1. und 5. Martin Luther 1524 (nach Psalm 124); 2.–4.Umdichtung eines unbekann-
ten Verfassers.
BG II (Hauptmann 1852); NBA I/6.
Lit.: 44, 55.

Solo: Sopran, Tenor, Baß. – Chor.
Horn (*F und B*)[1]; Oboe I, II; Streicher; B.c. – AD: 18 Min.

*1. **Choralchorsatz** „Wär Gott nicht mit uns diese Zeit"
Geschlossene Chorentwicklung (ohne Ritornelle). Choralzeilenfugie-
rung. Instr. C.f. (Horn + 2 Oboen), B.c. teilweise obligat (Streicher
duplierend).
Horn (*F*); Oboe I, II; Streicher; B. c.   **g**
2. **Arie** „Unsre Stärke heißt zu schwach"
Orchestersatz: Horn (*B*); Streicher; B.c. **Sopran** (*d'–a''*).
Freies Da-capo.   **B**
3. **Rezitativ** „Ja, hätt es Gott nur zugegeben"
B.c.-Accompagnato. **Tenor** (*e–a'*).   **g–d**
4. **Arie** „Gott, bei deinem starken Schützen"
Quartettsatz: Oboe I, **II**, **Baß** (*G–e'*), B.c. Freies Da-capo.   **g**
*5. **Choral** „Gott Lob und Dank, der nicht zugab"
Schlichter Chorsatz (+ Gesamtinstrumentarium).   **g**

16 Herr Gott, dich loben wir

Neujahr. – EZ: 1726 (oder früher?), WA: um 1730 und 1745.
Text: Lehms 1711; 1. Martin Luther 1529 (deutsches Tedeum); 6. Paul Eber um 1580
(Helft mir Gotts Güte preisen).
BG II (Hauptmann 1852); NBA I/4 (Neumann 1965/1964).
Lit.: 38.

„Corne par force"

Solo: Alt, Tenor, Baß. – Chor.
Horn (C)[1]; Oboe I, II[2], Oboe da caccia; Streicher; B. c. – AD: 21 Min.

1. **Choralchorsatz** „Herr Gott, dich loben wir"
   Geschlossener motettischer Chorsatz mit Continuo-Einleitung (duplierendes Orchester). C. f. Sopran (+ Horn), imitatorisch unterbaut (mit Einbeziehung der 1. Violine).
   Oboe I, II; Streicher; B. c.   a–G[3]

2. **Rezitativ** „So stimmen wir bei dieser frohen Zeit"
   Secco. Baß (A–e').   C–G

3. **Arie + Chor** „Laßt uns jauchzen, laßt uns freuen"
   Baß-Arie (H–e'), flankiert von 2 Chorblöcken (A B A') aus je einem fugischen Choraufbau (Permutationsprinzip) als Vordersatz und einem mehr homophonen Nachsatz mit Orchesterdominanz (Choreinbau).
   Horn; Streicher (+ Oboe I, II); B. c.   C

4. **Rezitativ** „Ach treuer Hort"
   Secco. Alt (a–es").   e–C

5. **Arie** „Geliebter Jesu, du allein"
   Triosatz: Oboe da caccia (oder Bratsche[4]), Tenor (e–a'), B. c.
   Da-capo-Form.   F

6. **Choral** „All solch dein Güt wir preisen"
   Mel. „Helft mir Gotts Güte preisen"
   Schlichter Chorsatz (+ Instrumentarium wie 1.).   a

17 Wer Dank opfert, der preiset mich

14. Sonntag nach Trinitatis. – EZ: 1726.
Textdichter unbekannt (Mariane von Ziegler?); 1. Psalm 50,23; 4. Lukas 17,15–16; 7. Johann Gramann 1530.
BG II (Hauptmann 1852); NBA I/21 (Neumann 1958/1959); Taschenpartitur Eulenburg, auch Hänssler (Grischkat 1961).
Lit.: 49.

Solo: Sopran, Alt, Tenor, Baß. – Chor.
Oboe (d'amore) I, II[5]; Streicher; B. c. – AD: 19 Min.

[1] „Corno da caccia"
[2] Umfang: a–c''', g–a'' (= Oboen + Violinen).
[3] mixolydisch
[4] „Violetta" (f–d'')
[5] „Oboe", aber Umfang bis a (2. Oboe).

Erster Teil

1. **Chorsatz** „Wer Dank opfert, der preiset mich"
Einleitungssinfonia. Zweigliedrige Satzform bei genauer Entsprechung
der Teile (bei Quarttransposition). Vordersatz: Fugischer Choraufbau,
Nachsatz: Chorbau in Instrumentalsatz. – Gesamtinstrumentarium. **A**
Parodie: Messe G-Dur (BWV 236), Cum sancto spiritu (ohne Einleitungssinfonie;
mit homophonem Chorvorbau und Takteinschüben).

2. **Rezitativ** „Es muß die ganze Welt ein stummer Zeuge werden"
Secco. **Alt** (*h–e''*). **fis–cis**

3. **Arie** „Herr, deine Güte reicht so weit"
Quartettsatz: Violine I, II, **Sopran** (*e'–gis''*), B.c. Vokalpart dreigliedrig
(mit Abrundung durch Ritornellverschränkung am Ende). **E**

Zweiter Teil

4. **Rezitativ** „Einer aber unter ihnen, da er sahe"
Secco. **Tenor** (*cis–gis'*). **cis–fis**

5. **Arie** „Welch Übermaß der Güte schenkst du mir"
Streichersatz; B.c. **Tenor** (*d–a'*). Vokalpart dreigliedrig (mit Da-capo-
Wirkung). **D**

6. **Rezitativ** „Sieh meinen Willen an"
Secco. **Baß** (*A–e'*). **h–cis**

7. **Choral** „Wie sich ein Vatr erbarmet"
Mel. „Nun lob, mein Seel, den Herren"
Schlichter Chorsatz (+ Gesamtinstrumentarium). **A**

18 Gleichwie der Regen und Schnee vom Himmel fällt

Sexagesimae. – EZ: 1713/14, U und WA: 1724.
Weimarer Fassung in g-Moll (Chorton) und ohne Blockflöten; Leipziger Fassung in
a-Moll und mit Blockflöten.
Text: Neumeister III; 2. Jesaja 55,10–11; 5. Lazarus Spengler 1524 (Durch Adams Fall
ist ganz verderbt).
BG II (Hauptmann 1852); NBA I/7, beide Fassungen (Neumann 1956/1957); Taschen-
partitur, Leipziger Fassung, Bärenreiter (Neumann 1959).
Lit.: 15.
Solo: Sopran, Tenor, Baß. – Chor.
Blockflöte I, II (*f'–a'''*)[1]; Bratsche I–IV; B.c. (+ Violoncello, Fagott). –
AD: 17 Min.

1. **Sinfonia**
Chaconne-Form. – Gesamtinstrumentarium. **g/a**

---

[1] Stimmumfangsunterschreitung nur in Satz 4 (im Unisono mit Bratschen).

2. **Rezitativ** „Gleichwie der Regen und Schnee vom Himmel fällt"
Secco mit ariosen Teilstücken. **Baß** (*F–c'/G–d'*).   **g–g/a–a**

3. **Rezitativ + Litanei** „Mein Gott, hier wird mein Herze sein" – „Du wollest deinen Geist und Kraft"
Alternierende Anordnung (Tropierung). Ausinstrumentiertes Secco – Accompagnato – Arioso (Orchesterbegleitung oder Continuosatz). **Tenor** (*cis–g'/dis–a'*), **Baß** (*G–d'/A–e'*). Litanei in responsorialer Gestaltung: Chorsopran Vorspruch – Vollchor Antwort (homophoner Chorsatz).
Gesamtinstrumentarium.   **E s–c/F–d**

4. **Arie** „Mein Seelenschatz ist Gottes Wort"
Triosatz: Blockflöten + Bratschen, **Sopran** (*es'–as''/f'–b''*), B. c.
Zweiteilige Form (mit Ritornellabrundung).   **Es/F**

5. **Choral** „Ich bitt, o Herr, aus Herzens Grund"
Mel. „Durch Adams Fall ist ganz verderbt"
Schlichter Chorsatz (+ Gesamtinstrumentarium).   **c–g/d–a[1]**

19 Es erhub sich ein Streit

Michaelistag. – EZ: 1726.
Text: nach Picander 1724/1725; 7. unbekannter Dichter um 1620 (Freu dich sehr, o meine Seele).
BG II (Hauptmann 1852); Taschenpartitur Eulenburg (Schering 1931); NBA I/30.
Lit.: 55, 56, 66[III].

Solo: Sopran, Tenor, Baß. – Chor.
Trompete I–III (*C*), Pauken; Oboe I, II, Oboe d'amore I, II, Oboe da caccia[2]; Streicher; B. c. – AD: 22 Min.

1. **Chorsatz** „Es erhub sich ein Streit"
Mit Orchesterzwischenspielen. Da-capo-Form:
A: Fugenähnlicher Aufbau. Bewegt-imitatorischer Chorsatz, mit thematischer Einbeziehung von Instrumenten.
Orchester meist duplierend.
B: Akkordliche und freipolyphone Chorabschnitte mit kurzen instrumentalen Zwischensätzen.
Trompete I–III, Pauken; Streicher (+ Oboe I, II, Oboe da caccia); B. c.   **C**

---

[1] äolisch
[2] „Taille": *c–d''* (= + Viola).

2. **Rezitativ** „Gottlob! der Drache liegt"
Secco. **Baß** (*G–e'*).   e–e
3. **Arie** „Gott schickt uns Mahanaim zu"
Quartettsatz: Oboe d'amore I, II, **Sopran** (*d'–g''*), B.c. Zweiteilige Form
(mit Ritornellabrundung).   **G**
4. **Rezitativ** „Was ist der schnöde Mensch"
Ausinstrumentiertes Secco: Streicher; B.c. **Tenor** (*e–a'*).   e–h
5. **Choralbearbeitung** (Arie+ instr. C.f.) „Bleibt, ihr Engel, bleibt bei
mir"
Streichersatz; B.c. **Tenor** (*d–a'*). Dazu C.f. hohe Trompete („Herzlich
lieb hab ich dich").
Freies Da-capo.   **e**
6. **Rezitativ** „Laßt uns das Angesicht der frommen Engel lieben"
Secco. **Sopran** (*f'–g''*).   **C–F**
7. **Choral** „Laß dein Engel mit mir fahren"
Mel. „Freu dich sehr, o meine Seele"
Schlichter Chorsatz; obligater Trompetenchor.
(Instrumentarium wie 1.)   **C**

20 O Ewigkeit, du Donnerwort I

1. Sonntag nach Trinitatis. – EZ: 1724.
Text: 1., 7., 11. Johann Rist 1642; 2.–6., 8.–10. Umdichtung eines unbekannten Ver-
fassers.
BG II (Hauptmann 1852); NBA I/15 (Webster 1967/1968).
Lit.: 33[III], 44.

Solo: Alt, Tenor, Baß. – Chor.
Hohe Trompete (*C*); Oboe I–III; Streicher; B.c. – AD: 31 Min.

Erster Teil

*1. **Choralchorsatz** „O Ewigkeit, du Donnerwort"
Form der Französischen Ouvertüre. Choreinbau in selbständigen Or-
chestersatz. C.f. Sopran (+ Trompete[1]), akkordlich oder freipolyphon
unterbaut.
Oboe I–III; Streicher; B.c.
2. **Rezitativ** „Kein Unglück ist in aller Welt zu finden"
Secco. **Tenor** (*f–as'*).   a–c

---

[1] „Tromba da tirarsi" (*f'–f''*)

3. **Arie** „Ewigkeit, du machst mir bange"
Streichersatz; B.c. **Tenor** (*c–as'*). Vokalpart dreigliedrig, Ritornellumrahmung.   c

4. **Rezitativ** „Gesetzt, es dau'rte der Verdammten Qual"
Secco. **Baß** (*B–es'*).   g–d

5. **Arie** „Gott ist gerecht in seinen Werken"
Bläsersatz: Oboe I–III; B.c. **Baß** (*B–es'*). Da-capo-Form.   B

6. **Arie** „O Mensch, errette deine Seele"
Streichersatz (nicht obligat). **Alt** (*cis'–e''*).
Einzügige Form (Vorspiel + Nachspiel = Vokalsatz).   d

*7. **Choral** „Solang ein Gott im Himmel lebt"
Schlichter Chorsatz (+ Trompete; Oboe I–III; Streicher; B.c.).   F

Zweiter Teil

8. **Arie** „Wacht auf, wacht auf, verlornen Schafe"
Orchestersatz: hohe Trompete[1]; Streicher (+ 3 Oboen); B.c. **Baß** (*G–e'*).
Zweiteilige Form (mit Ritornellabrundung).   C

9. **Rezitativ** „Verlaß, o Mensch, die Wollust dieser Welt"
Secco (teilweise B.c.-Accompagnato). **Alt** (*c'–d''*).   a–a

10. **Arie** (Duett) „O Menschenkind, hör auf geschwind"
Continuosatz (Ostinatobildungen). **Alt** (*c'–d''*), **Tenor** (*e–a'*). Kanonische Führungen. Vokalpart dreigliedrig. Ritornellumrahmung.   a

*11. **Choral** „O Ewigkeit, du Donnerwort"   F
= Satz 7.

21 Ich hatte viel Bekümmernis

3. Sonntag nach Trinitatis und „Per ogni tempo". Wahrscheinlich Abschiedskantate für Johann Ernst von Sachsen-Weimar. — EZ: 1714 (autographes Datum), U und WA: 1723. Text: wahrscheinlich Salomo Franck; 2. Psalm 94,19; 6. Psalm 42,12; 9. Psalm 116,7 — Georg Neumark 1657; 11. Offenbarung 5,12–13.
BG V,1 (Rust 1855); Taschenpartitur Eulenburg (Schering 1933); NBA I/16.
Lit.: 15, 20, 28, 32, 48, 56, 66[II], 71, 73.

Solo: Sopran, Tenor, Baß. – Chor.
Trompete I–III (*C*), Pauken[2]; Posaune I–IV[3]; Oboe[4], Fagott; Streicher; B.c. – AD: 44 Min.

[1] „Tromba"
[2] Paukenstimme nicht erhalten; Ergänzungsversuch Rusts im Anhang BG V, 1.
[3] Nur Chorstimmen-Verstärkung in 9.
[4] Umfang obligat bis *b* herab, aber original einen Ganzton höher notiert.

Erster Teil

1. **Sinfonia**
   Oboe; Violine I, II, Bratsche; B. c. (+Fagott).
   Oberstimmenduett (Triosatz?).   c
2. **Chorsatz** „Ich hatte viel Bekümmernis"
   Zweiteilige Form:
   A: Fugenartiger Chorsatz (Kanonkombinationen) mit teilweise obligatem Orchesterpart.[1]
   B: (Vivace) Freie Chorpolyphonie (mit Orchesterzwischenspiel).
   Oboe; Streicher; B. c. (+Fagott).   c
3. **Arie** „Seufzer, Tränen, Kummer, Not"
   Triosatz: Oboe, **Sopran** (*d'–as''*), B. c. Einzügige Form.   c
4. **Rezitativ** „Wie hast du dich, mein Gott, in meiner Not"
   Ausinstrumentiertes Secco: Streicher; B. c. (+Fagott). **Tenor** (*d–g'*).   c–f
5. **Arie** „Bäche von gesalznen Zähren"
   Streichersatz; B. c. (+Fagott). **Tenor** (*c–g'*). Da-capo-Form.   f
6. **Chorsatz** „Was betrübst du dich, meine Seele"
   Zweiteilige Form:
   A: $^3/_4$ (Adagio). Freier Chorsatz mit homophonen und imitatorischen Episoden (motettische Reihung). Teilweise obligates Orchester. Solochor – Tuttichor.
   B: **c** Chorfuge (Permutationsform) mit Einbeziehung der Instrumente als Thementräger. Solochor – Tuttichor.
   Oboe; Streicher; B. c. (+Fagott).   c

Zweiter Teil

7. **Rezitativ** (Dialog) „Ach Jesu, meine Ruh, mein Licht"
   Ausinstrumentiertes Secco: Streicher; B. c. (+Fagott), mit ariosem Ausklang. **Sopran** (*c'–g''*), **Baß** (*As–d'*).   **Es–B**
8. **Arie** (Duett) „Komm, mein Jesu, und erquicke"
   Continuosatz. **Sopran** (*c'–as''*), **Baß** (*G–es'*). Freies Da-capo (**c**–$^3/_8$–**c**).
   Imitatorischer Satz.   **Es**
9. **Choralchorsatz** „Sei nun wieder zufrieden, meine Seele" – „Was helfen uns die schweren Sorgen" (Mel. „Wer nur den lieben Gott läßt walten")
   Motettisch. 1. Strophe: C. f. Tenor zwischen eigenthematisch-imitatorischen (eigentextigen) Chorstimmen. Solochor. – 2. Strophe: C. f. Sopran. Tuttichor mit duplierenden Instrumenten (wie 6., verstärkt durch 4 Posaunen).   g

[1] Vgl. Thema der Orgelfuge *G*-Dur (BWV 541).

10. **Arie** „Erfreue dich, Seele, erfreue dich, Herze"
Continuosatz. **Tenor** (*c–a'*). Da-capo-Form.   **F**
11. **Chorsatz** „Das Lamm, das erwürget ist"
Zweiteilige Form:
A: (Grave) Homophoner Chorsatz (in rezitativisch-knapper Fassung)
mit obligatem Orchester.
B: (Allegro) Chorfuge (Permutationsform). Solochor – Tuttichor
(wechselchörig-konzerthafter Aufbau).
Trompete I–III, Pauken; Oboe, Fagott; Streicher; B.c.   **C**

22 Jesus nahm zu sich die Zwölfe

Estomihi. – EZ: 1723.
Probestück für das Leipziger Thomaskantorat.
Textdichter unbekannt; 1. Lukas 18,31 und 34; 5. Elisabeth Kreuziger 1524 (Herr Christ,
der einig Gotts Sohn).
BG V,1 (Rust 1855); NBA I/8.
Lit.: 44, 55, 69.

Solo: Alt, Tenor, Baß. – Chor.
Oboe; Streicher; B.c. – AD: 20 Min.

1. **Arie + Chor** „Jesus nahm zu sich die Zwölfe"
A: (Arie). Orchestersatz: Oboe; Streicher; B.c. **Baß** (*G–es'*), durch kur-
zes **Tenor**-Arioso eingeführt. Instrumentalritornell formbestimmend
(Ostinatoperioden).
B: (Allegro). Fugierter Chorsatz (Quintkanonentwicklungen). Motet-
tisch (duplierendes Orchester) mit Instrumentalnachsatz. Solochor –
Tuttichor (?).
Gesamtinstrumentarium.   **g**
2. **Arie** „Mein Jesu, ziehe mich nach dir"
Triosatz: Oboe, **Alt** (*b–es''*), B.c. Freies Da-capo.   **c**
3. **Rezitativ** „Mein Jesu, ziehe mich, so werd ich laufen"
Ausinstrumentiertes Secco: Streicher; B.c. **Baß** (*B–es'*).   **Es–B**
4. **Arie** „Mein alles in allem, mein ewiges Gut"
Streichersatz; B.c. **Tenor** (*d–g'*). Freies Da-capo.   **B**
5. **Choralchorsatz** „Ertöt uns durch dein Güte"
Mel. „Herr Christ, der einig Gotts Sohn"
Ritornellumrahmung und Zeilenzwischenspiele. Schlichter Chorsatz mit
figurierenden Instrumenten.
Gesamtinstrumentarium.   **B**

23 Du wahrer Gott und Davids Sohn

Estomihi. – EZ: 1723, aber Aufführung erst 1724 (U), WA: um 1730.

Textdichter unbekannt; 4. Agnus Dei deutsch (Braunschweig 1528).

BG V,1 (Rust 1855); Taschenpartitur Eulenburg, auch Hänssler (Grischkat 1958); NBA I/8.

Lit.: 55, 69, 71.

Solo: Sopran, Alt, Tenor. – Chor.

Zink[1], Posaune I–III[1]; Oboe I, II[2]; Streicher; B.c. – AD: 20 Min.

1. **Arie** (Duett) „Du wahrer Gott und Davids Sohn"
   Quintettsatz: Oboe I, II, **Sopran** (*es'–g''*), **Alt** (*b–des''*), B.c. Imitatorisch-kanonisch. Freies Da-capo.   **c**

*2. **Rezitativ + Choral** „Ach, gehe nicht vorüber"
   C.f. als Oberstimme (Oboe I + II, + Violine I) des Accompagnato (Streicher; B.c.) = vierstimmiger instrumentaler Choralsatz.
   Tenor (*es–as'*).   **As–Es**

3. **Chorsatz** „Aller Augen warten, Herr"
   Mit Orchesterritornellen. Akkordliche und imitatorische Chorabschnitte mit teilweise obligatem Orchesterpart. Baß-Tenor-Duett mit Gesamtchor alternierend. Choralsubstanz in der Baßstimme. Rondoartiger Aufbau (A B A C A D A E A). Solochor – Tuttichor (?).
   Oboe I, II; Streicher; B.c.   **Es**

*4. **Choralchorsatz** „Christe, du Lamm Gottes"
   Orchestereinleitung und Zeilenzwischenspiele. 1. Strophe: Akkordlicher Choralsatz, mit figurierenden Instrumenten. 2. Strophe: C.f. kanonisch in Sopran, Oboen, Violine; polyphoner Nebenstimmensatz. 3. Strophe: C.f. Sopran (+ Violine I), polyphoner Chorsatz mit obligater Instrumentalstimme. Chor und Orchester ohne thematische Beziehung.
   Oboe I, II; Streicher; B.c. (Zink, Posaune I–III).   **g–c[3]**
   In der Erstfassung der Kantate noch nicht enthalten; zeitweilig Schlußchor der Johannes-Passion (BWV 245).

24 Ein ungefärbt Gemüte

4. Sonntag nach Trinitatis. – EZ: 1723, WA: später.

Text: Neumeister IV; 3. Matthäus 7,12; 6. Johann Heermann 1630.

BG V,1 (Rust 1855); NBA I/17.

---

[1] Nur Chorstütze in 4.

[2] Außerdem 2 gleichlautende autographe Oboi- d'amore-Stimmen in *d*-Moll vorhanden.

[3] dorisch

Solo: Alt, Tenor, Baß. – Chor.
Hohe Trompete (C)[1]; Oboe I, II, Oboe d'amore I, II; Streicher; B.c. –
AD: 21 Min.

1. **Arie** „Ein ungefärbt Gemüte"
   Triosatz: Violinen + Bratsche, **Alt** (b–es''), B.c. Imitatorisch-homogener
   Satz. Freies Da-capo.   F
2. **Rezitativ** „Die Redlichkeit ist eine von den Gottesgaben"
   Secco mit ariosem Ausklang. **Tenor** (f–g').   B–B
3. **Chorsatz** „Alles nun, das ihr wollet"
   Zweiteilige Form (bei gleichem Text!):
   A: Freier Chorsatz, homophone oder imitatorische Gruppen, mit obli-
   gatem und respondierendem Orchester.
   B: (Allegro e vivace) Chorfuge mit duplierenden Instrumenten (Trom-
   pete obligat und thementragend). Solochor – Tuttichor-Aufbau. Coda
   (hälftige Form) thematisch auf A rückbezogen: Abrundung.
   Hohe Trompete; Streicher (+ Oboe I, II); B.c.   g
4. **Rezitativ** „Die Heuchelei ist eine Brut"
   Ausinstrumentiertes Secco: Streicher; B.c. Arioser Ausklang (Conti-
   nuosatz). **Baß** (G–e').   F–C
5. **Arie** „Treu und Wahrheit sei der Grund"
   Quartettsatz: Oboe d'amore I, II, **Tenor** (d–a'), B.c. Vokalpart drei-
   gliedrig, Ritornellumrahmung.   a
6. **Choralchorsatz** „O Gott, du frommer Gott"
   Schlichter Chorsatz mit figurierenden Instrumenten und knappen Zeilen-
   zwischenspielen.
   Trompete; Oboe I, II; Streicher; B.c.   F

25 Es ist nichts Gesundes an meinem Leibe

14. Sonntag nach Trinitatis. – EZ: 1723.
Textdichter unbekannt; 1. Psalm 38,4; 6. Johann Heermann 1630 (Treuer Gott, ich muß
dir klagen).
BG V,1 (Rust 1855), NBA I/21 (Neumann 1958/1959).
Lit.: 44.

Solo: Sopran, Tenor, Baß. – Chor.
Zink, Posaune I–III; Blockflöte I–III (g'–g''', g'–e''', f'–d''''), Oboe I, II[2];
Streicher; B.c. – AD: 16 Min.

[1] „Clarino"; aber stimmführungsgemäß Zugtrompete.
[2] Oboe II: a–a'' (= + Violine II).

1. **Choralchorsatz** „Es ist nichts Gesundes an meinem Leibe"
   Choral („Herzlich tut mich verlangen") in vierstimmigem Bläsersatz
   (Blockflöte I–III+ Zink, Posaune I–III) über polyphonem Chorsatz, in
   freier Doppelfugenform und teilweise eigenmotivischem Streichersatz
   (+ 2 Oboen). C.f.-Motive im Chorsatz und B.c. Solochor – Tutti-
   chor (?).   **phryg.**

2. **Rezitativ** „Die ganze Welt ist nur ein Hospital"
   Secco. **Tenor** (*c–a'*)   **a–d**

3. **Arie** „Ach, wo hol ich Armer Rat?"
   Continuosatz (Ostinatobildungen). **Baß** (*H–e'*). Zweiteilige Form (mit
   Ritornellabrundung).   **d**

4. **Rezitativ** „O Jesu, lieber Meister"
   Secco. **Sopran** (*d'–g''*).   **a–C**

5. **Arie** „Öffne meinen schlechten Liedern"
   Orchestersatz: Blockfl. I–III; Streicher(+2 Oboen); B.c. **Sopran** (*e'–a''*).
   Zweiteilige Form mit Ritornellabrundung.   **C**

6. **Choral** „Ich will alle meine Tage"
   Mel. „Freu dich sehr, o meine Seele"
   Schlichter Chorsatz (+ Gesamtinstrumentarium).   **C**

26 Ach wie flüchtig, ach wie nichtig

24. Sonntag nach Trinitatis. – EZ: 1724.
Text: 1. und 6. Michael Franck 1652; 2.–5. Umdichtung eines unbekannten Verfassers.
BG V, 1 (Rust 1855); NBA I/27 (Dürr 1968).
Lit.: 44, 66[IV].

Solo: Sopran, Alt, Tenor, Baß. – Chor.
Horn[1]; Querflöte, Oboe I–III; Streicher; B.c. – AD: 19 Min.

*1. **Choralchorsatz** „Ach wie flüchtig, ach wie nichtig"
   Selbständiger Orchestersatz (Ritornellumrahmung, Zeilenzwischen-
   spiele).
   C.f. Sopran (+ Horn), akkordlich unterbaut. – Gesamtinstrumentarium. **a**

2. **Arie** „So schnell ein rauschend Wasser schießt"
   Quartettsatz: Querflöte, Violine (solo), **Tenor** (*d–a'*), B.c.
   Da-capo-Form.   **C**

3. **Rezitativ** „Die Freude wird zur Traurigkeit"
   Secco. **Alt** (*h–e''*).   **C–e**

---

[1] Nur C.f.-Verstärkung in 1. und 6.

4. **Arie** „An irdische Schätze das Herze zu hängen"
   Bläsersatz: Oboe I–III; B.c. **Baß** ($G–e'$). Freies Da-capo.   e
5. **Rezitativ** „Die höchste Herrlichkeit und Pracht"
   Secco. **Sopran** ($c'–g''$).   G–a
*6. **Choral** „Ach wie flüchtig, ach wie nichtig"
   Schlichter Chorsatz (+ Gesamtinstrumentarium).   a

27 Wer weiß, wie nahe mir mein Ende!

16. Sonntag nach Trinitatis. – EZ: 1726, WA(U): um 1737.

Textdichter unbekannt; 1. Ämilie Juliane von Schwarzburg-Rudolstadt 1695; 3. nach
Neumeister I; 6. Johann Georg Albinus 1649.

BG V,1 (Rust 1855); Taschenpartitur Eulenburg, auch Hänssler (Grischkat 1958);
NBA I/23.

Lit.: 46, 66^{III}.

Solo: Sopran, Alt, Tenor, Baß. – Chor.
Horn[1]; Oboe I, II, Oboe da caccia; obligate Orgel; Streicher; B.c. –
AD: 19 Min.

1. **Choralchorsatz + Rezitativ** „Wer weiß, wie nahe mir mein Ende!"
   Mel. „Wer nur den lieben Gott läßt walten"
   Selbständiger Orchestersatz (Ritornellumrahmung). Meist akkordlicher
   Chorsatz (motettische Zeilenschlußdehnung) mit Accompagnato-
   zwischenschaltungen (Choraltropierung): **Sopran** ($c'–g''$), **Alt** ($c'–des''$),
   Tenor ($f–as'$). – Horn; Oboe I, II; Streicher; B.c.   c
2. **Rezitativ** „Mein Leben hat kein ander Ziel"
   Secco. **Tenor** ($d–as'$).   g–c
3. **Arie** „Willkommen! will ich sagen"
   Quartettsatz: Oboe da caccia, **Alt** ($as–es''$), obligate Orgel; B.c.
   Freies Da-capo.   Es
4. **Rezitativ** „Ach, wer doch schon im Himmel wär"
   Ausinstrumentiertes Secco: Streicher; B.c. **Sopran** ($es'–g''$).   c–c
5. **Arie** „Gute Nacht, du Weltgetümmel"
   Streichersatz; B.c. **Baß** ($G–es'$). Freies Da-capo.   g
6. **Choral** „Welt, ade! ich bin dein müde"
   Fünfstimmiger Chorsatz, mit imitatorischer Verschiebung zwischen
   Ober- und Unterstimmen in der ersten Satzhälfte (+ Instrumentarium
   wie 1.).   B
   Satz von Johann Rosenmüller (Vopelius 1682).

[1] Nur C.f.-Verstärkung in 1. und 6.

28 Gottlob! nun geht das Jahr zu Ende

Sonntag nach Weihnachten. – EZ: 1725.
Text: Neumeister IV; 2. Johann Gramann 1530; 3. Jeremia 32,41; 6. Paul Eber um 1580
(Helft mir Gotts Güte preisen).
BG V,1 (Rust 1855); NBA I/3.

Solo: Sopran, Alt, Tenor, Baß. – Chor.
Zink[1], Posaune I–III[1]; Oboe I, II, Oboe da caccia[2]; Streicher; B.c. –
AD: 20 Min.

1. **Arie** „Gottlob! nun geht das Jahr zu Ende"
   Orchestersatz: Oboe I, II, Oboe da caccia; Streicher; B.c.
   Sopran ($d'-a''$).
   Dreigliedrige Form.   a

2. **Choralchorsatz** „Nun lob, mein Seel, den Herren"
   Motettischer Satz (duplierendes Orchester). C.f. Sopran. Choralzeilen-
   fugierung.
   Gesamtinstrumentarium.   C

   Als A-cappella-Motette „Sei Lob und Preis mit Ehren" (BWV 231) mit G. Ph. Tele-
   manns Doppelchorsatz „Jauchzet dem Herrn alle Welt" und einem wahrscheinlich
   auf J. G. Harrer zurückgehenden Schlußsatz „Amen, Lob und Ehre" zusammenge-
   fügt und in Breitkopfs Erstausgabe (Doering) unter J. S. Bachs Namen veröffentlicht
   (BWV Anh. 160).

3. **Rezitativ** („Arioso") „So spricht der Herr: Es soll mir eine Lust sein"
   Continuosatz, von knappem Secco eröffnet. **Baß** ($H-e'$). Vokalpart
   dreigliedrig.   e–e

4. **Rezitativ** „Gott ist ein Quell, wo lauter Güte fleußt"
   Ausinstrumentiertes Secco: Streicher; B.c. **Tenor** ($e-a'$).   G–C

5. **Arie** (Duett) „Gott hat uns im heurigen Jahre"
   Continuosatz (Ostinatobildungen).
   Alt ($b-d''$), **Tenor** ($e-a'$).
   Vokalpart dreigliedrig (Entsprechungen!).   C

6. **Choral** „All solch dein Güt wir preisen"
   Mel. „Helft mir Gotts Güte preisen"
   Schlichter Chorsatz (+ Gesamtinstrumentarium).

---

[1] Nur Chorstütze in 2. und 6.
[2] „Taille" ($f-d''$)

52

29 Wir danken dir, Gott, wir danken dir

Ratswechsel. – EZ: 1731 (autographes Datum), WA: 1739 und 1749.

Textdichter unbekannt; erster Textdruck in: Nützliche Nachrichten Von Denen Bemühungen derer Gelehrten und andern Begebenheiten in Leipzig, 1739; zweiter Textdruck Leipzig 1749; 2. Psalm 75,2; 8. Johann Gramann 1548 (Nun lob, mein Seel, den Herren). BG V,1 (Rust 1855); Taschenpartitur Eulenburg, auch Hänssler (Grischkat 1961); NBA I/32.

Lit.: 46, 52, 53, 55, 62, 63, 71.

Solo: Sopran, Alt, Tenor, Baß. – Chor.

Trompete I–III (*D*), Pauken; Oboe I, II[1]; konzertierende Orgel; Streicher; B.c. – AD: 28 Min.

1. **Sinfonia**
   Großangelegter Konzertsatz für Orgel und Orchester.
   Gesamtinstrumentarium.   **D**
   Urbild: Preludio der Violinpartita *E*-Dur (BWV 1006);
   vgl. Kantate 120a, Satz 4.

2. **Chorsatz** „Wir danken dir, Gott, wir danken dir"
   Fugenähnlicher Satz: Komplexe Kanonform zweier Themengruppen mit mehreren Varianten (A' B' A'' A' B'' A' A' A' B''') . Trompetenchor teilweise obligat und thementragend.
   Trompete I–III, Pauken; Oboe I, II; Streicher; B.c.   **D**
   Parodien: Messe *h*-Moll (BWV 232), Gratias und Dona nobis pacem.

3. **Arie** „Halleluja, Stärk und Macht"
   Triosatz: Violine (solo), **Tenor** (*e–h'*), B.c. Da-capo-Form.   **A**

4. **Rezitativ** „Gottlob! es geht uns wohl"
   Secco. **Baß** (*H–dis'*).   **fis–e**

5. **Arie** „Gedenk an uns mit deiner Liebe"
   Orchestersatz: Oboe; Streicher; B.c. **Sopran** (*fis'–a''*). Da-capo-Form.
   Siciliano-Charakter.   **h**

6. **Rezitativ** „Vergiß es ferner nicht"
   Secco mit vierstimmigem Unisono-Abschluß („Amen"). **Alt** (*a–d''*). **D–D**

7. **Arie** „Halleluja, Stärk und Macht"
   Triosatz: obligate Orgel, **Alt** (*a–e''*), B.c.   **D**
   = Satz 3, Teil A (ohne Vorspiel), quarttransponiert.

8. **Choral** „Sei Lob und Preis mit Ehren"
   Mel. „Nun lob, mein Seel, den Herren"
   Schlichter Chorsatz; obligater Trompetenchor an Zeilenenden.
   (Instrumentarium wie 2.).   **D**

---

[1] Beide Oboen bis *g* herab (= + Violinen).

30 Freue dich, erlöste Schar

Johannistag. – EZ: nach 1738.
Text: Umdichtung der Kantate 30a, wahrscheinlich von Picander; 6. Johann Olearius 1671 (Tröstet, tröstet meine Lieben).
BG V,1 (Rust 1855) fälschlich mit Trompetenchor aus Kantate 30a; NBA I/29.
Lit.: 52, 55, 68.

Solo: Sopran, Alt, Tenor, Baß. – Chor.
[Trompete I–III (D), Pauken;] Querflöte I, II, Oboe I, II, Oboe d'amore; Streicher; B.c. – AD: 40 Min.

Erster Teil

1. **Chorsatz** „Freue dich, erlöste Schar"
   Akkordlicher oder leicht polyphoner Chorsatz in klarer Liedperiodik; instrumentale Periodenwiederholung als Gliederungsritornelle (Vokalisierung eines instrumentalen Tanzsatzes?). Erweiterte Da-capo-Form (ABABA). – Gesamtinstrumentarium.   **D**
   = Kantate 30a, Satz 1.
2. **Rezitativ** „Wir haben Rast, und des Gesetzes Last"
   Secco. **Baß** (H–e').   **h–G**
3. **Arie** „Gelobet sei Gott, gelobet sein Name"
   Streichersatz; B.c. **Baß** (A–e'). Freies Da-capo.   **G**
   = Kantate 30a, Satz 3.
4. **Rezitativ** „Der Herold kommt und meldt den König an"
   Secco. **Alt** (h–e'').   **D–cis**
5. **Arie** „Kommt, ihr angefochtnen Sünder"
   Orchestersatz: Querflöte; Streicher; B.c. **Alt** (a–e''). Freies Da-capo. Tanzcharakter.   **A**
   = Kantate 30a, Satz 5.
6. **Choral** „Eine Stimme läßt sich hören"
   Mel. „Freu dich sehr, o meine Seele"
   Schlichter Chorsatz (+ Querflöte I, II, Oboe I, II; Streicher; B.c.).   **A**

Zweiter Teil

7. **Rezitativ** „So bist du denn, mein Heil, bedacht"
   Motivgeprägtes Accompagnato: Oboe I, II; B.c. **Baß** (H–e').   **e–fis**
8. **Arie** „Ich will nun hassen"
   Orchestersatz: Oboe d'amore; Violine (solo), Streicher; B.c.
   Baß (A–e').
   Da-capo-Form.   **h**
   = Kantate 30a, Satz 7.

9. **Rezitativ** „Und obwohl sonst der Unbestand"
Secco. **Sopran** (*cis'–a''*).　　　　　　　　　　　　　　　　**fis–G**
Vgl. Kantate 30a, Satz 8.

10. **Arie** „Eilt, ihr Stunden, kommt herbei"
Triosatz: Violinen, **Sopran** (*d'–h''*), B. c. Da-capo-Form.　　**e**
= Kantate 30a, Satz 9.

11. **Rezitativ** „Geduld, der angenehme Tag"
Secco mit ariosem Ausklang. **Tenor** (*fis–a'*).　　　　　　　**h–D**

12. **Chorsatz** „Freue dich, geheiligte Schar"　　　　　　　　　**D**
= Satz 1 (neue Textstrophe).

30a Angenehmes Wiederau, freue dich in deinen Auen!
(Dramma per Musica)

Huldigungsmusik für Johann Christian von Hennicke auf Wiederau, 28. 9. 1737.
Urbild der Kantate 30.
Text: Picander (Originaltextdruck Leipzig 1737).
BG V, 1, Anh. (Rust 1855) und XXXIV, Anh. (Waldersee 1887); NBA I/39.
Lit.: 21, 52, 55, 66^V, 68.

Solo: Sopran (Zeit), Alt (Glück), Tenor (Elster), Baß (Schicksal). – Chor.
Trompete I–III (*D*), Pauken; Querflöte I, II, Oboe I, II, Oboe d'amore;
Streicher; B. c. – AD: 47 Min.

1. **Chorsatz** „Angenehmes Wiederau, freue dich in deinen Auen!"
Akkordlicher oder leicht polyphoner Chorsatz in klarer Liedperiodik;
instrumentale Periodenwiederholung als Gliederungsritornelle (Vokali-
sierung eines instrumentalen Tanzsatzes?).
Erweiterte Da-capo-Form (A B A B A).
Gesamtinstrumentarium.　　　　　　　　　　　　　　　　　　**D**
= Kantate 30, Satz 1; vgl. Kantate 195, frühere Fassung, Satz 8.

2. **Rezitativ** „So ziehen wir in diesem Hause hier"
Secco. **Baß** (*A–e'*). Mittelstück in vierstimmig-akkordlicher Aus-
weitung.　　　　　　　　　　　　　　　　　　　　　　　　**h–G**

3. **Arie** „Willkommen im Heil, willkommen in Freuden"
Streichersatz; B. c. **Baß** (*A–e'*). Freies Da-capo.　　　　　　**G**
= Kantate 30, Satz 3.

4. **Rezitativ** „Da heute dir, gepriesner Hennicke"
Secco. **Alt** (*h–e''*).　　　　　　　　　　　　　　　　　　**A–A**

5. **Arie** „Was die Seele kann ergötzen"
Orchestersatz: Querflöte; Streicher; B.c. **Alt** (*a–e''*). Freies Da-capo.
Tanzcharakter. **A**
= Kantate 30, Satz 5; vgl. Kantate 195, frühere Fassung, Satz 6.

6. **Rezitativ** „Und wie ich jederzeit bedacht"
Secco. **Baß** (*H–e'*). **fis–D**

7. **Arie** „Ich will dich halten und mit dir walten"
Orchestersatz: Oboe d'amore; Violine (solo), Streicher; B.c.
Baß (*A–e'*). Da-capo-Form. **h**
= Kantate 30, Satz 8.
Die vermutete Parodiebeziehung zu Kantate II, Satz 9, wenig wahrscheinlich.

8. **Rezitativ** „Und obwohl sonst der Unbestand"
Secco. **Sopran** (*fis'–a''*). **fis–G**
Vgl. Kantate 30, Satz 9.

9. **Arie** „Eilt, ihr Stunden, wie ihr wollt"
Triosatz: Violinen, **Sopran** (*d'–h''*), B.c. Da-capo-Form. **e**
= Kantate 30, Satz 10.

10. **Rezitativ** „So recht, ihr seid mir werte Gäste"
Secco. **Tenor** (*d–a'*). **G–fis**

11. **Arie** „So wie ich die Tropfen zolle"
Orchestersatz: Querflöte, Oboe d'amore; Streicher; B.c. **Tenor** (*cis–g'*).
Zweiteilige Form (mit Ritornellabrundung). **h**
Parodie: Kantate 210, Satz 8 (Sopran); aber auf gemeinsame Urform zurückgehend.

12. **Rezitativ** „Drum, angenehmes Wiederau"
Ausinstrumentiertes Secco: Streicher; B.c., am Schluß in vierstimmig-
akkordlicher Ausweitung. **Sopran** (*fis'–c'''*), **Baß** (*A–e'*), **Alt** (*dis'–c''*).
G–D

13. **Chorsatz** „Angenehmes Wiederau, prange nun in deinen Auen" **D**
= Satz 1 (neue Textstrophe).

31 Der Himmel lacht! die Erde jubilieret

1. Ostertag. – EZ: 1715, WA: 1724 (?), 1731.
Weimarer Fassung in *Es*-Dur, Leipziger Fassung in *C*-Dur.
Text: Salomo Franck 1715; Leipziger Kirchenmusik 1731; 9. Nikolaus Herman, Zusatz-
strophe 1575.
BG VII (Rust 1857); Taschenpartitur Eulenburg (Schering 1929); NBA I/9.
Lit.: 15, 56, 71.

Solo: Sopran, Tenor, Baß. – Chor (fünfstimmig).
Trompete I–III (*C*), Pauken; Oboe I–III, Oboe da caccia[1]; Streicher (geteilte Bratschen und gelegentlich geteilte Violoncelli); B.c. (+Fagott). – AD: 24 Min.

1. **Sonata**
   Großangelegter Konzertsatz (rundgeschlossene Form).
   Gesamtinstrumentarium. **C**

2. **Chorsatz** „Der Himmel lacht! die Erde jubilieret"
   Viergliedriger Aufbau:
   A: Zwei fugische, notengleiche Entwicklungen (Textverschiedenheit).
   B: Adagio. Akkordlicher Chorsatz.
   C: Allegro. Entwicklung in Quintkanonpaaren.
   A′: Instrumentalfugato über Thematik von A (Satzabrundung).
   Gesamtinstrumentarium. **C**

3. **Rezitativ** „Erwünschter Tag! sei, Seele, wieder froh"
   Secco und Arioso gemischt. Kanonbildungen. **Baß** (*F–d′*). **C–e**

4. **Arie** „Fürst des Lebens, starker Streiter"
   Continuosatz. **Baß** (*G–d′*). Ostinatobildungen. Freies Da-capo. **C**

5. **Rezitativ** „So stehe dann, du gottergebne Seele"
   Secco. **Tenor** (*c–g′*). **a–G**

6. **Arie** „Adam muß in uns verwesen"
   Streichersatz (ausinstrumentierter Triosatz); B.c. **Tenor** (*c–g′*). Zweiteilige Form (mit Ritornellabrundung). **G**

7. **Rezitativ** „Weil dann das Haupt sein Glied"
   Secco mit ariosem Ausklang. **Sopran** (*c′–a′′*). **e–C**

*8. **Choralbearbeitung** (Arie + instr. C.f.) „Letzte Stunde, brich herein"
   Quartettsatz: Oboe, Violinen + Bratschen (C.f.), **Sopran** (*c′–a′′*), B.c.
   Choralmotivik in Oboe und Sopran. **C**

*9. **Choral** „So fahr ich hin zu Jesu Christ"
   Mel. „Wenn mein Stündlein vorhanden ist"
   Schlichter Chorsatz mit obligater Instrumentalstimme (hohe Trompete[2] + Violine).
   (Oboe I–III, Oboe da caccia; Streicher; B.c.+ Fagott.) **C**

---

[1] „Taille"
[2] Umfang: *g–e′′′*!

32 Liebster Jesu, mein Verlangen
(Dialogus)

1. Sonntag nach Epiphanias. – EZ: 1726; möglicherweise auf ein verschollenes Köthener Urbild zurückgehend.
Text: Lehms 1711; 2. nach Lukas 2,49; 6. Paul Gerhardt 1647 (Weg, mein Herz, mit den Gedanken).
BG VII (Rust 1857); Taschenpartitur Eulenburg, auch Hänssler (Grischkat 1963); NBA I/5.
Lit.: 38, 69.

Solo: Sopran, Baß. – Chor (nur Schlußchoral).
Oboe; Streicher; B.c. – AD: 24 Min.

  1. **Arie** „Liebster Jesu, mein Verlangen"
     Orchestersatz (ausinstrumentierter Triosatz): Oboe; Streicher; B.c.
     Sopran (*d'–g''*). Vokalpart dreigliedrig.   e

  2. **Rezitativ** „Was ists, daß du mich gesuchet?"
     Secco. **Baß** (*H–e'*).   h–h

  3. **Arie** „Hier, in meines Vaters Stätte"
     Triosatz: Violine (solo), **Baß** (*H–e'*), B.c. Da-capo-Form.   G

  4. **Rezitativ** (Dialog) „Ach! heiliger und großer Gott"
     Ausinstrumentiertes Secco – Arioso: Streicher; B.c. **Sopran** (*e'–a''*),
     Baß (*H–e'*).   h–G

  5. **Arie** (Duett) „Nun verschwinden alle Plagen"
     Orchestersatz: Oboe; Streicher (konzertierende Violine I); B.c.
     Sopran (*cis'–a''*), **Baß** (*A–e'*). Da-capo-Form.   D

  6. **Choral** „Mein Gott, öffne mir die Pforten"
     Mel. „Freu dich sehr, o meine Seele"
     Schlichter Chorsatz (+ Gesamtinstrumentarium).   G

33 Allein zu dir, Herr Jesu Christ

13. Sonntag nach Trinitatis. – EZ: 1724.
Text: 1. und 6. Konrad Hubert 1540; 2.–5. Umdichtung eines unbekannten Verfassers.
BG VII (Rust 1857); NBA I/21 (Neumann 1958/1959).
Lit.: 44, 66[III].

Solo: Alt, Tenor, Baß. – Chor.
Oboe I, II; Streicher; B.c. – AD: 27 Min.

*1. Choralchorsatz „Allein zu dir, Herr Jesu Christ"
Selbständiger Orchestersatz (Ritornellumrahmung, Zeilenzwischen-
spiele). Akkordlicher Chorsatz (mit motettischer Zeilenschlußdehnung),
oder C.f. (Sopran), imitatorisch unterbaut.
Gesamtinstrumentarium.   **a**

  2. Rezitativ „Mein Gott und Richter"
Secco mit ariosem Ausklang. **Baß** (*H–e'*).   **e–G**

  3. Arie „Wie furchtsam wankten meine Schritte"
Streichersatz (ausinstrumentierter Triosatz); B.c. **Alt** (*a–d''*).
Da-capo-Form.   **C**

  4. Rezitativ „Mein Gott, verwirf mich nicht"
Secco. **Tenor** (*e–a'*).   **a–a**

  5. Arie (Duett) „Gott, der du die Liebe heißt"
Quintettsatz: Oboe I, II, **Tenor** (*e–a'*), **Baß** (*A–e'*), B.c. Choral-
anklänge. Vokalpart viergliedrig, Parallel- und Kanonführungen, Ritor-
nellumrahmung.   **e**

*6. Choral „Ehr sei Gott in dem höchsten Thron"
Schlichter Chorsatz (+ Gesamtinstrumentarium).   **a**

34 O ewiges Feuer, o Ursprung der Liebe

1. Pfingsttag. – EZ: nach 1740.
Parodie der gleichnamigen Trauungskantate 34a.
Text: Umdichtung eines unbekannten Verfassers.
BG VII (Rust 1857); NBA I/13 (Kilian 1959/1960); Taschenpartituren Eulenburg (Sche-
ring 1929), rev. Hänssler (Horn 1960), Bärenreiter (Kilian 1961).
Lit.: 52, 56, 66[I].

Solo: Alt, Tenor, Baß. – Chor.
Trompete I–III (*D*), Pauken; Querflöte I, II, Oboe I, II; Streicher; B.c. –
AD: 21 Min.

  1. Chorsatz „O ewiges Feuer, o Ursprung der Liebe"
Mit Einleitungssinfonia und Zwischensätzen. Viergliedriger Chorsatz
in Da-capo-Form. Akkordliche, imitatorische und freipolyphone Chor-
abschnitte mit fugischem Aufbau. Instrumentalentwicklung im Haupt-
teil häufig dominant (Choreinbau). Solochor – Tuttichor.
Trompete I–III, Pauken; Oboe I, II; Streicher; B.c.   **D**
= Kantate 34a, Satz 1.

  2. Rezitativ „Herr, unsre Herzen halten dir"
Secco. **Tenor** (*fis–h'*).   **h–fis**

3. **Arie** „Wohl euch, ihr auserwählten Seelen"
Orchestersatz: Querflöte I, II; Streicher; B. c. **Alt** (*h–e''*). Freies Da-
capo.   **A**
= Kantate 34a, Satz 5 (verkürzt).

4. **Rezitativ** „Erwählt sich Gott die heilgen Hütten"
Secco. **Baß** (*A–e'*), mit vierstimmigem Chorabschluß.   **fis–A**

5. **Chorsatz** „Friede über Israel! Dankt den höchsten Wunderhänden"
Freies Da-capo. Vokalisierung eines Instrumentalsatzes (A–A+Chor–
BA'–BA'+Chor).
Instrumentarium wie 1.   **D**
= Kantate 34a, Satz 4.

34a O ewiges Feuer, o Ursprung der Liebe

Trauung. – EZ: 1725/26.

Urbild der Kantate 34; unvollständig erhalten. Ergänzungsversuch von B. Todt (Klavier-
auszug Breitkopf & Härtel).

Textdichter unbekannt; 3. und 4. Psalm 128, 4–6; 7. 4. Mose 6, 24–26.

BG XLI (Dörffel 1894); NBA I/33 (Hudson 1957/1958).

Lit.: 52, 53, 55, 61.

Solo: Sopran, Alt, Tenor, Baß. – Chor.

Trompete I–III, Pauken; Querflöte I, II, Oboe I, II; Streicher; B. c. (nur
teilweise erhalten).

Erster Teil (vor der Trauung)

1. **Chorsatz** „O ewiges Feuer, o Ursprung der Liebe"   **D**
= Kantate 34, Satz 1.

2. **Rezitativ** „Wie, daß der Liebe hohe Kraft"
Secco. **Baß** (*H–e'*).   **G–h**

3. **Arie + Rezitativ** „Siehe, also wird gesegnet der Mann"
Arie im Continuosatz, **Tenor** (*cis–a'*), im Wechsel mit ausinstrumen-
tiertem Secco: Streicher; B. c. **Alt** (*h–e''*).   **h–D**

4. **Chorsatz** „Friede über Israel"   **D**
= Kantate 34, Satz 5.

Zweiter Teil (nach der Trauung)

5. **Arie** „Wohl euch, ihr auserwählten Schafe"   **A**
= Kantate 34, Satz 3.

6. **Rezitativ** „Das ist vor dich, o ehrenwürdger Mann"
Secco. **Sopran** (*e'–a''*).   **fis–D**

7. **Chorsatz** „Gib, höchster Gott, auch hier dem Worte Kraft"
Freipolyphoner, imitatorischer Chorsatz, um die drei Sätze des Aposto-
lischen Segens (Chor-Unisono „Der Herr segne dich") gruppiert (un-
vollständig).
Streicher (obligat und intermittierend); B.c. (unvollständig).   **D**

35 Geist und Seele wird verwirret

12. Sonntag nach Trinitatis. – EZ: 1726.
Parodiebeziehung zur Urform (Konzert für Violine oder Oboe) des (nur fragmentarisch
erhaltenen) Klavierkonzerts BWV 1059 (BG XVII).
Text: Lehms 1711.
BG VII (Rust 1857); NBA I/20.
Lit.: 38, 46, 62, 66[III], 69.

Solo: Alt.
Oboe I, II, Oboe da caccia[1]; konzertierende Orgel; Streicher; B.c. –
AD: 31 Min.

Erster Teil

1. **Sinfonia**
Konzertsatz für Orgel und Orchester.
Gesamtinstrumentarium.   **d**
= Satz 1 des fragmentarisch erhaltenen Klavierkonzerts in *d*-Moll (BWV 1059).
2. **Arie** „Geist und Seele wird verwirret"
Orchestersatz: Gesamtinstrumentarium. **Alt** (*h–e''*). Da-capo-Form.
Siciliano.[2]   **a**
3. **Rezitativ** „Ich wundre mich, denn alles, was man sieht"
Secco. **Alt** (*c'–e''*).   **g–g**
4. **Arie** „Gott hat alles wohlgemacht"
Triosatz: obligate Orgel, **Alt** (*a–e''*), B.c. Freies Da-capo.   **F**

Zweiter Teil

5. **Sinfonia**
Konzertsatz für Orgel und Orchester.
Gesamtinstrumentarium.   **d**
= Satz 3 des Klavierkonzerts *d*-Moll (BWV 1059)?

---

[1] „Taille": *e–e''* (=+ Viola).
[2] Entweder Originalkomposition oder, wie häufiger angenommen wird, aus dem Mittel-
satz des Konzerts entstanden (vgl. G. Frotschers Rekonstruktion des Violinkonzerts
d-Moll, Halle 1951).

6. **Rezitativ** „Ach starker Gott, laß mich doch dieses"
Secco. **Alt** (*c'–e''*).   **B–a**
7. **Arie** „Ich wünsche mir, bei Gott zu leben"
Orchestersatz: Gesamtinstrumentarium. **Alt** (*c'–e''*). Zweiteilige Form
(mit Ritornellabrundung); Konzertsatz (?).   **C**

36 Schwingt freudig euch empor

1. Advent. – EZ: 1731; davor eine frühere Fassung ohne die Sätze 2, 4, 6 und mit dem
Schlußchoral „Wie bin ich doch so herzlich froh". Neubearbeitung der weltlichen Kan-
tate 36c.
Text: Umdichtung vielleicht von Picander; 2., 6., 8., Martin Luther 1524; 4. Philipp
Nicolai 1599.
BG VII (Rust 1857); NBA I/1, beide Fassungen (Dürr 1954/1955); Taschenpartitur,
spätere Fassung, Bärenreiter (Dürr 1956).
Lit.: 52, 66^V, 71.

Solo: Sopran, Alt, Tenor, Baß. – Chor.
Oboe d'amore I, II; Streicher; B.c. – AD: 31 Min.

Erster Teil

1. **Chorsatz** „Schwingt freudig euch empor"
Orchesterritornellumrahmung und Zwischensätze. Knappe homophone
oder imitatorisch-fugierte Chorabschnitte mit obligatem Instrumental-
part. Form: A B A B.
Gesamtinstrumentarium.   **D**
= Kantate 36c, Satz 1.
*2. **Choralbearbeitung** (Duett) „Nun komm, der Heiden Heiland"
Durch frei ariose Abschnitte aufgelockerte Form. C.f. auf die zwei
Vokalstimmen verteilt, jeweils freie Kontrapunktierung (mit Kanon-
bildungen).
Continuosatz. **Sopran** (*d–g''*) + Oboe d'amore I. **Alt** (*a–e''*) + Oboe
d'amore II. Choralthematik im B.c.   **fis**
3. **Arie** „Die Liebe zieht mit sanften Schritten"
Triosatz: Oboe d'amore, **Tenor** (*d–a'*), B.c. Da-capo-Form.   **h**
= Kantate 36c, Satz 3.
4. **Choral** „Zwingt die Saiten in Cythara"
Mel. „Wie schön leuchtet der Morgenstern"
Schlichter Chorsatz (+ Gesamtinstrumentarium).   **D**

Zweiter Teil

5. **Arie** „Willkommen, werter Schatz"
Streichersatz; B.c. **Baß** (*A–e'*). Künstliche Da-capo-Wirkung durch
Ritornellverschränkung. **D**
= Kantate 36c, Satz 5.

*6. **Choralbearbeitung** „Der du bist dem Vater gleich"
Quartettsatz: Oboe d'amore I, II, **Tenor** C.f. (*a–fis'*), B.c. **h**

7. **Arie** „Auch mit gedämpften, schwachen Stimmen"
Triosatz: Violine (solo), **Sopran** (*d'–g''*), B.c. Da-capo-Form. **G**
= Kantate 36c, Satz 7.

*8. **Choral** „Lob sei Gott, dem Vater, g'ton"
Schlichter Chorsatz (+ Gesamtinstrumentarium). **h**

36a Steigt freudig in die Luft

Glückwunschkantate zum Geburtstag (30. 11.) der zweiten Gemahlin des Fürsten Leopold
von Anhalt-Köthen, Charlotte Friederike Amalie. – EZ: wahrscheinlich 1726.
Die verschollene Musik ist, bis auf die Rezitative, in den Kantaten 36, 36b und 36c
erhalten.
Text: Picander I.
NBA I/1, Krit. Bericht (Dürr 1955), und I/35, Krit. Bericht (Dürr 1964).
Lit.: 52, 61, 71.

1. **Arie** „Steigt freudig in die Luft"
2. **Rezitativ** „Durchlauchtigste, die tiefgebückte Schuldigkeit"
3. **Arie** „Die Sonne zieht mit sanftem Triebe"
4. **Rezitativ** „Die Dankbarkeit, so Tag und Nacht"
5. **Arie** „Sei uns willkommen, schönster Tag"
6. **Rezitativ** „Wiewohl das ist noch nicht genung"
7. **Arie** „Auch mit gedämpften, schwachen Stimmen"
8. **Rezitativ** „Doch ehe wir noch deinen Thron verlassen"
9. **Arie, Rezitativ, Chor** „Grüne, blühe, lebe lange"

36b Die Freude reget sich

Glückwunschkantate für ein Mitglied der Leipziger Gelehrtenfamilie Rivinus, wahr-
scheinlich für Johann Florens Rivinus' Rektoratsantritt 1735.
Umarbeitung der Geburtstagskantate 36c. Nur unvollständiger Stimmensatz erhalten.
Textdichter unbekannt (Picander?).
BG XXXIV (Waldersee 1887); NBA I/38 (Neumann 1960).
Lit.: 52, 55.

Solo: Sopran, Alt, Tenor. – Chor.
Querflöte, Oboe d'amore; Streicher[1]; B.c. – AD: 30 Min.

1. **Chorsatz** „Die Freude reget sich"
Gesamtinstrumentarium.   **D**
= Kantate 36c, Satz 1 (leicht verändert).
2. **Rezitativ** „Ihr seht, wie sich das Glücke"
Secco. **Tenor** (*fis–a'*).   **D–fis**
3. **Arie** „Aus Gottes milden Vaterhänden"
Triosatz: Oboe d'amore (oder Violine), **Tenor** (*d–a'*), B.c.
Da-capo-Form.   **h**
= Kantate 36c, Satz 3 (leicht verändert).
4. **Rezitativ** „Die Freunde sind vergnügt"
Ausinstrumentiertes Secco: Streicher; B.c. **Alt** (*cis'–e''*).   **G–A**
5. **Arie** „Das Gute, das dein Gott beschert"
Streichersatz (+ Querflöte); B.c. **Alt** (*a–e''*).   **D**
= Kantate 36c, Satz 5 (leicht verändert).
6. **Rezitativ** „Wenn sich die Welt mit deinem Ruhme trägt"
Secco. **Sopran** (*e'–a''*).   **fis–cis**
7. **Arie** „Mit zarten und vergnügten Trieben"
Triosatz: Querflöte, **Sopran** (*e'–a''*), B.c. Da-capo-Form.   **A**
= Kantate 36c, Satz 7 (leicht verändert).
8. **Chorsatz + Rezitativ** „Was wir dir vor Glücke gönnen"
Vokalisierter Instrumental-Tanzsatz (Gavotte) mit dreimaliger Rezitativ-Zwischenschaltung: Secco **(Tenor, Alt, Sopran)**.
Gesamtinstrumentarium.   **D**
= Kantate 36c, Satz 9 (Rezitative neu gestaltet).

36c Schwingt freudig euch empor

Glückwunschkantate zum Geburtstag eines Lehrers. – EZ: 1725.
Text: wahrscheinlich Picander.
BG XXXIV (Waldersee 1887); NBA I/1, Krit. Bericht (Dürr 1955); NBA I/39.
Lit.: 44, 52.

Solo: Sopran, Tenor, Baß. – Chor.
Oboe d'amore; Viola d'amore, Streicher; B.c. – AD: 29 Min.

1. **Chorsatz** „Schwingt freudig euch empor"
Orchesterritornellumrahmung und Zwischensätze. Knappe homophone

[1] Violine I fehlt.

oder imitatorisch-fugierte Chorabschnitte mit obligatem Instrumental-
part. Form: ABAB.
Oboe d'amore; Streicher; B.c.   D
= Kantate 36, Satz 1 (vgl. Kantate 36b, Satz 1).

2. **Rezitativ** „Ein Herz, in zärtlichem Empfinden"
Secco. **Tenor** (*e–a'*).   h–h

3. **Arie** „Die Liebe führt mit sanften Schritten"
Triosatz: Oboe d'amore, **Tenor** (*d–a'*), B.c. Da-capo-Form.   h
= Kantate 36, Satz 3 (vgl. Kantate 36b, Satz 3).

4. **Rezitativ** „Du bist es ja, o hochverdienter Mann"
Secco. **Baß** (*A–e'*).   e–D

5. **Arie** „Der Tag, der dich vordem gebar"
Streichersatz; B.c. **Baß** (*A–fis'*).   D
= Kantate 36, Satz 5 (vgl. Kantate 36b, Satz 5).

6. **Rezitativ** „Nur dieses Einzge sorgen wir"
Secco. **Sopran** (*cis'–a''*).   h–fis

7. **Arie** „Auch mit gedämpften, schwachen Stimmen"
Triosatz: Viola d'amore, **Sopran** (*cis'–a''*), B.c. Da-capo-Form.   A
= Kantate 36, Satz 7 (vgl. Kantate 36b, Satz 7).

8. **Rezitativ** „Bei solchen freudenvollen Stunden"
Secco. **Tenor** (*d–a'*).   D–D

9. **Chorsatz** + **Rezitativ** „Wie die Jahre sich erneuen"
Vokalisierter Instrumental-Tanzsatz (Gavotte), mit dreimaliger Rezi-
tativ-Zwischenschaltung: Ausinstrumentiertes Secco **(Tenor)** – Secco
(Baß) – Accompagnato **(Sopran)**. Form: A – A+Chor – B – B+Chor –
(Rez.)–C+Chor – (Rez.) – D+Chor – (Rez.) – A+Chor–A–B+Chor–
B.
Instrumentarium wie 1.   D
= Kantate 36b, Satz 8.

37 Wer da gläubet und getauft wird

Himmelfahrt. – EZ: 1724, WA: 1731.
Textdichter unbekannt; 1. Markus 16,16; 3. Philipp Nicolai 1599; 6. Johann Kolrose
1535 (Ich dank dir, lieber Herre).
BG VII (Rust 1857); NBA I/12 (Dürr 1960); Taschenpartitur Eulenburg, auch Hänssler
(Grischkat 1965).
Lit.: 20, 66[I].

Solo: Sopran, Alt, Tenor, Baß. – Chor.
Oboe d'amore I, II; Streicher; B.c. – AD: 21 Min.

1. **Chorsatz** „Wer da gläubet und getauft wird"
Einleitungssinfonia. Geschlossener imitatorischer Chorsatz mit obligatem Instrumentalpart (Choralanklänge).
Gesamtinstrumentarium. **A**

2. **Arie** „Der Glaube ist das Pfand der Liebe"
Triosatz: Violine, **Tenor** (*e–a'*), B.c. (Violinstimme verschollen).
Da-capo-Form. **A**

3. **Choralbearbeitung** (Duett) „Herr Gott Vater, mein starker Held"
Mel. „Wie schön leuchtet der Morgenstern"
Continuosatz. **Sopran** (*d'–a''*), **Alt** (*h–d''*). C.f. verziert, abwechselnd in den Vokalstimmen mit jeweilig kontrapunktischer Gegenstimme (Choralzeilensubstanz). Choralmotivik im B.c. **D**

4. **Rezitativ** „Ihr Sterblichen, verlanget ihr mit mir"
Ausinstrumentiertes Secco: Streicher; B.c. **Baß** (*H–d'*). **h–h**

5. **Arie** „Der Glaube schafft der Seele Flügel"
Orchestersatz (ausinstrumentierter Triosatz): Oboe d'amore; Streicher; B.c. **Baß** (*Ais–d'*). Vokalpart dreigliedrig, Ritornellumrahmung. **h**

6. **Choral** „Den Glauben mir verleihe"
Mel. „Ich dank dir, lieber Herre"
Schlichter Chorsatz (+ Gesamtinstrumentarium). **A**

38 Aus tiefer Not schrei ich zu dir

21. Sonntag nach Trinitatis. – EZ: 1724.
Text: 1., 4., 6. Martin Luther 1524; 2., 3., 5. Umdichtung eines unbekannten Verfassers.
BG VII (Rust 1857); NBA I/25.
Lit.: 44, 66[IV].

Solo: Sopran, Alt, Tenor, Baß. – Chor.
Posaune I–IV[1]; Oboe I, II; Streicher; B.c. – AD: 21 Min.

*1. **Choralchorsatz** „Aus tiefer Not schrei ich zu dir"
Motettisch (duplizierendes Orchester), nur teilweise selbständige B.c.-Gegenstimme. C.f. Sopran; Choralzeilenfugierung, Pachelbel-Typ.
(Gesamtinstrumentarium.) **phryg.**

2. **Rezitativ** „In Jesu Gnade wird allein"
Secco. **Alt** (*h–e''*). **C–a**

3. **Arie** „Ich höre mitten in dem Leiden"
Quartettsatz: Oboe I, II, **Tenor** (*dis–a'*), B.c. Da-capo-Form. **a**

---

[1] Nur Chorstütze in 1. und 6.

*4. **Rezitativ** + **Choral** (Choralbearbeitung) „Ach! daß mein Glaube noch so schwach"
C.f. im B.c. (Tonartenwechsel). Rezitativische Gegenstimme.
Sopran (*c′–g″*).   **d–d**

5. **Arie** (Terzett) „Wenn meine Trübsal als mit Ketten"
Continuosatz. **Sopran** (*c′–a″*), **Alt** (*g–e″*), **Baß** (*F–e′*). Imitatorischer Satz (teilweise fugisch). Zweiteilige Form (mit Ritornellabrundung).   **d**

*6. **Choral** „Ob bei uns ist der Sünden viel"
Schlichter Chorsatz (+ Gesamtinstrumentarium).   **phryg.**

39 Brich dem Hungrigen dein Brot

1. Sonntag nach Trinitatis. − EZ: 1726.
Textdichter unbekannt; 1. Jesaja 58,7−8; 4. Hebräer 13,16; 7. David Denicke 1648 (Kommt, laßt euch den Herren lehren).
BG VII (Rust 1857); NBA I/15 (Dürr 1967/1968); Taschenpartitur Eulenburg (Schering 1936).
Lit.: 49, 55, 56, 66^{II} ,71.

Solo: Sopran, Alt, Baß. − Chor.
Blockflöte I, II (*f′–g‴*), Oboe I, II; Streicher; B.c. − AD: 24 Min.

Erster Teil

1. **Chorsatz** „Brich dem Hungrigen dein Brot"
Mit Orchestereinleitung. Dreiteilige Form (A B C):
A: ³/₄ Fugenexposition als Zentrum zwischen zwei (bei Quinttransposition) gleichen, mehr akkordlich-figurativen Chorkomplexen, mit Dominanz des Instrumentalsatzes (Choreinbau).
B: **c** Freier Chorsatz, meist akkordlich, mit teilweise dominanter Instrumentalentwicklung.
C: ³/₈ zwei akkordlich-figurative Chorkomplexe mit obligatem Orchesterpart und instrumentalem Zwischensatz, umrahmt von zwei gleichthemigen (verschiedentextigen) Fugenentwicklungen (mit thematischer Einbeziehung des Orchesters). Akkordlich-figurativer Abschlußblock.
Gesamtinstrumentarium.   **g**

2. **Rezitativ** „Der reiche Gott wirft seinen Überfluß"
Secco. **Baß** (*G–e′*).   **B–a**

3. **Arie** „Seinem Schöpfer noch auf Erden"
Quartettsatz: Violine (solo), Oboe, **Alt** (*h–es″*), B.c.
Zweiteilige Form (mit Ritornellabrundung).   **F**

Zweiter Teil

4. **Arie** „Wohlzutun und mitzuteilen"
   Continuosatz (Ostinato). **Baß** (*G–e'*). Hälftige Form.　　　　　　　　　d

5. **Arie** „Höchster, was ich habe"
   Triosatz: Blockflöte I + II, **Sopran** (*d'–as''*), B. c. Zweiteilige Form (mit
   Ritornellabrundung).　　　　　　　　　B

6. **Rezitativ** „Wie soll ich dir, o Herr"
   Ausinstrumentiertes Secco: Streicher; B. c. **Alt** (*c'–es''*).　　　　Es–g

7. **Choral** „Selig sind, die aus Erbarmen"
   Mel. „Freu dich sehr, o meine Seele"
   Schlichter Chorsatz (+ Gesamtinstrumentarium).　　　　　　　　　B

40 Dazu ist erschienen der Sohn Gottes

2. Weihnachtstag. – EZ: 1723.
Textdichter unbekannt; 1. 1. Johannes 3,8; 3. Kaspar Füger 1592 (Wir Christenleut);
6. Paul Gerhardt 1653 (Schwing dich auf zu deinem Gott); 8. Christian Keymann (Freuet
euch, ihr Christen alle).
BG VII (Rust 1857); NBA I/3.
Lit.: 52.

Solo: Alt, Tenor, Baß. – Chor.
Horn I, II (*F*); Oboe I, II; Streicher; B. c. – AD: 20 Min.

1. **Chorsatz** „Dazu ist erschienen der Sohn Gottes"
   Mit Orchestereinleitung. Dreiteilige Form (freies Da-capo):
   A: Vielgliedriger Satz, meist knappe homophone Abschnitte mit instru-
   mentalen Zwischenspielen. Dominante Instrumentalentwicklung (Chor-
   einbau). Im Da-capo Quarttransposition, Stimmtausch, Periodenver-
   stellung.
   B: Chorfuge (dichtes Themengeflecht) mit teilweise obligatem Or-
   chesterpart. Solochor – Tuttichor (?).
   Gesamtinstrumentarium.　　　　　　　　　F
   Parodie: Messe F-Dur (BWV 233), Cum sancto spiritu (stark umgearbeitet).

2. **Rezitativ** „Das Wort ward Fleisch"
   Secco. **Tenor** (*c–a'*).　　　　　　　　　F–B

3. **Choral** „Die Sünd macht Leid"
   Mel. „Wir Christenleut habn jetzund Freud"
   Schlichter Chorsatz (+ Horn I; Oboe I, II; Streicher; B. c.).　　　　g

4. **Arie** „Höllische Schlange, wird dir nicht bange?"
   Orchestersatz: Oboe I, II; Streicher; B. c. **Baß** (*G–e'*).
   Zweiteilige Form (mit Ritornellabrundung).　　　　　　　　　d

5. **Rezitativ** „Die Schlange, so im Paradies"
   Motivgeprägtes Accompagnato: Streicher; B.c. **Alt** ($b-es'$).　　**B–B**
6. **Choral** „Schüttle deinen Kopf und sprich"
   Mel. „Meine Hoffnung stehet feste"
   Schlichter Chorsatz (+Instrumentarium wie 3.).　　　　　　　　d
7. **Arie** „Christenkinder, freuet euch"
   Bläsersatz: Horn I, II; Oboe I, II; B.c. **Tenor** ($d-b'$). Freies Da-capo.　**F**
8. **Choral** „Jesu, nimm dich deiner Glieder"
   Mel. „Freuet euch, ihr Christen alle"
   Schlichter Chorsatz (+Instrumentarium wie 3.).　　　　　　　　f

41 Jesu, nun sei gepreiset

Neujahr. – EZ: 1725, WA: nach 1732.

Text: 1. und 6. Johannes Herman 1593; 2.–5. Umdichtung eines unbekannten Verfassers.

BG X (Rust 1860); NBA I/4 (Neumann 1965/1964).

Lit.: 44.

Solo: Sopran, Alt, Tenor, Baß. – Chor.

Trompete I–III (C), Pauken; Oboe I–III; Violoncello piccolo[1], Streicher;
B.c. – AD: 30 Min.

*1. **Choralchorsatz** „Jesu, nun sei gepreiset"
   Selbständiger Orchestersatz (Ritornellumrahmung, Zeilenzwischen-
   spiele). C.f. Sopran, imitatorisch oder freipolyphon unterbaut. Geson-
   derte Behandlung der 9.–14. Choralzeile: 9.–10. (Adagio $^3/_4$) Homo-
   phoner Satz mit obligatem Orchester. 11.–14. (Presto ¢) Geschlossener
   motettischer Fugatosatz über Choralmotivik, C.f. Sopran (Orchester
   duplierend). Abrundung des Gesamtsatzes durch Wiederholung der
   13. und 14. Choralzeile im Satz der 1. und 2. Ähnlichkeit mit Franzö-
   sischer Ouvertürenform. Chor und Orchester ohne thematische Be-
   ziehung.
   Trompete I–III, Pauken; Oboe I–III; Streicher; B.c.　　　　　　　**C**
2. **Arie** „Laß uns, o höchster Gott, das Jahr vollbringen"
   Bläsersatz: Oboe I–III; B.c. **Sopran** ($d'-a''$). Da-capo-Form.　　**G**
3. **Rezitativ** „Ach! deine Hand, dein Segen"
   Secco. **Alt** ($b-e''$).　　　　　　　　　　　　　　　　　**a–e**
4. **Arie** „Woferne du den edlen Frieden"
   Triosatz: Violoncello piccolo, **Tenor** ($e-a'$), B.c.
   Da-capo-Form.　　　　　　　　　　　　　　　　　　　　a

[1] Umfang: $C-b'$ (= Viola pomposa).

69

5. **Rezitativ + Chor** „Doch weil der Feind bei Tag und Nacht"
Secco. **Baß** (*G–d'*). Mit Litanei-Zitat („Den Satan unter unsre Füße
treten") in homorhythmischer Chorgestaltung.   **C–C**

*6. **Choral** „Dein ist allein die Ehre"
Schlichter Chorsatz, mit knappen Zeilenzwischenspielen (Trompeten-
chor); thematischer Rückgriff auf Satz 1. Gesonderte Behandlung der
9.–14. Choralzeile in geschlossenem Chorsatz (c; $^3/_4$), vgl. oben.
(Instrumentarium wie 1.)   **C**
= Kantate 171, Satz 6.

42 Am Abend aber desselbigen Sabbats

Quasimodogeniti. – EZ: 1725, WA: 1731 und nach 1735.
Textdichter unbekannt; Leipziger Kirchenmusik 1731; 2. Johannes 20,19; 4. Jakob Fa-
bricius um 1635; 7. Martin Luther 1524.
BG X (Rust 1860); NBA I/11.
Lit.: 44.

Solo: Sopran, Alt, Tenor, Baß. – Chor (nur Schlußchoral).
Oboe I, II, Fagott; Streicher; B.c. – AD: 33 Min.

1. **Sinfonia**
Doppelchöriger Konzertsatz. Da-capo-Form.
Gesamtinstrumentarium.   **D**
(Entlehnung aus einem älteren Werke?)

2. **Rezitativ** „Am Abend aber desselbigen Sabbats"
Secco (B.c.-Accompagnato). **Tenor** (*dis–g'*).   **h–h**

3. **Arie** „Wo zwei und drei versammlet sind"
Orchestersatz: Gesamtinstrumentarium. **Alt** (*h–e''*).
Da-capo-Form (c – $^{12}/_8$ – c; Mittelteil Continuosatz).   **G**

4. **Arie** (Duett) „Verzage nicht, o Häuflein klein"
Continuosatz (Violoncello + Fagott als B.c.-Umspielung). **Sopran** (*dis'*
bis *a''*), **Tenor** (*e–a'*). Ostinatobildungen. Versteckte Choralanklänge im
Instr.-Baß und Tenor. Zweiteilige Form (mit Ritornellabrundung).   **h**

5. **Rezitativ** „Man kann hiervon ein schön Exempel"
Secco mit ariosem Ausklang. **Baß** (*H–dis'*).   **G–a**

6. **Arie** „Jesus ist ein Schild der Seinen"
Quartettsatz: 2 Violinen (geteilte 1. Violine), **Baß** (*A–e'*), B.c. (+ Fa-
gott). Zweiteilige Form (mit da-capo-ähnlicher Abrundung).   **A**

7. **Choral** „Verleih uns Frieden gnädiglich"
Schlichter Chorsatz (+ Gesamtinstrumentarium).   **fis**[1]

[1] äolisch

43 Gott fähret auf mit Jauchzen

Himmelfahrt. – EZ: 1726.
Textdichter unbekannt; 1. Psalm 47,6–7; 4. Markus 16,19; 11. Johann Rist 1641.
BG X (Rust 1860); NBA I/12 (Dürr 1960).
Lit.: 49.

Solo: Sopran, Alt, Tenor, Baß. – Chor.
Trompete I–III (*C*), Pauken; Oboe I, II[1]; Streicher; B.c. – AD: 25 Min.

Erster Teil

1. **Chorsatz** „Gott fähret auf mit Jauchzen"
   Einleitungssinfonia und Zwischensätze. Zwei gleichthemige (verschie-
   dentextige) fugische Chorentwicklungen mit thematischer Einbeziehung
   des Orchesters umschließen knappen, homophonen Chorblock (musi-
   kalische Gliederung: A B A', textliche Gliederung a b b). Orchester teils
   obligat, gelegentlich dominant (Choreinbau).
   Gesamtinstrumentarium.   **C**

2. **Rezitativ** „Es will der Höchste sich ein Siegsgepräng bereiten"
   Secco. **Tenor** (*d–a'*).   **a–G**

3. **Arie** „Ja tausend mal tausend begleiten den Wagen"
   Triosatz: Violinen, **Tenor** (*d–a'*), B.c.
   Vokalpart dreigliedrig (A A' A'').   **G**

4. **Rezitativ** „Und der Herr, nachdem er mit ihnen geredet hatte"
   Secco. **Sopran** (*fis'–a''*).   **e–e**

5. **Arie** „Mein Jesus hat nunmehr"
   Streichersatz (+ 2 Oboen); B.c. **Sopran** (*c'–a''*).
   Zweiteilige Form (mit Ritornellabrundung).   **e**

Zweiter Teil

6. **Rezitativ** „Es kommt der Helden Held"
   Accompagnato: Streicher; B.c. **Baß** (*H–e'*).   **C–C**

7. **Arie** „Er ists, der ganz allein"
   Triosatz: hohe Trompete, **Baß** (*G–e'*), B.c.
   Zweiteilige Form (mit Ritornellabrundung).   **C**

8. **Rezitativ** „Der Vater hat ihm ja"
   Secco. **Alt** (*h–e''*).   **a–a**

9. **Arie** „Ich sehe schon im Geist"
   Quartettsatz: Oboe I, II, **Alt** (*h–e''*), B.c. Vokalpart dreigliedrig, Ritor-
   nellumrahmung.   **a**

[1] Umfang: *g–e'''* bzw. *d'''* (= Oboen + Violinen).

10. **Rezitativ** „Er will mir neben sich"
    Secco. **Sopran** ($d'-a''$). G–e
11. **Choral** „Du Lebensfürst, Herr Jesu Christ" (2 Strophen)
    Mel. „Ermuntre dich, mein schwacher Geist"
    Schlichter Chorsatz(+ Trompete I–III; Oboe I, II; Streicher; B.c.). G

44 Sie werden euch in den Bann tun I

Exaudi. – EZ: 1724.
Textdichter unbekannt; 1. und 2. Johannes 16,2; 4. Martin Moller 1587; 7. Paul Fleming
1642 (In allen meinen Taten).
BG X (Rust 1860); NBA I/12 (Dürr 1960).

Solo: Sopran, Alt, Tenor, Baß. – Chor.
Oboe I, II[1]; Streicher; B.c. (+Fagott). – AD: 22 Min.

1. **Arie** (Chorduett) „Sie werden euch in den Bann tun"
   Oboe I, II, **Tenor** ($fis-g'$), **Baß** ($G-d'$), B.c. (+Fagott).
   Kanonbildungen. Reihung gleicher Periodengruppen. g

2. **Chorsatz** „Es kömmt aber die Zeit"
   Knappe homophone oder imitatorische Chorabschnitte mit Instrumentalzwischentakten.
   Streicher (+ Oboe I, II); B.c. (+Fagott). g

3. **Arie** „Christen müssen auf der Erden"
   Triosatz: Oboe, **Alt** ($b-d''$), B.c. (+Fagott). Da-capo-Form. c

4. **Choralbearbeitung** „Ach Gott, wie manches Herzeleid"
   Continuosatz. C.f. (leicht verziert) **Tenor** ($b-as'$).
   Choralthematik im B.c. (+Fagott). Es

5. **Rezitativ** „Es sucht der Antichrist"
   Secco. **Baß** ($c-es'$). g–d

6. **Arie** „Es ist und bleibt der Christen Trost"
   Streichersatz (+ 2 Oboen); B.c. (+Fagott). **Sopran** ($d'-a''$).
   Da-capo-Form. B

7. **Choral** „So sei nun, Seele, deine"
   Mel. „O Welt, ich muß dich lassen"
   Schlichter Chorsatz (+Instrumentarium wie 2.). B

---

[1] Oboe II in Satz 6 bis g herab (=+ Violine II).

45 Es ist dir gesagt, Mensch, was gut ist

8. Sonntag nach Trinitatis. – EZ: 1726.
Textdichter unbekannt; 1. Micha 6,8; 4. Matthäus 7,22–23; 7. Johann Heermann 1630.
BG X (Rust 1860); NBA I/18 (Dürr 1966); Taschenpartitur Bärenreiter (Dürr 1967).
Lit.: 49.

Solo: Alt, Tenor, Baß. – Chor.
Querflöte I, II, Oboe I, II[1]; Streicher; B.c. – AD: 23 Min.

Erster Teil

1. **Chorsatz** „Es ist dir gesagt, Mensch, was gut ist"
   Einleitungssinfonia und Ritornelle. Fugencharakter, aber keine einheit-
   liche Fugenentwicklung. Knapper fugischer Aufbau. Zwei sich entspre-
   chende Imitationskomplexe über Kopfmotiv des Fugenthemas. Sonst
   freipolyphoner Chorsatz als Einbau in Instrumentalsatz.
   Gesamtinstrumentarium.   E

2. **Rezitativ** „Der Höchste läßt mich seinen Willen wissen"
   Secco. **Tenor** (*e–gis'*).   H–gis

3. **Arie** „Weiß ich Gottes Rechte"
   Streichersatz; B.c. **Tenor** (*dis–a'*).
   Zweiteilige Form (mit Ritornellabrundung).   cis

Zweiter Teil

4. **Arioso** „Es werden viele zu mir sagen"
   Streichersatz; B.c. **Baß** (*A–e'*). Dominanz des Instrumentalsatzes (Osti-
   natoperioden). Kanonbildungen.   A

5. **Arie** „Wer Gott bekennt aus wahrem Herzensgrund"
   Triosatz: Querflöte, **Alt** (*his–dis''*), B.c.
   Freies Da-capo.   fis

6. **Rezitativ** „So wird denn Herz und Mund selbst von mir Richter sein"
   Secco. **Alt** (*h–e''*).   E–E

7. **Choral** „Gib, daß ich tu mit Fleiß"
   Mel. „O Gott, du frommer Gott"
   Schlichter Chorsatz (+ Gesamtinstrumentarium).   E

---

[1] Oboe II bis *a* herab (=+ Violine II).

46 Schauet doch und sehet, ob irgend ein Schmerz sei

10. Sonntag nach Trinitatis. – EZ: 1723.
Textdichter unbekannt; 1. Klagelieder Jeremias 1,12; 6. Balthasar Schnurr 1632 (Zusatzstrophe Johann Matthäus Meyfart 1633).
BG X (Rust 1860); Taschenpartitur Eulenburg (Schering 1931), rev. Hänssler (Horn 1962); NBA I/19.
Lit.: 52, 55, 56, 63. 66^{III}.

Solo: Alt, Tenor, Baß. – Chor.
Hohe Trompete (B und C)[1]; Blockflöte I, II (g'–g''', f'–g'''), Oboe da caccia I, II; Streicher; B.c. – AD: 20 Min.

1. **Chorsatz** „Schauet doch und sehet, ob irgend ein Schmerz sei"
   Mit Instrumentaleinleitung. Zweiteilige Form:
   A: Freipolyphoner Chorsatz mit Kanonbildung. Teilweise Dominanz des Instrumentalsatzes (Choreinbau).
   Parodie: Messe h-Moll (BWV 232), Qui tollis (verkürzt).
   B: Chorfuge mit thematischer Einbeziehung von Instrumenten (Flöte), Orchesterpart teilweise obligat. Solochor – Tuttichor (?).
   Trompete (C); Blockflöte I, II, Oboe da caccia I, II; Streicher; B.c.   d

2. **Rezitativ** „So klage du, zerstörte Gottesstadt"
   Motivgeprägtes Accompagnato: Blockflöte I, II; Streicher; B.c.
   Tenor (c–a').   g–g

3. **Arie** „Dein Wetter zog sich auf von weiten"
   Orchestersatz: hohe Trompete (B); Streicher; B.c. **Baß** (B–e').
   Freies Da-capo.   B

4. **Rezitativ** „Doch bildet euch, o Sünder, ja nicht ein"
   Secco. **Alt** (c'–es'').   F–c

5. **Arie** „Doch Jesus will auch bei der Strafe"
   Quartettsatz: Blockflöte I, II, **Alt** (g–es''), Oboe da caccia I + II (ohne
   B.c.). Zweiteilige Form (mit Ritornellabrundung).   g

6. **Choral** „O großer Gott der Treu"
   Mel. „O großer Gott von Macht"
   Schlichter Chorsatz (Sopran + Trompete C) mit obligaten Blockflöten
   und knappen Zeilenzwischenspielen.
   Blockflöte I, II[2]; Streicher; B.c.   g–D

---

[1] „Tromba o Corno da Tirarsi"
[2] „a due"

47 Wer sich selbst erhöhet, der soll erniedriget werden

17. Sonntag nach Trinitatis. – EZ: 1726, WA: nach 1734.
Text: Helbig 1720; 1.Lukas 14,11 und 18,14; 5.unbekannter Verfasser um 1560.
BG X (Rust 1860); NBA I/23.
Lit.: 71.

Solo: Sopran, Baß. – Chor.
Oboe I, II; obligate Orgel; Streicher; B. c. – AD: 24 Min.

1. **Chorsatz** „Wer sich selbst erhöhet, der soll erniedriget werden"
   Einleitungssinfonia und Instrumentalzwischensätze. Chorfugenentwick-
   lungen mit thematischer Einbeziehung von Instrumenten; teilweise ob-
   ligater Orchesterpart; zwei konstruktive Zwischensätze. Sonst: akkord-
   liche und freipolyphone Chorgestaltung als Einbau in Instrumentalsatz.
   Solochor – Tuttichor (?).
   Oboe I, II; Streicher; B. c.   **g**
2. **Arie** „Wer ein wahrer Christ will heißen"
   Triosatz: obligate Orgel oder Violine, **Sopran** (*c'–a''*), B. c.
   Da-capo-Form.   **d**
3. **Rezitativ** „Der Mensch ist Kot, Stank, Asch und Erde"
   Ausinstrumentiertes Secco: Streicher; B. c. **Baß** (*As–es'*).   **g–Es**
4. **Arie** „Jesu, beuge doch mein Herze"
   Quartettsatz: Oboe, Violine, **Baß** (*G–es'*), B. c. Vokalpart dreigliedrig,
   Ritornellumrahmung.   **Es**
5. **Choral** „Der zeitlichen Ehrn will ich gern entbehrn"
   Mel. „Warum betrübst du dich, mein Herz"
   Schlichter Chorsatz (+Instrumentarium wie 1.).   **g**

48 Ich elender Mensch, wer wird mich erlösen

19. Sonntag nach Trinitatis. – EZ: 1723.
Textdichter unbekannt; 1. Römer 7,24; 3. Martin Rutilius 1604; 7. unbekannter Dichter
1620 (Herr Jesu Christ, ich schrei zu dir).
BG X (Rust 1860); NBA I/24.

Solo: Alt, Tenor. – Chor.
Trompete (C)[1]; Oboe I, II; Streicher; B. c. – AD: 16 Min.

---

[1] „Tromba", „Clarino" (wahrscheinlich Zugtrompete).

*1. **Choralchorsatz** „Ich elender Mensch, wer wird mich erlösen"
Mel. „Herr Jesu Christ, du höchstes Gut"
Instrumentaleinleitung und Zeilenzwischenspiele. Instrumentaler C.f.
(Trompete und Oboe) als Unterquartkanon über eigenthematischem,
imitatorischem Chorsatz (Kanonbildungen).
Obligater Streichersatz; B.c.   g

2. **Rezitativ** „O Schmerz, o Elend, so mich trifft"
Ausinstrumentiertes Secco: Streicher; B.c. **Alt** (*b–es''*).   Es–B

3. **Choral** „Solls ja so sein"
Mel. „Ach Gott und Herr"
Schlichter Chorsatz (+ Gesamtinstrumentarium).   B

4. **Arie** „Ach, lege das Sodom der sündlichen Glieder"
Triosatz: Oboe, **Alt** (*b–es''*), B.c. Zweiteilige Form (mit Ritornell-
abrundung).   Es

5. **Rezitativ** „Hier aber tut des Heilands Hand"
Secco. **Tenor** (*d–g'*).   B–B

6. **Arie** „Vergibt mir Jesus meine Sünden"
Streichersatz (+ Oboe); B.c. **Tenor** (*d–a'*). Freies Da-capo.   g

*7. **Choral** „Herr Jesu Christ, einiger Trost"
Schlichter Chorsatz (+ Gesamtinstrumentarium).   g

49 Ich geh und suche mit Verlangen
(Dialogus)

20. Sonntag nach Trinitatis. – EZ: 1726.
Textdichter unbekannt; 6. nach Jeremia 31,3 und Offenbarung 3,20 – Philipp Nicolai 1599.
BG X (Rust 1860); NBA I/25.
Lit.: 12, 46, 62.

Solo: Sopran, Baß.
Oboe d'amore; konzertierende Orgel; Violoncello piccolo[1], Streicher; B.c.–
AD: 29 Min.

1. **Sinfonia**
Großer Konzertsatz für Orgel und Orchester. Da-capo-Form.
Orgel; Oboe d'amore; Streicher; B.c.   E

= Klavierkonzert E-Dur (BWV 1053), Satz 3, in orgelmäßiger Vereinfachung.[2] Gemein-
same Urform vermutlich Konzert für Oboe und Orchester Es-Dur (verschollen).

[1] Umfang: *c'–h'* (= Viola pomposa).
[2] Zu Satz 1 und 2 vgl. Kantate 169.

2. **Arie** „Ich geh und suche mit Verlangen"
   Triosatz: obligate Orgel, **Baß** (*H–e'*), B. c. Freies Da-capo (aber Glieder-
   verschränkung von B und A'). **cis**

3. **Rezitativ** (Dialog) + **Arioso** (Duett) „Mein Mahl ist zubereit"
   Ausinstrumentiertes Secco (Streicher; B. c.) mit Arienzitat aus Satz 2,
   übergehend in duettisches Arioso (Streichersatz). **Baß** (*A–e'*), **Sopran**
   (*cis'–gis''*). **A–A**

4. **Arie** „Ich bin herrlich, ich bin schön"
   Quartettsatz: Oboe d'amore, Violoncello piccolo, **Sopran** (*d'–gis''*),
   B. c. Freies Da-capo. **A**

5. **Rezitativ** (Dialog) „Mein Glaube hat mich selbst so angezogen"
   Secco mit ariosem Ausklang. **Sopran** (*d'–gis''*), **Baß** (*A–dis'*). **fis–E**

6. **Choralbearbeitung** (Arie + vok. C. f.) „Dich hab ich je und je ge-
   liebet" – „Wie bin ich doch so herzlich froh" (Mel. „Wie schön leuchtet
   der Morgenstern")
   Orchestersatz: Streicher (+ Oboe d'amore); obligate Orgel; B. c. **Baß**
   (*A–e'*), **Sopran** C. f. (*e–e''*) (Choralanklänge auch in den anderen
   Stimmen). **E**

50 Nun ist das Heil und die Kraft

Michaelistag. – EZ: ungewiß.
Text: nach Offenbarung 12,10.
BG X (Rust 1860); Taschenpartituren Eulenburg (Schering 1929), rev. Hänssler (Horn
1961) und Philharmonia (Fischer o. J.); NBA I/30.
Lit.: 33[II], 56.

Doppelchor.
Trompete I–III (*D*), Pauken; Oboe I–III[1]; Streicher; B. c. – AD: 5 Min.

Chorsatz „Nun ist das Heil und die Kraft"
Fuge (Permutationsform), teilweise über Ostinatoperioden. Thematische
Einbeziehung von Instrumenten. Entwicklung in 2 analogen Hälften
mit nichtfugischem Anhang (wechselchöriger, imitatorischer Satz).
Orchester teilweise obligat. **D**

---

[1] Oboe III (obligat): *a–gis''* (= Oboe d'amore?).

51 Jauchzet Gott in allen Landen!

15. Sonntag nach Trinitatis „et in ogni tempo". – EZ: um 1730.
Textdichter unbekannt; 4. Johann Gramann (Zusatzstrophe 1548).
BG XII,2 (Rust 1863); Taschenpartitur Eulenburg (Schering 1936), rev. Hänssler (Horn 1962); NBA I/22.
Lit.: 56.

Solo: Sopran.
Hohe Trompete (C); Streicher; B.c. – AD: 20 Min.

1. **Arie** „Jauchzet Gott in allen Landen!"
   Orchestersatz: Gesamtinstrumentarium. **Sopran** ($e'-c'''$).
   Da-capo-Form. **C**

2. **Rezitativ** „Wir beten zu dem Tempel an"
   Motivgeprägtes Accompagnato: Streicher; B.c. – Arioso: Continuo-satz. **Sopran** ($e'-a''$). **a–a**

3. **Arie** „Höchster, mache deine Güte"
   Continuosatz. **Sopran** ($e'-a''$). Da-capo-Form. **a**

4. **Choralbearbeitung** „Sei Lob und Preis mit Ehren"
   Mel. „Nun lob, mein Seel, den Herren"
   Quartettsatz: Violine I, II, **Sopran** ($g'-g''$) C.f., B.c. Instrumentalstimmen thematisch einheitlich. **C**

5. **Arie** „Alleluja"
   Orchestersatz: Gesamtinstrumentarium. **Sopran** ($c'-c'''$). Fugischer Satz. Ohne Ritornellumrahmung. Einzügige Form. **C**

52 Falsche Welt, dir trau ich nicht

23. Sonntag nach Trinitatis. – EZ: 1726.
Textdichter unbekannt; 6. Adam Reusner 1533.
BG XII,2 (Rust 1863); NBA I/26.
Lit.: 71.

Solo: Sopran. – Chor (nur Schlußchoral).
Horn I, II (F); Oboe I–III; Streicher; B.c. (+Fagott). – AD: 18 Min.

1. **Sinfonia**
   Großangelegter Konzertsatz.
   Gesamtinstrumentarium. **F**
   = Brandenburgisches Konzert Nr. 1 (BWV 1046), Satz 1 (ohne Violino piccolo).

2. **Rezitativ** „Falsche Welt, dir trau ich nicht"
   Secco. **Sopran** ($des'-g''$). **d–a**

3. **Arie** „Immerhin, immerhin, wenn ich gleich verstoßen bin"
   Quartettsatz: Violine I, II, **Sopran** ($d'-g''$), B.c. (+Fagott).
   Freies Da-capo.   d
4. **Rezitativ** „Gott ist getreu"
   Secco mit ariosem Ausklang. **Sopran** ($d'-a''$).   B-F
5. **Arie** „Ich halt es mit dem lieben Gott"
   Bläsersatz: Oboe I–III; B.c. (+Fagott). **Sopran** ($d'-g''$).
   Freies Da-capo.   B
6. **Choral** „In dich hab ich gehoffet, Herr"
   Schlichter Chorsatz, mit selbständiger Hornstimme.
   (Gesamtinstrumentarium).   F

54 Widerstehe doch der Sünde

Oculi; möglicherweise auch 7. Sonntag nach Trinitatis.[1] – EZ: wahrscheinlich 1714.
Text: Lehms 1711.
BG XII,2 (Rust 1863); NBA I/18 (Dürr 1966); Taschenpartitur Eulenburg (Schering 1928).
Lit.: 15, 38, 44, 56, 64.

Solo: Alt.
Streicher; B.c. – AD: 14 Min.

1. **Arie** „Widerstehe doch der Sünde"
   Streichersatz (geteilte Bratschen); B.c. **Alt** ($f-b'$). Da-capo-Form.   **Es**
   Parodie: Markus-Passion, Nr. 53 „Falsche Welt, dein schmeichelnd Küssen".
2. **Rezitativ** „Die Art verruchter Sünden"
   Secco mit ariosem Ausklang. **Alt** ($f-b'$).   c–As
3. **Arie** „Wer Sünde tut, der ist vom Teufel"
   Quartettsatz: Violinen, Bratschen, **Alt** ($f-c''$), B.c.
   Vokal-instrumentaler Fugensatz (freies Da-capo).   **Es**

55 Ich armer Mensch, ich Sündenknecht

22. Sonntag nach Trinitatis. – EZ: 1726.
Textdichter unbekannt; 5. Johann Rist 1642.
BG XII,2 (Rust 1863); Taschenpartitur Eulenburg (Schering 1930); NBA I/26.
Lit.: 56.

[1] Durch weitere Textdrucke (Leisnig) Verwendung auch für 1. und 20. Sonntag nach
Trinitatis belegt.

Solo: Tenor. – Chor (nur Schlußchoral).
Querflöte, Oboe (d'amore)[1]; Streicher; B.c. – AD: 15 Min.

1. **Arie** „Ich armer Mensch, ich Sündenknecht"
Querflöte, Oboe (d'amore); Violine I, II; B.c. **Tenor** (*d–b'*).
Zweiteilige Form (Rondoeinschlag) mit Ritornellabrundung. g

2. **Rezitativ** „Ich habe wider Gott gehandelt"
Secco. **Tenor** (*d–b'*). c–d

3. **Arie** „Erbarme dich, laß die Tränen dich erweichen"
Triosatz: Querflöte, **Tenor** (*f–b'*), B.c.
Zweiteilige Form (mit Ritornellabrundung). d

4. **Rezitativ** „Erbarme dich! jedoch nun"
Ausinstrumentiertes Secco: Streicher; B.c. **Tenor** (*es–b'*). B–B

5. **Choral** „Bin ich gleich von dir gewichen"
Mel. „Werde munter, mein Gemüte"
Schlichter Chorsatz (+ Querflöte, Oboe; Streicher; B.c.). B

56 Ich will den Kreuzstab gerne tragen

19. Sonntag nach Trinitatis. – EZ: 1726.
Textdichter unbekannt; vgl. „Ich will den Kreuzweg gerne gehen" (Neumeister I);
5. Johann Franck 1653.
BG XII,2 (Rust 1863); Taschenpartituren Eulenburg (Schering 1927) und Philharmonia
(W. Fischer 1924); NBA I/24.
Lit.: 33[II], 56, 66[IV].

Solo: Baß. – Chor (nur Schlußchoral).
Oboe I, II, Oboe da caccia[2]; Streicher; B.c. – AD: 21 Min.

1. **Arie** „Ich will den Kreuzstab gerne tragen"
Streichersatz (+ Oboe I, II, Oboe da caccia); B.c. **Baß** (*G–e'*).
Form: A A′ B (mit Ritornellabrundung). g

2. **Rezitativ** „Mein Wandel auf der Welt"
Motivgeprägtes B.c.-Accompagnato (Violoncello) und Secco.
Baß (*A–e'*). B–B

3. **Arie** „Endlich, endlich wird mein Joch"
Triosatz: Oboe, **Baß** (*G–e'*), B.c. Da-capo-Form. B

---

[1] Umfang: *d'–e'''* (notfalls Oboe).
[2] „Taille": *d–e''* (= + Viola).

4. Rezitativ „Ich stehe fertig und bereit"
Ausinstrumentiertes Secco – Arioso: Streicher; B.c. **Baß** (*G–es'*).   **g–c**
= Schlußteil von Satz 1, quarttransponiert.

5. Choral „Komm, o Tod, du Schlafes Bruder"
Mel. „Du, o schönes Weltgebäude"
Schlichter Chorsatz (+ Gesamtinstrumentarium).   **c**

57 Selig ist der Mann
(Dialogus)

2. Weihnachtstag. – EZ: 1725.
Text: Lehms 1711; 1. Jakobus 1,12; 8. Ahasverus Fritsch 1668 (Hast du denn, Jesu, dein Angesicht).
BG XII,2 (Rust 1863); NBA I/3.
Lit.: 38.

Solo: Sopran (Seele), Baß (Jesus). – Chor (nur Schlußchoral).
Oboe I, II, Oboe da caccia[1]; Streicher; B.c. – AD: 27 Min.

1. **Arie** „Selig ist der Mann"
Streichersatz (+ Oboe I, II, Oboe da caccia); B.c. **Baß** (*G–es'*).
Zweigliedriger Vokalpart (mit Entsprechungen).   **g**

2. **Rezitativ** „Ach! dieser süße Trost erquickt"
Secco. **Sopran** (*d'–g''*).   **Es–c**

3. **Arie** „Ich wünschte mir den Tod"
Streichersatz; B.c. **Sopran** (*c'–as''*). Freies Da-capo.   **c**

4. **Rezitativ** (Dialog) „Ich reiche dir die Hand"
Secco. **Baß** (*d–es'*), **Sopran** (*es'–g''*).   **g–B**

5. **Arie** „Ja, ja, ich kann die Feinde schlagen"
Streichersatz; B.c. **Baß** (*G–es'*). Da-capo-Form.   **B**

6. **Rezitativ** (Dialog) „In meinem Schoß liegt Ruh und Leben"
Secco. **Baß** (*B–des'*), **Sopran** (*c'–g''*).   **Es–d**

7. **Arie** „Ich ende behende mein irdisches Leben"
Triosatz: Violine (solo), **Sopran** (*c'–g''*), B.c. Zweiteilige Form.   **g–B**

8. **Choral** „Richte dich, Liebste, nach meinem Gefallen"
Mel. „Lobe den Herren, den mächtigen König der Ehren"
Schlichter Chorsatz (+ Gesamtinstrumentarium).   **B**

[1] „Taille" (*f–es'*)

58 Ach Gott, wie manches Herzeleid II
(Dialogus)

Sonntag nach Neujahr. – EZ: 1727, WA (U): 1733/34.
Text: 1. Martin Moller 1587; 2.–4. Dichtung eines unbekannten Verfassers; 5. Martin
Behm 1610 (O Jesu Christ, meins Lebens Licht).
BG XII,2 (Rust 1863); NBA I/4 (Neumann 1965/1964).
Lit.: 44.

Solo: Sopran, Baß.
Oboe I, II, Oboe da caccia[1]; Streicher; B.c. – AD: 17 Min.

*1. **Choralbearbeitung** (Arie + vok. C.f.) „Nur Geduld, Geduld, mein
Herze" – „Ach Gott, wie manches Herzeleid"
Streichersatz (+ Oboe I, II, Oboe da caccia); B.c. **Baß** (A–e'), **Sopran**
(+ Oboe da caccia) C.f. (g'–f''). Choralthematik in den Instrumental-
stimmen.   C

2. **Rezitativ** „Verfolgt dich gleich die arge Welt"
Secco. **Baß** (G–d').   a–F

3. **Arie** „Ich bin vergnügt in meinem Leiden"
Triosatz: Violine (solo), **Sopran** (d'–g''), B.c. Freies Da-capo.   d

4. **Rezitativ** „Kann es die Welt nicht lassen"
Secco – Arioso. **Sopran** (e'–g'').   F–a

*5. **Choralbearbeitung** (Arie + vok. C.f.) „Nur getrost, getrost, ihr Her-
zen" – „Ich hab für mir ein schwere Reis"
Baß (G–e'), **Sopran** (+ Oboe da caccia) C.f. (g'–f''). Streichersatz
(+ Oboe I, II, Oboe da caccia); B.c.   C

59 Wer mich liebet, der wird mein Wort halten I

1. Pfingsttag. – EZ: 1723 oder 1724.
Text: Neumeister IV; 1. Johannes 14,23; 3. Martin Luther 1524.
BG XII,2 (Rust 1863); NBA I/13 (Kilian 1959/1960); Taschenpartitur Bärenreiter (Kilian
1963).
Lit.: 15, 54.

Solo: Sopran, Baß. – Chor (nur Choral).
Trompete I, II (*C*), Pauken; Streicher; B.c. – AD: 14 Min.

1. **Arie** (Duett) „Wer mich liebet, der wird mein Wort halten"
Orchestersatz: Gesamtinstrumentarium. **Sopran** (d'–g''), **Baß** (G–d').
Fünffache Periodenwiederholung. Kanonbildungen.   C
Umarbeitung: Kantate 74, Satz 1.

[1] „Taille" (g–f'')

2. **Rezitativ** „O, was sind das für Ehren"
Ausinstrumentiertes Secco: Streicher; B.c. – Arioso: Continuosatz.
Sopran (*c'–g''*).   a–G

3. **Choral** „Komm, Heiliger Geist, Herre Gott"
Schlichter Chorsatz. Violine II und Bratsche zum Teil selbständige
Führung (Streicher; B.c.).   G
Vgl. Kantate 175, Satz 7.

4. **Arie** „Die Welt mit allen Königreichen"
Triosatz: Violine, **Baß** (*A–d'*), B.c. Zweiteilige Form (mit Ritornell-
abrundung).   C
Umarbeitung: Kantate 74, Satz 2 (Sopran).

(5.) Schlußchoral nicht vorhanden, nur Vermerk „Chorale segue" in der Baßstimme.
Möglicherweise ist die von Neumeister gebrachte 3. Strophe des Chorals „Erhalt
uns, Herr. bei deinem Wort" („Gott, heilger Geist, du Tröster wert") hier einzu-
setzen (vgl. Kantate 6, Satz 6).

60 O Ewigkeit, du Donnerwort II
(Dialogus)

24. Sonntag nach Trinitatis. – EZ: 1723.
Textdichter unbekannt; 1. Johann Rist 1642 – Psalm 119, 166 und 1. Mose 49,18;
4. Offenbarung 14,13; 5. Franz Joachim Burmeister 1662 (Es ist genug, so nimm, Herr,
meinen Geist).
BG XII,2 (Rust 1863); NBA I/27 (Dürr 1968); Taschenpartituren Eulenburg (Schering
1929) und Philharmonia (A. Willner, W. Fischer 1925).
Lit.: 33[III], 56.

Solo: Alt (Furcht), Tenor (Hoffnung), Baß (Christus). – Chor (nur Schluß-
choral).
Horn (*D*)[1]; Oboe d'amore I, II; Streicher; B.c. – AD: 20 Min.

1. **Choralbearbeitung** (Arie + vok. C.f.) „Herr, ich warte auf dein Heil"
– „O Ewigkeit, du Donnerwort"
Orchestersatz: Gesamtinstrumentarium. **Tenor** (*d–a'*), **Alt** (+Horn)
C.f. (*d'–d''*).   D

2. **Rezitativ** (Dialog) „O schwerer Gang zum letzten Kampf und Streite"
Secco mit ariosen Teilstücken. **Alt** (*h–e''*), **Tenor** (*e–a'*).   h–G

3. **Arie** (Duett) „Mein letztes Lager will mich schrecken"
Quintettsatz: Oboe d'amore, Violine, **Alt** (*h–e''*), **Tenor** (*e–a'*), B.c.
Vokalpart dreigliedrig, Ritornellumrahmung.   h

[1] Nur C.f.-Verstärkung.

4. **Rezitativ** (Dialog) „Der Tod bleibt doch der menschlichen Natur verhaßt"

Secco, **Alt** ($b-e''$) – Arioso (Continuosatz), **Baß** ($G-e'$), alternierend. **e–D**
5. **Choral** „Es ist genung, Herr, wenn es dir gefällt"[1]
Mel. „Es ist genung, so nimm, Herr, meinen Geist"
Schlichter Chorsatz (+ Gesamtinstrumentarium). **A**

61 Nun komm, der Heiden Heiland I

1. Advent. – EZ: 1714 (autographes Datum), WA: 1723.
Text: Neumeister IV; 1. Martin Luther 1524; 4. Offenbarung 3,20; 6. Philipp Nicolai
1599.
BG XVI (Rust 1868); NBA I/1 (Neumann 1954/1955); Taschenpartituren Bärenreiter
(Neumann 1956) und Eulenburg, auch Hänssler (Grischkat 1956).
Lit.: 15, 16, 55, 66[V].

Solo: Sopran, Tenor, Baß. – Chor.
Streicher (geteilte Bratschen); B.c. (+ Fagott). – AD: 23 Min.

1. **Choralchorsatz** („Ouverture") „Nun komm, der Heiden Heiland"
Form der Französischen Ouvertüre:
A: ¢ Einbau der 1. und 2. bzw. 4. Choralzeile in einstimmiger und
vierstimmig-akkordlicher Form in eigenständigen Orchesterpart. Choralthematik im B.c.
B: $^3/_4$ Kanonisch-fugischer Choraufbau über 3. Choralzeile (mit duplierenden Instrumenten).
Gesamtinstrumentarium. **a**
2. **Rezitativ** „Der Heiland ist gekommen"
Secco – Arioso. **Tenor** ($c-f'$). **C–C**
3. **Arie** „Komm, Jesu, komm zu deiner Kirche"
Triosatz: Violinen + Bratschen, **Tenor** ($c-f'$), B.c. Da-capo-Form. **C**
4. **Rezitativ** „Siehe, ich stehe vor der Tür"
Motivgeprägtes Accompagnato: Streicher; B.c. (rhythmische Pizzicato-Akkorde). **Baß** ($A-c'$). **e–G**
5. **Arie** „Öffne dich, mein ganzes Herze"
Continuosatz (Ostinatobildungen im Hauptteil). **Sopran** ($d'-g''$).
Da-capo-Form ($^3/_4$ – ¢ – $^3/_4$). **G**
6. **Choral** „Amen, amen, komm, du schöne Freudenkrone"
Mel. „Wie schön leuchtet der Morgenstern" (nur Abgesang)
Freipolyphone Chorgestaltung mit C.f. im Sopran. Obligate Violinstimme. (Gesamtinstrumentarium.) **G**

[1] Thema zu Alban Bergs Violinkonzert, Finale.

62 Nun komm, der Heiden Heiland II

1. Advent. – EZ: 1724, WA: nach 1732.
Text: 1. und 6. Martin Luther 1524; 2.–5. Umdichtung eines unbekannten Verfassers (Picander?).
BG XVI (Rust 1868); NBA I/1 (Neumann 1954/1955); Taschenpartituren Bärenreiter (Neumann 1956) und Eulenburg, auch Hänssler (Grischkat 1958).
Lit.: 44.

Solo: Sopran, Alt, Tenor, Baß. – Chor.
Horn[1]; Oboe I, II; Streicher; B.c. – AD: 23 Min.

*1. **Choralchorsatz** „Nun komm, der Heiden Heiland"
Selbständiger Orchestersatz (Ritornellumrahmung, Zeilenzwischenspiele). Choralzeilenfugierung oder C.f. (Sopran + Horn) imitatorisch unterbaut (freithematisch). Choralzeilenzitate im Orchester. Gesamtinstrumentarium.   **h**

2. **Arie** „Bewundert, o Menschen, dies große Geheimnis"
Streichersatz (+ Oboe I, II); B.c. **Tenor** (c–a'). Da-capo-Form.   **G**

3. **Rezitativ** „So geht aus Gottes Herrlichkeit"
Secco. **Baß** (H–e').   **D–A**

4. **Arie** „Streite, siege, starker Held"
Continuosatz (mit Oktavierung durch Violinen + Bratsche). **Baß** (A–e'). Da-capo-Form (Ostinatobildungen).   **D**

5. **Rezitativ** (Duett) „Wir ehren diese Herrlichkeit"
Ausinstrumentiertes Secco: Streicher; B.c. Parallelgeführte Vokalstimmen: **Sopran** (e'–gis''), **Alt** (h–d'').   **A–h**

*6. **Choral** „Lob sei Gott, dem Vater, g'ton"
Schlichter Chorsatz (+ Gesamtinstrumentarium).   **h**[2]

63 Christen, ätzet diesen Tag

1. Weihnachtstag. – EZ: vor 1716, WA: 1723 und um 1729.
Text: wahrscheinlich Heineccius 1718.
BG XVI (Rust 1868); NBA I/2 (Dürr 1957); Taschenpartitur Bärenreiter (Dürr 1965).
Lit.: 15, 16, 66[V], 69.

Solo: Sopran, Alt, Tenor, Baß. – Chor.
Trompete I–IV (C)[3], Pauken; Oboe I–III; Streicher; obligate Orgel (nur in späterer Fassung); B.c. (Fagott). – AD: 27 Min.

[1] Nur C.f.-Verstärkung in 1. und 6.
[2] äolisch
[3] „Clarino I, II", „Tromba III, IV"

1. **Chorsatz** „Christen, ätzet diesen Tag"

Da-capo-Form:

A: Akkordlicher und polyphonierender (Kanonbildungen!) Chorsatz (hälftig gegliedert) mit großer Orchestersatzumrahmung.

B: Drei knappe Chorabschnitte (akkordlich – imitatorisch – akkordlich) mit kurzen Orchesterzwischenspielen. Solochor – Tuttichor (?). Gesamtinstrumentarium. **C**

2. **Rezitativ** „O selger Tag! o ungemeines Heute"
Ausinstrumentiertes Secco mit ariosen Teilstücken: Streicher; B.c.
Alt ($b-e''$). **C–a**

3. **Arie** (Duett) „Gott, du hast es wohl gefüget"
Quartettsatz: Oboe (spätere Fassung: obligate Orgel), **Sopran** ($d'-b''$),
Baß ($A-e'$), B.c. Da-capo-Form. Kanonbildungen. **a**

4. **Rezitativ** „So kehret sich nun heut"
Secco (teilweise B.c.-Accompagnato) mit ariosem Mittelstück.
Tenor ($c-g'$). **C–G**

5. **Arie** (Duett) „Ruft und fleht den Himmel an"
Streichersatz; B.c. **Alt** ($b-e''$), **Tenor** ($H-a'$).
Freies Da-capo. Tanzartige Melodik. **G**

6. **Rezitativ** „Verdoppelt euch demnach"
Accompagnato – Arioso: Oboe I–III; Streicher; B.c. (+Fagott).
Baß ($H-e'$). **e–C**

7. **Chorsatz** „Höchster, schau in Gnaden an"
Da-capo-Form:

A: Zwei homophone Chorblöcke, überführend in fugischen Choraufbau, mit thematischer Einbeziehung von Instrumenten (Trompete). Orchester-Ritornellumrahmung.

B: Fugenartige Chorentwicklung = Imitationsgeflecht dreier Themen (Trompete als Thementräger), umrahmt von akkordlichen Chorblöcken. Ritornelle. Solochor – Tuttichor (?). Instrumente teilweise obligat.

Gesamtinstrumentarium. **C**

64 Sehet, welch eine Liebe hat uns der Vater erzeiget

3. Weihnachtstag. – EZ: 1723, WA: nach 1735.
Textdichter unbekannt; 1. 1. Johannes 3,1; 2. Martin Luther 1524; 4. Georg Michael
Pfefferkorn 1667; 8. Johann Franck 1650.
BG XVI (Rust 1868); NBA I/3.
Lit.: 44, 54, 66^V, 69.

Solo: Sopran, Alt, Baß. – Chor.
Zink[1], Posaune I–III[1]; Oboe d'amore; Streicher; B.c. – AD: 24 Min.

1. **Chorsatz** „Sehet, welch eine Liebe hat uns der Vater erzeiget"
Motettischer Satz (duplierendes Orchester); B.c. Fugenform.
(Zink, Posaune I–III; Streicher; B.c.)   e

2. **Choral** „Das hat er alles uns getan"
Mel. „Gelobet seist du, Jesu Christ"
Schlichter Chorsatz (+Instrumentarium wie 1.).   **mixolyd.**
Vgl. Variante BG XVI, S. 371, und Kantate 91, Satz 6.

3. **Rezitativ** „Geh, Welt! behalte nur das Deine"
B.c.-Accompagnato. **Alt** (*h–d''*).   **C–D**

4. **Choral** „Was frag ich nach der Welt"
Mel. „O Gott, du frommer Gott"
Schlichter Chorsatz; B.c. figürlich (+Instrumentarium wie 1.).   **D**
Vgl. Variante BG XVI, S. 372, und Kantate 94, Satz 8.

5. **Arie** „Was die Welt in sich hält"
Streichersatz (ausinstrumentierter Triosatz?); B.c. **Sopran** (*d'–gis''*).
Da-capo-Form. Gavotte-Charakter.   **h**

6. **Rezitativ** „Der Himmel bleibet mir gewiß"
Secco. **Baß** (*H–e'*).   **G–G**

7. **Arie** „Von der Welt verlang ich nichts"
Triosatz: Oboe d'amore, **Alt** (*h–e''*), B.c. Da-capo-Form.   **G**

8. **Choral** „Gute Nacht, o Wesen"
Mel. „Jesu, meine Freude"
Schlichter Chorsatz (+Instrumentarium wie 1.).   e

[1] Nur Chorstütze in 1., 2., 4., 8.

65 Sie werden aus Saba alle kommen

Epiphanias. – EZ: 1724.

Textdichter unbekannt; 1. Jesaja 60,6; 2. Verdeutschung des Hymnus „Puer natus" 1545; 7. Paul Gerhardt 1647 (Ich hab in Gottes Herz und Sinn).

BG XVI (Rust 1868); Taschenpartitur Eulenburg (Schering 1930), rev. Hänssler (Horn 1960); NBA I/5.

Lit.: 55, 56, 66^V.

Solo: Tenor, Baß. – Chor.
Horn I, II (C); Blockflöte I, II (f'–g'''), Oboe da caccia I, II; Streicher; B.c. – AD: 18 Min.

1. **Chorsatz** „Sie werden aus Saba alle kommen"
   Mit Instrumentaleinleitung.
   A: Kanonischer Choraufbau mit Verwendung der ersten vier Takte Instrumentaleinleitung (Choreinbau).
   B: Chorfugenentwicklung mit thematischer Einbeziehung von Instrumenten (Blockflöte).
   Solochor – Tuttichor (?); übergehend in:
   A': Instrumentaleinleitung mit Choreinbau.
   Gesamtinstrumentarium.   C

2. **Choral** „Die Kön'ge aus Saba kamen dar"
   Mel. „Ein Kind, geborn zu Bethlehem"
   Schlichter Chorsatz (+Blockflöte I, II, Oboe da caccia I, II; B.c.).   a^1

3. **Rezitativ** „Was dort Jesaias vorhergesehn"
   Secco mit ariosem Ausklang. **Baß** (H–e').   F–G

4. **Arie** „Gold aus Ophir ist zu schlecht"
   Quartettsatz: Oboe da caccia I, II, **Baß** (F–e'), B.c.
   Vokalpart dreigliedrig (Textverhakung) mit da-capo-ähnlicher Wirkung (thematische Rückbindung mit Ritornellverschränkung).   e

5. **Rezitativ** „Verschmähe nicht, du, meiner Seelen Licht"
   Secco. **Tenor** (d–a').   a–e

6. **Arie** „Nimm mich dir zu eigen hin"
   Orchestersatz: Gesamtinstrumentarium. **Tenor** (d–a').
   Vokalpart dreigliedrig, Ritornellabrundung.   C

7. **Choral** „Ei nun, mein Gott, so fall ich dir"
   Mel. „Was mein Gott will, das g'scheh allzeit"
   Schlichter Chorsatz; B.c. (ohne Angabe duplierender Instrumente).   a^1

---

^{1} äolisch (oder dorisch)

66 Erfreut euch, ihr Herzen
(Dialogus)

2. Ostertag. – EZ: wahrscheinlich 1724, WA: 1731, 1735 (?).
Umdichtung der Köthener Geburtstagskantate 66a.
Textdichter unbekannt; Leipziger Kirchenmusik 1731; 6. Osterlied um 1200.
BG XVI (Rust 1868); NBA I/10 (Dürr 1955/1956).
Lit.: 66[VI], 69.
Solo: Alt (Furcht), Tenor (Hoffnung), Baß. – Chor.
Hohe Trompete (D)[1]; Oboe I, II, Fagott; Streicher; B. c. – AD: 32 Min.

1. **Chorsatz** „Erfreut euch, ihr Herzen"
Da-capo-Form:
A: Freipolyphoner Chorpart mit großem Orchestersatz als gliederndem Zwischenspiel und Ritornellumrahmung. Choreinbau in Teile des Instrumentalsatzes.
B: (Andante) Ausgedehntes imitatorisches Chorstimmenduett (Baß, Alt) mit vollstimmigem Abschluß (zweimaliger Aufbau). Instrumentalpart teilweise obligat.
Gesamtinstrumentarium. **D**
= Kantate 66a, Satz 8.

2. **Rezitativ** „Es bricht das Grab und damit unsre Not"
Ausinstrumentiertes Secco: Streicher; B. c. **Baß** (H–e'). **h–A**
= Kantate 66a, Satz 1 (oder Neukomposition?).

3. **Arie** „Lasset dem Höchsten ein Danklied erschallen"
Orchestersatz: Oboe I, II; Streicher; B. c. (+Fagott). **Baß** (A–e').
Da-capo-Form. **D**
= Kantate 66a, Satz 2.

4. **Rezitativ – Arioso – Rezitativ** „Bei Jesu Leben freudig sein"
Secco-Dialog (mit ariosem Teilstück), unterbrochen von längerer arienhafter Duettentwicklung (Continuosatz), imitatorisch.
Alt (a–e''), **Tenor** (cis–a'). **G–D–A**
= Kantate 66a, Satz 3 (mit Veränderungen).

5. **Arie** (Duett) „Ich fürchte $\left\{ \begin{array}{c} \text{zwar} \\ \text{nicht} \end{array} \right\}$ des Grabes Finsternissen"
Quartettsatz: Violine (solo), **Alt** (h–e''), **Tenor** (cis–a'), B. c.
Da-capo-Form. **A**
= Kantate 66a, Satz 4.

6. **Choral** „Alleluja! Alleluja! Alleluja!"
Mel. „Christ ist erstanden"
Schlichter Chorsatz; B. c. (+Gesamtinstrumentarium, ohne Tromp.). **fis**[2]

[1] ad libitum.   [2] dorisch

66a Der Himmel dacht auf Anhalts Ruhm und Glück
(Serenata)

Glückwunschkantate zum Geburtstag (10.12.) des Fürsten Leopold von Anhalt-Köthen.
EZ: 1718.
Musik verschollen, aber als Urbild der Kantate 66 teilweise zu rekonstruieren.
Text: Hunold II: 1. Die Glückseligkeit Anhalts, 2. Fama.
NBA I/35, Krit. Bericht (Dürr 1964).
Lit.: 66^{VI}, 69, 70.

1. **(Rezitativ)** Glückseligkeit: „Der Himmel dacht auf Anhalts Ruhm und Glück"
   = Kantate 66, Satz 2 (oder Neukomposition?).
2. **Arie** Glückseligkeit: „Traget, ihr Lüfte, den Jubel von hinnen"
   = Kantate 66, Satz 3.
3. **(Rezitativ)** Fama, Glückseligkeit: „Die Klugheit auf dem Thron zu sehn"
   = Kantate 66, Satz 4.
4. **Arie** (Duett) Fama, Glückseligkeit: „Ich weiche $\left\{ \begin{array}{l} \text{nun; ich will} \\ \text{nicht; du sollst} \end{array} \right\}$ der Erden sagen"
   = Kantate 66, Satz 5.
5. **(Rezitativ)** Glückseligkeit, Fama: „Wie weit bist du mit Anhalts Götter-Ruhm".
   Musik verschollen.
6. **Arie** (Fama): „Beglücktes Land von süßer Ruh und Stille"
   Musik verschollen.
7. **(Rezitativ)** Glückseligkeit, Fama: „Nun teurer Fürst! der seinen Purpur schmücket"
   Musik verschollen.
8. **Arie** Glückseligkeit, Fama, Tutti: „Es strahle die Sonne, es lache die Wonne"
   = Kantate 66, Satz 1.

67 Halt im Gedächtnis Jesum Christ

Quasimodogeniti. – EZ: 1724.
Textdichter unbekannt; 1. 2. Timotheus 2,8; 4. Nikolaus Herman 1560; 7. Jakob Ebert 1601.
BG XVI (Rust 1868); Taschenpartitur Eulenburg (Schering o. J.); NBA I/11.
Lit.: 52, 56, 66^{I}.

Solo: Alt, Tenor, Baß. – Chor.
Horn (Zugtrompete) (*A*)[1]; Querflöte, Oboe d'amore I, II; Streicher; B.c. –
AD: 17 Min.

1. **Chorsatz** „Halt im Gedächtnis Jesum Christ"
   Einleitungssinfonia und Zwischensätze. Zwei chorfugische Entwick-
   lungen, eingeleitet durch zwei das Fugenthema akkordlich ausprägende
   Chorkomplexe (mit obligatem Orchesterpart); weitergeführt durch frei-
   polyphonen Chorsatz als Einbau in Instrumentalsatz.
   Solochor – Tuttichor (?).
   Trompete; Querflöte, Oboe d'amore I, II; Streicher; B.c.   A

2. **Arie** „Mein Jesus ist erstanden"
   Orchestersatz: Oboe d'amore; Streicher; B.c. **Tenor** (*e–a'*).
   Zweiteilige Form (mit Ritornellabrundung).   E

3. **Rezitativ** „Mein Jesu, heißest du des Todes Gift"
   Secco. **Alt** (*his–dis''*).   cis–Fis

4. **Choral** „Erschienen ist der herrlich Tag"
   Schlichter Chorsatz (+Instrumentarium wie 1.).   H–fis[2]

5. **Rezitativ** „Doch scheinet fast, daß mich der Feinde Rest"
   Secco. **Alt** (*h–dis''*).   cis–A

6. **Arie** „Friede sei mit euch"
   Keine Arienentwicklung, sondern Reihung zweier thematisch heteroge-
   ner (**c** – ³/₄) Instrumentalkomplexe (A B A B A B A B). B als **Baß**-Arioso
   (*A–d'*), A als dreistimmiger Ensemblesatz (**Sopran, Alt, Tenor**) durch
   Einbau gestaltet.
   Orchestersatz: Querflöte, Oboe d'amore I, II; Streicher; B.c.   A
   Parodie: Messe *A*-Dur (BWV 234), Gloria.

7. **Choral** „Du Friedefürst, Herr Jesu Christ"
   Schlichter Chorsatz (+Instrumentarium wie 1.).   A

68 Also hat Gott die Welt geliebt

2. Pfingsttag. – EZ: 1725.
Text: Ziegler I; 1. Salomo Liscow 1675; 5. Johannes 3,18.
BG XVI (Rust 1868); NBA I/14 (Dürr 1962/1963); Taschenpartituren Eulenburg, auch
Hänssler (Grischkat 1963), Bärenreiter (Dürr 1963).
Lit.: 44, 55, 71.

[1] Partitur: „Corno", Stimmen: „Corno" mit nachträglicher Ergänzung „da Tirarsi".
[2] dorisch

Solo: Sopran, Baß. – Chor.
Horn[1]; Zink, Posaune I–III[2]; Oboe I, II, Oboe da caccia[3]; Violoncello
piccolo[4], Streicher; B.c. – AD: 20 Min.

1. **Choralchorsatz** „Also hat Gott die Welt geliebt"
Selbständiger Orchestersatz (Instrumentalvorspiel und Zeilenzwischen-
spiele). Figurierter C.f. Sopran (+Horn), imitatorisch oder akkordlich
unterbaut.
Streicher (+Oboe I, II, Oboe da caccia); B.c. **d**

2. **Arie** „Mein gläubiges Herze"
Triosatz: **Sopran** ($f'-a''$), Violoncello piccolo, B.c. (Ostinato-Bildun-
gen). Freies Da-capo. Langer Instrumentalnachsatz (Oboe; Violine,
Violoncello piccolo; B.c.). **F**
Urbild: Kantate 208, Satz 13 (Erweiterung und Neugestaltung des Gesangspartes);
vgl. Kantate V, Satz 5.

3. **Rezitativ** „Ich bin mit Petro nicht vermessen"
Secco. **Baß** ($A-d'$). **d–G**

4. **Arie** „Du bist geboren mir zugute"
Bläsersatz: Oboe I, II, Oboe da caccia; B.c. **Baß** ($G-e'$).
Freies Da-capo (Ostinatoperioden: $C-G-a-e-C$). **C**
Urbild: Kantate 208, Satz 7 (erweitert).

5. **Chorsatz** „Wer an ihn gläubet, der wird nicht gerichtet"
Motettisch (mit duplierendem Orchester). Doppelfuge mit sukzessiver
Durchführung der beiden Themen (Choralanklänge) mit anschließender
Kombination (Umtextierung).
(Instrumentarium wie 1.; Zink, Posaune I–III mit Chorstimmen). **a–d**

69 Lobe den Herrn, meine Seele I

Ratswechsel (12. Sonntag nach Trinitatis). – EZ: späte Leipziger Jahre.
Neufassung von Kantate 69a.
Textdichter unbekannt; 1. Psalm 103,2; 6. Martin Luther 1524.
BG XVI (Rust 1868); NBA I/32.
Lit.: 53, 55.

Solo: Sopran, Alt, Tenor, Baß. – Chor.
Trompete I–III (*D*), Pauken; Oboe I–III, Oboe d'amore; Streicher; B.c.
(+Fagott). – AD: 27 Min.

---

[1] Nur C.f.-Verstärkung in 1.   [2] Nur Chorstütze in 5.
[3] „Taille" ($f-d''$)   [4] Umfang: $C-b'$ (= Viola pomposa).

1. **Chorsatz** „Lobe den Herrn, meine Seele"
Orchestersatzumrahmung und Zwischenspiele.
Doppelfuge (mit thematischer Einbeziehung von Instrumenten) zwischen freipolyphonen und akkordlichen Chorpartien. Sukzessive Durchführung der beiden Themen mit anschließender Kombination. Teilweise Dominanz des Instrumentalsatzes (Choreinbau). Solochor – Tuttichor (?).
Trompete I–III, Pauken; Oboe I–III; Streicher; B.c. (+ Fagott).   **D**
= Kantate 69a, Satz 1.

2. **Rezitativ** „Wie groß ist Gottes Güte doch"
Secco. **Sopran** (*dis'–a''*).   **h–G**

3. **Arie** „Meine Seele, auf! erzähle"
Quartettsatz: Oboe, Violine, **Alt** (*h–e''*), B.c. (+ Fagott).
Da-capo-Form.   **G**
= Kantate 69a, Satz 3 (geringfügige Änderungen, teilweise Neutextierung, Uminstrumentierung, Transposition).

4. **Rezitativ** „Der Herr hat große Ding an uns getan"
Secco – Ausinstrumentiertes Secco – Accompagnato: Streicher; B.c. (+ Fagott). **Tenor** (*d–a'*).   **e–fis**

5. **Arie** „Mein Erlöser und Erhalter"
Orchestersatz: Oboe d'amore; Streicher; B.c. (+ Fagott). **Baß** (*A–e'*).
Zweiteilige Form (mit Ritornellabrundung).   **h**
= Kantate 69a, Satz 5.

6. **Choral** „Es danke, Gott, und lobe dich"
Mel. „Es woll uns Gott genädig sein"
Schlichter Chorsatz; obligater Trompetenchor (Gesamtinstrumentarium).   **h–D**

69a Lobe den Herrn, meine Seele

12. Sonntag nach Trinitatis. – EZ: 1723.
Urbild der Kantate 69.
Textdichter unbekannt; 1. Psalm 103,2; 6. Samuel Rodigast 1676.
BG XVI Anh. (Rust 1868); NBA I/20.

Solo: Sopran, Alt, Tenor, Baß. – Chor.
Trompete I–III (*D*), Pauken; Blockflöte, Oboe I–III, Oboe da caccia; Streicher; B.c. (+ Fagott). – AD: 26 Min.

1. **Chorsatz** „Lobe den Herrn, meine Seele"   **D**
= Kantate 69, Satz 1.

2. **Rezitativ** „Ach, daß ich tausend Zungen hätte"
Secco. **Sopran** (*e–a''*).   h–e
3. **Arie** „Meine Seele, auf! erzähle"
Quartettsatz: Blockflöte, Oboe da caccia, **Tenor** (*e–a'*), B.c. (+Fagott).
Da-capo-Form.   C
= Kantate 69, Satz 3.
4. **Rezitativ** „Gedenk ich nur zurück"
Secco mit ariosem Ausklang. **Alt** (*a–d''*).   e–G
5. **Arie** „Mein Erlöser und Erhalter"   h
= Kantate 69, Satz 5.
6. **Choral** „Was Gott tut, das ist wohlgetan, darbei will ich verbleiben"
Schlichter Chorsatz. Gesamtinstrumentarium.   G
Vgl. Kantate 12, Satz 7.

70 Wachet! betet! betet! wachet!

26. Sonntag nach Trinitatis. – EZ: 1723, WA: 1731.
Erweiternde Umarbeitung der Kantate 70a.
Text: Salomo Franck 1717 (1., 3., 5., 8., 10.); 7. unbekannter Dichter um 1620; 11. Christian Keymann 1658; 2., 4., 6., 9. unbekannter Dichter.
BG XVI (Rust 1868); NBA I/27 (Dürr 1968).
Lit.: 15, 48, 66[IV].

Solo: Sopran, Alt, Tenor, Baß. – Chor.
Hohe Trompete (*C*); Oboe[1]; Streicher; B.c. (+Fagott). – AD: 26 Min.

Erster Teil

1. **Chorsatz** „Wachet! betet! betet! wachet!"
Mit Einleitungssinfonia. Freipolyphone, akkordliche und imitatorische Chorabschnitte mit obligatem Orchesterpart. Freies Da-capo. Dominanz der Instrumentalentwicklung in den Eckteilen (Choreinbau). Gesamtinstrumentarium.   C
= Kantate 70a, Satz 1.
2. **Rezitativ** „Erschrecket, ihr verstockten Sünder"
Accompagnato mit ariosem Teilstück: Orchestersatz. **Baß** (*c–e'*).   F–a
3. **Arie** „Wenn kömmt der Tag, an dem wir ziehen"
Continuosatz (Violoncello als figürliche Bereicherung des B.c.). Ostinatobildungen. **Alt** (*a–d''*). Vokalpart dreigliedrig, Ritornellumrahmung.   a
= Kantate 70a, Satz 2.

¹ Umfang: *g–e'''* (=+ Violine).

4. **Rezitativ** „Auch bei dem himmlischen Verlangen"
   Secco. **Tenor** (*d–a'*).   d–e
5. **Arie** „Laßt der Spötter Zungen schmähen"
   Streichersatz (Triostruktur); B.c. (+Fagott). **Sopran** (*d'–a''*). Zweitei-
   lige Form (mit Da-capo-Andeutung und Ritornellabrundung).   e
   = Kantate 70a, Satz 3.
6. **Rezitativ** „Jedoch bei dem unartigen Geschlechte"
   Secco. **Tenor** (*g–a'*).   D–G
7. **Choral** „Freu dich sehr, o meine Seele"
   Schlichter Chorsatz (+Gesamtinstrumentarium).   G

Zweiter Teil

8. **Arie** „Hebt euer Haupt empor"
   Streichersatz (+Oboe); B.c. (+Fagott). Ausinstrumentierter Triosatz.
   Tenor (*c–g'*). Verkürztes Da-capo.   G
   = Kantate 70a, Satz 4.
9. **Rezitativ + Choral** „Ach, soll nicht dieser große Tag"
   Accompagnato: Streicher; B.c. (+Fagott), mit ariosem Ausklang.
   Baß (*G–f'*). Dazu C.f. Trompete („Es ist gewißlich an der Zeit"). e–C
10. **Arie** „Seligster Erquickungstag"
    Dreiteilige Form (ohne Ritornellabrundung): Adagio (Continuosatz) –
    Presto: Trompete; Streicher; B.c. (+Fagott) – Adagio (Continuosatz).
    Baß (*G–d'*).   C
    = Kantate 70a, Satz 5.
11. **Choral** „Nicht nach Welt, nach Himmel nicht"
    Mel. „Meinen Jesum laß ich nicht"
    Schlichter Chorsatz mit drei obligaten Streichern (Gesamtinstrumen-
    tarium).   C
    = Kantate 70a, Satz 6.

70a Wachet! betet! betet! wachet!

2. Advent. – EZ: 1716.
Musik verschollen, aber als Urbild der Kantate 70 rekonstruierbar.
Text: Salomo Franck 1717; 6. Christian Keymann 1658.
NBA I/1, Krit. Bericht (Dürr 1955).

1. **Chorsatz** „Wachet! betet! betet! wachet!"
   = Kantate 70, Satz 1.
2. **Arie** „Wenn kömmt der Tag, an dem wir ziehen"
   = Kantate 70, Satz 3.

3. **Arie** „Laßt der Spötter Zungen schmähen"
= Kantate 70, Satz 5.
4. **Arie** „Hebt euer Haupt empor"
= Kantate 70, Satz 8.
5. **Arie** „Seligster Erquickungstag"
= Kantate 70, Satz 10.
6. **Choral** „Nicht nach Welt, nach Himmel nicht"
= Kantate 70, Satz 11.

71 Gott ist mein König

Ratswechsel Mühlhausen, 4. 2. 1708 (autographe Datierung: „de l'anno 1708").
Textdichter unbekannt; Textdruck 1708; 1. Psalm 74,12; 2. 2. Samuel 19,35 und 37 –
Johann Heermann 1630; 3. 5. Mose 33,25 und 1. Mose 21,22; 4. Psalm 74,16–17;
6. Psalm 74,19.
BG XVIII (Rust 1870); NBA I/32.
Lit.: 15, 32, 33[III].

Solo: Sopran, Alt, Tenor, Baß. – Chor.
Vierchöriges Instrumentarium: Trompete I–III (*C*), Pauken; Blockflöte I, II
(*es'–c'''*)[1], Violoncello; Oboe I, II, Fagott; Streicher; B.c. (obligate Orgel).
– AD: 20 Min.

1. **Chorsatz** „Gott ist mein König"
Tuttichor – Solochor alternierend, in zyklischer Anordnung. Klein-
gliedriger akkordlicher oder freipolyphoner Chorsatz mit teilweise
obligatem Orchesterpart.
Gesamtinstrumentarium. **C**

2. **Choralbearbeitung** (Arie + vok. C.f.) „Ich bin nun achtzig Jahr" –
„Soll ich auf dieser Welt" (Mel. „O Gott, du frommer Gott")
Continuosatz, mit Motiveinwürfen (Echomanier) der obligaten Orgel.
Sopran (*e'–g''*) C.f. koloriert (*G*-Dur!), **Tenor** (*H–g'*). Ostinatobil-
dungen. **e**

3. **Chorsatz** „Dein Alter sei wie deine Jugend"
Motettisch. Fuge (Permutationsform). Ohne Orchesterpart. B.c. **a**

4. **Arie** („Arioso") „Tag und Nacht ist dein"
Baß (*F–e'*). Da-capo-Form. Ostinatobildungen.
A: $^3/_2$ Orchestersatz (Blockflöte I, II, Violoncello; Oboe I, II, Fagott;
B.c.).
B: **c** Continuosatz. **F**

---
[1] Original einen Ganzton höher notiert (*f'–d'''*). Die Kantate ist als Ganzes besser nach
D-Dur zu versetzen.

5. **Arie** „Durch mächtige Kraft"
Continuosatz mit Trompetenchor-Einwürfen und Nachsatz. **Alt** ($c'-e''$).
Dreiteilig: $^3/_8$ Vivace; **c** Andante; $^3/_8$ Vivace (freies Da-capo).   **C**

6. **Chorsatz** „Du wollest dem Feinde nicht geben"
Mit instrumentalen Vor- und Zwischenspielen. Homophoner Satz mit
Dominanz des Chorsoprans (monodische Periodenbildung). Unisono-
ausklang. Teilweise obligater Orchesterpart (Blockflöte I, II, Violon-
cello; Oboe I, II, Fagott; Streicher; B.c.). Freie Da-capo-Form.   **c**

7. **Chorsatz** „Das neue Regiment"
Vielgliedrige Reihung knapper, meist homophoner Chor- oder Or-
chesterepisoden (wechselchörig) mit sich überkreuzenden Entsprechun-
gen. Herausarbeitung eines musikalischen Zentrums: Chorfuge $^3/_2$ (Per-
mutationsform) mit thematischer Einbeziehung von Instrumenten.
Aufbau: Solochor – Tuttichor.
Gesamtinstrumentarium.   **C**

72 Alles nur nach Gottes Willen

3. Sonntag nach Epiphanias. – EZ: 1726.
Eine Weimarer Frühfassung ist möglich, aber quellenmäßig nicht belegbar.
Text: Salomo Franck 1715; 6. Markgraf Albrecht von Brandenburg 1547.
BG XVIII (Rust 1870); NBA I/6.
Lit.: 15, 52.

Solo: Sopran, Alt, Baß. – Chor.
Oboe I, II; Streicher; B.c. – AD: 20 Min.

1. **Chorsatz** „Alles nur nach Gottes Willen"
Mit Instrumentaleinleitung und gliederndem Zwischenspiel. Freipoly-
phoner und imitatorischer Chorsatz (Kanonbildungen). Freies Da-capo.
Dominanz der Instrumentalentwicklung in den Eckteilen (Choreinbau);
Kanonbildungen im Mittelteil.
Gesamtinstrumentarium.   **a**
Parodie: Messe g-Moll (BWV 235), Gloria.

2. **Rezitativ** „O seliger Christ, der allzeit seinen Willen"
Secco – Arioso (Continuosatz) – Secco. **Alt** ($b-es''$).   **C–d**

3. **Arie** „Mit allem, was ich hab und bin"
Quartettsatz: Violine I, II, **Alt** ($b-e''$), B.c. Verkürztes Da-capo.   **d**

4. **Rezitativ** „So glaube nun! Dein Heiland saget"
Secco. **Baß** ($A-d'$).   **a–G**

5. **Arie** „Mein Jesus will es tun, er will dein Kreuz versüßen"
Orchestersatz: Oboe; Streicher; B. c. **Sopran** (*d'–a''*). Zweiteilige Form
(mit Da-capo-Andeutung und Ritornellabrundung). Tanzartiger Cha-
rakter. **C**

6. **Choral** „Was mein Gott will, das g'scheh allzeit"
Schlichter Chorsatz (+ Gesamtinstrumentarium). **a**[1]

73 Herr, wie du willt, so schicks mit mir

3. Sonntag nach Epiphanias. – EZ: 1724, WA: nach 1732.
Textdichter unbekannt; 1. Kaspar Bienemann 1582; 5. Ludwig Helmbold 1563.
BG XVIII (Rust 1870); NBA I/6.

Solo: Sopran, Tenor, Baß. – Chor.
Horn (oder obligate Orgel); Oboe I, II; Streicher; B. c. – AD: 17 Min.

1. **Choralchorsatz + Rezitativ** „Herr, wie du willt, so schicks mit mir"
Mel. „Wo Gott, der Herr, nicht bei uns hält"
Selbständiger Orchestersatz (Ritornellumrahmung, Zeilenzwischen-
spiele). C.f. Sopran (+ Orgel), akkordlich unterbaut (motivische Vor-
bereitung durch Orgel). Einfügung von 3 Rezitativen (Choraltropie-
rung), motivgeprägtes Accompagnato (Thematik des Choralchors):
Tenor (*c–as'*), **Baß** (*c–es'*), **Sopran** (*c'–g''*). Im Schlußritornell drei
knappe homophone Choreinbauten (Choralmotiv).
Gesamtinstrumentarium. **g**

2. **Arie** „Ach senke doch den Geist der Freuden"
Triosatz: Oboe, **Tenor** (*es–a'*), B. c. Da-capo-Form. **Es**

⌐3. **Rezitativ** „Ach, unser Wille bleibt verkehrt"
│   Secco. **Baß** (*G–es'*). **c–c**
│
└4. **Arie** „Herr, so du willt"
Streichersatz; B. c. **Baß** (*c–es'*).
Freie Strophengestaltung (A A' A''a). **c**

5. **Choral** „Das ist des Vaters Wille"
Mel. „Von Gott will ich nicht lassen"
Schlichter Chorsatz (+ Horn; Oboe I, II; Streicher; B. c.). **c**

---

[1] äolisch (oder dorisch)

74 Wer mich liebet, der wird mein Wort halten II

1. Pfingsttag. – EZ: 1725, unter Verwendung zweier Sätze aus Kantate 59.
Text: Ziegler I; 1. Johannes 14,23; 4. Johannes 14,28; 6. Römer 8,1; 8. Paul Gerhardt
1653 (Gott Vater, sende deinen Geist).
BG XVIII (Rust 1870); NBA I/13 (Kilian 1959/1960).
Lit.: 54, 55.

Solo: Sopran, Alt, Tenor, Baß. – Chor.
Trompete I–III (C), Pauken; Oboe I, II, Oboe da caccia; Streicher; B.c. –
AD: 24 Min.

1. **Chorsatz** „Wer mich liebet, der wird mein Wort halten"
   Mit Instrumentalsatzumrahmung und Zwischenspielen. Zweistimmig-
   keit vorherrschend. Fünffache Periodenwiederholung. Kanonbildungen.
   Gesamtinstrumentarium. **C**
   Urbild: Kantate 59, Satz 1.

2. **Arie** „Komm, komm, mein Herze steht dir offen"
   Triosatz: Oboe da caccia, **Sopran** (*d'–g''*), B.c.
   Zweiteilige Form (mit Ritornellabrundung). **F**
   Urbild: Kantate 59, Satz 4.

3. **Rezitativ** „Die Wohnung ist bereit"
   Secco. **Alt** (*cis'–e''*). **d–a**

4. **Arie** „Ich gehe hin und komme wieder zu euch"
   Continuosatz (Ostinatobildungen). **Baß** (*H–e'*).
   Zweiteilige Form (mit Ritornellabrundung). **e**

5. **Arie** „Kommt, eilet, stimmet Sait und Lieder"
   Streichersatz (erweiterter Triosatz?); B.c. **Tenor** (*d–a'*).
   Freies Da-capo. **G**

6. **Rezitativ** „Es ist nichts Verdammliches an denen"
   Ausinstrumentiertes Secco mit ariosem Ausklang: Oboe I, II, Oboe da
   caccia; B.c. **Baß** (*c–d'*). **e–C**

7. **Arie** „Nichts kann mich erretten"
   Orchestersatz: Oboe I, II, Oboe da caccia; Violine (solo), Streicher;
   B.c. **Alt** (*g–e''*). Da-capo-Form. **C**

8. **Choral** „Kein Menschenkind hier auf der Erd"
   Mel. „Kommt her zu mir, spricht Gottes Sohn"
   Schlichter Chorsatz (+ Trompete; Oboe I, II, Oboe da caccia; Streicher;
   B.c.). **a**

75 Die Elenden sollen essen

1. Sonntag nach Trinitatis. – EZ: 1723.
Bachs Leipziger Antrittskantate, Schwesterwerk von Kantate 76.
Textdichter unbekannt; 1. Psalm 22,27; 7. und 14. Samuel Rodigast 1674.
BG XVIII (Rust 1870); NBA I/15 (Dürr 1967/1968).
Lit.: 30, 55.

Solo: Sopran, Alt, Tenor, Baß. – Chor.
Hohe Trompete (*C* und *G*); Oboe I, II, Oboe d'amore[1]; Streicher; B.c.
(+Fagott). – AD: 40 Min.

Erster Teil

1. **Chorsatz** „Die Elenden sollen essen"
   Instrumentaleinleitung und Zwischenspiele. Zweiteilige Form:
   A: $^3/_4$ Freipolyphoner Chorsatz, Quintkanonkomplex, teilweise obligater Orchesterpart.
   B: **c** Chorfuge mit thematischer Einbeziehung von Instrumenten.
   Oboe I, II; Streicher; B.c. (+Fagott).   **e**
2. **Rezitativ** „Was hilft des Purpurs Majestät"
   Ausinstrumentiertes Secco: Streicher; B.c. **Baß** (*H–fis'*).   **h–e**
3. **Arie** „Mein Jesus soll mein alles sein"
   Orchestersatz: Oboe; Streicher; B.c. **Tenor** (*d–g'*). Da-capo-Form.   **G**
4. **Rezitativ** „Gott stürzet und erhöhet"
   Secco. **Tenor** (*e–a'*).   **a–C**
5. **Arie** „Ich nehme mein Leiden mit Freuden auf mich"
   Triosatz: Oboe d'amore, **Sopran** (*c'–a''*), B.c. Da-capo-Form.   **a**
6. **Rezitativ** „Indes schenkt Gott ein gut Gewissen"
   Secco. **Sopran** (*cis'–a''*).   **G–G**
*7. **Choralchorsatz** „Was Gott tut, das ist wohlgetan"
   Ritornellumrahmung und Zeilenzwischenspiele. Schlichter Chorsatz.
   Choralmotivik in den Instrumentalstimmen.
   Streicher (+Oboe I, II); B.c.   **G**
   = Kantate 100, Satz 6.

Zweiter Teil

*8. **Sinfonia**
   Instrumentale Choralbearbeitung. Quintettsatz: Trompete (*G*) C.f.,
   Streicher (fugiert), B.c. Streicherthematik ohne Choralbeziehung.   **G**

---

[1] Umfang nur *c'–a''* (notfalls Oboe).

9. **Rezitativ** „Nur eines kränkt ein christliches Gemüte"
   Ausinstrumentiertes Secco: Streicher; B.c. **Alt** (*c'–e''*).   e–G

10. **Arie** „Jesus macht mich geistlich reich"
    Triosatz: Violinen, **Alt** (*b'–e''*), B.c. Da-capo-ähnliche Gestaltung.   e

11. **Rezitativ** „Wer nur in Jesu bleibt"
    Secco. **Baß** (*A–d'*).   D–C

12. **Arie** „Mein Herze glaubt und liebt"
    Orchestersatz: hohe Trompete (*C*); Streicher; B.c. **Baß** (*c–f'*).
    Freies Da-capo.   C

13. **Rezitativ** „O Armut, der kein Reichtum gleicht"
    Secco. **Tenor** (*d–a'*).   a–G

*14. **Choralchorsatz** „Was Gott tut, das ist wohlgetan"   G
     = Satz 7.

76 Die Himmel erzählen die Ehre Gottes

2. Sonntag nach Trinitatis, später auch Reformationsfest. – EZ: 1723 (autographes Datum), WA: 1724 oder 1725.
Schwesterwerk von Kantate 75.
Textdichter unbekannt; 1. Psalm 19,2 und 4; 7. und 14. Martin Luther 1524.
BG XVIII (Rust 1870); NBA I/16.
Lit.: 44, 55, 62, 66^{II}.

Solo: Sopran, Alt, Tenor, Baß. – Chor.
Hohe Trompete (*C*); Oboe I, II[1], Oboe d'amore; Viola da gamba, Streicher;
B.c. – AD: 35 Min.

Erster Teil

1. **Chorsatz** „Die Himmel erzählen die Ehre Gottes"
   Zweiteilige Form:
   A: Freipolyphone Chorabschnitte (mit Solochorbaß-Devise) zwischen Instrumentalritornellen. Selbständiger Orchesterpart (wahrscheinlich Choreinbau).
   B: Chorfuge (mit thematischer Einbeziehung der Trompete).
   Aufbau: Solochor – Tuttichor. Im Anhang Choreinbau.
   Hohe Trompete; Oboe I, II; Streicher; B.c.   C

---

[1] Oboen bis *g* herab (= + Violinen).

2. **Rezitativ** „So läßt sich Gott nicht unbezeuget"
   Ausinstrumentiertes Secco – Arioso – ausinstrumentiertes Secco:
   Streicher; B. c. **Tenor** (*g–a'*).   **a–e**

3. **Arie** „Hört, ihr Völker, Gottes Stimme"
   Triosatz: Violine, **Sopran** (*d'–g''*), B. c. Da-capo-Form.   **G**

4. **Rezitativ** „Wer aber hört, da sich der größte Haufen"
   Secco. **Baß** (*H–d'*).   **e–C**

5. **Arie** „Fahr hin, abgöttische Zunft"
   Orchestersatz: hohe Trompete; Streicher; B. c. **Baß** (*F–e'*).
   Freies Da-capo.   **C**

6. **Rezitativ** „Du hast uns, Herr, von allen Straßen"
   Secco – Arioso. **Alt** (*h–d''*).   **e–e**

*7. **Choral** „Es woll uns Gott genädig sein"
   Schlichter Chorsatz mit obligater Violine. Instrumentale Vorwegnahme
   jeder C.f.-Zeile. Figürlich gestraffter Continuo.
   Trompete; Streicher; B. c.   **phryg.**

Zweiter Teil

8. **Sinfonia**
   Adagio–Vivace (Französische Ouvertüre). Triosatz: Oboe d'amore,
   Gambe, B. c.   **e**
   = Orgelsonate Nr. 4 (BWV 528), Satz 1.

9. **Rezitativ** „Gott segne noch die treue Schar"
   Ausinstrumentiertes Secco: Streicher; B. c. (+ Gambe). **Baß** (*H–d'*). **h–a**

10. **Arie** „Hasse nur, hasse mich recht"
    Continuosatz (+ Gambe). **Tenor** (*c–g'*). Ostinatobildungen.
    Freies Da-capo.   **a**

11. **Rezitativ** „Ich fühle schon im Geist"
    Secco – Arioso. **Alt** (*c'–d''*). B. c. (+ Gambe).   **F–C**

12. **Arie** „Liebt, ihr Christen, in der Tat"
    Quartettsatz: Oboe d'amore, Gambe, **Alt** (*h'–d''*), B. c. Freies Da-capo. **e**

13. **Rezitativ** „So soll die Christenheit"
    Secco mit ariosem Ausklang. **Tenor** (*d–g'*).   **C–E**

*14. **Choral** „Es danke, Gott, und lobe dich"   **phryg.**
    = Satz 7.

77 Du sollt Gott, deinen Herren, lieben

13. Sonntag nach Trinitatis. – EZ: 1723.
Textdichter unbekannt; 1. Lukas 10,27; 6. Justus Gesenius/David Denicke 1657 (O Gottes Sohn, Herr Jesu Christ).
BG XVIII (Rust 1870); NBA I/21 (Neumann 1958/1959).
Lit.: 55.

Solo: Sopran, Alt, Tenor, Baß. – Chor.
Hohe Trompete[1]; Oboe I, II; Streicher; B.c. – AD: 17 Min.

1. **Choralchorsatz** „Du sollt Gott, deinen Herren, lieben"
   Mel. „Dies sind die heilgen zehn Gebot"
   Mit Orchestervorspiel und einem Zwischensatz, sonst geschlossener Chorsatz. C.f. Trompete und B.c. (Unterquinte, Vergrößerung). Chorstimmen in fugiertem Satz (Choralsubstanz).
   Trompete; Streicher; B.c.   **mixolyd.**
2. **Rezitativ** „So muß es sein"
   Secco. **Baß** (*c–d'*).   **C–C**
3. **Arie** „Mein Gott, ich liebe dich von Herzen"
   Quartettsatz: Oboe I, II (meist Parallelführung), **Sopran** (*d'–a''*), B.c.
   Zweiteilige Form (mit Ritornellabrundung).   **a**
4. **Rezitativ** „Gib mir dabei, mein Gott! ein Samariterherz"
   Ausinstrumentiertes Secco: Streicher; B.c. **Tenor** (*e–a'*).   **e–G**
5. **Arie** „Ach, es bleibt in meiner Liebe"
   Triosatz: hohe Trompete, **Alt** (*c'–d''*), B.c. Da-capo-Form.   **d**
6. **Choral** „Herr, durch den Glauben wohn in mir"[2]
   Mel. „Ach Gott, vom Himmel sieh darein"
   Schlichter Chorsatz (+ Gesamtinstrumentarium).   **g–D**[3]

78 Jesu, der du meine Seele

14. Sonntag nach Trinitatis. – EZ: 1724.
Text: 1. und 7. Johann Rist 1641; 2.–6. Umdichtung eines unbekannten Verfassers.
BG XVIII (Rust 1870); NBA I/21 (Neumann 1958/1959); Taschenpartituren Eulenburg (Schering 1934), rev. Hänssler (Horn 1962), Bärenreiter (Neumann 1962).
Lit.: 33[II], 44, 56, 66[III].

---

[1] „Tromba da tirarsi"
[2] Vorschlag des Herausgebers; der Satz ist im Original ohne Text. BG XVIII folgt dem weniger geeigneten Vorschlag Zelters: „Du stellst, mein Jesu, selber dich" (Strophe 8 von David Denickes „Wenn einer alle Ding verstünd", 1657).
[3] phrygisch

Solo: Sopran, Alt, Tenor, Baß. – Chor.
Horn[1]; Querflöte, Oboe I, II; Streicher; B.c. – AD: 25 Min.

*1. Choralchorsatz „Jesu, der du meine Seele"
Orchesterritornellumrahmung. Zeilenzwischenspiele. Chaconne-artige
Form. Aufbau über einem Lamento-Ostinato (vgl. Crucifixus der Messe
h-Moll, BWV 232, und Kantate 12). Fugierte Durchführung in den
Chorstimmen. C.f. Sopran (+ Horn).
Gesamtinstrumentarium.   **g**

  2. Arie (Duett) „Wir eilen mit schwachen, doch emsigen Schritten"
Continuosatz. **Sopran** (*d'–b''*), **Alt** (*a–es''*), B.c. (Violone in Bewegungs-
vereinfachung zum Violoncello). Da-capo-Form.   **B**

(*)3. Rezitativ „Ach! ich bin ein Kind der Sünden"
Secco mit ariosem Ausklang (Choralzitat). **Tenor** (*c–a'*).   **d–c**

  4. Arie „Das Blut, so meine Schuld durchstreicht"
Triosatz: Querflöte, **Tenor** (*d–a'*), B.c.
Zweiteilige Form (mit Ritornellabrundung).   **g**

(*)5. Rezitativ „Die Wunden, Nägel, Kron und Grab"
Ausinstrumentiertes Secco (mit motivgeprägtem Accompagnato-Stück)
– Arioso: Streicher; B.c. **Baß** (*G–es'*). Choralzitat.   **Es–f**

  6. Arie „Nun du wirst mein Gewissen stillen"
Orchestersatz (ausinstrumentierter Triosatz): Oboe; Streicher; B.c.
Baß (*G–es'*). Zweiteilige Form (mit Ritornellabrundung).   **c**

*7. Choral „Herr, ich glaube, hilf mir Schwachen"
Schlichter Chorsatz (+ Gesamtinstrumentarium).   **g**

79 Gott der Herr ist Sonn und Schild

Reformationsfest. – EZ: 1725, WA(U): nach 1728.
Textdichter unbekannt; 1. Psalm 84,12; 3. Martin Rinckart 1636; 6. Ludwig Helmbold
1575.
BG XVIII (Rust 1870); Taschenpartitur Eulenburg (Schering 1927), rev. Hänssler (Horn
1963); NBA I/31.
Lit.: 52, 55, 56, 66[IV].

Solo: Sopran, Alt, Baß. – Chor.
Horn I, II (*G*), Pauken; Querflöte I, II, Oboe I, II; Streicher; B.c. –
AD: 17 Min.

---

[1] Nur C.f.-Verstärkung in 1. und 7.

1. **Chorsatz** „Gott der Herr ist Sonn und Schild"
   Einleitungssinfonia und Zwischenspiele. Vielgliedriger Komplex akkordlicher und polyphoner Chorabschnitte. Dominanz des Instrumentalsatzes.
   Chorfuge als Auszug aus Instrumentalsatz (vgl. Instrumentalfugenentwicklung des Vorspiels). Anschließend Abrundung durch Choreinbau in Teile der Sinfonia.
   Horn I, II, Pauken; Oboe I, II (+ Querflöte I, II); Streicher; B.c.   **G**
   Parodie: Messe G-Dur (BWV 236), Gloria.

2. **Arie** „Gott ist unsre Sonn und Schild"
   Triosatz: Oboe oder Querflöte[1], **Alt** (*cis'–e''*), B.c.
   Freies (Teil-)Da-capo.   **D**
   Parodie: Messe A-Dur (BWV 234), Quoniam.

3. **Choral** „Nun danket alle Gott"
   Schlichter Chorsatz mit obligaten Hörnern und instrumentalen Zeilenzwischensätzen: Horn I, II, Pauken (vgl. Thematik der Einleitungssinfonia).
   Instrumentarium wie 1.   **G**

4. **Rezitativ** „Gottlob, wir wissen den rechten Weg"
   Secco. **Baß** (*A–e'*).   **e–h**

5. **Arie** (Duett) „Gott, ach Gott, verlaß die Deinen nimmermehr"
   Quartettsatz: Violinen, **Sopran** (*d'–a''*), **Baß** (*G–e'*), B.c.
   Meist liedmäßige Zweistimmigkeit. Form: A B B.   **h**
   Parodie: Messe G-Dur (BWV 236), Domine Deus (Sopran/Alt).

6. **Choral** „Erhalt uns in der Wahrheit"
   Mel. „Nun laßt uns Gott, dem Herren"
   Schlichter Chorsatz mit obligatem Instrumentalpart: Horn I, II, Pauken (Querflöte I, II, Oboe I, II; Streicher; B.c.).   **G**

80 Ein feste Burg ist unser Gott

Reformationsfest. – EZ: 1724 (?), WA: 1730 (?).
Erweiternde Neubearbeitung (Satz 1 und 5) der Weimarer Oculi-Kantate 80a. Spätere Überarbeitung durch W. Fr. Bach unter Beifügung des Trompetenchores.
Text: Salomo Franck 1715; 1., 2., 5., 8. Martin Luther 1529.
BG XVIII (Rust 1870); Taschenpartitur Eulenburg (Schering 1926), rev. Hänssler (Horn 1962); NBA I/31.
Lit.: 44, 54, 55, 56, 71.

[1] Partitur: Oboe; Stimmen: Querflöte.

Solo: Sopran, Alt, Tenor, Baß. – Chor.
[Trompete I–III (*D*), Pauken;] Oboe I, II, [Oboe d'amore I, II,] Oboe da
caccia; Streicher; B.c. (Orgel). – AD: 30 Min.

*1. **Choralchorsatz** „Ein feste Burg ist unser Gott"
Geschlossener Chorsatz (ohne Zeilenzwischenspiele). C.f. [Trompete+]
Oboen und Instrumentalbaß im Oktavkanon. Fugierte Durchführung
der (freigestalteten) Choralzeilen im Chor. [Trompetenchor-Einwürfe.]
[Trompete I–III, Pauken;] Oboe I, II; Streicher (duplierend), Orgel
(teilweise obligat) + Violoncello; B.c.   D
Parodie: (W.Fr.Bach): „Gaudete, omnes populi" (BG XVIII, Anh.).

*2. **Choralbearbeitung** (Arie + vok. C.f.) „Alles, was von Gott geboren"
– „Mit unsrer Macht ist nichts getan"
Quartettsatz: Violinen + Bratsche, **Baß** (*Fis–e'*), **Sopran** (*d'–e''*) C.f.
koloriert, B.c., Oboe: figürliche Ausweitung des C.f.   D
= Kantate 80a, Satz 1.

3. **Rezitativ** „Erwäge doch, Kind Gottes, die so große Liebe"
Secco – Arioso. **Baß** (*A–e'*).   h–fis
= Kantate 80a, Satz 2.

4. **Arie** „Komm in mein Herzenshaus"
Continuosatz. **Sopran** (*e'–a''*). Freies Da-capo.   h
= Kantate 80a, Satz 3.

*5. **Choralchorsatz** „Und wenn die Welt voll Teufel wär"
Selbständiger Orchestersatz (Ritornellumrahmung, Zeilenzwischen-
sätze). C.f. Chorstimmen-Unisono.
[Trompete I–III, Pauken; Oboe d'amore I, II, Oboe da caccia[1];]
Streicher; B.c.   D
Parodie (W.Fr.Bach?): „Manebit verbum Domini" (BG XVIII, Anh.).

6. **Rezitativ** „So stehe denn bei Christi blutgefärbten Fahne"
Secco – Arioso. **Tenor** (*e–a'*).   h–D
= Kantate 80a, Satz 4.

7. **Arie** (Duett) „Wie selig sind doch die, die Gott im Munde tragen"
Quintettsatz: Oboe da caccia, Violine, **Alt** (*g–e''*), **Tenor** (*d–g'*), B.c.
Kanonbildungen. Vokalpart viergliedrig, Ritornellumrahmung.   G
= Kantate 80a, Satz 5.

*8. **Choral** „Das Wort sie sollen lassen stahn"
Schlichter Chorsatz; B.c. (ohne Angabe duplierender Instrumente).   D

---

[1] „Taille" (*g–d''*)

80a Alles, was von Gott geboren

Oculi. – EZ: 1715.
Urform der Kantate 80.
Text: Salomo Franck 1715; 6. Martin Luther 1529.
NBA I/8, Krit. Bericht. – AD: 18 Min.
Lit.: 15.

1. **Arie** „Alles, was von Gott geboren"
   = Kantate 80, Satz 2 (C. f. hier instrumental: Oboe).
2. **Rezitativ** „Erwäge doch, Kind Gottes, die so große Liebe"
   = Kantate 80, Satz 3.
3. **Arie** „Komm in mein Herzenshaus"
   = Kantate 80, Satz 4.
4. **Rezitativ** „So stehe dann bei Christi blutbefärbten Fahne"
   = Kantate 80, Satz 6.
5. **Arie** „Wie selig ist der Leib, der, Jesu, dich getragen"
   = Kantate 80, Satz 7.
6. **Choral** „Mit unser Macht ist nichts getan"
   Wahrscheinlich identisch mit BWV 303.

81 Jesus schläft, was soll ich hoffen?

4. Sonntag nach Epiphanias. – EZ: 1724.
Textdichter unbekannt; 4. Matthäus 8,26; 7. Johann Franck 1650.
BG XX,1 (Rust 1872); Taschenpartitur Eulenburg (Schering 1929); NBA I/6.
Lit.: 56.

Solo: Alt, Tenor, Baß. – Chor (nur Schlußchoral).
Blockflöte I, II ($g'-f'''$, $f'-c'''$), Oboe d'amore I, II; Streicher; B. c. –
AD: 19 Min.

1. **Arie** „Jesus schläft, was soll ich hoffen?"
   Orchestersatz: Blockflöte I, II; Streicher; B. c. **Alt** ($a-d''$).
   Freies Da-capo.   e
2. **Rezitativ** „Herr! warum trittest du so ferne"
   Secco. **Tenor** ($d-gis'$).   a–G
3. **Arie** „Die schäumenden Wellen von Belials Bächen"
   Streichersatz (ausinstrumentierter Triosatz); B. c. **Tenor** ($d-a'$).
   Teilweise rezitativische Gestaltung (Adagio). Freies Da-capo.   G
4. **Arioso** „Ihr Kleingläubigen, warum seid ihr so furchtsam?"
   Continuosatz, imitatorisch-duetthaft. Periodenwiederholungen.
   Baß ($H-d'$).   h–e

5. **Arie** „Schweig, aufgetürmtes Meer!"
Orchestersatz: Oboe d'amore I, II; Streicher; B. c. **Baß** (*G–e'*).
Da-capo-Form.   e
6. **Rezitativ** „Wohl mir, mein Jesus spricht ein Wort"
Secco. **Alt** (*h–d''*).   **G–h**
7. **Choral** „Unter deinen Schirmen"
Mel. „Jesu, meine Freude"
Schlichter Chorsatz (+ Instrumentarium wie 5.).   e

82 Ich habe genung

Mariae Reinigung. – EZ: 1727, WA(U): 1731, 1735 und nach 1745.
Textdichter unbekannt.
BG XX,1 (Rust 1872); NBA I/28.
Lit.: 33[II], 71.

Solo: Baß, spätere Fassungen auch für Sopran (*e*-Moll) mit Querflöte bzw.
Mezzosopran (*c*-Moll).
Oboe (Oboe da caccia); Streicher; B. c. – AD: 23 Min.

1. **Arie** „Ich habe genung"
Orchestersatz: Gesamtinstrumentarium. Form: A B B′ (mit Ritornell-
abrundung). **Baß** (*G–es'*).   c
2. **Rezitativ** „Ich habe genung. Mein Trost ist nur allein"
Secco mit ariosen Teilstücken. **Baß** (*B–es'*).   **As–B**
Vgl. Klavierbüchlein für Anna Magdalena Bach 1725, Nr. 34 (Sopran).
3. **Arie** „Schlummert ein, ihr matten Augen"
Streichersatz (+ Oboe da caccia[1]); B. c. **Baß** (*B–es'*).
Erweiterte Da-capo-Form (A–B A C–A).   **Es**
Vgl. Klavierbüchlein für Anna Magdalena Bach 1725, Nr. 34 und 38 (Sopran).
4. **Rezitativ** „Mein Gott! wenn kommt das schöne Nun"
Secco mit ariosem Ausklang. **Baß** (*As–es'*).   c–c
5. **Arie** „Ich freue mich auf meinen Tod"
Orchestersatz: Gesamtinstrumentarium. **Baß** (*G–es'*). Freies Da-capo. c

83 Erfreute Zeit im neuen Bunde

Mariae Reinigung. – EZ: 1724, WA: 1727.
Textdichter unbekannt; 2. Lukas 2,29–31; 5. Martin Luther 1524.
BG XX,1 (Rust 1872); NBA I/28.

[1] Nur in der Letztfassung.

Solo: Alt, Tenor, Baß. – Chor (nur Schlußchoral).
Horn I, II (F); Oboe I, II; Streicher; B.c. – AD: 20 Min.

1. **Arie** „Erfreute Zeit im neuen Bunde"
   Orchestersatz: Horn I, II; Oboe I, II; konzertierende Violine, Streicher;
   B.c. **Alt** (*h–e''*). Da-capo-Form.   **F**

2. **Choralbearbeitung** („Intonazione") + **Rezitativ** „Herr, nun lässest du
   deinen Diener in Friede fahren" – „Was uns als Menschen schrecklich
   scheint"
   Triosatz: Violinen + Bratsche, **Baß** C.f. (liturgische Intonation), B.c. –
   unterbrochen von Secco-Rezitativ, **Baß** (*A–es'*). Kanonische Führung
   in den Instrumentalstimmen.   **B**

3. **Arie** „Eile, Herz, voll Freudigkeit"
   Streichersatz mit Solovioline (ausinstrumentierter Triosatz), B.c.
   Tenor (*c–a'*). Da-capo-Form.   **F**

4. **Rezitativ** „Ja, merkt dein Glaube noch viel Finsternis"
   Secco. **Alt** (*h–d''*).   **d–a**

5. **Choral** „Er ist das Heil und selig Licht"
   Mel. „Mit Fried und Freud ich fahr dahin"
   Schlichter Chorsatz (+ Horn; Oboe I, II; Streicher; B.c.).   **dor.**

84 Ich bin vergnügt mit meinem Glücke

Septuagesimae. – EZ: 1727.
Text: Bearbeitung einer Dichtung Picanders III (Jg. 1728/29) und Vierte Auflage „Ich bin
vergnügt mit meinem Stande"; Verfasser unbekannt; 5. Ämilie Juliane von Schwarzburg-
Rudolstadt 1686.
BG XX,1 (Rust 1872); NBA I/7 (Neumann 1956/1957).

Solo: Sopran. – Chor (nur Schlußchoral).
Oboe; Streicher; B.c. – AD: 16 Min.

1. **Arie** „Ich bin vergnügt mit meinem Glücke"
   Orchestersatz: Gesamtinstrumentarium. **Sopran** (*d'–g''*).
   Freies Da-capo.   **e**

2. **Rezitativ** „Gott ist mir ja nichts schuldig"
   Secco. **Sopran** (*d'–a''*).   **h–d**

3. **Arie** „Ich esse mit Freuden mein weniges Brot"
   Quartettsatz: Oboe, Violine (solo), **Sopran** (*d'–a''*), B.c.
   Freies Da-capo.   **G**

4. **Rezitativ** „Im Schweiße meines Angesichts"
   Ausinstrumentiertes Secco: Streicher; B.c. **Sopran** (*d'–g''*).   **e–fis**

5. **Choral** „Ich leb indes in dir vergnüget"
Mel. „Wer nur den lieben Gott läßt walten"
Schlichter Chorsatz (+Gesamtinstrumentarium).   h

85 Ich bin ein guter Hirt

Misericordias Domini. – EZ: 1725.
Textdichter unbekannt; 1. Johannes 10,12; 3. Cornelius Becker 1598; 6. Ernst Christoph Homburg 1658.
BG XX,1 (Rust 1872), Neuausgabe NBG IX/1 (Seiffert 1908); Taschenpartitur Eulenburg (Schering 1929); NBA I/11.
Lit.: 56.

Solo: Sopran, Alt, Tenor, Baß. – Chor (nur Schlußchoral).
Oboe I, II; Violoncello piccolo[1], Streicher; B.c. – AD: 20 Min.

1. **Arie** „Ich bin ein guter Hirt"
Orchestersatz: Oboe I+II; Streicher; B.c. **Baß** ($As-es'$).
Hälftige Form.   c

2. **Arie** „Jesus ist ein guter Hirt"
Triosatz: Violoncello piccolo, **Alt** ($h-es''$), B.c.
Vokalpart dreigliedrig (A A' A), Ritornellumrahmung.   g

3. **Choralbearbeitung** „Der Herr ist mein getreuer Hirt"
Mel. „Allein Gott in der Höh sei Ehr"
Quartettsatz: Oboe I, II, **Sopran** ($g'-g''$) C.f. koloriert, B.c.
Choralthematik in den Instrumentalstimmen.   B

4. **Rezitativ** „Wenn die Mietlinge schlafen"
Ausinstrumentiertes Secco: Streicher; B.c. **Tenor** ($es-as'$).   Es–As

5. **Arie** „Seht, was die Liebe tut"
Triosatz: Violinen+ Bratsche, **Tenor** ($d-b'$), B.c. Freies Da-capo.   Es

6. **Choral** „Ist Gott mein Schutz und treuer Hirt"
Mel. „Ist Gott mein Schild und Helfersmann"
Schlichter Chorsatz (+ Oboe I, II; Streicher; B.c.).   c

86 Wahrlich, wahrlich, ich sage euch

Rogate. – EZ: 1724.
Textdichter unbekannt; 1. Johannes 16,23; 3. Georg Grünwald 1530; 6. Paul Speratus 1524.
BG XX,1 (Rust 1872); NBA I/12 (Dürr 1960).

Solo: Sopran, Alt, Tenor, Baß. – Chor (nur Schlußchoral).
Oboe d'amore I, II; Streicher[2]; B.c. – AD: 18 Min.

[1] Umfang: $G-b'$ (= Viola pomposa).   [2] unbezeichnet

1. **Arioso** „Wahrlich, wahrlich, ich sage euch"
   Gesamtinstrumentarium. **Baß** (*Gis–d'*). Fugischer Satz.   E
2. **Arie** „Ich will doch wohl Rosen brechen"
   . Triosatz: Violine (solo), **Alt** (*h–d''*), B.c. Da-capo-Form.   A
3. **Choralbearbeitung** „Und was der ewig gütig Gott"
   Mel. „Kommt her zu mir, spricht Gottes Sohn"
   Quartettsatz: Oboe d'amore I, II, **Sopran** C.f. (*e'–cis''*), B.c.
   Instrumentalstimmen motivisch einheitlich.   fis
4. **Rezitativ** „Gott macht es nicht gleichwie die Welt"
   Secco. **Tenor** (*fis–a'*).   h–E
5. **Arie** „Gott hilft gewiß"
   Streichersatz; B.c. **Tenor** (*fis–h'*). Zweiteilige Form (mit Ritornell-
   abrundung).   E
6. **Choral** „Die Hoffnung wart' der rechten Zeit"
   Mel. „Es ist das Heil uns kommen her"
   Schlichter Chorsatz (+ Gesamtinstrumentarium).   E

87 Bisher habt ihr nichts gebeten in meinem Namen

Rogate. – EZ: 1725.
Text: Ziegler I (mit eingreifenden Änderungen Bachs); 1. Johannes 16,24; 5. Johannes
16,33; 7. Heinrich Müller 1659 (Selig ist die Seele).
BG XX,1 (Rust 1872); NBA I/12 (Dürr 1960).
Lit.: 66^I, 71.

Solo: Alt, Tenor, Baß. – Chor (nur Schlußchoral).
Oboe I, II, Oboe da caccia I, II; Streicher; B.c. – AD: 22 Min.

1. **Arioso** „Bisher habt ihr nichts gebeten in meinem Namen"
   Streichersatz (+ Oboe I, II, Oboe da caccia); B.c. **Baß** (*G–d'*).
   Fugenähnlicher Aufbau.   d
2. **Rezitativ** „O Wort, das Geist und Seel erschreckt"
   Secco. **Alt** (*b–es''*).   a–g
3. **Arie** „Vergib, o Vater, unsre Schuld"
   Quartettsatz: Oboe da caccia I, II, **Alt** (*b–e''*), B.c. Da-capo-Form.   g
4. **Rezitativ** „Wenn unsre Schuld bis an den Himmel steigt"
   Ausinstrumentiertes Secco mit ariosem Ausklang: Streicher; B.c.
   Tenor (*g–a'*).   d–c
5. **Arioso** „In der Welt habt ihr Angst"
   Continuosatz. **Baß** (*G–es'*). Ostinatobildungen.
   Vokalpart zweigliedrig, Ritornellumrahmung.   c

6. **Arie** „Ich will leiden, ich will schweigen"
Streichersatz; B. c. **Tenor** (*f–b'*). Siciliano-Charakter.
Form: A B B (mit Ritornellabrundung). **B**
7. **Choral** „Muß ich sein betrübet"
Mel. „Jesu, meine Freude"
Schlichter Chorsatz (+ Oboe, Oboe da caccia I, II; Streicher; B. c.). **d**

88 Siehe, ich will viel Fischer aussenden

5. Sonntag nach Trinitatis. – EZ: 1726.
Textdichter unbekannt; 1. Jeremia 16,16; 4. Lukas 5,10; 7. Georg Neumark 1657.
BG XX,1 (Rust 1872), Neuausgabe NBG VII,1 (Seiffert 1907); NBA I/17.
Lit.: 49, 66^II.

Solo: Sopran, Alt, Tenor, Baß. – Chor (nur Schlußchoral).
Horn I, II (*G*); Oboe d'amore I, II, Oboe da caccia[1]; Streicher; B. c. –
AD: 22 Min.

Erster Teil

1. **Arie** „Siehe, ich will viel Fischer aussenden"
Streichersatz (+ Oboe d'amore I, II, Oboe da caccia); B. c., dazu Horn I, II
im 2. Teil. Zweiteilige Form ($^6/_8$; ¢ Allegro). **Baß** (*G–e'*). **D–G**
2. **Rezitativ** „Wie leichtlich könnte doch der Höchste uns entbehren"
Secco. **Tenor** (*d–gis'*). **h–e**
3. **Arie** „Nein, Gott ist allezeit geflissen"
Triosatz: Oboe d'amore I, **Tenor** (*d–a'*), B. c. Zweiteilige Form.
Schlußritornell: Oboe d'amore I; Streicher (+ Oboe d'amore II); B. c. **e**

Zweiter Teil

4. **Arie** „Fürchte dich nicht"
Continuosatz. **Baß** (*A–d'*), durch kurzes Accompagnato-Rezitativ für
Tenor („Jesus sprach zu Simon") eingeleitet: Streicher; B. c.
Hälftige Form (Ostinatobildungen). **(G–)D**
5. **Arie** (Duett) „Beruft Gott selbst, so muß der Segen"
Quartettsatz: Oboe d'amore I + II + Violinen, **Sopran** (*e'–gis''*), **Alt**
(*a–d''*), B. c.
Imitatorisch-homogener Satz (Fugencharakter) in 3 Durchführungs-
komplexen (A B B'). **A**

[1] „Taille": *e–e''* (= + Viola).

6. **Rezitativ** „Was kann dich denn in deinem Wandel schrecken"
Secco. **Sopran** (*d'–g''*).   **fis–h**
7. **Choral** „Sing, bet und geh auf Gottes Wegen"
Mel. „Wer nur den lieben Gott läßt walten"
SchlichterChorsatz(+Ob.d'amore I,II,Ob. dacaccia; Streicher;B.c.). **h**

89 Was soll ich aus dir machen, Ephraim?

22. Sonntag nach Trinitatis. – EZ: 1723.
Textdichter unbekannt; 1.Hosea 11,8; 6. Johann Heermann 1630 (Wo soll ich fliehen hin).
BG XX,1 (Rust 1872); NBA I/26.

Solo: Sopran, Alt, Baß. – Chor (nur Schlußchoral).
Horn (*C*)[1]; Oboe I, II; Streicher; B.c. – AD: 14 Min.

1. **Arie** „Was soll ich aus dir machen, Ephraim?"
Orchestersatz: Gesamtinstrumentarium. **Baß** (*G–es'*).
Reihungsform (Ostinatoperioden).   **c**
2. **Rezitativ** „Ja, freilich sollte Gott"
Secco. **Alt** (*b–d''*).   **g–d**
3. **Arie** „Ein unbarmherziges Gerichte"
Continuosatz. **Alt** (*b–e''*). Freies Da-capo.   **d**
4. **Rezitativ** „Wohlan! mein Herze legt Zorn"
Secco mit ariosem Ausklang. **Sopran** (*es'–g''*).   **F–B**
5. **Arie** „Gerechter Gott, ach, rechnest du?"
Triosatz: Oboe, **Sopran** (*c'–g''*), B.c.
Zweiteilige Form (mit Ritornellabrundung).   **B**
6. **Choral** „Mir mangelt zwar sehr viel"
Mel. „Auf meinen lieben Gott"
Schlichter Chorsatz (+ Gesamtinstrumentarium).   **g**

90 Es reißet euch ein schrecklich Ende

25. Sonntag nach Trinitatis. – EZ: 1723.
Textdichter unbekannt; 5. Martin Moller 1584 (Nimm von uns, Herr, du treuer Gott).
BG XX,1 (Rust 1872); NBA I/27 (Dürr 1968). – Lit.: 44.

Solo: Alt, Tenor, Baß. – Chor (nur Schlußchoral).
Hohe Trompete (*B*); Streicher; B.c.[2] – AD: 14 Min.

---

[1] „Corne du chasse"
[2] Originalpartitur ohne Instrumentenbezeichnung, aber nach Breitkopfs Verzeichnis von 1761 ergänzbar.

1. **Arie** „Es reißet euch ein schrecklich Ende"
Streichersatz (ausinstrumentierter Triosatz); B.c. **Tenor** (*d–a'*).
Da-capo-Form.   **d**

2. **Rezitativ** „Des Höchsten Güte wird von Tag zu Tage neu"
Secco. **Alt** (*c'–es''*).   **B–d**

3. **Arie** „So löschet im Eifer der rächende Richter"
Orchestersatz: hohe Trompete; Streicher; B.c. **Baß** (*B–es'*).
Freies Da-capo.   **B**

4. **Rezitativ** „Doch Gottes Auge sieht auf uns als Auserwählte"
Secco. **Tenor** (*f–a'*).   **g–d**

5. **Choral** „Leit uns mit deiner rechten Hand"
Mel. „Vater unser im Himmelreich"
Schlichter Chorsatz; B.c. (ohne Angabe duplierender Instrumente).   **d**

91 Gelobet seist du, Jesu Christ

1. Weihnachtstag. – EZ: 1724, WA(U): nach 1732.
Text: 1., 2., 6. Martin Luther 1524; 3.–5. Umdichtung eines unbekannten Verfassers.
BG XXII (Rust 1875); NBA I/2 (Dürr 1957); Taschenpartitur Bärenreiter (Dürr 1958).
Lit.: 44.

Solo: Sopran, Alt, Tenor, Baß. – Chor.
Horn I, II (*G*), Pauken; Oboe I–III; Streicher; B.c. (+Fagott). –
AD: 19 Min.

*1. **Choralchorsatz** „Gelobet seist du, Jesu Christ"
Selbständiger Orchestersatz (Ritornellumrahmung, Zeilenzwischen-spiele).
C.f. Sopran, imitatorisch oder freipolyphon unterbaut. Chor und Or-chester ohne thematische Beziehung.
Gesamtinstrumentarium.   **G**

*2. **Choral + Rezitativ** „Der Glanz der höchsten Herrlichkeit"
Secco und Choralarioso alternierend (Choraltropierung). Choralmotivik
im B.c. **Sopran** (*d'–a''*).   **e–e**

3. **Arie** „Gott, dem der Erden Kreis zu klein"
Bläsersatz: Oboe I–III; B.c. (+Fagott). **Tenor** (*e–a'*).
Freies Da-capo.   **a**

114

4. **Rezitativ** „O Christenheit! wohlan"
Ausinstrumentiertes Secco mit ariosem Ausklang: Streicher; B.c.
Baß (*H–e'*).   **G–C**

5. **Arie** (Duett) „Die Armut, so Gott auf sich nimmt"
Quartettsatz: Violinen, **Sopran** (*d'–g''*), **Alt** (*g–d''*), B.c.
Da-capo-Form.   **e**
Hierzu ältere Lesart (BG XXII, Anh. I, und NBA I/2).

*6. **Choral** „Das hat er alles uns getan"
Schlichter Chorsatz. Hörner teilweise selbständig.
(Gesamtinstrumentarium).   **G**
Vgl. Kantate 64, Satz 2 (Variante BG XVI, S. 371).

92 Ich hab in Gottes Herz und Sinn

Septuagesimae. – EZ: 1725.
Text: 1., 2., 4., 7., 9. Paul Gerhardt 1647; 3., 5., 6., 8. Umdichtung eines unbekannten
Verfassers.
BG XXII (Rust 1875); NBA I/7 (Neumann 1956/1957); Taschenpartitur Eulenburg
(Schering 1935).
Lit.: 44, 56.

Solo: Sopran, Alt, Tenor, Baß. – Chor.
Oboe d'amore I, II; Streicher; B.c. – AD: 33 Min.

*1. **Choralchorsatz** „Ich hab in Gottes Herz und Sinn"
Mel. „Was mein Gott will, das g'scheh allzeit"
Selbständiger Orchestersatz (Ritornellumrahmung, Zeilenzwischen-
spiele).
C.f. Sopran, imitatorisch unterbaut.
Gesamtinstrumentarium.   **h**

*2. **Choral + Rezitativ** „Es kann mir fehlen nimmermehr"
Choralarioso (Choralmotivik im B.c.) mit Secco oder B.c.-Accompa-
gnato durchsetzt (Choraltropierung). **Baß** (*G–e'*).   **e–e**

3. **Arie** „Seht, seht! wie reißt, wie bricht, wie fällt"
Streichersatz (ausinstrumentierter Triosatz); B.c. **Tenor** (*cis–a'*).
Vokalpart dreigliedrig, Ritornellumrahmung.   **h**

*4. **Choralbearbeitung** „Zudem ist Weisheit und Verstand"
Quartettsatz: Oboe d'amore I, II, **Alt** C.f., (*cis'–h'*) B.c.   **fis**

5. **Rezitativ** „Wir wollen nun nicht länger zagen"
Secco mit ariosem Ausklang. **Tenor** (*e–a'*).   **D–h**

6. **Arie** „Das Brausen von den rauhen Winden"
Continuosatz (Ostinatobildungen). **Baß** ($A-e'$). Da-capo-Form. **D**

*7. **Choral + Rezitativ** „Ei nun, mein Gott, so fall ich dir"
Schlichter Chorsatz; B.c. (mit Vorausimitationen im Baß), zeilenmäßig
mit Secco (**Baß, Tenor, Alt, Sopran**) alternierend (Choraltropierung).
h–D

8. **Arie** „Meinem Hirten bleib ich treu"
Orchestersatz (ausinstrumentierter Triosatz): Oboe d'amore; Streicher;
B.c. **Sopran** ($d'-a''$). Vokalpart dreigliedrig, Ritornellumrahmung. **D**

*9. **Choral** „Soll ich denn auch des Todes Weg"
Schlichter Chorsatz (+ Gesamtinstrumentarium). **h¹**

93 Wer nur den lieben Gott läßt walten

5. Sonntag nach Trinitatis. – EZ: 1724, WA: um 1732.
Text: 1., 2., 4., 5., 7. Georg Neumark 1657; 2., 3., 6. Umdichtung eines unbekannten
Verfassers (Picander?).
BG XXII (Rust 1875); NBA I/17.
Lit.: 44.

Solo: Sopran, Alt, Tenor, Baß. – Chor.
Oboe I, II; Streicher; B.c. – AD: 23 Min.

*1. **Choralchorsatz** „Wer nur den lieben Gott läßt walten"
Selbständiger Orchestersatz (Ritornellumrahmung, Zeilenzwischen-
spiele). Choral in akkordlichem Chorsatz, mit motettischer Zeilenschluß-
dehnung; jedesmal vorbereitet durch imitatorische Durchführung
(Solochor?) der betreffenden Choralzeilenthematik (zwei- oder vier-
stimmig). Orchester und Chor ohne thematische Beziehung.
Gesamtinstrumentarium. **c**

*2. **Choral + Rezitativ** „Was helfen uns die schweren Sorgen"
Choralarioso mit Secco durchsetzt (Choraltropierung). **Baß** ($A-es'$). **g**

3. **Arie** „Man halte nur ein wenig stille"
Streichersatz; B.c. **Tenor** ($d-b'$). Schlichte Liedform. Mit Anklängen an
Choralsubstanz. **Es**

*4. **Choralbearbeitung** (Duett + instr. C.f.) „Er kennt die rechten
Freudenstunden"
Quartettsatz: C.f. Violinen + Bratsche, **Sopran** ($f'-g''$), **Alt** ($b-d''$),
B.c. Imitatorisches Vokalduett aus Choralthematik entwickelt. **c**
= Schübler-Orgelchoral Nr. 3 (BWV 647).

¹ äolisch (oder dorisch)

*5. **Choral + Rezitativ** „Denk nicht in deiner Drangsalshitze"
Choralarioso mit Secco durchsetzt (Choraltropierung). **Tenor** (d–b').
Tonartwechsel in den einzelnen Choralzeilen. **es–g**

(*)6. **Arie** „Ich will auf den Herren schaun"
Triosatz: Oboe, **Sopran** (d'–g''), B.c. Gesangspart teilweise aus Choral
entwickelt. Zweiteilige Form (mit Ritornellabrundung). **g**

*7. **Choral** „Sing, bet und geh auf Gottes Wegen"
Schlichter Chorsatz (+ Gesamtinstrumentarium). **c**

94 Was frag ich nach der Welt

9. Sonntag nach Trinitatis. – EZ: 1724, WA: nach 1732 und 1735.
Text: 1., 3., 5., 8. Georg Michael Pfefferkorn 1667; 2., 4., 6. Umdichtung eines unbekann-
ten Verfassers; 7. Neudichtung.
BG XXII (Rust 1875); NBA I/19.
Lit.: 44, 71.

Solo: Sopran, Alt, Tenor, Baß. – Chor.
Querflöte, Oboe I, II, Oboe d'amore; Streicher; B.c. – AD: 23 Min.

*1. **Choralchorsatz** „Was frag ich nach der Welt"
Mel. „O Gott, du frommer Gott"
Selbständiger Orchestersatz (Ritornellumrahmung, Zeilenzwischen-
spiele). C.f. Sopran, akkordlich oder imitatorisch unterbaut.
Querflöte; Streicher (+ Oboen); B.c. **D**

2. **Arie** „Die Welt ist wie ein Rauch und Schatten"
Continuosatz (mit Ostinatobildungen). **Baß** (A–e').
Vokalpart dreigliedrig. **h**

*3. **Choral + Rezitativ** „Die Welt sucht Ehr und Ruhm"
Choralbearbeitung, Quartettsatz: Oboe (d'amore) I, II[1], **Tenor,** B.c. –
mit ausinstrumentiertem Secco durchsetzt (Choraltropierung). C.f.
koloriert **Tenor** (d–a'). **G**

4. **Arie** „Betörte Welt, betörte Welt"
Triosatz: Querflöte, **Alt** (b–e''), B.c. Freies (Teil-) Da-capo. **e**

*5. **Choral + Rezitativ** „Die Welt bekümmert sich"
Choralarioso (C.f. freigestaltet) und Secco alternierend (Choraltro-
pierung). **Baß** (A–e'). **G–D**

6. **Arie** „Die Welt kann ihre Lust und Freud"
Streichersatz; B.c. **Tenor** (cis–h'). Freies Da-capo. **A**

---

[1] Obligat bis a herabgeführt.

7. **Arie** „Es halt es mit der blinden Welt" ›
   Triosatz: Oboe d'amore, **Sopran** (*cis'–g''*), B.c. (Bourrée-Charakter).
   Freies Da-capo.   **fis**
*8. **Choral** „Was frag ich nach der Welt" (2 Strophen)
   Schlichter Chorsatz (+Instrumentarium wie 1.).   **D**
   Vgl. Kantate 64, Satz 4 (Variante BG XVI, S. 372).

95 Christus, der ist mein Leben

16. Sonntag nach Trinitatis. – EZ: 1723.
Text: 1. A. unbekannter Verfasser um 1609; 1. C. Martin Luther 1524; 3. Valerius Herberger 1613; 7. Nikolaus Herman 1560; Verfasser der übrigen Texte unbekannt.
BG XXII (Rust 1875); NBA I/23.

Solo: Sopran, Tenor, Baß. – Chor.
Horn; Oboe I, II, Oboe d'amore I, II; Streicher; B.c. – AD: 21 Min.

1. **Komplexer Choralchorsatz**
   A: **Choralchorsatz** „Christus, der ist mein Leben"
   Selbständiger Orchestersatz (Ritornellumrahmung, Zeilenzwischen-
   spiele). Choral schlicht akkordlich.   **G**
   B: **Rezitativ** „Mit Freuden, ja mit Herzenslust"
   Arioso – Secco. (In der Orchesterbegleitung des Arioso und den
   Gliederungszwischentakten des Secco Motivrückbindung an A).
   Tenor (*d–a'*).   **G–g**
   C: **Choralchorsatz** „Mit Fried und Freud ich fahr dahin"
   Choral in akkordlich-schlichtem Satz mit thematisch-imitatorischer Vor-
   bereitung der Choralzeilen im Orchester (Horn, Oboe I, II).   **g**[1]
   Horn; Oboe d'amore I, II (später Oboe I, II); Streicher; B.c.

⎡–2. **Rezitativ** „Nun, falsche Welt"
⎜   Secco. **Sopran** (*e'–a''*).   **d–h**
⎣–3. **Choralbearbeitung** „Valet will ich dir geben"
   Triosatz: Oboe d'amore I + II, **Sopran** C.f. (*d'–fis''*), B.c.   **D**

4. **Rezitativ** „Ach könnte mir doch bald so wohl geschehn"
   Secco. **Tenor** (*fis–g'*).   **h–A**
5. **Arie** „Ach, schlage doch bald, selge Stunde"
   Orchestersatz: Oboe d'amore I, II; Streicher; B.c. **Tenor** (*d–h'*).
   Da-capo-Form.   **D**
6. **Rezitativ** „Denn ich weiß dies"
   Secco mit ariosem Ausklang. **Baß** (*G–d'*).   **h–G**

---

[1] dorisch

7. **Choral** „Weil du vom Tod erstanden bist"
Mel. „Wenn mein Stündlein vorhanden ist"
Schlichter Chorsatz, mit obligater Violine I. (Instrumentarium wie 1.).
G

96 Herr Christ, der einge Gottessohn

18. Sonntag nach Trinitatis. – EZ: 1724, WA(U): um 1734 und 1745.
Text: 1. und 6. Elisabeth Kreuziger 1524; 2.–5. Umdichtung eines unbekannten Verfassers.
BG XXII (Rust 1875); NBA I/24.
Lit.: 44.

Solo: Sopran, Alt, Tenor, Baß. – Chor.
Horn[1], Posaune[2]; Querflöte, Flauto piccolo = hohe Blockflöte $(f''\!-\!f'''')$,
Oboe I, II; Violino piccolo = Terzgeige, Streicher; B.c. – AD: 17 Min.

*1. **Choralchorsatz** „Herr Christ, der einge Gottessohn"
Selbständiger Orchestersatz mit konzertierender Blockflöte (Ritornellumrahmung, Zeilenzwischenspiele). C.f. Alt (+Horn oder Posaune),
imitatorischer Nebenstimmensatz.
Hohe Blockflöte (oder Terzgeige), Oboe I, II; Streicher; B.c.   **F**
2. **Rezitativ** „O Wunderkraft der Liebe"
Secco. **Alt** $(b\!-\!d'')$.   **B–F**
3. **Arie** „Ach, ziehe die Seele mit Seilen der Liebe"
Triosatz: Querflöte, **Tenor** $(c\!-\!a')$, B.c. Da-capo-Form.   **C**
4. **Rezitativ** „Ach, führe mich, o Gott, zum rechten Weg"
Secco. **Sopran** $(d\!-\!g'')$.   **F–F**
5. **Arie** „Bald zur Rechten, bald zur Linken"
Orchestersatz: Oboe I, II; Streicher; B.c. **Baß** $(G\!-\!e')$.
Zweiteilige Form (mit Ritornellabrundung).   **d**
*6. **Choral** „Ertöt uns durch dein Güte"
Schlichter Chorsatz (+Horn; Oboe I, II; Streicher; B.c.).   **F**

97 In allen meinen Taten

Ohne Bestimmung. – EZ: 1734 (autographes Datum).
Vielleicht auf eine frühere Komposition zurückgehend.
Text: Paul Fleming 1642.
BG XXII (Rust 1875); NBA I/34.
Lit.: 44.

[1] Nur C.f.-Verstärkung in 1. und 6.
[2] Nur C.f.-Verstärkung in 1.

Solo: Sopran, Alt, Tenor, Baß. – Chor.
Oboe I, II; Streicher; B.c. (+Fagott). – AD: 32 Min.

*1. **Choralchorsatz** *Vers 1* „In allen meinen Taten"
   Mel. „O Welt, ich muß dich lassen"
   Selbständiger Orchestersatz (Ritornellumrahmung, Zeilenzwischen-
   spiele) in Form einer Französischen Ouvertüre: Grave als Instrumental-
   einleitung, Vivace mit Choralchoreinbau. C.f. Sopran, imitatorisch
   unterbaut.
   Gesamtinstrumentarium.   **B**

2. **Arie** *Vers 2* „Nichts ist es spat und frühe"
   Continuosatz (mit Ostinatobildungen). **Baß** (*B–es'*).
   Zweiteilige Form (mit Ritornellabrundung).   **g**

3. **Rezitativ** *Vers 3* „Es kann mir nichts geschehen"
   Secco. **Tenor** (*g–a'*).   **Es–d**

4. **Arie** *Vers 4* „Ich traue seiner Gnaden"
   Triosatz: Violine (solo), **Tenor** (*d–as'*), B.c.
   Zweiteilige Form (mit Ritornellabrundung).   **B**

5. **Rezitativ** *Vers 5* „Er wolle meiner Sünden"
   Ausinstrumentiertes Secco: Streicher; B.c. **Alt** (*c'–es''*).   **g–c**

6. **Arie** *Vers 6* „Leg ich mich späte nieder"
   Streichersatz; B.c. **Alt** (*h–es''*).
   Zweiteilige Form (mit Ritornellabrundung).   **c**

7. **Arie** (Duett) *Vers 7* „Hat er es denn beschlossen"
   Continuosatz. **Sopran** (*es'–as''*), **Baß** (*As–es'*). Freies Da-capo.   **Es**

8. **Arie** *Vers 8* „Ihm hab ich mich ergeben"
   Quartettsatz: Oboe I, II, **Sopran** (*c'–g''*), B.c.
   Zweiteilige Form (mit Ritornellabrundung).   **F**

*9. **Choral** *Vers 9* „So sei nun, Seele, deine"
   Schlichter Chorsatz, mit 3 obligaten Streichern (Oboe I, II; B.c.).   **B**

98 Was Gott tut, das ist wohlgetan I

21. Sonntag nach Trinitatis. – EZ: 1726.
Textdichter unbekannt; 1. Samuel Rodigast 1674.
BG XXII (Rust 1875); NBA I/25.

Solo: Sopran, Alt, Tenor, Baß. – Chor.
Oboe I, II[1], Oboe da caccia[2]; Streicher; B.c. – AD: 17 Min.

[1] Oboe II nur Alt-Verstärkung.
[2] „Taille" (*f–g'*); nur Tenor-Verstärkung.

1. **Choralchorsatz** „Was Gott tut, das ist wohlgetan"
   Ritornellumrahmung und Zeilenzwischenspiele. C.f. Sopran (+Oboe I),
   akkordlich oder freipolyphon unterbaut. Chor und Orchester ohne the-
   matische Beziehung.
   Streicher; B.c. (Oboe I, II, Oboe da caccia mit Chor).   **B**
2. **Rezitativ** „Ach Gott! wann wirst du mich einmal"
   Secco. **Tenor** (*es–b'*).   **g–Es**
3. **Arie** „Hört, ihr Augen, auf zu weinen"
   Triosatz: Oboe, **Sopran** (*c'–a''*), B.c.
   Zweiteilige Form (mit Ritornellabrundung).   **c**
4. **Rezitativ** „Gott hat ein Herz, das des Erbarmens Überfluß"
   Secco. **Alt** (*b–es''*).   **g–d**
5. **Arie** „Meinen Jesum laß ich nicht"
   Triosatz: Violinen, **Baß** (*A–es'*), B.c.
   Freies Da-capo.
   Choralanklänge in der Vokalstimme.   **B**

99 Was Gott tut, das ist wohlgetan II

15. Sonntag nach Trinitatis. – EZ: 1724.
Text: 1. und 6. Samuel Rodigast 1674; 2.–5. Umdichtung eines unbekannten Verfassers.
BG XXII (Rust 1875); NBA I/22.
Lit.: 44, 66[III].

Solo: Sopran, Alt, Tenor, Baß. – Chor.
Horn[1]; Querflöte, Oboe d'amore; Streicher; B.c. – AD: 21 Min.

*1. **Choralchorsatz** „Was Gott tut, das ist wohlgetan"
   Selbständiger Orchestersatz (Ritornellumrahmung, Zeilenzwischen-
   spiele). C.f. Sopran (+Horn), akkordlich unterbaut.
   Gesamtinstrumentarium.   **G**
   = Kantate 100, Satz 1.
2. **Rezitativ** „Sein Wort der Wahrheit stehet fest"
   Secco mit ariosem Ausklang. **Baß** (*A–e'*).   **h–h**
3. **Arie** „Erschüttre dich nur nicht, verzagte Seele"
   Triosatz: Querflöte, **Tenor** (*dis–a'*), B.c. Da-capo-Form.   **e**
4. **Rezitativ** „Nun, der von Ewigkeit geschloss'ne Bund"
   Secco mit ariosem Ausklang. **Alt** (*h–d''*).   **h–D**

---

[1] Nur C.f.-Verstärkung in 1. und 6.

5. **Arie** (Duett) „Wenn des Kreuzes Bitterkeiten"
Quintettsatz: Querflöte, Oboe d'amore, **Sopran** (*d'–g''*), **Alt** (*ais–d''*),
B.c. Homogener, imitatorisch-fugischer Satz. Zweiteilige Form (mit
Ritornellabrundung).   **h**

*6. **Choral** „Was Gott tut, das ist wohlgetan"
Schlichter Chorsatz (+ Gesamtinstrumentarium).   **G**

100 Was Gott tut, das ist wohlgetan III

Ohne Bestimmung. – EZ: nach 1732, WA: nach 1735.
Text: Samuel Rodigast 1674.
BG XXII (Rust 1875); NBA I/22.

Solo: Sopran, Alt, Tenor, Baß. – Chor.
Horn I, II (*G*)[1], Pauken; Querflöte, Oboe d'amore; Streicher; B.c. –
AD: 25 Min.

*1. **Choralchorsatz** *Vers 1* „Was Gott tut, das ist wohlgetan, es bleibt ge-
recht sein Wille"
Selbständiger Orchestersatz (Ritornellumrahmung, Zeilenzwischen-
spiele). C.f. Sopran, akkordlich unterbaut.
Gesamtinstrumentarium.   **G**
= Kantate 99, Satz 1 (in reicherer Orchestergestaltung).

2. **Arie** (Duett) *Vers 2* „Was Gott tut, das ist wohlgetan, er wird mich
nicht betrügen"
Continuosatz (mit Ostinatobildungen). **Alt** (*h–e''*), **Tenor** (*d–a'*).   **D**

3. **Arie** *Vers 3* „Was Gott tut, das ist wohlgetan, er wird mich wohl be-
denken"
Triosatz: Querflöte, **Sopran** (*d'–gis''*), B.c.
Zweiteilige Form (mit Ritornellabrundung).   **h**

4. **Arie** *Vers 4* „Was Gott tut, das ist wohlgetan, er ist mein Licht und
Leben"
Streichersatz; B.c. **Baß** (*A–e'*). Mit Choralanklängen.
Viergliedrige Form (A A B C), Ritornellumrahmung.   **G**

5. **Arie** *Vers 5* „Was Gott tut, das ist wohlgetan, muß ich den Kelch gleich
schmecken"
Triosatz: Oboe d'amore, **Alt** (*a–e''*), B.c.
Zweiteilige Form (mit Ritornellabrundung).   **e**

---

[1] „Corno da caccia"

*6. Choralchorsatz *Vers 6* „Was Gott tut, das ist wohlgetan, dabei will ich verbleiben"
Ritornellumrahmung und Zeilenzwischenspiele. Schlichter akkordlicher Chorsatz.
Gesamtinstrumentarium. **G**
= Kantate 75, Satz 7 (in reicherer Orchestergestaltung).

101 Nimm von uns, Herr, du treuer Gott

10. Sonntag nach Trinitatis. – EZ: 1724, WA: in späterer Zeit.
Text: 1., 3., 5., 7. Martin Moller 1584; 2., 4., 6. Umdichtung eines unbekannten Verfassers.
BG XXIII (Rust 1876); NBA I/19.
Lit.: 44.

Solo: Sopran, Alt, Tenor, Baß. – Chor.
Zink[1], Posaune I–III[1]; Querflöte, Oboe I, II, Oboe da caccia; Streicher; B.c. – AD: 25 Min.

*1. Choralchorsatz „Nimm von uns, Herr, du treuer Gott"
Mel. „Vater unser im Himmelreich"
Selbständiger Orchestersatz (Ritornellumrahmung, Zeilenzwischenspiele).
C.f. Sopran (+ Querflöte). Choralzeilenfugierung. Choralzitate im Orchester. Querflöte, Oboe I, II, Oboe da caccia[2]; Streicher; B.c. (Zink, Posaune I–III als Chorstimmenduplierung). **d**

2. **Arie** „Handle nicht nach deinen Rechten"
Triosatz: Violine (solo), **Tenor** (*d–as'*), B.c.
Zweiteilige Form (mit Ritornellabrundung). **g**

*3. Choral + Rezitativ „Ach! Herr Gott, durch die Treue dein"
Choralarioso (Continuosatz mit Ostinatofiguren), zeilenmäßig von Secco unterbrochen (Choraltropierung). Choralmotivik im B.c.
Sopran (*d'–g''*). **d–d**

*4. Choralbearbeitung (Arie + instr. C.f.) „Warum willst du so zornig sein"
Bläsersatz: Oboe I, II, Oboe da caccia[2], B.c. C.f. in vierstimmigem Instrumentalsatz. **Baß** (*G–e'*). Choralzitate in der Vokalstimme. **a**

---

[1] Nur Chorstütze in 1. und 7.
[2] „Taille" (*f–d''*)

*5. **Choral + Rezitativ** „Die Sünd hat uns verderbet sehr"
Choralarioso (Continuosatz mit Ostinatofiguren), zeilenmäßig von
Secco unterbrochen (Choraltropierung). **Tenor** (*d–a'*). d–d
(*)6. **Arie** (Duett) „Gedenk an Jesu bittern Tod"
Choralzeilenzitate in Instrumental- und Vokalstimmen (mit kanonischen
Führungen). Quintettsatz: Querflöte, Oboe da caccia, **Sopran** (*f'–a''*),
Alt (*b–d''*), B.c. Freies (Teil-) Da-capo. d
*7. **Choral** „Leit uns mit deiner rechten Hand"
Schlichter Chorsatz (+ Instrumentarium wie 1.). d

102 Herr, deine Augen sehen nach dem Glauben

10. Sonntag nach Trinitatis. – EZ: 1726, WA: um 1737.
Textdichter unbekannt; 1. Jeremia 5,3; 4. Römer 2,4–5; 7. Johann Heermann 1630 (So
wahr ich lebe, spricht dein Gott).
BG XXIII (Rust 1876); NBA I/19.
Lit.: 49, 52.

Solo: Alt, Tenor, Baß. – Chor.
Querflöte, Oboe I, II; Streicher; B.c. – AD: 24 Min.

Erster Teil

1. **Chorsatz** „Herr, deine Augen sehen nach dem Glauben"
Mit Einleitungssinfonia und Zwischenspielen. Homophone und frei-
polyphone Chorabschnitte neben 2 fugischen Entwicklungen mit thema-
tischer Einbeziehung (und teilweise obligater Führung) der Instru-
mente. Sonst Instrumentalsatz meist dominant (Choreinbau).
Oboe I, II; Streicher; B.c. g
Parodie: Messe g-Moll (BWV 235), Kyrie.

2. **Rezitativ** „Wo ist das Ebenbild, das Gott uns eingepräget"
Secco. **Baß** (*B–e'*). B–B

3. **Arie** „Weh der Seele, die den Schaden"
Triosatz: Oboe, **Alt** (*b–es''*), B.c. Freies Da-capo. f
Parodie (stark umgestaltet): Messe F-Dur (BWV 233), Qui tollis (Sopran).

4. **Arie** („Arioso") „Verachtest du den Reichtum seiner Gnade"
Streichersatz; B.c. **Baß** (*G–es'*). Freies Da-capo. Es

Zweiter Teil

5. **Arie** „Erschrecke doch, du allzu sichre Seele"
Triosatz: Querflöte, **Tenor** (*d–a'*), B.c.
Vokalpart dreigliedrig, Ritornellumrahmung. g
Parodie: Messe F-Dur (BWV 233), Quoniam (Alt).

6. **Rezitativ** „Beim Warten ist Gefahr"
Motivgeprägtes Accompagnato: Oboe I, II; B. c. **Alt** ($c'-es''$). c–G
7. **Choral** „Heut lebst du, heut bekehre dich" (2 Strophen)
Mel. „Vater unser im Himmelreich"
Schlichter Chorsatz (+ Querflöte, Oboe I, II; Streicher; B. c.). c

103 Ihr werdet weinen und heulen

Jubilate. – EZ: 1725, WA(U): 1731.
Text: Ziegler I (mit Eingriffen Bachs); 1. Johannes 16,20; 6. Paul Gerhardt 1653 (Barm-
herzger Vater, höchster Gott).
BG XXIII (Rust 1876); NBA I/11.

Solo: Alt, Tenor. – Chor.
Hohe Trompete (D); Flauto piccolo = hohe Blockflöte ($e''-fis''''$)[1] (in spä-
terer Fassung durch Solovioline oder Querflöte ersetzt), Oboe d'amore I, II;
Streicher; B. c. – AD: 18 Min.

1. **Chorsatz** „Ihr werdet weinen und heulen"
   Mit Einleitungssinfonia. Freipolyphone Chorabschnitte, 1 Baßarioso,
   3 (gleichthemige) Chorfugenentwicklungen mit thematischer Einbe-
   ziehung von Instrumenten. Instrumentalsatz sonst meist dominant
   (Choreinbau).
   Blockflöte (später Solovioline oder Querflöte), Oboe d'amore I, II;
   Streicher; B. c. h
2. **Rezitativ** „Wer sollte nicht in Klagen untergehn"
   Secco, arios ausklingend. **Tenor** ($eis-a'$). fis–cis
3. **Arie** „Kein Arzt ist außer dir zu finden"
   Triosatz: Blockflöte (später Solovioline oder Querflöte), **Alt** ($his-dis''$),
   B. c. Zweiteilige Form (mit Ritornellabrundung). fis
4. **Rezitativ** „Du wirst mich nach der Angst auch wiederum erquicken"
   Secco. **Alt** ($a-d''$). h–D
5. **Arie** „Erholet euch, betrübte Sinnen"
   Orchestersatz: hohe Trompete; Streicher; B. c. **Tenor** ($d-a'$).
   Zweiteilig mit da-capo-ähnlicher Abrundung. D
6. **Choral** „Ich hab dich einen Augenblick"
   Mel. „Was mein Gott will, das g'scheh allzeit"
   Schlichter Chorsatz (+ Trompete; Querflöte, Oboe d'amore I, II;
   Streicher; B. c.). h[2]

[1] Eine große Sext tiefer notiert ($g'-a'''$).
[2] äolisch (oder dorisch)

104 Du Hirte Israel, höre

Misericordias Domini. – EZ: 1724.
Textdichter unbekannt; 1. Psalm 80,2; 6. Cornelius Becker 1598.
BG XXIII (Rust 1876); Taschenpartitur Eulenburg (Ochs 1911, Grischkat 1962), rev.
Hänssler (Horn 1962); NBA I/11.

Solo: Tenor, Baß. – Chor.
Oboe I, II, Oboe da caccia[1], Oboe d'amore I, II; Streicher; B.c. –
AD: 23 Min.

1. **Chorsatz** „Du Hirte Israel, höre"
   Mit Einleitungssinfonia. Zwei fugische Entwicklungen mit obligaten
   Streichern, neben überwiegend knappen, homophonen Chorabschnitten.
   Orchesterpart häufig dominant (Choreinbau).
   Oboe I, II, Oboe da caccia; Streicher; B.c.   **G**
2. **Rezitativ** „Der höchste Hirte sorgt für mich"
   Secco mit ariosem Ausklang. **Tenor** (*fis–g'*).   **e–h**
3. **Arie** „Verbirgt mein Hirte sich zu lange"
   Quartettsatz: Oboe d'amore I, II, **Tenor** (*fis–a'*), B.c. Freies Da-capo. **h**
4. **Rezitativ** „Ja, dieses Wort ist meiner Seelen Speise"
   Secco. **Baß** (*A–e'*).   **D–D**
5. **Arie** „Beglückte Herde, Jesu Schafe"
   Streichersatz (+Oboe d'amore); B.c. **Baß** (*Fis–d'*). Da-capo-Form.   **D**
6. **Choral** „Der Herr ist mein getreuer Hirt"
   Mel. „Allein Gott in der Höh sei Ehr"
   Schlichter Chorsatz (+Instrumentarium wie 1.).   **A**

105 Herr, gehe nicht ins Gericht mit deinem Knecht

9. Sonntag nach Trinitatis. – EZ: 1723.
Textdichter unbekannt; 1. Psalm 143,2; 6. Johann Rist 1641.
BG XXIII (Rust 1876); Taschenpartitur Eulenburg (Schering 1936), rev. Hänssler (Horn
1962); NBA I/19.
Lit.: 55, 56, 66[III].

Solo: Sopran, Alt, Tenor, Baß. – Chor.
Horn (*C*)[2]; Oboe I, II[3]; Streicher; B.c. – AD: 25 Min.

---

[1] „Taille" (*g–e''*)
[2] Horn+ Oboe in Satz 1 (= Zink?).
[3] Oboe II bis *g* herab (=+ Violine II).

1. **Chorsatz** „Herr, gehe nicht ins Gericht mit deinem Knecht"
   Instrumentaleinleitung und Zwischensätze.
   Zweiteilige Form:
   A: (Adagio **c**) Freipolyphone Chorabschnitte mit obligatem und teil-
   weise dominantem Orchesterpart (Choreinbau).
   B: (Allegro **¢**) Chorfuge in motettischem Satz (Orchester duplierend).
   Solochor – Tuttichor (?).
   Streicher (+ Horn; Oboe I, II); B. c.   **g**
2. **Rezitativ** „Mein Gott, verwirf mich nicht"
   Secco. **Alt** (*h–d″*).   **c–B**
3. **Arie** „Wie zittern und wanken"
   Triosatz mit Mittelstimmenaussetzung: Oboe; Violine I, II, Bratsche
   (ohne B. c.). **Sopran** (*c′–as″*).
   Form: A A′ B (mit Ritornellabrundung).   **Es**
4. **Rezitativ** „Wohl aber dem, der seinen Bürgen weiß"
   Motivgeprägtes Accompagnato: Streicher; B. c. **Baß** (*B–es′*).   **B–Es**
5. **Arie** „Kann ich nur Jesum mir zum Freunde machen"
   Orchestersatz: Horn; Streicher; B. c. **Tenor** (*d–as′*). Da-capo-Form.   **B**
6. **Choral** „Nun, ich weiß, du wirst mir stillen"
   Mel. „Jesu, der du meine Seele"
   Schlichter Chorsatz, mit obligaten Streichern und knappen Zeilen-
   zwischenspielen; B. c.   **g**

106 Gottes Zeit ist die allerbeste Zeit
(Actus tragicus)

Trauerfeier. – EZ: wahrscheinlich 1707, möglicherweise für Bachs Erfurter Onkel Tobias
Lämmerhirt am 14. 8. 1707 (vgl. BJ 1925, S. 117ff.).
Text: 2.a Apostelgeschichte 17,28; 2.b Psalm 90,12; 2.c Jesaja 38,1; 2.d Sirach 14,18 und
Offenbarung 22,20; 3.a Psalm 31,6; 3.b Lukas 23,43 — Martin Luther 1524; 4. Adam
Reusner 1533.
BG XXIII (Rust 1876); Taschenpartituren Eulenburg (Schering 1927) und Philharmonia
(W. Fischer 1925); NBA I/34.
Lit.: 15, 27, 44, 56.

Solo: (Sopran), Alt, (Tenor), Baß. – Chor.
Blockflöte I, II (*es′–d‴*)[1]; Viola da gamba I, II; B. c. – AD: 23 Min.

---

[1] Im Original einen Ganzton höher notiert (*f′–e‴*). Versetzung der ganzen Kantate nach
F-Dur wünschenswert.

1. **Sonatina** (Molto adagio)
   Oberstimmenduett über akkordlichem Unterbau.
   Blockflöte I, II; Gambe I, II; B.c.   **Es**

2.a **Chorsatz** „Gottes Zeit ist die allerbeste Zeit"
   Dreiteilige Form (Adagio **c**; Allegro $^3/_4$; Adagio **c**), fugierter Satz
   zwischen zwei akkordlichen Chorkomplexen. Knappe instrumentale
   Zwischentakte.
   Gesamtinstrumentarium.   **Es–c**

   b **Arioso** „Ach Herr, lehre uns bedenken"
   Tenor (*c–as'*). Chaconne-artige Form (Periodenwiederholung).
   Gesamtinstrumentarium.   **c**

   c **Arie** (Arioso) „Bestelle dein Haus; denn du wirst sterben"
   Triosatz: Blockflöten, **Baß** (*F–des'*), B.c. Mit Da-capo-Andeutung und
   Ritornellnachsatz.   **c–f**

   d **Chorterzett**[1] + **Arioso** + **Choral** „Es ist der alte Bund"
   Chorfugische Entwicklung (Alt, Tenor, Baß), unterbrochen oder über-
   lagert von **Sopran**-Arioso (*e'–g''*) + dreistimmig-instrumentalem Cho-
   ralsatz („Ich hab mein Sach Gott heimgestellt").
   Gesamtinstrumentarium.   **f**

3.a **Arie** (Arioso) „In deine Hände befehl ich meinen Geist"
   Continuosatz. **Alt** (*b–es''*). Ostinatobildungen.   **b**

   b **Arioso** + **Choralbearbeitung** „Heute wirst du mit mir im Paradies
   sein" – „Mit Fried und Freud ich fahr dahin"
   Verschränkung eines **Baß**-Arioso (*G–f'*) in vokale Choralbearbeitung
   Alt (C.f., Gambe I, II, B.c.), so daß nur die ersten drei Choralzeilen
   arios kontrapunktiert sind.   **As–c**

4. **Choralchorsatz** „Glorie, Lob, Ehr und Herrlichkeit"
   Mel. „In dich hab ich gehoffet, Herr"
   Zweiteilige Form:
   A: Schlichter Chorsatz mit Instrumentalvorspiel und Zeilenzwischen-
   spielen (Choralthematik in den Flötenstimmen).
   B: Fugische Gestaltung der letzten Choralzeile (mit duplierenden In-
   strumenten). Entwicklung in Stimmenpaaren. Solochor – Tuttichor (?).
   Gesamtinstrumentarium.   **Es**

[1] oder Soloterzett

107 Was willst du dich betrüben

7. Sonntag nach Trinitatis. – EZ: 1724.
Text: Johann Heermann 1630.
BG XXIII (Rust 1876); NBA I/18 (Dürr 1966).
Lit.: 44.

Solo: Sopran, Tenor, Baß. – Chor.
Horn[1]; Querflöte I, II, Oboe d'amore I, II; Streicher; B. c. – AD: 20 Min.

*1. Choralchorsatz *Vers 1* „Was willst du dich betrüben"
Mel. „Von Gott will ich nicht lassen"
Selbständiger Orchestersatz (Ritornellumrahmung, Zeilenzwischen-
spiele), C.f. (verziert) Sopran (+Horn), akkordlich oder imitatorisch
unterbaut.
Gesamtinstrumentarium.   h

2. **Rezitativ** *Vers 2* „Denn Gott verlässet keinen"
Motivgeprägtes Accompagnato mit ariosem Ausklang: Oboe d'amore
I, II; B. c. **Baß** (*H–d'*).   fis–fis

3. **Arie** *Vers 3* „Auf ihn magst du es wagen"
Streichersatz (ausinstrumentierter Triosatz); B. c. **Baß** (*A–e'*).
Zweiteilige Form (Ritornellabrundung).   A

4. **Arie** *Vers 4* „Wenn auch gleich aus der Höllen"
Continuosatz. **Tenor** (*d–a'*). Ostinatobildungen. Vokalpart dreigliedrig,
Ritornellumrahmung.   e

(*)5. **Arie** *Vers 5* „Er richt's zu seinen Ehren"
Quartettsatz: Oboe d'amore I, II, **Sopran** (*e'–a''*), B. c. Ausklang der
Arie in letzte Choralzeile.
Zweiteilige Form (mit Ritornellabrundung).   h

6. **Arie** *Vers 6* „Drum ich mich ihm ergebe"
Triosatz: Querflöten + Violine I, **Tenor** (*fis–a'*), B. c.
Vokalpart dreigliedrig, Ritornellumrahmung.   D

*7. Choralchorsatz *Vers 7* „Herr, gib, daß ich dein Ehre"
Schlichter Chorsatz mit figurierenden Instrumenten.
Ritornellumrahmung, Zeilenzwischenspiele.
Gesamtinstrumentarium.   h

---

[1] „Corno da caccia"; nur C.f.-Verstärkung in 1. und 7.

108 Es ist euch gut, daß ich hingehe

Cantate. – EZ: 1725.
Text: Ziegler I; 1. Johannes 16,7; 4. Johannes 16,13; 6. Paul Gerhardt 1653 (GottVater, sende deinen Geist).
BG XXIII (Rust 1876); NBA I/12 (Dürr 1960); Taschenpartitur Bärenreiter (Dürr 1961).
Lit.: 66[I].

Solo: Alt, Tenor, Baß. – Chor.
Oboe d'amore I, II; Streicher; B.c. – AD: 20 Min.

1. **Arie** „Es ist euch gut, daß ich hingehe"
   Orchestersatz: Oboe d'amore I; Streicher; B.c. **Baß** ($A–e'$).
   Zweiteilige Form (mit Ritornellabrundung). **A**

2. **Arie** „Mich kann kein Zweifel stören"
   Triosatz: Violine (solo), **Tenor** ($e–a'$), B.c.
   Zweiteilige Form (mit Ritornellabrundung). **fis**

3. **Rezitativ** „Dein Geist wird mich also regieren"
   Secco. **Tenor** (*fis–a'*). **h–A**

4. **Chorsatz** „Wenn aber jener, der Geist der Wahrheit, kommen wird"
   Geschlossener motettischer Chorsatz (duplierendes Orchester). 3 unmittelbar anschließende fugische Entwicklungen, mit thematischer Rückbeziehung der 3. auf die 1., trotz Textverschiedenheit (A B A').
   (Gesamtinstrumentarium). **D**

5. **Arie** „Was mein Herz von dir begehrt"
   Streichersatz; B.c. **Alt** (*h–e''*).
   Zweiteilige Form (mit Ritornellabrundung). **h**

6. **Choral** „Dein Geist, den Gott vom Himmel gibt"
   Mel. „Kommt her zu mir, spricht Gottes Sohn"
   Schlichter Chorsatz (+ Gesamtinstrumentarium). **h**

109 Ich glaube, lieber Herr, hilf meinem Unglauben!

21. Sonntag nach Trinitatis. – EZ: 1723.
Textdichter unbekannt; 1. Markus 9,24; 6. Lazarus Spengler 1524.
BG XXIII (Rust 1876); NBA I/25.

Solo: Alt, Tenor. – Chor.
Horn[1]; Oboe I, II; Streicher; B.c. – AD: 25 Min.

1. **Chorsatz** „Ich glaube, lieber Herr, hilf meinem Unglauben!"
   Mit Orchestersatzumrahmung und gliedernden Zwischenspielen. Lok-

[1] „Corne du Chasse" (vom Naturhorn nicht ausführbar).

kerer freipolyphoner und imitatorischer Chorpart in drei Durchführungskomplexen mit jedesmaligem Wechsel der melodischen Führung innerhalb der Chorstimmen. Obligater Instrumentalpart.
Gesamtinstrumentarium. **d**

2. **Rezitativ** „Des Herren Hand ist ja noch nicht verkürzt"
Secco mit ariosem Ausklang. **Tenor** ($c-a'$). **B–e**

3. **Arie** „Wie zweifelhaftig ist mein Hoffen"
Streichersatz; B.c. **Tenor** ($e-a'$). Da-capo-Form. **e**

4. **Rezitativ** „O fasse dich, du zweifelhafter Mut"
Secco. **Alt** ($c'-d''$). **C–d**

5. **Arie** „Der Heiland kennet ja die Seinen"
Quartettsatz: Oboe I, II, **Alt** ($b-es''$), B.c. Da-capo-Form. **F**

6. **Choralchorsatz** „Wer hofft in Gott und dem vertraut"
Mel. „Durch Adams Fall ist ganz verderbt"
C.f. Sopran (+Horn), akkordlich unterbaut, mit figurierenden Instrumenten. Ritornellumrahmung, Zeilenzwischenspiele.
Gesamtinstrumentarium. **d–a¹**

110 Unser Mund sei voll Lachens

1. Weihnachtstag. – EZ: 1725, WA: nach 1728.
Text: Lehms 1711; 1. nach Psalm 126,2–3; 3. Jeremia 10,6; 5. Lukas 2,14; 7. Kaspar Füger (Fugger) 1592.
BG XXIII (Rust 1876); NBA I/2 (Dürr 1957); Taschenpartitur Bärenreiter (Dürr 1959).
Lit.: 38, 53, 55, 71.

Solo: Sopran, Alt, Tenor, Baß. – Chor.
Trompete I–III (*D*), Pauken; Querflöte I, II, Oboe I–III, Oboe d'amore², Oboe da caccia³; Streicher; B.c. (+Fagott). – AD: 28 Min.

1. **Chorsatz** „Unser Mund sei voll Lachens"
Mit großer Instrumentalsatzumrahmung.
= Ouvertüre der Suite *D*-Dur (BWV 1069), mit Choreinbau im Mittelteil, so daß die Grave-Sätze als Vor- und Nachspiel fungieren (Solochor – Tuttichor).
Trompete I–III, Pauken; Oboe I–III (+Querflöten I, II); Streicher; B.c. (+Fagott). **D**

2. **Arie** „Ihr Gedanken und ihr Sinnen"
Quartettsatz: Querflöte I, II, **Tenor** ($d-a'$), B.c. (+Fagott).
Zweiteilige Form (mit Ritornellabrundung). **h**

---

¹ äolisch   ² In Satz 4 nur „Oboe" vorgezeichnet, aber Umfang: $a-a''$.
³ Umfang: $e-d''$ (=+ Viola).

3. **Rezitativ** „Dir, Herr, ist niemand gleich"
Motivgeprägtes Accompagnato: Streicher; B.c. (+Fagott).
Baß (*e–d'*). fis–A
4. **Arie** „Ach Herr, was ist ein Menschenkind"
Triosatz: Oboe d'amore, **Alt** (*cis'–e''*), B.c. (+Fagott).
Zweiteilige Form (mit Ritornellabrundung). fis
5. **Arie** (Duett)[1] „Ehre sei Gott in der Höhe"
Continuosatz (+Fagott). **Sopran** (*dis'–a''*), **Tenor** (*dis'–gis'*).
Vokalpart dreigliedrig, Ritornellumrahmung. Ostinatobildungen. A
= Erweiterte Umarbeitung aus Magnificat Es-Dur (BWV 243 a) „Virga Jesse floruit".[2]
6. **Arie** „Wacht auf, ihr Adern und ihr Glieder"
Orchestersatz: hohe Trompete; Streicher (+Oboe I, II und Oboe da
caccia); B.c. (+Fagott). **Baß** (*Fis–e'*). Freies Da-capo. D
7. **Choral** „Alleluja! Gelobt sei Gott!"
Mel. „Wir Christenleut hab'n jetzund Freud"
Schlichter Chorsatz (+Trompete; Querflöte I, II, Oboe I, II, Oboe da
caccia; Streicher; B.c.+ Fagott). h

111 Was mein Gott will, das g'scheh allzeit

3. Sonntag nach Epiphanias. — EZ: 1725.
Text: 1. und 6. Markgraf Albrecht von Brandenburg 1547; 2.–5. Umdichtung eines unbe-
kannten Verfassers.
BG XXIV (Dörffel 1876); NBA I/6.
Lit.: 44.

Solo: Sopran, Alt, Tenor, Baß. – Chor.
Oboe I, II; Streicher; B.c. – AD: 22 Min.

*1. **Choralchorsatz** „Was mein Gott will, das g'scheh allzeit"
Selbständiger Orchestersatz (Ritornellumrahmung, Zeilenzwischen-
spiele). C.f. Sopran, imitatorisch (Choralzeilenthematik) unterbaut.
Gesamtinstrumentarium. a
2. **Arie** „Entsetze dich, mein Herze, nicht"
Continuosatz. **Baß** (*A–e'*). Mit Choralanklängen. Freies Da-capo. e
3. **Rezitativ** „O Törichter, der sich von Gott entzieht"
Secco. **Alt** (*h–e''*). h–h

[1] Chorduett?
[2] Vgl. NBA Bd. II/3, S. 51 f., und Hortus Musicus Nr. 80, Bärenreiter (A. Dürr 1951).

4. **Arie** (Duett) „So geh ich mit beherzten Schritten"
Streichersatz; B.c. **Alt** (*g–e''*), **Tenor** (*c–a'*)[1]. Da-capo-Form.　　　**G**

5. **Rezitativ** „Drum wenn der Tod zuletzt den Geist"
Ausinstrumentiertes Secco mit ariosem Ausklang: Oboe I, II; B.c.
Sopran (*dis'–g''*).　　　**F–a**

*6. **Choral** „Noch eins, Herr, will ich bitten dich"
Schlichter Chorsatz (+ Gesamtinstrumentarium).　　　**a**[2]

112 Der Herr ist mein getreuer Hirt

Misericordias Domini. − EZ: 1731 (oder schon 1729?).
Text (Nachdichtung des 23. Psalms): Wolfgang Meuslin um 1530; Leipziger Kirchen-
musik 1731.
BG XXIV (Dörffel 1876); NBA I/11.
Lit.: 44, 66[I].

Solo: Sopran, Alt, Tenor, Baß. − Chor.
Horn I, II (*G*); Oboe d'amore I, II; Streicher; B.c. − AD: 15 Min.

*1. **Choralchorsatz** *Vers 1* „Der Herr ist mein getreuer Hirt"
Mel. „Allein Gott in der Höh sei Ehr"
Selbständiger Orchestersatz (Ritornellumrahmung, Zeilenzwischen-
spiele). C.f. Sopran, imitatorisch unterbaut (mit Choralthematik).
Gesamtinstrumentarium.　　　**G**

2. **Arie** *Vers 2* „Zum reinen Wasser er mich weist"
Triosatz: Oboe d'amore, **Alt** (*h–e''*), B.c.
Zweiteilige Form (mit Ritornellabrundung).　　　**e**

3. **Arioso + Rezitativ** *Vers 3* „Und ob ich wandert im finstern Tal"
Arioso im Continuosatz (imitatorisch) − Ausinstrumentiertes Secco
mit ariosem Ausklang: Streicher; B.c. **Baß** (*A–e'*).　　　**C–G**

4. **Arie** (Duett) *Vers 4* „Du bereitest vor mir einen Tisch"
Streichersatz; B.c. **Sopran** (*d'–a''*), **Tenor** (*d–h'*). Kanonbildungen.
Form: A A B̲ A̲.　　　**D**

*5. **Choral** *Vers 5* „Gutes und die Barmherzigkeit"
Schlichter Chorsatz, 2. Horn obligat.
(Gesamtinstrumentarium).　　　**G**

---

[1] In späterer Fassung auch für Alt/Sopran bzw. Baß/Sopran.
[2] äolisch (oder dorisch)

113 Herr Jesu Christ, du höchstes Gut

11. Sonntag nach Trinitatis. – EZ: 1724.]
Text: 1., 2., 4., 8. Bartholomäus Ringwaldt 1588; 3.–7. Umdichtung eines unbekannten
Verfassers.
BG XXIV (Dörffel 1876); NBA I/20. – Lit.: 44.

Solo: Sopran, Alt, Tenor, Baß. – Chor.
Querflöte, Oboe (d'amore) I, II[1]; Streicher; B.c. – AD: 30 Min.

*1. **Choralchorsatz** „Herr Jesu Christ, du höchstes Gut"
Selbständiger Orchestersatz mit konzertierender Violine I (Ritornell-
umrahmung, Zeilenzwischenspiele). Schlichter akkordlicher Chorsatz.
Oboe I, II; Streicher; B.c.   h
*2. **Choralbearbeitung** „Erbarm dich mein in solcher Last"
Triosatz: Violinen, **Alt** C.f. (*cis'–cis''*), B.c.
Choralthematik in den Instrumentalstimmen.   fis
  3. **Arie** „Fürwahr, wenn mir das kömmet ein"
Quartettsatz: Oboe (d'amore) I, II, **Baß** (*A–e'*), B.c.
Zweiteilige Form (mit Ritornellabrundung).   A
*4. **Choral + Rezitativ** „Jedoch dein heilsam Wort, das macht"
Choralarioso mit Secco durchsetzt (Choraltropierung). **Baß** (*H–dis'*).   e
(*)5. **Arie** „Jesus nimmt die Sünder an"
Triosatz: Querflöte, **Tenor** (*d–a'*), B.c. Freies Da-capo.
Choralzeilenzitat im Tenor.   D
  6. **Rezitativ** „Der Heiland nimmt die Sünder an"
Accompagnato und ausinstrumentiertes Secco: Streicher; B.c.
Tenor (*e–a'*).   G–e
(*)7. **Arie** (Duett) „Ach Herr, mein Gott, vergib mirs doch"
Geschlossener Vokalsatz (ohne Ritornelle). **Sopran** (*dis'–g''*), **Alt** (*a–d''*),
B.c. Vokalstimmen teilweise aus Choralmelodie entwickelt. Kanonbil-
dungen. Form: A A B (mit Schlußrückbindung an A).   e
*8. **Choral** „Stärk mich mit deinem Freudengeist"
Schlichter Chorsatz (ohne Angabe duplierender Instrumente).   h

114 Ach, lieben Christen, seid getrost

17. Sonntag nach Trinitatis. – EZ: 1724.
Text: 1.,4.,7. Johannes Gigas 1561; 2.,3.,5.,6. Umdichtung eines unbekannten Verfassers.
BG XXIV (Dörffel 1876); NBA I/23. – Lit.: 44.

[1] „Oboe I, II"; aber Umfang in Satz 3: *a–b''*, *a–g''*.

Solo: Sopran, Alt, Tenor, Baß. – Chor.
Horn[1]; Querflöte, Oboe I, II; Streicher; B.c. – AD: 26 Min.

*1. **Choralchorsatz** „Ach, lieben Christen, seid getrost"
Mel. „Wo Gott, der Herr, nicht bei uns hält"
Selbständiger Orchestersatz (Ritornellumrahmung, Zeilenzwischen-
spiele).
C.f. Sopran (+ Horn), akkordlich oder imitatorisch unterbaut.
Gesamtinstrumentarium (ohne Querflöte). **g**

2. **Arie** „Wo wird in diesem Jammertale"
Triosatz: Querflöte, **Tenor** (*d–a'*), B.c. Da-capo-Form ($^3/_4$–$^{12}/_8$–$^3/_4$). **d**

3. **Rezitativ** „O Sünder, trage mit Geduld"
Secco mit ariosem Mittelglied. **Baß** (*A–es'*). **g–d**

*4. **Choralbearbeitung** „Kein Frucht das Weizenkörnlein bringt"
Duo: **Sopran** C.f. (*f'–d''*), B.c. Gegenstimme (Choralmotivik). **g**

5. **Arie** „Du machst, o Tod, mir nun nicht ferner bange"
Orchestersatz: Oboe; Streicher; B.c. **Alt** (*b–es''*). Da-capo-Form. **B**

6. **Rezitativ** „Indes bedenke deine Seele"
Secco. **Tenor** (*es–a'*). **g–g**

*7. **Choral** „Wir wachen oder schlafen ein"
Schlichter Chorsatz (+ Instrumentarium wie 1.). **g**

115 Mache dich, mein Geist, bereit

22. Sonntag nach Trinitatis. – EZ: 1724.
Text: 1. und 6. Johann Burchard Freystein 1697; 2.–5. Umdichtung eines unbekannten
Verfassers.
BG XXIV (Dörffel 1876); NBA I/26.
Lit.: 44.
Solo: Sopran, Alt, Tenor, Baß. – Chor.
Horn[2]; Querflöte, Oboe d'amore; Violoncello piccolo[3], Streicher; B.c. –
AD: 22 Min.

*1. **Choralchorsatz** „Mache dich, mein Geist, bereit"
Mel. „Straf mich nicht in deinem Zorn"
Selbständiger Orchestersatz (Ritornellumrahmung, Zeilenzwischen-
spiele). C.f. Sopran (+ Horn), akkordlich oder imitatorisch unterbaut.
Querflöte, Oboe d'amore; Streicher; B.c. **G**

---

[1] Nur C.f.-Verstärkung in 1. und 7.
[2] Nur C.f.-Verstärkung in 1. und 6.
[3] Umfang: *Cis–c''* (= Viola pomposa).

2. **Arie** „Ach schläfrige Seele, wie ruhest du noch?"
Orchestersatz: Oboe d'amore; Streicher; B.c. **Alt** (*a–e''*).
Da-capo-Form.   **e**

3. **Rezitativ** „Gott, so für deine Seele wacht"
Secco. **Baß** (*B–e'*).   **G–h**

4. **Arie** „Bete aber auch dabei"
Quartettsatz: Querflöte, Violoncello piccolo, **Sopran** (*d'–gis''*), B.c.
Da-capo-Form (Mittelteil ohne eigene Thematik).   **h**

(*) 5. **Rezitativ** „Er sehnet sich nach unserm Schreien"
Secco mit ariosem Ausklang (Choralzitat). **Tenor** (*e–a'*).   **h–G**

*6. **Choral** „Drum so laßt uns immerdar"
Schlichter Chorsatz (+Instrumentarium wie 1.).   **G**

116 Du Friedefürst, Herr Jesu Christ

25. Sonntag nach Trinitatis. – EZ: 1724.
Text: 1. und 6. Jakob Ebert 1601; 2.–5. Umdichtung eines unbekannten Verfassers.
BG XXIV (Dörffel 1876); NBA I/27 (Dürr 1968).
Lit.: 22, 44, 53, 55, 61.

Solo: Sopran, Alt, Tenor, Baß. – Chor.
Horn[1]; Oboe d'amore I, II; Streicher; B.c. – AD: 21 Min.

*1. **Choralchorsatz** „Du Friedefürst, Herr Jesu Christ"
Selbständiger Orchestersatz mit konzertierender Violine (Ritornellumrahmung, Zeilenzwischenspiele). C.f. Sopran (+Horn), akkordlich oder imitatorisch unterbaut.
Gesamtinstrumentarium.   **A**

2. **Arie** „Ach, unaussprechlich ist die Not"
Triosatz: Oboe d'amore, **Alt** (*his–e''*), B.c. Freies Da-capo.   **fis**

(*) 3. **Rezitativ** „Gedenke doch, o Jesu, daß du noch"
Secco. **Tenor** (*e–a'*). Choralzitat im B.c.   **A–E**

4. **Arie** (Terzett) „Ach, wir bekennen unsre Schuld"
Continuosatz. **Sopran** (*d'–a''*), **Tenor** (*dis–a'*), **Baß** (*Gis–e'*).
Imitatorischer Satz. Freies Da-capo.   **E**

5. **Rezitativ** „Ach, laß uns durch die scharfen Ruten"
Ausinstrumentiertes Secco: Streicher; B.c. **Alt** (*cis'–e''*).   **cis–A**

*6. **Choral** „Erleucht auch unser Sinn und Herz"
Schlichter Chorsatz (+Gesamtinstrumentarium).   **A**

---

[1] Nur C.f.-Verstärkung in 1. und 6.

117 Sei Lob und Ehr dem höchsten Gut

Ohne Bestimmung. – EZ: mittlere Leipziger Periode.
Text: Johann Jakob Schütz 1675.
BG XXIV (Dörffel 1876); Taschenpartitur Eulenburg (Grischkat 1968); NBA I/34.

Solo: Alt, Tenor, Baß. – Chor.
Querflöte I, II, Oboe I, II, Oboe d'amore I, II; Streicher; B.c. –
AD: 26 Min.

*1. **Choralchorsatz** *Vers 1* „Sei Lob und Ehr dem höchsten Gut"
Mel. „Es ist das Heil uns kommen her"
Orchesterritornellumrahmung, Zeilenzwischenspiele (Choralmotivik).
Akkordlicher Chorsatz oder imitatorisch unterbauter C.f. (Sopran).
Querflöte I, II, Oboe I, II; Streicher; B.c.   G

2. **Rezitativ** *Vers 2* „Es danken dir die Himmelsheer"
Secco, in Arioso übergehend (c; ³/₈). **Baß** (*G–e'*).   C–G

3. **Arie** *Vers 3* „Was unser Gott geschaffen hat"
Quartettsatz: Oboe d'amore I, II, **Tenor** (*dis–a'*), B.c.
Vokalpart viergliedrig, Ritornellumrahmung.   e

*4. **Choral** *Vers 4* „Ich rief dem Herrn in meiner Not"
Schlichter Chorsatz; B.c. (ohne Angabe duplierender Instrumente).   G

5. **Rezitativ** *Vers 5* „Der Herr ist noch und nimmer nicht"
Ausinstrumentiertes Secco: Streicher; B.c. – Arioso: Continuosatz (mit
Choralmotivik). **Alt** (*a–e''*).   D–D

6. **Arie** *Vers 6* „Wenn Trost und Hülf ermangeln muß"
Triosatz: Violine (solo), **Baß** (*H–e'*), B.c. (mit Choralmotivik).
Vokalpart dreigliedrig.   h

7. **Arie** *Vers 7* „Ich will dich all mein Leben lang"
Orchestersatz: Querflöte; Streicher; B.c. **Alt** (*a–e''*).
Vokalpart dreigliedrig, Ritornellumrahmung.   D

8. **Rezitativ** *Vers 8* „Ihr, die ihr Christi Namen nennt"
Secco. **Tenor** (*e–g'*).   h–G

*9. **Choralchorsatz** *Vers 9* „So kommet vor sein Angesicht"
Wie Satz 1.[1]   G

---

[1] Die Wiederholung des Satzes 4 (BG XXIV und andere Ausgaben) entspricht nicht Bachs
Anweisung im Partiturautograph.

118 O Jesu Christ, meins Lebens Licht

Trauerfeier (Motette). – EZ: um 1736/37, WA(U): nach 1740.
Text: Martin Behm 1611.
BG XXIV (Dörffel 1876); NBG XVII, 1 (Schneider 1916); NBA III/1 (Ameln 1966).
Lit.: 53, 55.

Chor.
1. Fassung: Horn I, II (hoch B)[1], Zink, Posaune I–III.
2. Fassung: Horn I, II (hoch B)[1]; Streicher; dazu Oboe I, II, Oboe da caccia, Fagott[2] (als Verstärkung der Vokalstimmen?); B.c. – AD: 7 Min.

Choralchorsatz „O Jesu Christ, meins Lebens Licht"
Orchesterritornellumrahmung, Zeilenzwischenspiele (Choralmotivik). Choralzeilenfugierung (C.f. Sopran) mit teilweise obligaten Instrumenten. **B**

119 Preise, Jerusalem, den Herrn

Ratswechsel. – EZ: 1723 (autographes Datum).
Textdichter unbekannt; 1. Psalm 147,12–14; 9. Martin Luther 1529.
BG XXIV (Dörffel 1876); Taschenpartitur Eulenburg (Schering 1933); Neuausgabe Hänssler (Hellmann 1966) mit Umdichtung von Albrecht Goes; NBA I/32.
Lit.: 44, 53, 55, 56.

Solo: Sopran, Alt, Tenor, Baß. – Chor.
Trompete I–IV (C), Pauken; Blockflöte I, II (f'–g'''), Oboe I–III, Oboe da caccia I, II; Streicher; B.c. – AD: 27 Min.

1. **Chorsatz** „Preise, Jerusalem, den Herrn"
   Form einer Französischen Ouvertüre mit Choreinbau im Mittelteil.
   Grave-Teile als Ritornellumrahmung.
   Trompete I–IV, Pauken; Blockflöte I, II, Oboe I–III; Streicher; B.c. **C**
2. **Rezitativ** „Gesegnet Land, glückselge Stadt"
   Secco. **Tenor** (c–a'). **G–G**
3. **Arie** „Wohl dir, du Volk der Linden"
   Quartettsatz: Oboe da caccia I, II, **Tenor** (d–a'), B.c.
   Rondoähnlicher Aufbau. **G**
4. **Rezitativ** „So herrlich stehst du, liebe Stadt"
   Ausinstrumentiertes Secco: Blockflöte I, II, Oboe da caccia I, II; B.c.
   Baß (A–d'). Fanfarenartige Trompetenchorumrahmung. **C–C**

[1] „Litui"
[2] „se piace"

138

5. **Arie** „Die Obrigkeit ist Gottes Gabe"
   Triosatz: Blockflöte I + II, **Alt** (*b–es''*), B. c.
   Vokalpart dreigliedrig, Ritornellumrahmung.   g
6. **Rezitativ** „Nun! wir erkennen es und bringen dir"
   Secco. **Sopran** (*d'–g''*).   F–C
7. **Chorsatz** „Der Herr hat Guts an uns getan"
   Da-capo-Form:
   A: Ritornellumrahmte Chorfuge (mit thematischer Einbeziehung von
   Instrumenten). Solochor – Tuttichor (?).
   B: Knappe, meist homophone Chorabschnitte, durch Orchester-
   zwischenspiele getrennt.
   Instrumentarium wie 1.   C
8. **Rezitativ** „Zuletzt! da du uns, Herr, zu deinem Volk gesetzt"
   Secco. **Alt** (*c'–e''*).   F–e
9. **Choral** „Hilf deinem Volk, Herr Jesu Christ"
   Mel. „Herr Gott, dich loben wir"
   Schlichter Chorsatz (ohne Angabe duplierender Instrumente).   C

120 Gott, man lobet dich in der Stille

Ratswechsel. – EZ: 1728 oder 1729.
Text: wahrscheinlich Picander (wie Kantate 120b); 1. Psalm 65,2; 6. Martin Luther 1529.
BG XXIV (Dörffel 1876); NBA I/32.
Lit.: 52, 53, 55, 63, 69.
Solo: Sopran, Alt, Tenor, Baß. – Chor.
Trompete I–III (*D*), Pauken; Oboe d'amore I, II; Streicher; B. c. –
AD: 26 Min.

1. **Arie** „Gott, man lobet dich in der Stille"
   Orchestersatz: Oboe d'amore I, II; Streicher; B. c. **Alt** (*a–e''*).
   Freies Da-capo.   A
   Möglicherweise textierter Mittelsatz eines verschollenen Köthener Violinkonzerts
   (uminstrumentiert).
   Parodie: Kantate 120a, Satz 6 (erweiterte Umarbeitung).
2. **Chorsatz** „Jauchzet, ihr erfreuten Stimmen"
   Da-capo-Form:
   A: Polyphon bewegter Chorsatz mit fugierten Teilentwicklungen. Teil-
   weise Choreinbau. Orchestersatzumrahmung und eingliederndes Zwi-
   schenspiel.
   B: Akkordlicher und leicht imitatorischer Chorsatz (hälftige Anlage)
   mit gliederndem Orchesterzwischenspiel.

Trompete I–III, Pauken; Streicher (+Oboe d'amore I, II); B.c.   **D**
Parodie: Kantate 120a, Satz 1.
Umarbeitung (stark verändert) zum Et expecto der Messe *h*-Moll (BWV 232).
3. **Rezitativ** „Auf, du geliebte Lindenstadt"
   Secco. **Baß** (*H–e'*).   **h–h**
4. **Arie** „Heil und Segen soll und muß zu aller Zeit"
   Streichersatz (ausinstrumentierter Triosatz: konzertante Violine); B.c.
   Sopran (*d'–g''*). Freies Da-capo.   **G**
   Parodie: Kantate 120a, Satz 3.
   = Vokale Variante eines Sonatensatzes für Violine und Klavier *G*-Dur (BWV 1019a),
   der aber wahrscheinlich selbst erst aus einer Köthener Sopranarie gewonnen ist.
5. **Rezitativ** „Nun, Herr, so weihe selbst das Regiment"
   Ausinstrumentiertes Secco: Streicher; B.c. **Tenor** (*fis–a'*). **D–fis**
6. **Choral** „Nun hilf uns, Herr, den Dienern dein"
   Mel. „Herr Gott, dich loben wir"
   Schlichter Chorsatz; B.c. (ohne Angabe duplierender Instrumente).
                                                                 h–D

120a Herr Gott, Beherrscher aller Dinge

Trauung. – EZ: wahrscheinlich 1729.
Neufassung der Kantate 120; unvollständig erhalten. Rekonstruktion von Hudson,
London 1955 (Curwen & Sons).
Textdichter unbekannt; 5. Litanei; 8. Joachim Neander 1679.
BG XLI (Dörffel 1894); NBA I/33 (Hudson 1957/1958).
Lit.: 52, 55, 57, 62, 71.

Solo: Sopran, Alt, Tenor, Baß. – Chor.
Trompete I–III (*D*), Pauken; Oboe I, II, Oboe d'amore I, II; konzertierende
Orgel; Streicher; B.c. – AD: 33 Min.

Erster Teil (vor der Trauung)

1. **Chorsatz** „Herr Gott, Beherrscher aller Dinge"   **D**
   = Kantate 120, Satz 2 (Vokalpart geringfügig umgestaltet und um einige Takte
   erweitert).
2. **Rezitativ + Chor** „Wie wunderbar, o Gott, sind deine Werke"
   Secco. **Baß** (*A–e'*) – Kurzer polyphoner Chorsatz – Secco. **Tenor**
   (*d–g'*).   **h–h**
3. **Arie** „Leit, o Gott, durch deine Liebe"
   Sopran (*d'–g''*). Freies Da-capo.   **G**
   = Kantate 120, Satz 4.

Zweiter Teil (nach der Trauung)

4. **Sinfonia**
Konzertsatz: Orgel; Streicher (+ Oboen); B. c.   **D**
= Kantate 29, Satz 1.

5. **Rezitativ + Litanei** „Herr Zebaoth, Herr, unsrer Väter Gott" – „Erhör
uns, lieber Herre Gott"
Secco. **Tenor** (*dis–g'*), mit knappem Chorabschluß.   **h–cis**

6. **Arie** (Duett) „Herr, fange an und sprich den Segen"
Orchestersatz: Oboe d'amore I, II; Streicher; B. c. **Alt** (*a–e''*), **Tenor**
(*cis–a'*). Da-capo-Form.   **A**
= Erweiterte Umarbeitung aus Kantate 120, Satz 1 (Alt).

7. **Rezitativ** „Der Herr, Herr unser Gott, sei so mit euch"
Secco. **Baß** (*A–e'*).   **fis–A**

8. **Choral** „Lobe den Herren, der deinen Stand sichtbar gesegnet"
(2 Strophen).
Mel. „Lobe den Herren, den mächtigen König der Ehren"
Schlichter Chorsatz, mit obligatem Trompetenchor (nur zur 2. Strophe);
Streicher; B. c.   **D**
Vgl. Kantate 137, Satz 5.

120 b Gott, man lobet dich in der Stille

Festkantate zur Zweihundertjahrfeier der Augsburger Konfession 1730 (in St. Thomae).
Neufassung der Kantate 120.
Text: Picander III und Vierte Auflage; Sicul, Annales Lipsienses, Sectio XXXVIII, 1731;
1. Psalm 65,2; 6. Martin Luther 1524 (Komm, heiliger Geist, Herre Gott).

1. **(Arioso)** „Gott, man lobet dich in der Stille"
Vgl. Kantate 120, Satz 21.

2. **Arie** „Zahle, Zion, die Gelübde"
Vgl. Kantate 120, Satz 2.

Nach der Predigt[1]:

3. **Rezitativ** „Ach, du geliebte Gottesstadt"
Musik unbekannt.

4. **Arie** „Treu im Gläuben, unbeweglich in der Not"
Vgl. Kantate 120, Satz 4.

5. **Rezitativ** „Wohlan, du heilige Gemeinde"
Musik unbekannt.

---

[1] Diese Gliederung nur bei Sicul.

6. **Choral** „Du heilige Brunst, süßer Trost"
Mel. „Komm, heiliger Geist, Herre Gott"
Musik unbekannt.

121 Christum wir sollen loben schon

2. Weihnachtstag. – EZ: 1724.
Text: 1. und 6. Martin Luther 1524; 2.–5. Umdichtung eines unbekannten Verfassers.
BG XXVI (Dörffel 1878); NBA I/3.
Lit.: 44.

Solo: Sopran, Alt, Tenor, Baß. – Chor.
Zink[1], Posaune I–III[1]; Oboe d'amore; Streicher; B.c. – AD: 22 Min.

*1. **Choralchorsatz** „Christum wir sollen loben schon"
Motettischer Satz (Orchester duplierend; B.c. teilweise selbständig).
Choralzeilenfugierung (C.f. Sopran).
Gesamtinstrumentarium.   e–Fis[2]

  2. **Arie** „O du von Gott erhöhte Kreatur"
Triosatz; Oboe d'amore, **Tenor** (*d–a'*), B.c. Da-capo-Form.   h

  3. **Rezitativ** „Der Gnade unermeßlich's Wesen"
Secco. **Alt** (*h–e''*).   D–C

  4. **Arie** „Johannis freudenvolles Springen"
Streichersatz; B.c. **Baß** (*G–e'*). Da-capo-Form.   C

  5. **Rezitativ** „Doch wie erblickt es dich in deiner Krippe"
Secco. **Sopran** (*d'–h''*).   G–h

*6. **Choral** „Lob, Ehr und Dank sei dir gesagt"
Schlichter Chorsatz (+ Gesamtinstrumentarium).   e–Fis[2]

122 Das neugeborne Kindelein

Sonntag nach Weihnachten. – EZ: 1724.
Text: 1., 4., 6. Cyriakus Schneegaß 1597; 2.–5. Umdichtung eines unbekannten Verfassers.
BG XXVI (Dörffel 1878); NBA I/3.
Lit.: 44.

Solo: Sopran, Alt, Tenor, Baß. – Chor.
Blockflöte I–III (*fis''–g'''*, *c''–b''*, *g'–g''*), Oboe I, II, Oboe da caccia[3];
Streicher; B.c. – AD: 20 Min.

[1] Nur Chorstütze in 1. und 6.
[2] phrygisch
[3] „Taille": *d–es''* (= + Viola).

*1. **Choralchorsatz** „Das neugeborne Kindelein"
Selbständiger Orchestersatz (Ritornellumrahmung, Zeilenzwischen-
spiele). C.f. Sopran, imitatorisch unterbaut. Chor und Orchester ohne
thematische Beziehung.
Streicher (+ Oboe I, II, Oboe da caccia); B.c.   **g**
2. **Arie** „O Menschen, die ihr täglich sündigt"
Continuosatz. **Baß** (*G–es'*). Ostinatobildungen. Da-capo-Form.   **c**
*3. **Rezitativ + Choral** „Die Engel, welche sich zuvor"
Secco. **Sopran** (*d'–a''*), in vierstimmigen instrumentalen Choralsatz ein-
gebaut: Blockflöte I–III; B.c. (Accompagnato).   **g–g**
*4. **Choralbearbeitung** (Duett + vok. C.f.) „O wohl uns, die wir an ihn
glauben" – „Ist Gott versöhnt und unser Freund"
Continuosatz: **Sopran** (*d'–a''*), **Tenor** (*d–a'*), **Alt** + Violinchor C.f.
(*a–d''*). Alt am Ende frei-arios weitergeführt (Vokalterzett).   **d**
5. **Rezitativ** „Dies ist ein Tag, den selbst der Herr gemacht"
Ausinstrumentiertes Secco, teilweise Accompagnato-Charakter:
Streicher; B.c. **Baß** (*B–es'*).   **B–g**
*6. **Choral** „Es bringt das rechte Jubeljahr"
Schlichter Chorsatz (+ Oboe I, II, Oboe da caccia; Streicher; B.c.).   **g**

123 Liebster Immanuel, Herzog der Frommen

Epiphanias. – EZ: 1725.

Text: 1. und 6. Ahasverus Fritsch; 2.–5. Umdichtung eines unbekannten Verfassers.
BG XXVI (Dörffel 1878); Taschenpartitur Eulenburg (Schering 1931); NBA I/5.
Lit.: 44, 56.

Solo: Alt, Tenor, Baß. – Chor.
Querflöte I, II, Oboe d'amore I, II; Streicher; B.c. – AD: 22 Min.

*1. **Choralchorsatz** „Liebster Immanuel, Herzog der Frommen"
Orchesterritornellumrahmung und Zeilenzwischenspiele. Meist homo-
phoner Chorsatz, teilweise motettische Zeilenschlußdehnung. Choral-
thematik in den Orchesterstimmen.
Gesamtinstrumentarium.   **h**
2. **Rezitativ** „Die Himmelssüßigkeit, der Auserwählten Lust"
Secco. **Alt** (*h–dis''*).   **fis–A**
3. **Arie** „Auch die harte Kreuzesreise"
Quartettsatz: Oboe d'amore I, II, **Tenor** (*e–a'*), B.c. Da-capo-Form.   **fis**

4. **Rezitativ** „Kein Höllenfeind kann mich verschlingen"
Secco. **Baß** (*H–d'*). A–D

5. **Arie** „Laß, o Welt, mich aus Verachtung"
Triosatz: Querflöte, **Baß** (*G–e'*), B.c. Da-capo-Form. D

*6. **Choral** „Drum fahrt nur immer hin, ihr Eitelkeiten"
Schlichter Chorsatz (+ Gesamtinstrumentarium). h

124 Meinen Jesum laß ich nicht

1. Sonntag nach Epiphanias. – EZ: 1725.
Text: 1. und 6. Christian Keymann 1658; 2.–5. Umdichtung eines unbekannten Verfassers.
BG XXVI (Dörffel 1878); NBA I/5.
Lit.: 44, 66[VI].

Solo: Sopran, Alt, Tenor, Baß. – Chor.
Horn[1]; Oboe d'amore; Streicher; B.c. – AD: 17 Min.

*1. **Choralchorsatz** „Meinen Jesum laß ich nicht"
Selbständiger Orchestersatz mit konzertierender Oboe d'amore (Ritornellumrahmung, Zeilenzwischenspiele). C.f. Sopran (+ Horn), imitatorisch oder akkordlich unterbaut.
Gesamtinstrumentarium. E

2. **Rezitativ** „Solange sich ein Tropfen Blut"
Secco. **Tenor** (*e–a'*). A–cis

3. **Arie** „Und wenn der harte Todesschlag"
Orchestersatz (ausinstrumentierter Triosatz): Oboe d'amore; Streicher;
B.c. **Tenor** (*e–a'*). Ostinatoperioden. Vokalpart dreigliedrig (A A'A''),
Ritornellumrahmung. fis

4. **Rezitativ** „Doch ach! welch schweres Ungemach"
Secco. **Baß** (*A–e'*). A–A

5. **Arie** (Duett) „Entziehe dich eilends, mein Herze, der Welt"
Continuosatz. **Sopran** (*e–a''*), **Alt** (*a–e''*). Kanonbildungen.
Da-capo-Form. A

*6. **Choral** „Jesum laß ich nicht von mir"
Schlichter Chorsatz (+ Gesamtinstrumentarium). E

[1] Nur C. f.-Verstärkung in 1. und 6. In der originalen Corno-Stimme zusätzliche Bezeichnung „Tromba da tirarsi".

125 Mit Fried und Freud ich fahr dahin

Mariae Reinigung. – EZ: 1725.
Text: 1., 3., 6. Martin Luther 1524; 2.–5. Umdichtung eines unbekannten Verfassers.
BG XXVI (Dörffel 1878); NBA I/28.
Lit.: 44.

Solo: Alt, Tenor, Baß. – Chor.
Horn[1]; Querflöte, Oboe, Oboe d'amore; Streicher; B.c. – AD: 24 Min.

*1. **Choralchorsatz** „Mit Fried und Freud ich fahr dahin"
Selbständiger Orchestersatz (Ritornellumrahmung, Zeilenzwischen-
spiele). C.f. Sopran (+Horn), imitatorisch unterbaut oder in akkordli-
chem Satz.
Querflöte, Oboe; Streicher; B.c. e^2

2. **Arie** „Ich will auch mit gebrochnen Augen"
Quartettsatz: Querflöte, Oboe d'amore, **Alt** (h–dis''), B.c.
Freies Da-capo. h

*3. **Choral + Rezitativ** „O Wunder, daß ein Herz"
Choralarioso (C.f. verziert) und Rezitativ alternierend (Choraltropie-
rung). Beide in motivgeprägtem Accompagnatosatz: Streicher; B.c.
Baß (A–e'). a–h

4. **Arie** (Duett) „Ein unbegreiflich Licht erfüllt den ganzen Kreis der
Erden"
Quintettsatz: Violine I, II, **Tenor** (d–a'), **Baß** (A–e'), B.c.
Da-capo-Form. G

5. **Rezitativ** „O unerschöpfter Schatz der Güte"
Secco. **Alt** (h–d''). e–e

*6. **Choral** „Er ist das Heil und selig Licht"
Schlichter Chorsatz (+Instrumentarium wie 1.). e^2

126 Erhalt uns, Herr, bei deinem Wort

Sexagesimae. – EZ: 1725, WA: nach 1735.
Text: 1. und 3. Martin Luther 1524 (Zusatzstrophen von Justus Jonas); 2., 4., 5. Umdich-
tung eines unbekannten Verfassers; 6. Martin Luther 1529.
BG XXVI (Dörffel 1878); NBA I/7 (Neumann 1956/1957).
Lit.: 44, 66[VI].

Solo: Alt, Tenor, Baß. – Chor.
Hohe Trompete (D); Oboe I, II; Streicher; B.c. – AD: 22 Min.

[1] Nur C.f.-Verstärkung in 1. und 6.
[2] dorisch

*1. **Choralchorsatz** „Erhalt uns, Herr, bei deinem Wort"
Selbständiger Orchestersatz (Ritornellumrahmung, Zeilenzwischenspiele).
C.f. Sopran, imitatorisch oder freipolyphon unterbaut.
Gesamtinstrumentarium. **a**

2. **Arie** „Sende deine Macht von oben"
Quartettsatz: Oboe I, II, **Tenor** (*e–a'*), B.c. Freies Da-capo. **e**

*3. **Choral + Rezitativ** „Der Menschen Gunst und Macht wird wenig nützen"
Duettisches Choralarioso (C.f. verziert, abwechselnd in den Vokalstimmen) mit Secco durchsetzt (Choraltropierung). **Alt** (*c'–e''*), **Tenor** (*d–g'*). Tonartwechsel im C.f. **a–e**

4. **Arie** „Stürze zu Boden schwülstige Stolze!"
Continuosatz. **Baß** (*E–f'*). Da-capo-Form. **C**

5. **Rezitativ** „So wird dein Wort und Wahrheit offenbar"
Secco. **Tenor** (*e–a'*). **a–d**

6. **Choral** „Verleih uns Frieden gnädiglich"
Schlichter Chorsatz (+ Gesamtinstrumentarium). **äol.**

127 Herr Jesu Christ, wahr' Mensch und Gott

Estomihi. – EZ: 1725.
Text: 1. und 5. Paul Eber 1562; 2.–4. Umdichtung eines unbekannten Verfassers.
BG XXVI (Dörffel 1878); Taschenpartitur Eulenburg, auch Hänssler (Grischkat 1965); NBA I/8.
Lit.: 44, 55, 66[VI].

Solo: Sopran, Tenor, Baß. – Chor.
Hohe Trompete (*C*); Blockflöte I, II (*a'–g'''*, *f'–g'''*), Oboe I, II; Streicher; B.c. – AD: 21 Min.

*1. **Choralchorsatz** „Herr Jesu Christ, wahr' Mensch und Gott"
Selbständiger Orchestersatz (Ritornellumrahmung, Zeilenzwischenspiele).
C.f. Sopran, imitatorisch unterbaut. (Im abschließenden Ritornell Durchimitation aller Chorstimmen.) Ein zweiter Choral („Christe, du Lamm Gottes") im Orchesterpart. Ein dritter Choral („Herzlich tut mich verlangen") im Baß und B.c. anklingend. Hauptchoralthematik in Chor- und Orchesterstimmen.
Blockflöte I, II, Oboe I, II; Streicher; B.c. **F**

146

2. **Rezitativ** „Wenn alles sich zur letzten Zeit"
   Secco. **Tenor** (*e–a'*). **Es–F**
3. **Arie** „Die Seele ruht in Jesu Händen"
   Bläsersatz (ausinstrumentierter Triosatz): Blockflöte I, II, Oboe I; B. c.,
   im Mittelteil durch Streicher erweitert. **Sopran** (*c'–as''*).
   Da-capo-Form. **c**
4. **Rezitativ + Arie** „Wenn einstens die Posaunen schallen"
   Accompagnato: hohe Trompete; Streicher; B. c. – übergehend (ohne
   Ritornell) in Arie, teils Orchester-, teils Continuosatz (Taktwechsel).
   Verarbeitung von Choralthematik. Freies Da-capo. **Baß** (*G–e'*). **C–g–C**
*5. **Choral** „Ach Herr, vergib all unsre Schuld"
   Schlichter Chorsatz (+ Instrumentarium wie 1.). **F–C¹**

128 Auf Christi Himmelfahrt allein

Himmelfahrt. – EZ: 1725.
Text: Ziegler I (mit Änderungen Bachs); 1. nach Josua Wegelin von Ernst Sonnemann
1661; 5. Matthäus Avenarius 1673 (O Jesu, meine Lust).
BG XXVI (Dörffel 1878); NBA I/12 (Dürr 1960); Taschenpartitur Bärenreiter (Dürr
1965).
Lit.: 44, 55.

Solo: Alt, Tenor, Baß. – Chor.
Hohe Trompete (*D*), Horn I, II (*G*); Oboe (d'amore) I, II², Oboe da caccia;
Streicher; B. c. – AD: 22 Min.

1. **Choralchorsatz** „Auf Christi Himmelfahrt allein"
   Mel. „Allein Gott in der Höh sei Ehr"
   Orchesterritornellumrahmung, Zeilenzwischenspiele. C. f. Sopran;
   Chor- und Orchesterstimmen choralthematisch imitierend.
   Horn I, II; Streicher (+ Oboe I, II, Oboe da caccia); B. c. **G**
2. **Rezitativ** „Ich bin bereit, komm, hole mich"
   Secco. **Tenor** (*fis–a'*). **e–h**
3. **Arie + Rezitativ** „Auf, auf, mit hellem Schall"
   Orchestersatz: hohe Trompete; Streicher; B. c. Umschlag in ausinstru-
   mentiertes Secco: Streicher; B. c. Durch Ritornellumrahmung abge-
   rundet. **Baß** (*Fis–e'*). **D (fis–h) D**

¹ mixolydisch
² „Oboe", aber Umfang von Satz 4: *a–a''*.

4. **Arie** (Duett) „Sein Allmacht zu ergründen"
   Quartettsatz: Oboe (d'amore)[1], **Alt** (*a–e''*), **Tenor** (*e–a'*), B.c.
   Da-capo-Form. h

5. **Choral** „Alsdenn so wirst du mich"
   Mel. „O Gott, du frommer Gott"
   Schlichter Chorsatz; Horn I, II obligat.
   (Instrumentarium wie 1.) G

129 Gelobet sei der Herr, mein Gott

Trinitatis. – EZ: 1726 oder 1727, WA: nach 1732 und 1744.
Text: Johann Olearius 1665.
BG XXVI (Dörffel 1878); NBA I/15 (Dürr 1967/1968).
Lit.: 44.

Solo: Sopran, Alt, Baß. – Chor.
Trompete I–III (*D*), Pauken; Querflöte, Oboe I, II, Oboe d'amore; Streicher; B.c. – AD: 24 Min.

*1. **Choralchorsatz** *Vers 1* „Gelobet sei der Herr, mein Gott, mein Licht"
   Mel. „O Gott, du frommer Gott"
   Selbständiger Orchestersatz (Ritornellumrahmung, Zeilenzwischenspiele).
   C.f. Sopran, imitatorisch und akkordlich unterbaut. Chor und Orchester ohne thematische Beziehung.
   Trompete I–III, Pauken; Querflöte, Oboe I, II; Streicher; B.c. D

2. **Arie** *Vers 2* „Gelobet sei der Herr, mein Gott, mein Heil"
   Continuosatz (mit Ostinatobildungen). **Baß** (*A–e'*).
   Vokalpart dreigliedrig, Ritornellumrahmung. A

3. **Arie** *Vers 3* „Gelobet sei der Herr, mein Gott, mein Trost"
   Quartettsatz: Querflöte, Violine (solo), **Sopran** (*e'–a''*), B.c. (mit gelegentlichen Choralanklängen). Zweiteilige Form (mit Ritornellabrundung). e

4. **Arie** *Vers 4* „Gelobet sei der Herr, mein Gott, der ewig lebet"
   Triosatz: Oboe d'amore, **Alt** (*d'–e''*), B.c. (mit Choralanklängen).
   Zweiteilige Form (mit Ritornellabrundung). G

*5. **Choralchorsatz** *Vers 5* „Dem wir das Heilig itzt"
   Ritornellumrahmung und knappe Zeilenzwischenspiele. Akkordlicher Chorsatz.
   Instrumentarium wie 1. D

---

[1] Thema zu Regers Bach-Variationen op. 81.

130 Herr Gott, dich loben alle wir

Michaelistag. – EZ: 1724; spätere WA von Satz 3 mit Streicherbesetzung.
Text: 1. und 6. Paul Eber um 1561; 2.–5. Umdichtung eines unbekannten Verfassers.
BG XXVI (Dörffel 1878); NBA I/30.
Lit.: 44.
Solo: Sopran, Alt, Tenor, Baß. – Chor.
Trompete I–III (C), Pauken; Querflöte, Oboe I–III; Streicher; B.c. –
AD: 14 Min.

*1. **Choralchorsatz** „Herr Gott, dich loben alle wir"
Selbständiger Orchestersatz (Ritornellumrahmung, Zeilenzwischen-spiele).
C.f. Sopran, imitatorisch oder freipolyphon unterbaut. Chor und Or-chester ohne thematische Beziehung.
Trompete I–III, Pauken; Oboe I–III; Streicher; B.c.   C

2. **Rezitativ** „Ihr heller Glanz und hohe Weisheit zeigt"
Secco. Alt (*h–e''*).   F–G

3. **Arie** „Der alte Drache brennt vor Neid"
Bläsersatz: Trompete I–III, Pauken; B.c. **Baß** (*G–e'*). Freies Da-capo. C

4. **Rezitativ** (Duett) „Wohl aber uns, daß Tag und Nacht"
Ausinstrumentiertes Secco: Streicher; B.c. **Sopran** (*dis'–g''*), **Tenor**
(*e–a'*).   e–G

5. **Arie** „Laß, o Fürst der Cherubinen"
Triosatz: Querflöte, **Tenor** (*d–a'*), B.c. Freies Da-capo.   G

*6. **Choral** „Darum wir billig loben dich" (2 Strophen)
Schlichter Chorsatz. Trompetenchor als Zeilenschlußsteigerung.
(Instrumentarium wie 1.)   C
Vgl. Variante: BWV Anh. 31.

131 Aus der Tiefen rufe ich, Herr, zu dir

Ohne Bestimmung. – EZ: 1707.
Text: Psalm 130; 2. und 4. Bartholomäus Ringwaldt 1588 (Herr Jesu Christ, du höchstes Gut).
BG XXVIII (Rust 1881); Taschenpartitur Eulenburg, auch Hänssler (Grischkat 1959); NBA I/34.
Lit.: 15.
Solo: Sopran, Alt, Tenor, Baß. – Chor.
Oboe, Fagott[1]; Violine, Bratsche I, II; B.c. – AD: 24 Min.

---

[1] Oboe und Fagott original einen Ganzton höher notiert. Versetzung der ganzen Kantate nach *a*-Moll möglich.

1. **Chorsatz** „Aus der Tiefen rufe ich, Herr, zu dir"
Mit Einleitungssinfonia. Zweiteilige Form:
A: (Adagio $^3/_4$) Kleingliedriger, imitatorisch-lockerer Chorsatz mit instrumentalen Zwischentakten.
B: (Vivace c) Chorfuge mit teilweise obligatem (Violine!) und wechselchormäßig geführtem Instrumentalpart.
Gesamtinstrumentarium. **g**

*2. **Choralbearbeitung** (Arie + vok. C.f.) „So du willst, Herr, Sünde zurechnen" – „Erbarm dich mein in solcher Last" (Mel. „Herr Jesu Christ, du höchstes Gut")
Quartettsatz: Oboe, **Sopran** C.f. (*d'–d''*), **Baß** (*D–es'*), B.c. **g**

3. **Chorsatz** „Ich harre des Herrn"
Zweiteilige Form:
A: (Adagio) Kurzes homophones Kopfstück.
B: (Largo) Fugischer Chorsatz mit obligatem Instrumentalpart (Oboe, Violine).
Gesamtinstrumentarium. **Es–f–g**

*4. **Choralbearbeitung** (Arie + vok. C.f.) „Meine Seele wartet auf den Herrn" – „Und weil ich denn in meinem Sinn"
Continuosatz: **Alt** (*g–g'*) C.f., **Tenor** (*c–as'*), B.c. Ostinatobildungen. **c**

5. **Chorsatz** „Israel, hoffe auf den Herrn"
Zweiteilige Form:
A: Kleingliedriger, meist akkordlicher Chorsatz (motettische Reihung) mit obligatem und intermittierendem Orchesterpart.
B: Chorfuge mit teilweise obligaten und thementragenden Instrumentalgruppen.
Übertragung für Orgel (BWV 131a).
Gesamtinstrumentarium. **g–G**

132 Bereitet die Wege, bereitet die Bahn!

4. Advent. – EZ: 1715 (autographes Datum).
Text: Salomo Franck 1715; 6. Elisabeth Kreuziger 1524.
BG XXVIII (Rust 1881); NBA I/1 (Dürr 1954/1955); Taschenpartitur Bärenreiter (Dürr 1956).
Lit.: 15.

Solo: Sopran, Alt, Tenor, Baß. – (Chor: Schlußchoral.)
Oboe[1]; Streicher; B.c. (+Fagott). – AD: 21 Min.

[1] Original eine kleine Terz höher notiert.

1. **Arie** „Bereitet die Wege, bereitet die Bahn!"
Orchestersatz: Gesamtinstrumentarium. **Sopran** (*cis'–a''*).
Da-capo-Form. **A**

2. **Rezitativ** „Willst du dich Gottes Kind und Christi Bruder nennen"
Secco – Arioso – Secco – Arioso. **Tenor** (*cis–g'*). Kanonbildungen.
A–A

3. **Arie** „Wer bist du? Frage dein Gewissen"
Continuosatz (mit figürlich reicherem Violoncellopart). **Baß** (*E–d'*).
Ostinatobildungen. Vokalpart dreigliedrig. **E**

4. **Rezitativ** „Ich will, mein Gott, dir frei heraus bekennen"
Ausinstrumentiertes Secco: Streicher; B.c. **Alt** (*a–d''*). **h–D**

5. **Arie** „,,Christi Glieder, ach bedenket"
Triosatz: Violine (solo), **Alt** (*a–d''*), B.c. Vokalpart dreigliedrig, Ritor-
nellumrahmung. **h**

6. Choral „Ertöt uns durch dein Güte"
Fehlt in Bachs Partitur; aber nach Dichtung Francks ergänzbar.
Mel. „Herr Christ, der einig Gotts Sohn" **A**
= möglicherweise Kantate 164, Satz 6 (transponiert).

133 Ich freue mich in dir

3. Weihnachtstag. – EZ: 1724, WA: nach 1735.
Text: 1. und 6. Kaspar Ziegler 1697; 2.–5. Umdichtung eines unbekannten Verfassers.
BG XXVIII (Rust 1881); NBA I/3.
Lit.: 44.

Solo: Sopran, Alt, Tenor, Baß. – Chor.
Zink[1]; Oboe d'amore I, II; Streicher; B.c. – AD: 23 Min.

*1. **Choralchorsatz** „Ich freue mich in dir"
Selbständiger Orchestersatz (Ritornellumrahmung, Zeilenzwischen-
spiele).
Akkordlicher Choralsatz, bisweilen mit motettischer Zeilendehnung.
C.f. Sopran (+Zink).
Streicher (+Oboe d'amore I, II); B.c. **D**

2. **Arie** „Getrost! es faßt ein heilger Leib"
Quartettsatz: Oboe d'amore I, II, **Alt** (*a–e''*), B.c. Freies Da-capo. **A**

(*)3. **Rezitativ** „Ein Adam mag sich voller Schrecken"
Secco mit ariosem Ausklang. **Tenor** (*e–a'*). Choralzitate. **fis–D**

[1] Nur C.f.-Stütze in 1. und 6.

4. **Arie** „Wie lieblich klingt es in den Ohren"
   Streichersatz; B.c. **Sopran** (*e'–a''*). Da-capo-Form (¢; $^{12}/_8$ Largo; ¢).
   Mittelteil ohne B.c.   **h**

5. **Rezitativ** „Wohlan, des Todes Furcht und Schmerz"
   Secco mit ariosem Ausklang. **Baß** (*Ais–e'*).   **h–D**

*6. **Choral** „Wohlan, so will ich mich an dich"
   Schlichter Chorsatz (+ Gesamtinstrumentarium).   **D**

134 Ein Herz, das seinen Jesum lebend weiß

3. Ostertag. – EZ: 1724, WA(U): 1731 (neukomponierte Rezitative) und um 1735 (?).
Parodie der Kantate 134a (in der Erstfassung von 1724 auch für die Sätze 1, 3, 5).
Textdichter unbekannt; Leipziger Kirchenmusik 1731.
BG XXVIII (Rust 1881); NBA I/10 (Dürr 1955/1956); Taschenpartitur Bärenreiter
(Dürr 1958).
Lit.: 52, 69.

Solo: Alt, Tenor. – Chor.
Oboe I, II; Streicher; B.c. – AD: 29 Min.

1. **Rezitativ** „Ein Herz, das seinen Jesum lebend weiß"
   Secco. **Tenor** (*f–g'*) – Arioso. **Alt** (*d'–es''*).   **B–B**

2. **Arie** „Auf, Gläubige, singet die lieblichen Lieder"
   Orchestersatz: Gesamtinstrumentarium. **Tenor** (*d–b'*).
   Da-capo-Form.   **B**
   = Kantate 134a, Satz 2.

3. **Rezitativ** (Dialog) „Wohl dir, Gott hat an dich gedacht"
   Secco. **Tenor** (*c–a'*), **Alt** (*b–es''*).   **g–Es**

4. **Arie** (Duett) „Wir danken und preisen dein brünstiges Lieben"
   Streichersatz; B.c. **Alt** (*b–es''*), **Tenor** (*c–b'*). Da-capo-Form.   **Es**
   = Kantate 134a, Satz 4.

5. **Rezitativ** „Doch würke selbst den Dank in unserm Munde"
   Secco, mit ariosem Ausklang. **Tenor** (*d–as'*), dann **Alt** (*c'–es''*).   **c–B**

6. **Chorsatz** „Erschallet, ihr Himmel, erfreue dich, Erde"
   Da-capo-Form:
   A: Homophone Chorabschnitte mit jeweilig imitatorisch-lockerem
   Vorbau. Hälftige Satzanlage; gliederndes Zwischenspiel und Orchester-
   satzumrahmung. Instrumentalsatz dominant (Choreinbau).
   B: Längere Duettentwicklung (Alt, Tenor) mit frei fugiertem Vollchor-
   abschluß. 3 Ablaufsbahnen. 1 Gliederungszwischenspiel (Thematik aus A).
   Gesamtinstrumentarium.   **B**
   = Kantate 134a, Satz 8.

134a Die Zeit, die Tag und Jahre macht

Glückwunschkantate zum Neujahrstag 1719 für das Fürstenhaus Anhalt-Köthen.
Urbild der Kantate 134. Originalpartitur unvollständig, aber das fehlende 1. Blatt in Abschrift erhalten.
Text: Hunold II (Serenata).
BG XXIX, Anh., unvollständig (Waldersee 1881); NBA I/35 vollständig (Dürr 1963/1964).
Lit.: 52, 69, 70.

Solo: Tenor (Die Zeit), Alt (Göttliche Vorsehung). – Chor.
Oboe I, II; Streicher; B. c. – AD: 41 Min.

1. **Rezitativ** (Dialog) „Die Zeit, die Tag und Jahre macht"
   Secco. **Tenor** (*f–g'*), **Alt** (*b–d''*). **B–B**
   = Kantate 134, Satz 1 (Erstfassung).
2. **Arie** „Auf, Sterbliche, lasset ein Jauchzen ertönen"
   Orchestersatz: Oboe I, II; Streicher; B. c. **Tenor** (*d–b'*). Da-capo-Form. **B**
   = Kantate 134, Satz 2.
3. **Rezitativ** (Dialog) „So bald, als dir die Sternen hold"
   Secco. **Alt** (*b–es''*), **Tenor** (*f–g'*). **g–Es**
   = Kantate 134, Satz 3 (Erstfassung).
4. **Arie** (Duett) „Es streiten, es $\begin{Bmatrix} \text{prangen} \\ \text{siegen} \end{Bmatrix}$ die $\begin{Bmatrix} \text{vorigen} \\ \text{künftigen} \end{Bmatrix}$ Zeiten"
   Streichersatz. **Alt** (*b–es''*), **Tenor** (*c–b'*). Da-capo-Form. **Es**
   = Kantate 134, Satz 4 (Ritornellkürzung).
5. **Rezitativ** (Dialog) „Bedenke nur, beglücktes Land" **C–g**
   Secco – Arioso. **Alt** (*h–e''*) – Secco (Dialog). **Tenor** (*f–a'*), **Alt** (*b–es''*).
6. **Arie** „Der Zeiten Herr hat viel vergnügte Stunden"
   Continuosatz. **Alt** (*g–es''*). Ostinatobildungen. Da-capo-Form. **g**
7. **Rezitativ** „Hilf, Höchster, hilf, daß mich die Menschen preisen"
   Secco. **Tenor** (*c–g'*), dann **Alt** (*c'–d''*). **Es–F**
   = Kantate 134, Satz 5 (Erstfassung).
8. **Chorsatz** („Aria") „Ergötzet auf Erden, erfreuet von oben"
   Da-capo-Form. Gesamtinstrumentarium. **B**
   = Kantate 134, Satz 6.

135 Ach Herr, mich armen Sünder

3. Sonntag nach Trinitatis. – EZ: 1724.
Text: 1. und 6. Cyriakus Schneegaß 1597; 2.–5. Umdichtung eines unbekannten Verfassers.
BG XXVIII (Rust 1881); NBA I/16.
Lit.: 44.

Solo: Alt, Tenor, Baß. – Chor.
Zink[1], Posaune[1]; Oboe I, II; Streicher; B.c. – AD: 17 Min.

*1. **Choralchorsatz** „Ach Herr, mich armen Sünder"
Mel. „Herzlich tut mich verlangen"
Instrumentaleinleitung und Zeilenzwischensätze. C.f. Baß (+Posaune,
B.c.); imitatorischer Oberstimmensatz (Choralthematik), instrumentale
C.f.-Durchführung in den Zwischensätzen. Choralmotivik in allen Or-
chesterstimmen.
Oboe I, II; Streicher; B.c. (nur +Vokalbaß). **phryg.**

2. **Rezitativ** „Ach heile mich, du Arzt der Seelen"
Secco. **Tenor** (*es–a'*). **d–C**

(*)3. **Arie** „Tröste mir, Jesu, mein Gemüte"
Quartettsatz: Oboe I, II, **Tenor** (*c–a'*), B.c. Choralzeilenzitat im Tenor.
Vokalpart dreigliedrig. **C**

(*)4. **Rezitativ** „Ich bin von Seufzen müde"
Secco mit arioser Einleitung (Choralzitat). **Alt** (*b–d''*). **g–a**

(*)5. **Arie** „Weicht, all ihr Übeltäter"
Streichersatz (ausinstrumentierter Triosatz); B.c. **Baß** (*A–e'*).
Choralzeilenzitat im Baß. Freies Da-capo. **a**

*6. **Choral** „Ehr sei ins Himmels Throne"
Schlichter Chorsatz (+Zink; Oboe I, II; Streicher; B.c.). **phryg.**

136 Erforsche mich, Gott, und erfahre mein Herz

8. Sonntag nach Trinitatis. – EZ: 1723.
Textdichter unbekannt; 1. Psalm 139,23; 6. Johann Heermann 1630 (Wo soll ich fliehen
hin).
BG XXVIII (Rust 1881); NBA I/18 (Dürr 1966).
Lit.: 52.

Solo: Alt, Tenor, Baß. – Chor.
Horn (*A*); Oboe (d'amore) I, II; Streicher; B.c. – AD: 21 Min.

1. **Chorsatz** „Erforsche mich, Gott, und erfahre mein Herz"
Orchesterritornellumrahmung und gliedernder Zwischensatz. Chorfuge
mit teilweise obligatem Orchester (arienhafte Züge?).
Gesamtinstrumentarium. **A**
Parodie: Messe *A*-Dur (BWV234), In gloria Dei patris (aber möglicherweise unter
Rückgriff auf eine frühere Fassung des Kantatensatzes).

[1] Nur C.f.-Stütze in 1. bzw. 6.

2. **Rezitativ** „Ach, daß der Fluch, so dort die Erde schlägt"
Secco. **Tenor** (*e–a'*). h–cis
3. **Arie** „Es kömmt ein Tag, so das Verborgne richtet"
Triosatz: Oboe d'amore I, **Alt** (*a–e''*), B.c.
Freies Da-capo (Adagio **C** – Presto $^{12}/_8$ – Adagio **C**). fis
4. **Rezitativ** „Die Himmel selber sind nicht rein"
Secco mit ariosem Ausklang. **Baß** (*H–e'*). h–h
5. **Arie** (Duett) „Uns treffen zwar der Sünden Flecken"
Quartettsatz: Violinen, **Tenor** (*eis–a'*), **Baß** (*A–e'*), B.c.
Zweiteilige Form (mit Ritornellabrundung). h
6. **Choral** „Dein Blut, der edle Saft"
Mel. „Auf meinen lieben Gott"
Schlichter Chorsatz, mit obligater Violine.
(Horn; Oboe I + II; Streicher; B.c.) h

137 Lobe den Herren, den mächtigen König der Ehren

12. Sonntag nach Trinitatis (vermutlich auch Ratswechsel). – EZ: 1725, WA: nach 1744.
Text: Joachim Neander 1680.
BG XXVIII (Rust 1881); Taschenpartitur Eulenburg, auch Hänssler (Grischkat 1962);
NBA I/20.
Lit.: 44, 53, 55.

Solo: Sopran, Alt, Tenor, Baß. – Chor.
Trompete I–III (*C*), Pauken; Oboe I, II; Streicher; B.c. – AD: 18 Min.

*1. **Choralchorsatz** *Vers 1* „Lobe den Herren, den mächtigen König der
Ehren"
Selbständiger Orchestersatz (Ritornellumrahmung, Zeilenzwischen-
spiele). Schlicht-akkordlicher Chorsatz oder fugierte Unterbauung des
C.f. (Sopran).
Gesamtinstrumentarium. C
*2. **Choralbearbeitung** *Vers 2* „Lobe den Herren, der alles so herrlich
regieret"
Triosatz: Violine (solo), **Alt** (*d'–d''*) C.f. koloriert, B.c. G
= Schübler-Orgelchoral Nr. 6 (BWV 650).
(*)3. **Arie** (Duett) *Vers 3* „Lobe den Herren, der künstlich und fein dich
bereitet"
Quintettsatz: Oboe I, II, **Sopran** (*e'–a''*), **Baß** (*A–e'*), B.c.
Kanonbildungen. Choralsubstanz verarbeitet. Vokalpart viergliedrig
(A A'A''A'''), Ritornellumrahmung. e

*4. Choralbearbeitung (Arie + instr. C.f.) *Vers 4* „Lobe den Herren, der deinen Stand sichtbar gesegnet"
Continuosatz. **Tenor** (*e–a'*); Trompete C.f. (*C*-Dur).
Ostinatobildungen.   **a**

*5. Choral *Vers 5* „Lobe den Herren, was in mir ist, lobe den Namen"
Schlichter Chorsatz; B.c. Obligater Trompetenchor.
(Gesamtinstrumentarium.)   **C**
Vgl. Kantate 120a, Satz 8.

138 Warum betrübst du dich, mein Herz?

15. Sonntag nach Trinitatis. – EZ: 1723.
Textdichter unbekannt; 1., 3., 7. Nürnberg 1561.
BG XXVIII (Rust 1881); NBA I/22.

Solo: Sopran, Alt, Tenor, Baß. – Chor.
Oboe d'amore I, II; Streicher; B.c. – AD: 20 Min.

*1. Choralchorsatz (+ Rezitativ) „Warum betrübst du dich, mein Herz?"
Orchestereinleitung, Zeilenzwischenspiele. C.f. Sopran und vorher
Oboe d'amore I. Akkordlicher Chorsatz mit kontrapunktischer Gegen-
stimme (Lamento-Thema) des Baß und Arioso-Vorspruch des Tenor.
1 Rezitativzwischenschaltung (Choraltropierung) als ausinstrumentier-
tes Secco: **Alt** (*h–d''*); Streicher; B.c. – knappe Gliederungszwischen-
figuren: Oboe d'amore I, II. – Gesamtinstrumentarium.   **h**

2. Rezitativ „Ich bin veracht', der Herr hat mich zum Leiden"
Secco. **Baß** (*H–e'*).   **e–e**

*3. Choralchorsatz (+ Rezitativ) „Er kann und will dich lassen nicht"
1.–3. Choralzeile: Schlichter Chorsatz mit knappen instrumentalen
Zwischentakten. 4. und 5. Choralzeile (zweimal!): Imitatorischer Chor-
satz (1. Violine als 5. Stimme). C.f. Sopran. Rezitativzwischenschal-
tungen (Choraltropierung): Secco und ausinstrumentiertes Secco.
Sopran (*e'–gis''*), **Alt** (*c'–d''*). – Gesamtinstrumentarium.   **h**

4. Rezitativ „Ach süßer Trost! Wenn Gott mich nicht verlassen"
Secco. **Tenor** (*d–a'*).   **G–D**

5. Arie „Auf Gott steht meine Zuversicht"
Streichersatz; B.c. **Baß** (*Gis–e'*). Freies Da-capo (rondoartige Ge-
staltung).   **D**
Parodie: Messe *G*-Dur (BWV 236), Gratias.

6. Rezitativ „Ei nun! so will ich auch recht sanfte ruhn"
Secco. **Alt** (*h–cis''*).   **h–h**

*7. **Choralchorsatz** „Weil du mein Gott und Vater bist"
Selbständiger Orchestersatz (Ritornellumrahmung, Zeilenzwischen-
spiele). Schlichter Chorsatz.
Gesamtinstrumentarium.   **h**

139 Wohl dem, der sich auf seinen Gott

23. Sonntag nach Trinitatis. − EZ: 1724, WA: nach 1744.
Text: 1. und 6. Johann Christoph Rüben 1692; 2.−5. Umdichtung eines unbekannten Ver-
fassers.
BG XXVIII (Rust 1881); NBA I/26.
Lit.: 20, 44.

Solo: Sopran, Alt, Tenor, Baß. − Chor.
Oboe d'amore I, II; Streicher; B.c. − AD: 23 Min.

*1. **Choralchorsatz** „Wohl dem, der sich auf seinen Gott"
Mel. „Machs mit mir, Gott, nach deiner Güt"
Orchesterritornellumrahmung und Zeilenzwischensätze (Choralmoti-
vik).
C.f. Sopran, mit Choralzeilenimitation in Chor- und Orchesterstimmen.
Gesamtinstrumentarium.   **E**

  2. **Arie** „Gott ist mein Freund; was hilft das Toben"
Triosatz[1]: Violine (solo), **Tenor** (*dis–a'*), B.c. Da-capo-Form.   **A**

  3. **Rezitativ** „Der Heiland sendet ja die Seinen"
Secco. **Alt** (*cis'–dis''*).   **fis–fis**

  4. **Arie** „Das Unglück schlägt auf allen Seiten"
Quartettsatz: Oboe d'amore I+ II, Violine, **Baß** (*A–e'*), B.c.
Vielgliedriger, rondoartiger Aufbau.   **fis**

  5. **Rezitativ** „Ja, trag ich gleich den größten Feind in mir"
Ausinstrumentiertes Secco: Streicher; B.c. **Sopran** (*cis'–gis''*).   **cis–E**

*6. **Choral** „Dahero Trotz der Höllen Heer!"
Schlichter Chorsatz (+ Gesamtinstrumentarium).   **E**

140 Wachet auf, ruft uns die Stimme

27. Sonntag nach Trinitatis. − EZ: 1731.
Text: 1., 4., 7. Philipp Nicolai 1599; Verfasser der freien Dichtung unbekannt (Picander?).
BG XXVIII (Rust 1881); NBA I/27 (Dürr 1968); Taschenpartitur Eulenburg (Sche-
ring 1930), rev. Hänssler (Horn 1963).
Lit.: 33[II], 44, 56, 66[IV], 71.

---

[1] Die Stimme einer zweiten konzertanten Violine wahrscheinlich verschollen, von William
H. Scheide rekonstruiert, also offenbar Quartettsatz.

Solo: Sopran, Tenor, Baß. – Chor.
Horn[1]; Oboe I, II, Oboe da caccia[2]; Violino piccolo = Terzgeige, Streicher; B.c. – AD: 31 Min.

*1. **Choralchorsatz** „Wachet auf, ruft uns die Stimme"
Selbständiger Orchestersatz (Ritornellumrahmung, Zeilenzwischenspiele). C.f. Sopran (+ Horn), imitatorisch unterbaut (9. Zeile fugiert).
Gesamtinstrumentarium. **Es**

2. **Rezitativ** „Er kommt, der Bräutgam kommt"
Secco. **Tenor** (*es–a'*). c–c

3. **Arie** (Duett) „Wann kommst du, mein Heil?"
Quartettsatz: Terzgeige, **Sopran** (*c'–g''*), **Baß** (*G–es'*), B.c. Freies
Da-capo. c

*4. **Choralbearbeitung** „Zion hört die Wächter singen"
Triosatz: Violinen + Bratsche, **Tenor** C.f. (*es–g'*), B.c. **Es**
= Schübler-Orgelchoral Nr. 1 (BWV 645).

5. **Rezitativ** „So geh herein zu mir"
Ausinstrumentiertes Secco: Streicher + Terzgeige; B.c.
Baß (*B–des'*). **Es–B**

6. **Arie** (Duett) „Mein Freund ist mein, und ich bin sein"
Quartettsatz: Oboe, **Sopran** (*d'–g''*), **Baß** (*B–es'*), B.c.
Da-capo-Form. **B**

*7. **Choral** „Gloria sei dir gesungen"
Schlichter Chorsatz (+ Gesamtinstrumentarium). **Es**

143 Lobe den Herrn, meine Seele II

Neujahr. – EZ: ungewiß.
Textdichter unbekannt; 1. Psalm 146,1; 3. Psalm 146,5; 5. Psalm 146,10; 2. und 7. Jakob Ebert 1601.
BG XXX (Waldersee 1884); NBA I/4 (Neumann 1965/1964).

Solo: Sopran, Tenor, Baß. – Chor.
Horn I–III (*B*)[3], Pauken; Fagott; Streicher; B.c. – AD: 14 Min.

1. **Chorsatz** „Lobe den Herrn, meine Seele"
Orchesterritornellumrahmung. Kurzer homophoner Chorsatz mit imitatorischem Anlauf und freipolyphonem Ausklang. Dominanz der Instrumentalentwicklung (Choreinbau).
Gesamtinstrumentarium. **B**

[1] Nur C.f.-Verstärkung in 1. und 7.
[2] „Taille" (*f–es''*)
[3] „Corno da caccia"

*2. **Choralbearbeitung** „Du Friedefürst, Herr Jesu Christ"
Triosatz: Violinen, **Sopran** C.f. (*a'–g''*), B.c. Instrumentalstimmen
motivisch einheitlich. **B**

3. **Rezitativ** „Wohl dem, des Hülfe der Gott Jakob ist"
Secco. **Tenor** (*f–f'*). **Es–c**

4. **Arie** „Tausendfaches Unglück, Schrecken"
Streichersatz (ausinstrumentierter Triosatz); B.c. (+Fagott). **Tenor**
(*c–g'*). Zweiteilige Form (mit Ritornellabrundung). **c**

5. **Arie** „Der Herr ist König ewiglich"
Bläsersatz: Horn I–III, Pauken; B.c. (+Fagott). **Baß** (*F–es'*). Erweiter-
tes Arioso (hälftig). **B**

*6. **Choralbearbeitung** (Arie + instr. C.f.) „Jesu, Retter deiner Herde"
Tenor (*d–a'*); Streicher-Unisono C.f. (*B*-Dur!); B.c. + Fagott
(im Wechselspiel). **g**

*7. **Choralchorsatz** „Gedenk, Herr Jesu, an dein Amt" – „Halleluja"
Ritornellumrahmung und Zeilenzwischenspiele. C.f. Sopran, imitato-
risch und akkordlich unterbaut (eigentextig). Chor und Orchester ohne
thematische Beziehung.
Gesamtinstrumentarium. **B**

144 Nimm, was dein ist, und gehe hin

Septuagesimae. – EZ: 1724.
Textdichter unbekannt (Picander?); 1. Matthäus 20,14; 3. Samuel Rodigast 1674; 6. Mark-
graf Albrecht von Brandenburg 1547.
BG XXX (Waldersee 1884); NBA I/7 (Neumann 1956/1957); Taschenpartitur Bären-
reiter (Neumann 1958).
Lit.: 44, 50, 66[VI].

Solo: Sopran, Alt, Tenor. – Chor.
Oboe I, II, Oboe d'amore; Streicher; B.c. – AD: 16 Min.

1. **Chorsatz** „Nimm, was dein ist, und gehe hin"
Motettischer Satz mit duplierendem Orchester und teilweise selbständig
geführtem B.c. Chorfuge. **h**

2. **Arie** „Murre nicht, lieber Christ"
Streichersatz (+Oboe I, II); B.c. **Alt** (*a–e''*). Da-capo-Form. **e**

3. **Choral** „Was Gott tut, das ist wohlgetan"
Schlichter Chorsatz; B.c. (ohne Angabe duplierender Instrumente). **G**

4. **Rezitativ** „Wo die Genügsamkeit regiert"
Secco mit ariosem Ausklang. **Tenor** (*d–g'*). **e–h**

5. **Arie** „Genügsamkeit ist ein Schatz in diesem Leben"
Triosatz: Oboe d'amore, **Sopran** ($d'-g''$), B.c. Vokalpart dreigliedrig,
Ritornellumrahmung. **h**
6. **Choral** „Was mein Gott will, das g'scheh allzeit"
Schlichter Chorsatz; B.c. (ohne Angabe duplierender Instrumente). **h[1]**

145 Ich lebe, mein Herze, zu deinem Ergötzen

Auf, mein Herz, des Herren Tag
So du mit deinem Munde bekennest Jesum

3. Ostertag. – EZ: vermutlich 1729. Die beiden Arien wahrscheinlich Parodien auf
Köthener Musik. Erweiterung der ursprünglichen Kantate um die beiden Eingangssätze
in späterer Zeit, möglicherweise erst nach Bachs Tod. Der Chorsatz „So du mit deinem
Munde" entstammt einer Osterkantate G. Ph. Telemanns (Textdruck 1723).
Text: 1.–5. Picander III (Jg. 1728/29) und Vierte Auflage; a) Caspar Neumann um 1700;
b) Römer 10,9; 5. Nikolaus Herman 1560.
BG XXX (Waldersee 1884); NBA I/10 (Dürr 1955/1956).
Lit.: 17, 54, 66[VI], 69.

Solo: Sopran, Tenor, Baß. – Chor.
Hohe Trompete (*D*); Querflöte, Oboe d'amore I, II; Streicher; B.c. –
AD: 19 Min.

a) **Choral** „Auf, mein Herz, des Herren Tag"
Mel. „Jesus, meine Zuversicht"
Schlichter Chorsatz (+ Gesamtinstrumentarium, ohne Trompete). **D**

b) **Chorsatz** „So du mit deinem Munde bekennest Jesum"
Zweigliedrige Form:
A: Ausgedehntes Chorduett Sopran-Alt; B.c. Kanonbildungen.
B: Chorfuge mit duplierenden Streichern (+ Oboe I, II); Trompete teilweise obligat.
Gesamtinstrumentarium. **D**

1. **Arie** (Duett) „Ich lebe, mein Herze, zu deinem Ergötzen"
Quartettsatz: Violine, **Sopran** ($e'-a''$), **Tenor** ($d-a'$), B.c.
Freies Da-capo. **D**
2. **Rezitativ** „Nun fordre, Moses, wie du willt"
Secco mit ariosem Ausklang. **Tenor** ($e-g'$). **h–h**
3. **Arie** „Merke, mein Herze, beständig nur dies"
Orchestersatz: Gesamtinstrumentarium. **Baß** ($A-e'$).
Freies Da-capo. Tanzcharakter. **D**

---

[1] äolisch (oder dorisch)

4. Rezitativ „Mein Jesus lebt"
Secco. **Sopran** (*dis'–g''*).   A–fis

5. Choral „Drum wir auch billig fröhlich sein"
Mel. „Erschienen ist der herrlich Tag"
Schlichter Chorsatz (+ Gesamtinstrumentarium, ohne Trompete).
B. c.   fis[1]

146 Wir müssen durch viel Trübsal in das Reich Gottes eingehen

Jubilate. – EZ: um 1737.
Echtheit wohl zu Unrecht bezweifelt.
Textdichter unbekannt (Picander?); 2. Apostelgeschichte 14,22 (leicht verändert); 8. ohne
Text überliefert; vorgeschlagener Text (Wustmann): Gregorius Richter 1658 (Lasset ab
von euren Tränen).
BG XXX (Waldersee 1884); NBA I/11.
Lit.: 12, 50, 62.

Solo: Sopran, Alt, Tenor, Baß. – Chor.
Querflöte, Oboe I, II, Oboe da caccia[2], Oboe d'amore I, II; konzertierende
Orgel; Streicher; B. c. – AD: 40 Min.

1. Sinfonia
Großangelegter Konzertsatz.
Orgel; Oboe I, II, Oboe da caccia; Streicher; B. c.   d
= Klavierkonzert *d*-Moll (BWV 1052), Satz 1, durch Oboenchor verstärkt und Solo-
part tiefoktaviert.
Gemeinsame Urform (verschollen): Violinkonzert *d*-Moll (Bearbeitung eines Violin-
konzerts eines unbekannten Meisters).

2. Chorsatz „Wir müssen durch viel Trübsal in das Reich Gottes eingehen"
Freipolyphoner und akkordlicher Chorsatz (mit knappem Instrumentalzwischensatz) als Einbau in:
= Klavierkonzert *d*-Moll (BWV 1052), Satz 2.
Gemeinsame Urform wie bei Satz 1.
Orgel; Streicher; B. c.   g

3. Arie „Ich will nach dem Himmel zu"
Triosatz: Violine, **Alt** (*b–es''*), B. c. Da-capo-Form.   B

4. Rezitativ „Ach! wer doch schon im Himmel wär!"
Ausinstrumentiertes Secco: Streicher; B. c. **Sopran** (*c'–g''*).   g–d

---

[1] dorisch
[2] „Taille" (*f–e''*)

5. **Arie** „Ich säe meine Zähren"
Bläsersatz: Querflöte, Oboe d'amore I, II; B.c. **Sopran** ($c'-g''$).
Zweiteilige Form (mit Ritornellabrundung). **d**

6. **Rezitativ** „Ich bin bereit"
Secco. **Tenor** ($e-a'$). **a–a**

7. **Arie** (Duett) „Wie will ich mich freuen, wie will ich mich laben"
Orchestersatz: Oboe I, II; Streicher; B.c. **Tenor** ($f-a'$), **Baß** ($A-e'$),
meist parallel geführt. Da-capo-Form.
Vielleicht Parodie eines Instrumentalwerkes. **F**

8. **Choral** („Denn wer selig dahin fähret")
Mel. „Werde munter, mein Gemüte"
Schlichter Chorsatz (ohne Angabe duplierender Instrumente). **F**

147 Herz und Mund und Tat und Leben

Mariae Heimsuchung. – EZ: 1723, WA: nach 1728.
Umarbeitung der Kantate 147a (mit Erweiterung).
Text: Salomo Franck 1717; Dichter der Erweiterungstexte unbekannt; 6. und 10. Martin
Jahn 1661 (Jesu, meiner Seelen Wonne).
BG XXX (Waldersee 1884); NBA I/28.
Lit.: 15, 27.

Solo: Sopran, Alt, Tenor, Baß. – Chor.
Hohe Trompete (C); Oboe I, II[1], Oboe d'amore, Oboe da caccia I, II;
Streicher; B.c. (+Fagott). – AD: 34 Min.

Erster Teil

1. **Chorsatz** „Herz und Mund und Tat und Leben"
Als freie Da-capo-Form gestaltet, mit Orchestersatzumrahmung und
gliedernden Zwischenspielen. Hauptteil bestehend aus kurzem Fugen-
anlauf mit freipolyphoner Weiterführung und A-cappella-Abschluß.
Instrumentalpart häufig dominant (Choreinbau).
Hohe Trompete; Streicher (+Oboe I, II); B.c. (+Fagott). **C**
= Kantate 147a, Satz 1.

2. **Rezitativ** „Gebenedeiter Mund"
Ausinstrumentiertes Secco: Streicher; B.c. **Tenor** ($d-a'$). **F–a**

3. **Arie** „Schäme dich, o Seele, nicht"
Triosatz: Oboe d'amore, **Alt** ($c'-e''$), B.c.
Zweiteilige Form (mit Ritornellabrundung). **a**
= Kantate 147a, Satz 2.

[1] Oboe II bis a herabgeführt (= + Violine II).

4. **Rezitativ** „Verstockung kann Gewaltige verblenden"
Secco (bisweilen B.c.-Accompagnato) mit ariosem Mittelteil.
Baß (*A–e'*).   **d–a**

5. **Arie** „Bereite dir, Jesu, noch jetzo die Bahn"
Triosatz: Violine (solo), **Sopran** (*d'–b''*), B.c. Abrundung durch Ritor-
nellverschränkung des Vokalpartschlusses. Ritornellumrahmung.   **d**
= Kantate 147a, Satz 4.

*6. **Choralchorsatz** „Wohl mir, daß ich Jesum habe"
Mel. „Werde munter, mein Gemüte"
Schlichter Chorsatz mit figurierenden Instrumenten. Ritornellum-
rahmung, Zeilenzwischenspiele (Choralthematik).
Streicher (+ Oboe I, II); B.c. (Trompete[1] als C.f.-Verstärkung).   **G**

Zweiter Teil

7. **Arie** „Hilf, Jesu, hilf, daß ich auch dich bekenne"
Continuosatz (mit umspielenden Violoncellofiguren). **Tenor** (*e–a'*).
Ostinatobildungen. Vokalpart viergliedrig, Ritornellumrahmung.   **F**
= Kantate 147a, Satz 3.

8. **Rezitativ** „Der höchsten Allmacht Wunderhand"
Motivgeprägtes Accompagnato: Oboe da caccia I, II; B.c.
Alt (*b–e''*).   **C–C**

9. **Arie** „Ich will von Jesu Wundern singen"
Orchestersatz: hohe Trompete; Streicher (+ Oboe I, II); B.c. **Baß** (*G–e*)
Da-capo-ähnliche Abrundung durch Ritornellverschränkung.   **C**

*10. **Choralchorsatz** „Jesus bleibet meine Freude"   **G**
= Satz 6.

147a Herz und Mund und Tat und Leben

4. Advent. – EZ: 1716.
Urform der Kantate 147, nur teilweise rekonstruierbar.
Text: Salomo Franck 1717; 6. Johann Kolrose um 1535.
NBA I/1, Krit. Bericht (Dürr 1955).

1. **Chorsatz** „Herz und Mund und Tat und Leben"
= Kantate 147, Satz 1.

2. **Arie** „Schäme dich, o Seele, nicht"
= Kantate 147, Satz 3.

3. **Arie** „Hilf, Jesu, hilf, daß ich auch dich bekenne"
= Kantate 147, Satz 7.

[1] Hier: Zugtrompete.

4. **Arie** „Bereite dir, Jesu, noch heute (jetzo) die Bahn"
= Kantate 147, Satz 5.

5. **Arie** „Laß mich der Rufer Stimmen hören"
Musik unbekannt.

6. **Choral** „Dein Wort laß mich bekennen"
Mel. „Ich dank dir, lieber Herre"
Musik unbekannt.

148 Bringet dem Herrn Ehre seines Namens

17. Sonntag nach Trinitatis. — EZ: 1723 oder später.
Text: nach Picander 1724/25 (Weg, ihr irdischen Geschäfte), stark umgearbeitet; 1.Psalm
96,8—9 oder 29,2; 6. Johann Heermann 1630 (bzw. Sigismund Weingärtner).
BG XXX (Waldersee 1884); NBA I/23.

Solo: Alt, Tenor. — Chor.
Hohe Trompete (*D*); Oboe I–III[1]; Streicher; B.c. — AD: 23 Min.

1. **Chorsatz** „Bringet dem Herrn Ehre seines Namens"
Einleitungssinfonia und Zwischensätze. Chorfuge. 2 fugische Entwick-
lungen mit Weitung zur Fünfstimmigkeit durch thematische Einbezie-
hung der Trompete. Homophone Darstellung der beiden Themen-
stücke (siehe Einleitungssinfonia) in devisenartigem Vorbau. Dominanz
der Instrumentalentwicklung im Nachsatz (Choreinbau).
Hohe Trompete; Streicher; B.c.   **D**

2. **Arie** „Ich eile, die Lehren des Lebens zu hören"
Triosatz: Violine (solo), **Tenor** (*fis–h'*), B.c. Freies Da-capo.   **h**

3. **Rezitativ** „So wie der Hirsch nach frischem Wasser schreit"
Ausinstrumentiertes Secco: Streicher; B.c. **Alt** (*h–e''*).   **G–G**

4. **Arie** „Mund und Herze steht dir offen"
Bläsersatz: Oboe I–III; B.c. **Alt** (*h–e''*). Da-capo-Form.   **G**

5. **Rezitativ** „Bleib auch, mein Gott, in mir"
Secco. **Tenor** (*e–a'*).   **e–fis**

6. **Choral** „Amen zu aller Stund"[2]
Mel. „Auf meinen lieben Gott"
Schlichter Chorsatz; B.c. (ohne Angabe duplierender Instrumente). **fis**

---

[1] Oboe III (obligat): *g–d''*!
[2] BG „Führ auch mein Herz und Sinn" (nach Spitta).

149 Man singet mit Freuden vom Sieg in den Hütten der Gerechten

Michaelistag. – EZ: 1728 oder 1729.

Text: Picander III (Jg. 1728/29) und Vierte Auflage; 1. Psalm 118,15–16; 7. Martin Schalling 1571.

BG XXX (Waldersee 1881); NBA I/30.

Lit.: 44.

Solo: Sopran, Alt, Tenor, Baß. – Chor.

Trompete I–III (D)[1], Pauken; Oboe I–III, Fagott; Streicher; B.c. – AD: 22 Min.

1. **Chorsatz** „Man singet mit Freuden vom Sieg in den Hütten der Gerechten"
   Da-capo-Form:
   A: Knappe akkordliche Chorabschnitte mit imitatorischem Kopfstück. Gliedernde Zwischenspiele und Orchestersatzumrahmung.
   B: Mehr polyphon durchgestalteter Chorsatz (Kanonbildungen), teilweise mit obligatem Instrumentalpart; sonst wie A. Solochor – Tuttichor (?).
   Gesamtinstrumentarium.   **D**
   Urbild: Kantate 208, Satz 15 (erweitert); vgl. Kantate V, Satz 7.

2. **Arie** „Kraft und Stärke sei gesungen"
   Continuosatz (mit Figurenvereinfachung für Kontrabaß). **Baß** (*G–e'*).
   Zweiteilige Form mit Ritornellabrundung.   **h**

3. **Rezitativ** „Ich fürchte mich vor tausend Feinden nicht"
   Secco. **Alt** (*c'–d''*).   **e–D**

4. **Arie** „Gottes Engel weichen nie"
   Streichersatz; B.c. **Sopran** (*cis'–a''*). Freies Da-capo.   **A**

5. **Rezitativ** „Ich danke dir, mein lieber Gott, dafür"
   Secco. **Tenor** (*c–g'*).   **C–G**

6. **Arie** (Duett) „Seid wachsam, ihr heiligen Wächter"
   Quartettsatz: Fagott, **Alt** (*a–e''*), **Tenor** (*d–a'*), B.c. Freies Da-capo.   **G**

7. **Choral** „Ach Herr, laß dein lieb Engelein"
   Mel. „Herzlich lieb hab ich dich"
   Schlichter Chorsatz, mit kurzem Abschlußmotiv des Trompetenchores. (Gesamtinstrumentarium).   **C**

[1] Im Schlußchoral C-Stimmung.

150 Nach dir, Herr, verlanget mich

Ohne Bestimmung. – EZ: frühe Weimarer Zeit.
Echtheitszweifel wahrscheinlich unbegründet.
Textdichter unbekannt; 2. Psalm 25,1–2; 4. Psalm 25,5; 6. Psalm 25,15.
BG XXX (Waldersee 1884); NBA I/41.
Lit.: 15, 44, 50, 51.
Solo: Sopran, Alt, Tenor, Baß. – Chor.
Fagott[1]; Violine I, II; B.c. – AD: 17 Min.

1. **Sinfonia**
   Kurzer Triosatz: Violine I, II; B.c. (+Fagott).   h

2. **Chorsatz** „Nach dir, Herr, verlanget mich"
   Vielgliedriger Komplex homophoner und kanonisch-fugischer Chor-
   abschnitte mit kurzen Instrumentalzwischenspielen. 2 Violinen und
   Fagott obligat und thementragend. Freies Da-capo.
   Gesamtinstrumentarium.   h

3. **Arie** „Doch bin und bleibe ich vergnügt"
   Triosatz: Violinen, **Sopran** (*eis'–g''*), B.c. Arios-offene Melodiegestal-
   tung; Abrundung durch Rückgriff auf Anfangsthematik (Text!).   h

4. **Chorsatz** „Leite mich in deiner Wahrheit"
   Mehrgliedrig, mit akkordlichen und freipolyphonen Abschnitten.
   2 Violinen obligat.
   Gesamtinstrumentarium.   h

5. **Arie** (Terzett) „Zedern müssen von den Winden"
   Alt (*h–d''*), **Tenor** (*fis–fis'*), **Baß** (*E–d'*) in meist homorhythmischem
   Akkordsatz knappester Prägung über figürlich bewegtem B.c. (+Fagott).
   Einzügige Form.   D

6. **Chorsatz** „Meine Augen sehen stets zu dem Herrn"
   Zweiteilige Form:
   A: Knappe homophone Chorabschnitte mit instrumentalen Zwischen-
   takten. Obligate Instrumente (2 Violinen; Fagott).
   B: Chorfuge (Permutationsform) mit obligaten und thementragenden
   Instrumentalstimmen (Violinen).
   Gesamtinstrumentarium.   D–h

7. **Chorsatz** „Meine Tage in dem Leide"
   Chorstimmen (in wechselndem Satzstil) in Instrumentalchaconne[2] ein-
   gebaut.
   Gesamtinstrumentarium.   h

---

[1] Eine kleine Terz höher notiert.
[2] Thema des Finales der 4. Sinfonie von Johannes Brahms.

151 Süßer Trost, mein Jesus kömmt

3. Weihnachtstag. — EZ: 1725, WA: nach 1728.
Text: Lehms 1711; 5. Nikolaus Herman 1560.
BG XXXII (Naumann 1886); Neuausgabe Hänssler (Hellmann 1962); NBA I/3.
Lit.: 38, 76.

Solo: Sopran, Alt, Tenor, Baß. — Chor (nur Schlußchoral).
Querflöte, Oboe d'amore[1]; Streicher; B.c. — AD: 19 Min.

1. **Arie** „Süßer Trost, mein Jesus kömmt"
   Orchestersatz (ausinstrumentierter Triosatz): konzertierende Querflöte;
   Streicher (+Oboe d'amore); B.c. **Sopran** ($e'-a''$).
   Da-capo-Form ($^{12}/_8$ – ¢ – $^{12}/_8$).   **G**

2. **Rezitativ** „Erfreue dich, mein Herz"
   Secco. **Baß** ($H-e'$).   **D–e**

3. **Arie** „In Jesu Demut kann ich Trost"
   Triosatz: Oboe d'amore (+Violinchor als Ripienoverstärkung), **Alt**
   ($a-e''$), B.c. Freies Da-capo.   **e**

4. **Rezitativ** „Du teurer Gottessohn"
   Secco. **Tenor** ($d-a'$).   **h–G**

5. **Choral** „Heut schleußt er wieder auf die Tür"
   Mel. „Lobt Gott, ihr Christen, alle gleich",
   Schlichter Chorsatz (+Gesamtinstrumentarium).   **G**

152 Tritt auf die Glaubensbahn

Sonntag nach Weihnachten. — EZ: 1714.
Text: Salomo Franck 1715.
BG XXXII (Naumann 1886); Kritische Neuausgabe (g-Moll) Breitkopf (Neumann 1949);
NBA I/3.
Lit.: 15.

Solo: Sopran, Baß.
Blockflöte ($d'-e'''$)[2], Oboe[3]; Viola d'amore, Viola da gamba; B.c. —
AD: 19 Min.

1. **Sinfonia**
   Zweiteilig (Französische Ouvertüre): Adagio **c**; Allegro ma non
   presto $^3/_8$ (Fuge).
   Gesamtinstrumentarium.   **e**

---

[1] In der Erstfassung Solovioline.
[2] Eine kleine Terz höher notiert ($f'-g'''$).
[3] $a-a''$ (obligat); aber eine kleine Terz höher notiert ($c'-c'''$).

2. **Arie** „Tritt auf die Glaubensbahn"
Triosatz: Oboe, **Baß** (*E–c'*), B.c. Freies Da-capo.   e
3. **Rezitativ** „Der Heiland ist gesetzt"
Secco, in Arioso übergehend. **Baß** (*Dis–c'*).   c–G
4. **Arie** „Stein, der über alle Schätze"
Quartettsatz: Blockflöte, Viola d'amore, **Sopran** (*d'–g''*), B.c.
Vokalpart dreigliedrig, Ritornellumrahmung.   G
5. **Rezitativ** „Es ärgre sich die kluge Welt"
Secco. **Baß** (*E–c'*).   e–G
6. **Arie** (Duett) „Wie soll ich dich, Liebster der Seelen, umfassen?"
Quartettsatz: Unbezeichnetes Instrumenten-Unisono[1], Dialog: **Sopran**
(*c'–g''*), **Baß** (*E–c'*), B.c. Tanzcharakter (Loure). Ritornell als form-
bildendes Moment (in Teilabschnitte zerlegt über der Vokalstimmen-
entwicklung).   e

153 Schau, lieber Gott, wie meine Feind

Sonntag nach Neujahr. – EZ: 1724.
Textdichter unbekannt; 1. David Denicke 1646; 3. Jesaja 41,10; 5. Paul Gerhardt 1653
(Befiehl du deine Wege); 9. Martin Moller 1587 (Ach Gott, wie manches Herzeleid).
BG XXXII (Naumann 1886); NBA I/4 (Neumann 1965/1964).
Lit.: 44.

Solo: Alt, Tenor, Baß. – Chor (nur Choräle).
Streicher; B.c. – AD: 15 Min.

1. **Choral** „Schau, lieber Gott, wie meine Feind"
Mel. „Ach Gott, vom Himmel sieh darein"
Schlichter Chorsatz (+ Streicher; B.c.).   a–E[2]
2. **Rezitativ** „Mein liebster Gott, ach laß dichs doch erbarmen"
Secco. **Alt** (*cis'–e''*).   a–h
3. **Arie** („Arioso") „Fürchte dich nicht, ich bin mit dir"
Continuosatz. **Baß** (*A–e'*). Ostinatobildungen. Vokalpart dreigliedrig,
Ritornellumrahmung.   e
4. **Rezitativ** „Du sprichst zwar, lieber Gott, zu meiner Seelen Ruh"
Secco mit ariosen Bestandteilen. **Tenor** (*d–a'*).   G–d
5. **Choral** „Und ob gleich alle Teufel"
Mel. „Herzlich tut mich verlangen"
Schlichter Chorsatz (+ Streicher; B.c.).   phryg.

---

[1] „Gli Stromenti all' unisono"
[2] phrygisch

6. **Arie** „Stürmt nur, stürmt, ihr Trübsalswetter"
Streichersatz; B.c. **Tenor** (*e–a'*).
Zweiteilige Form (mit Ritornellabrundung). **a**

7. **Rezitativ** „Getrost! mein Herz"
Secco mit ariosem Ausklang. **Baß** (*A–e'*). **F–C**

8. **Arie** „Soll ich meinen Lebenslauf"
Streichersatz; B.c. **Alt** (*h–e''*). Vokalisierung eines instrumentalen Tanz-
satzes (*A* instr. – *A* vok. – *B* instr. – *B* vok. – *C–B* instr.). **G**

9. **Choral** „Drum will ich, weil ich lebe noch" (3 Strophen)
Mel. „O Jesu Christ, meins Lebens Licht"
Schlichter Chorsatz (+ Streicher; B.c.). **C**

154 Mein liebster Jesus ist verloren

1. Sonntag nach Epiphanias. – EZ: 1724 (originales Datum), aber vermutlich auf eine
Weimarer Kantate zurückgehend, WA: nach 1735.
Textdichter unbekannt; 3. Martin Jahn 1661 (Jesu, meiner Seelen Wonne); 5. Lukas 2,49;
8. Christian Keymann 1658.
BG XXXII (Naumann 1886); NBA I/5.
Lit.: 44, 71.

Solo: Alt, Tenor, Baß. – Chor (nur Choral).
Oboe d'amore I, II[1]; Streicher; B.c. – AD: 17 Min.

1. **Arie** „Mein liebster Jesus ist verloren"
Streichersatz (ausinstrumentierter Triosatz); B.c. **Tenor** (*fis–a'*).
Da-capo-ähnliche Gestaltung; Lamento-Ostinato in den Eckteilen. **h**

2. **Rezitativ** „Wo treff ich meinen Jesum an"
Secco. **Tenor** (*cis–a'*). **fis–A**

3. **Choral** „Jesu, mein Hort und Erretter"
Mel. „Werde munter, mein Gemüte"
Schlichter Chorsatz (+ Oboe I, II; Streicher; B.c.). **A**

4. **Arie** „Jesu, laß dich finden"
Quartettsatz: Oboe d'amore I, II, **Alt** (*h–e''*), B.c. (+ Violinen und
Bratsche mit Cembalo in Oktaven). **A**

5. **Arioso** „Wisset ihr nicht, daß ich sein muß"
Continuosatz (imitierend). Periodenwiederholungen. **Baß** (*H–e'*). **fis**

6. **Rezitativ** „Dies ist die Stimme meines Freundes"
Secco. **Tenor** (*d–a'*). **D–fis**

---

[1] Die nur C.f.-verstärkenden Oboenstimmen in 3. und 8. sicherlich auch von Oboe
d'amore zu spielen.

7. **Arie** (Duett) „Wohl mir, Jesus ist gefunden"
   Streichersatz (+Oboe d'amore I, II); B.c. **Alt** (*h–e''*), **Tenor** (*e–a'*).
   Form: A B: **c**, C: ³/₈ (mit Ritornellabrundung). Kanonbildungen in C. **D**
8. **Choral** „Meinen Jesum laß ich nicht"
   Schlichter Chorsatz (+Oboe I, II; Streicher; B.c.).   **D**

155 Mein Gott, wie lang, ach lange

2. Sonntag nach Epiphanias. − EZ: 1716, WA: 1724.
Text: Salomo Franck 1715; 5. Paul Speratus 1524.
BG XXXII (Naumann 1886); Taschenpartitur Eulenburg (Schering 1936), rev. Hänssler
(Horn 1962); NBA I/5.
Lit.: 15, 56.

Solo: Sopran, Alt, Tenor, Baß. − Chor (nur Schlußchoral).
Fagott[1]; Streicher; B.c. − AD: 13 Min.

1. **Rezitativ** „Mein Gott, wie lang, ach lange"
   Secco − Arioso: Streicher; B.c. **Sopran** (*d'–g''*). Ausgedehnter Orgel-
   punkt im B.c.   **d–a**
2. **Arie** (Duett) „Du mußt glauben, du mußt hoffen"
   Alt (*h–d''*), **Tenor** (*e–g'*), Fagott + B.c. (Fagott als figürliche Auswei-
   tung des B.c. oder freie Gegenstimme). Da-capo-Form.   **a**
3. **Rezitativ** „So sei, o Seele, sei zufrieden"
   Secco mit ariosen Teilen. **Baß** (*A–c'*).   **C–F**
4. **Arie** „Wirf, mein Herze, wirf dich noch"
   Streichersatz; B.c. **Sopran** (*c'–a''*).
   Zweiteilige Form (mit Ritornellabrundung).   **F**
5. **Choral** „Ob sichs anließ, als wollt er nicht"
   Mel. „Es ist das Heil uns kommen her"
   Schlichter Chorsatz (+Streicher; B.c.).   **F**

156 Ich steh mit einem Fuß im Grabe

3. Sonntag nach Epiphanias. − EZ: vermutlich 1729.
Text: Picander III (Jg. 1728/29) und Vierte Auflage; 2. Johann Hermann Schein
1628; 6. Kaspar Bienemann 1582.
BG XXXII (Naumann 1886); NBA I/6.

Solo: Alt, Tenor, Baß. − Chor (nur Schlußchoral).
Oboe; Streicher; B.c. − AD: 17 Min.

[1] bis G_1

1. **Sinfonia**
Konzertsatz: Oboe melodieführend über Streicherakkordbrechung.
Gesamtinstrumentarium.   F–C
= Klavierkonzert *f*-Moll (BWV 1056), Satz 2.
2. **Choralbearbeitung** (Arie + vok. C.f.) „Ich steh mit einem Fuß im
Grabe" – „Machs mit mir, Gott, nach deiner Güt"
Quartettsatz: Violinen + Bratsche, **Sopran** C.f. (*f′–f″*), **Tenor** (*c–a′*),
B.c.   F
3. **Rezitativ** „Mein Angst und Not"
Secco mit ariosem Ausklang. **Baß** (*A–e′*).   d–d
4. **Arie** „Herr, was du willt, soll mir gefallen"
Quartettsatz: Oboe, Violinen, **Alt** (*f–es″*), B.c.
Freies Da-capo.   B
5. **Rezitativ** „Und willst du, daß ich nicht soll kranken"
Secco. **Baß** (*A–e′*).   g–a
6. **Choral** „Herr, wie du willt, so schicks mit mir"
Schlichter Chorsatz (+ Gesamtinstrumentarium).   C

157 Ich lasse dich nicht, du segnest mich denn

Mariae Reinigung; ursprüngliche Bestimmung zur Trauerfeier für Johann Christoph von
Ponickau am 6. 2. 1727 (gest. 31.10.1726) ungewiß, da Sonderdruck der um 5 Sätze er-
weiterten (zweiteiligen) Trauerdichtung unter Chr. G. Weckers Namen überliefert.
EZ: 1727.
Text: Picander I und Vierte Auflage; 1. 1. Mose 32,26; 5. Christian Keymann 1658.
BG XXXII (Naumann 1886); NBA I/34.
Lit.: 25, 44, 55.

Solo: Tenor, Baß. – Chor (nur Schlußchoral).
Querflöte, Oboe (d'amore); Streicher[1]; B.c. – AD: 21 Min.

1. **Arie** (Duett) „Ich lasse dich nicht, du segnest mich denn"
Querflöte, Oboe (d'amore), Violine (solo), **Tenor** (*e–h′*), **Baß** (*H–e′*),
B.c. Kanonbildungen. Vokalpart dreigliedrig (A A B) mit Abrundung
durch vokalisierte Instrumentaleinleitung, Ritornellumrahmung.   h
2. **Arie** „Ich halte meinen Jesum feste"
Triosatz: Oboe (d'amore), **Tenor** (*fis–h′*), B.c.
Zweiteilige Form (mit Ritornellabrundung).   fis
3. **Rezitativ** „Mein lieber Jesu du"
Ausinstrumentiertes Secco: Streicher; B.c. **Tenor** (*cis–a′*).   A–D

[1] „Violetta" (*e–b′*) statt Bratsche.

4. **Arie (+ Rezitativ)** „Ja, ja, ich halte Jesum feste"
Hälftige Form mit Rezitativtropierungen im 2. (verkürzten) Teil:
Secco – Arioso (accomp.). Quartettsatz: Querflöte, Violine, **Baß** (*G–e'*),
B. c.   **D**
5. **Choral** „Meinen Jesum laß ich nicht"
Schlichter Chorsatz (+ Gesamtinstrumentarium).   **D**

158 Der Friede sei mit dir

Mariae Reinigung und 3. Ostertag. – EZ: ungewiß, aber wahrscheinlich Leipziger, nicht
Weimarer Ursprungs (wie von Spitta vermutet). Die beiden mittleren Sätze bilden den
älteren Bestand (Mariae Reinigung), die beiden äußeren den späteren Rahmen (3. Oster-
tag); in der überlieferten Gestalt möglicherweise unvollständig.
Textdichter unbekannt (vielleicht teilweise Salomo Franck); 2. Johann Georg Albinus
1649; 4. Martin Luther 1524.
BG XXXII (Naumann 1886); NBA I/10 (Dürr 1955/1956); Taschenpartituren Eulenburg,
auch Hänssler (Grischkat 1959), und Bärenreiter (Dürr 1960). – Lit.: 15, 44.

Solo: Baß – Chor (nur Schlußchoral).
Oboe[1]; Violine; B. c. – AD: 12 Min.

  1. **Rezitativ** „Der Friede sei mit dir"
  Secco, arios durchsetzt. **Baß** (*H–e'*).   **D–G**
  2. **Choralbearbeitung** (Arie + vok. C.f.) „Welt, ade! ich bin dein müde" –
  „Welt, ade! ich bin dein müde"
  Quartettsatz: Violine (solo), **Sopran** (*e'–d''*) + Oboe C.f.,
  Baß (*A–e'*), B. c.   **G**
  3. **Rezitativ** „Nun, Herr, regiere meinen Sinn"
  Secco – Arioso (motivische Anknüpfung an **Satz** 2). **Baß** (*G–e'*).   **e–e**
  4. **Choral** „Hier ist das rechte Osterlamm"
  Mel. „Christ lag in Todesbanden"
  Schlichter Chorsatz; B. c. (ohne Angabe duplierender Instrumente).   **e²**

159 Sehet, wir gehn hinauf gen Jerusalem

Estomihi. – EZ: wahrscheinlich 1729.
Text: Picander III (Jg. 1728/29); 1. Lukas 18,31; 2. Paul Gerhardt 1656; 5. Paul Stock-
mann 1633.
BG XXXII (Naumann 1886); Taschenpartitur Eulenburg, auch Hänssler (Grischkat
1960); NBA I/8. – Lit.: 44, 66[VI], 71.

[1] Nur C.f.-Verstärkung in 2.
[2] dorisch

Solo: Alt, Tenor, Baß. – Chor (nur Schlußchoral).
Oboe; Streicher; B.c. (+Fagott). – AD: 17 Min.

1. **Arioso + Rezitativ** „Sehet, wir gehn hinauf gen Jerusalem"
   Arioso: Continuosatz, **Baß** (*H–es'*), alternierend mit ausinstrumentier-
   tem Secco: Streicher; B.c. **Alt** (*c'–es''*).   c–c
2. **Choralbearbeitung** (Arie + vok. C.f.) „Ich folge dir nach" – „Ich will
   hier bei dir stehen" (Mel. „Herzlich tut mich verlangen")
   Continuosatz (+Fagott). **Alt** (*b–es''*), **Sopran** (*f'–f''*) + Oboe C.f.   **Es**
3. **Rezitativ** „Nun will ich mich, mein Jesu"
   Secco. **Tenor** (*c–as'*).   B–B
4. **Arie** „Es ist vollbracht"
   Orchestersatz: Oboe; Streicher; B.c. **Baß** (*G–es'*).
   Zweiteilige Form (mit Ritornellabrundung).   **B**
5. **Choral** „Jesu, deine Passion"
   Mel. „Jesu Kreuz, Leiden und Pein"
   Schlichter Chorsatz (+Instrumentarium wie 4.).   **Es**

161 Komm, du süße Todesstunde

16. Sonntag nach Trinitatis und Mariae Reinigung. – EZ: 1715, WA: um 1735.
Text: Salomo Franck 1715; 6. Christoph Knoll 1605.
BG XXXIII (Wüllner 1887); Taschenpartitur Eulenburg (Schering 1926); NBA I/23.
Lit.: 15, 33^{II}, 56.

Solo: Alt, Tenor. – Chor.
Blockflöte I, II (*e'–e'''*, *d'–e'''*)[1]; obligate Orgel; Streicher; B.c. –
AD: 19 Min.

*1. **Choralbearbeitung** (Arie + instr. C.f.) „Komm, du süße Todesstunde"
   Quintettsatz: Blockflöte I, II, **Alt** (*g–d''*), obligate Orgel[2] C.f. (phryg.),
   B.c. Choralmotivik in den Begleitstimmen.   **C**
2. **Rezitativ** „Welt, deine Lust ist Last"
   Secco mit ariosem Ausklang. **Tenor** (*c–fis'*).   a–C
3. **Arie** „Mein Verlangen ist, den Heiland zu umfangen"
   Streichersatz; B.c. **Tenor** (*c–g'*). Choralanklänge. Da-capo-Form.   a

---

[1] Eine kleine Terz höher notiert: *g'–g'''*, *f'–g'''* (in der Leipziger Fassung wahrschein-
lich durch Querflöten ersetzt).
[2] Besser vokaler C.f. gemäß Leipziger Fassung.

4. **Rezitativ** „Der Schluß ist schon gemacht",
Ausinstrumentiertes Secco und Accompagnato: Blockflöte I, II;
Streicher; B. c. **Alt** (*a–d''*), teils arios.   C–C
5. **Chorsatz** „Wenn es meines Gottes Wille"
Schlichter Chorliedsatz in knappen Abschnitten, mit teilweise obligaten
Instrumenten. Zwischenspiele, Ritornellumrahmung.
Blockflöte I, II; Streicher; B. c.   C
*6. **Choral** „Der Leib zwar in der Erden"
Mel. „Herzlich tut mich verlangen"
Schlichter Chorsatz; obligate Blockflöte I+II.
(Instrumentarium wie 5.)   phryg.

162 Ach! ich sehe, jetzt, da ich zur Hochzeit gehe

20. Sonntag nach Trinitatis. – EZ: 1715, WA(U): 1723.
Text: Salomo Franck 1715; 6. Johann Rosenmüller 1652.
BG XXXIII (Wüllner 1887); NBA I/25.
Lit.: 15.

Solo: Sopran, Alt, Tenor, Baß. – Chor (nur Schlußchoral).
Horn (Zugtrompete) (C)[1]; Streicher; B. c. (+Fagott). – AD: 18 Min.

1. **Arie** „Ach! ich sehe, jetzt, da ich zur Hochzeit gehe"
Orchestersatz: Gesamtinstrumentarium. **Baß** (*D–d'*). Da-capo-ähnliche
Abrundung durch Ritornellverschränkung. (Choralanklänge im Or-
chesterpart).   a
2. **Rezitativ** „O großes Hochzeitsfest"
Secco. **Tenor** (*c–g'*).   C–d
3. **Arie** „Jesu, Brunnquell aller Gnaden"
Continuosatz. **Sopran** (*d'–g''*).
Vokalpart dreigliedrig, Ritornellumrahmung.   d
4. **Rezitativ** „Mein Jesu, laß mich nicht"
Secco. **Alt** (*a–c''*).   a–C
5. **Arie** (Duett) „In meinem Gott bin ich erfreut"
Continuosatz: **Alt** (*g–c''*), **Tenor** (*cis–f'*).
Form A B B C A C, Ritornellumrahmung.   C
6. **Choral** „Ach, ich habe schon erblicket"
Mel. „Alle Menschen müssen sterben"
Schlichter Chorsatz (+ Gesamtinstrumentarium).   a

---

[1] „Corno da Tirarsi"

163 Nur jedem das Seine

23. Sonntag nach Trinitatis. − EZ: 1715, WA: 1723 (?).
Text: Salomo Franck 1715; 6. Johann Heermann 1630.
BG XXXIII (Wüllner 1887); NBA I/26.
Lit.: 15.

Solo: Sopran, Alt, Tenor, Baß. − Chor (nur Schlußchoral).
Streicher[1]; B.c. − AD: 18 Min.

1. **Arie** „Nur jedem das Seine"
   Streichersatz; B.c. **Tenor** (*d–g′*). Da-capo-Form.   h
2. **Rezitativ** „Du bist, mein Gott, der Geber aller Gaben"
   Secco. **Baß** (*G–c′*).   G–a
3. **Arie** „Laß mein Herz die Münze sein"
   Quartettsatz: Violoncello I, II, **Baß** (*A–d′*), B.c.
   Vokalpart dreigliedrig, Ritornellumrahmung.   e
4. **Arioso** (Duett) „Ich wollte dir, o Gott, das Herze gerne geben"
   Sopran (*d′–h″*), **Alt** (*g–d″*), B.c. Imitatorisch-kanonischer Satz.   h–D
5. **Choralbearbeitung** (Duett+instr. C.f.) „Nimm mich mir und gib mich
   dir"
   Quartettsatz: Violinen + Bratsche C.f. („Meinen Jesum laß ich nicht"),
   Sopran (*d′–a″*), **Alt** (*a–d″*), B.c.
   Ohne Ritornelle.   D
6. **Choral** „Führ auch mein Herz und Sinn"
   Mel. „Wo soll ich fliehen hin"
   Schlichter Chorsatz (nur B.c. notiert)[2].   D

164 Ihr, die ihr euch von Christo nennet

13. Sonntag nach Trinitatis. − EZ: 1725 oder kurz vorher; für eine Weimarer Frühfassung
(Dürr) bieten die Quellen keine Belege.
Text: Salomo Franck 1715; 6. Elisabeth Kreuziger 1524.
BG XXXIII (Wüllner 1887); NBA I/21 (Neumann 1958/1959).
Lit.: 15.

Solo: Sopran, Alt, Tenor, Baß. − Chor (nur Schlußchoral).
Querflöte I, II, Oboe I, II[3]; Streicher; B.c. − AD: 17 Min.

---

[1] In BG XXXIII fälschlich Oboe d'amore statt Violine I.
[2] „Chorale in simplice stylo"
[3] Nur + Violinen.

1. **Arie** „Ihr, die ihr euch von Christo nennet"
Streichersatz; B.c. **Tenor** (*d–a'*).
Hälftige Form: A B A'B' (Dominanz der Instrumentalsatzperioden). **g**
2. **Rezitativ** „Wir hören zwar, was selbst die Liebe spricht"
Secco mit ariosem Teilstück (Choralzitat?). **Baß** (*c–e'*). **c–a**
3. **Arie** „Nur durch Lieb und durch Erbarmen"
Quartettsatz: Querflöte I, II, **Alt** (*a–e''*), B.c.
Form: A B B (Ritornellabrundung). **d**
4. **Rezitativ** „Ach, schmelze doch durch deinen Liebesstrahl"
Ausinstrumentiertes Secco: Streicher; B.c. **Tenor** (*es–g'*). **Es–g**
5. **Arie** (Duett) „Händen, die sich nicht verschließen"
Quartettsatz: Querflöten + Oboen + Violinen, **Sopran** (*d'–as''*), **Baß**
(*G–es'*), B.c. Imitatorisch-homogener Satz (Kanonbildungen). Vokal-
part viergliedrig (da-capo-ähnliche Gestaltung durch Ritornellver-
schränkung). **g**
6. **Choral** „Ertöt uns durch dein Güte"
Mel. „Herr Christ, der einig Gotts Sohn"
Schlichter Chorsatz (+ Gesamtinstrumentarium). **B**
Vgl. Kantate 132, Satz 6.

165 O heilges Geist- und Wasserbad

Trinitatis. – EZ: 1715, WA (U): vermutlich 1724.
Text: Salomo Franck 1715; 6. Ludwig Helmbold 1575.
BG XXXIII (Wüllner 1887); NBA I/15 (Dürr 1967/1968).
Lit.: 15.

Solo: Sopran, Alt, Tenor, Baß. – Chor (nur Schlußchoral).
Streicher; B.c. (+ Fagott). – AD: 15 Min.

1. **Arie** „O heilges Geist- und Wasserbad"
Streichersatz; B.c. (+ Fagott). **Sopran** (*d'–b''*). Fugenform. **G**
2. **Rezitativ** „Die sündige Geburt verdammter Adamserben"
Secco. **Baß** (*G–c'*). **e–a**
3. **Arie** „Jesu, der aus großer Liebe"
Continuosatz. **Alt** (*a–d''*). Ostinatobildungen.
Zweiteilige Form (mit Ritornellabrundung). **e**
4. **Rezitativ** „Ich habe ja, mein Seelenbräutigam"
Ausinstrumentiertes Secco mit ariosen Teilstücken: Gesamtinstrumen-
tarium. **Baß** (*G–d'*). **h–G**

5. **Arie** „Jesu, meines Todes Tod"
Triosatz: Violinen, **Tenor** (*c–g'*), B. c. Vokalpart viergliedrig (A A B B),
Ritornellumrahmung. **G**

6. **Choral** „Sein Wort, sein Tauf, sein Nachtmahl"
Mel. „Nun laßt uns Gott, dem Herren"
Schlichter Chorsatz (+ Gesamtinstrumentarium). **G**

166 Wo gehest du hin?

Cantate. – EZ: 1724.
Textdichter unbekannt; 1. Johannes 16,5; 3. Bartholomäus Ringwaldt 1582; 6. Ämilie
Juliane von Schwarzburg-Rudolstadt 1688.
BG XXXIII (Wüllner 1887); NBA I/12 (Dürr 1960); Taschenpartitur Bärenreiter (Dürr
1961).
Lit.: 20, 40.

Solo: Alt, Tenor, Baß. – Chor (nur Schlußchoral).
Oboe; Streicher; B. c. – AD: 17 Min.

1. **Arie** „Wo gehest du hin?"
Orchestersatz: Gesamtinstrumentarium. **Baß** (*A–es'*). Frei-ariose Melo-
dik (Formrundung durch Ritornellverschränkung). **B**

2. **Arie** „Ich will an den Himmel denken"
Quartettsatz: Oboe, Violine, **Tenor** (*d–a'*), B. c. (Violinstimme ver-
schollen, Rekonstruktion von A. Dürr).
Da-capo-Form. **g**
Vgl. Arrangement als Orgeltrio (BWV 584).

3. **Choralbearbeitung** „Ich bitte dich, Herr Jesu Christ"
Mel. „Herr Jesu Christ, du höchstes Gut"
Triosatz: Violinen + Bratsche, **Sopran** C. f. (*g'–g''*), B. c. Instrumental-
stimmen motivisch einheitlich. **c**

4. **Rezitativ** „Gleichwie die Regenwasser bald verfließen"
Secco. **Baß** (*B–es'*). **g–d**

5. **Arie** „Man nehme sich in acht"
Orchestersatz: Gesamtinstrumentarium. **Alt** (*b–e''*).
Da-capo-Form. **B**

6. **Choral** „Wer weiß, wie nahe mir mein Ende"
Mel. „Wer nur den lieben Gott läßt walten"
Schlichter Chorsatz (+ Gesamtinstrumentarium). **g**

167 Ihr Menschen, rühmet Gottes Liebe

Johannistag. – EZ: 1723.
Textdichter unbekannt; 5. Johann Gramann 1548 (Zusatzstrophe).
BG XXXIII (Wüllner 1887); NBA I/29.

Solo: Sopran, Alt, Tenor, Baß. – Chor (nur Schlußchoral).
Trompete[1]; Oboe, Oboe da caccia; Streicher; B.c. – AD: 18 Min.

1. **Arie** „Ihr Menschen, rühmet Gottes Liebe"
Streichersatz; B.c. **Tenor** (*d–a'*). Freies Da-capo.   G
2. **Rezitativ** „Gelobet sei der Herr Gott Israel"
Secco, in Arioso übergehend. **Alt** (*a–e''*).   e–e
3. **Arie** (Duett) „Gottes Wort, das trüget nicht"
Quartettsatz: Oboe da caccia, **Sopran** (*d'–a''*), **Alt** (*a–e''*), B.c.
Kanonbildungen. Da-capo-Form.   a
(*)4. **Rezitativ** „Des Weibes Samen kam"
Secco. **Baß** (*A–e'*), mit Choralzitat.   C–G
*5. **Choralchorsatz** „Sei Lob und Preis mit Ehren"
Mel. „Nun lob, mein Seel, den Herren"
Akkordlicher Chorsatz mit figurierenden Instrumenten, Zeilenzwischen-
spielen und Ritornellumrahmung.
Streicher (Oboe, Trompete); B.c.   G

168 Tue Rechnung! Donnerwort

9. Sonntag nach Trinitatis. – EZ: 1725; möglicherweise Weimarer Urfassung.
Text: Salomo Franck 1715; 6. Bartholomäus Ringwaldt 1588.
BG XXXIII (Wüllner 1887); NBA I/19.
Lit.: 15.

Solo: Sopran, Alt, Tenor, Baß. – Chor (nur Schlußchoral).
Oboe d'amore I, II; Streicher; B.c. – AD: 17 Min.

1. **Arie** „Tue Rechnung! Donnerwort"
Streichersatz; B.c. **Baß** (*G–e'*). Freies Da-capo.   h
2. **Rezitativ** „Es ist nur fremdes Gut"
Ausinstrumentiertes Secco mit ariosem Ausklang: Oboe d'amore I, II;
B.c. **Tenor** (*e–a'*).   fis–cis
3. **Arie** „Kapital und Interessen"
Triosatz: Oboe d'amore I+ II, **Tenor** (*eis–a'*), B.c.
Zweiteilige Form (mit Ritornellabrundung).   fis

[1] „Clarino" (*d'–d''* !); aber stimmführungsgemäß Zugtrompete.

4. **Rezitativ** „Jedoch, erschrocknes Herz, leb und verzage nicht"
   Secco. **Baß** (*H–e'*).   h–G
5. **Arie** (Duett) „Herz, zerreiß des Mammons Kette"
   Continuosatz: **Sopran** (*d'–a''*), **Alt** (*a–d''*). Ostinatobildungen.
   Vokalpart dreigliedrig, Ritornellumrahmung.   e
6. **Choral** „Stärk mich mit deinem Freudengeist"
   Mel. „Herr Jesu Christ, du höchstes Gut"
   Schlichter Chorsatz (+ Gesamtinstrumentarium).   h

169 Gott soll allein mein Herze haben

18. Sonntag nach Trinitatis. – EZ: 1726.
Textdichter unbekannt; 7. Martin Luther 1524.
BG XXXIII (Wüllner 1887); NBA I/24.
Lit.: 12, 46, 62.

Solo: Alt. – Chor (nur Schlußchoral).
Oboe (d'amore) I, II[1], Oboe da caccia[2]; konzertierende Orgel; Streicher;
B.c. – AD: 27 Min.

1. **Sinfonia**
   Konzertsatz für Orgel und Orchester. Da-capo-Form.
   Gesamtinstrumentarium.   D
   = Klavierkonzert *E*-Dur (BWV 1053), Satz 1.[3]
   Gemeinsame Urform vermutlich Konzert für Oboe und Orchester *Es*-Dur (verschollen).
2. **Arioso + Rezitativ** „Gott soll allein mein Herze haben"
   Arioso (Continuosatz) und Secco alternierend. **Alt** (*h–e''*).   D–fis
3. **Arie** „Gott soll allein mein Herze haben"
   Triosatz: obligate Orgel, **Alt** (*cis'–e''*), B.c. Da-capo-Form.   D
4. **Rezitativ** „Was ist die Liebe Gottes"
   Secco. **Alt** (*ais–e''*).   G–fis
5. **Arie** „Stirb in mir, Welt und alle deine Liebe"
   Streichersatz; obligate Orgel; B.c. **Alt** (*a–e''*).   h
   = Klavierkonzert *E*-Dur (BWV 1053), Satz 2. Einbau der Vokalstimme und Transposition von *cis*- nach *h*-Moll (achttaktige Erweiterung).
   Gemeinsame Urform wie bei Satz 1.

---

[1] Oboen bis *a* bzw. *gis* herab, davon einige Male obligat.
[2] „Taille" (*f–d''*)
[3] Zu Satz 3 vgl. Kantate 49, Satz 1.

6. **Rezitativ** „Doch meint es auch dabei“
Secco. **Alt** (*cis'–e''*). **D–A**
7. **Choral** „Du süße Liebe, schenk uns deine Gunst“
Mel. „Nun bitten wir den heiligen Geist“
Schlichter Chorsatz (+Oboe I, II, Oboe da caccia; Streicher; B.c.). **A**

170 Vergnügte Ruh, beliebte Seelenlust

6. Sonntag nach Trinitatis. – EZ: 1726, WA: nach 1735.
Text: Lehms 1711.
BG XXXIII (Wüllner 1887); NBA I/17.
Lit.: 38, 46, 59.

Solo: Alt.
Oboe d'amore[1]; obligate Orgel; Streicher; B.c. – AD: 24 Min.

1. **Arie** „Vergnügte Ruh, beliebte Seelenlust“
Streichersatz (+Oboe d'amore); B.c. **Alt** (*h–e''*).
Vokalpart dreigliedrig, Ritornellumrahmung. **D**
2. **Rezitativ** „Die Welt, das Sündenhaus“
Secco. **Alt** (*a–e''*) **h–fis**
3. **Arie** „Wie jammern mich doch die verkehrten Herzen“
Quartettsatz: Orgel (zweimanualig), **Alt** (*h–e''*), Violinen + Bratsche
(ohne B.c.). Vokalpart dreigliedrig, Ritornellumrahmung. **fis**
4. **Rezitativ** „Wer sollte sich demnach wohl hier zu leben wünschen“
Ausinstrumentiertes Secco: Streicher, B.c. **Alt** (*cis'–e''*). **D–D**
5. **Arie** „Mir ekelt mehr zu leben“
Orchestersatz (ausinstrumentierter Triosatz): obligate Orgel (oder
Querflöte); Streicher (+Oboe d'amore); B.c. **Alt** (*cis'–e''*).
Da-capo-Form. **D**

171 Gott, wie dein Name, so ist auch dein Ruhm

Neujahr. – EZ: vermutlich 1729.
Text: Picander III (Jg. 1728/29) und Vierte Auflage; 1. Psalm 48,11; 6. Johannes Herman 1593.
BG XXXV (Dörffel 1888); NBA I/4 (Neumann 1965/1964).
Lit.: 52, 63, 71.

Solo: Sopran, Alt, Tenor, Baß. – Chor.
Trompete I–III (*D*), Pauken; Oboe I, II; Streicher; B.c. – AD: 22 Min.

---

[1] Nur + Violine I.

1. **Chorsatz** „Gott, wie dein Name, so ist auch dein Ruhm"
Chorfuge (mit thematischer Einbeziehung der Trompete I). Obligater
Trompetenchor (duplierende Streicher und Holzbläser).
Gesamtinstrumentarium. **D**
Parodie: Messe *h*-Moll (BWV 232), Patrem omnipotentem (starke Umgestaltung des
Kopfstückes).
2. **Arie** „Herr, so weit die Wolken gehen"
Quartettsatz: Violine I, II,[1] **Tenor** (*cis–a'*), B. c. Freies Da-capo. **A**
3. **Rezitativ** „Du süßer Jesus-Name du"
Secco. **Alt** (*h–e''*). **fis–D**
4. **Arie** „Jesus soll mein erstes Wort"
Triosatz: Violine (solo), **Sopran** (*d'–g''*), B. c. Freies Da-capo. **D**
Urbild: Kantate 205, Satz 9 (erweitert).
5. **Rezitativ** „Und da du, Herr, gesagt"
Arioso (Continuosatz) – Ausinstrumentiertes Secco mit ariosem Aus-
klang: Oboe I, II; B. c. **Baß** (*G–e'*). **G–h**
6. **Choral** „Laß uns das Jahr vollbringen"[2]
Mel. „Jesu, nun sei gepreiset"
Schlichter Chorsatz mit knappen Zeilenzwischenspielen: Trompete I–III,
Pauken.
(Gesamtinstrumentarium). **D**
= Kantate 41, Satz 6.

172 Erschallet, ihr Lieder, erklinget, ihr Saiten!

1. Pfingsttag. – EZ: 1714, WA (U): 1724, 1731 und später.
Text: wahrscheinlich Salomo Franck; Leipziger Kirchenmusik 1731; 2. Johannes 14,23;
6. Philipp Nicolai 1599.
BG XXXV (Dörffel 1888); NBA I/13 (Kilian 1959/1960): beide Fassungen (s. u.);
Taschenpartitur der *C*-Dur-Fassung Bärenreiter (Kilian 1961).
Lit.: 15, 44, 46, 54.

Solo: Sopran, Alt, Tenor, Baß. – Chor.
D-Dur-Fassung (1724): Trompete I–III[3], Pauken; Querflöte, Oboe, Oboe
d'amore; Streicher (geteilte Bratschen); B. c. (+Fagott).
C-Dur-Fassung (1731): Trompete I–III[3], Pauken; Oboe oder obligate Or-
gel; Streicher (geteilte Bratschen); B. c. (+Fagott). – AD: 25 Min.

[1] Die beiden Obligatstimmen unbezeichnet.
[2] Text nach Picander III; bei Bach untextiert. BG XXXV: „Dein ist allein die Ehre"
(Strophe 3 von „Jesu, nun sei gepreiset", Johannes Herman 1593).
[3] „Clarino 1, 2, Principale"

1. **Chorsatz** „Erschallet, ihr Lieder, erklinget, ihr Saiten!"
   Da-capo-Form:
   A: Knappe homophone Chorabschnitte mit Instrumentalzwischen-
   spielen und Ritornellumrahmung. Selbständiger Orchesterpart.
   B: Fugischer Choraufbau mit duplierendem Orchester.
   Trompete I–III, Pauken; Streicher (+ Querflöte + Oboe); B.c.
   (+ Fagott); C-Dur-Fassung: ohne Querflöte und Oboe. **D/C**
2. **Rezitativ** „Wer mich liebt, der wird mein Wort halten"
   Secco, in Arioso übergehend. **Baß** (*D–d'/C–c'*). **h–D/a–C**
3. **Arie** „Heiligste Dreieinigkeit"
   Bläsersatz: Trompete I–III, Pauken; B.c. (+ Fagott). **Baß** (*A–e'/G–d'*).
   Verkürztes Da-capo. Ostinatobildungen. **D/C**
4. **Arie** „O Seelenparadies, das Gottes Geist"
   Triosatz: Violinen (+ Bratschen + Querflöte), **Tenor** (*d–a'/c–g'*), B.c.;
   C-Dur-Fassung: ohne Querflöte. Da-capo-Form. **h/a**
5. **Choralbearbeitung** (Duett + instr. C.f.) „Komm, laß mich nicht länger
   warten"
   Quartettsatz: Oboe d'amore C.f. koloriert („Komm, heiliger Geist,
   Herre Gott"), **Sopran** (*e'–h''/d'–a''*), **Alt** (*h–e''/a–d''*), Violoncello;
   C-Dur-Fassung: obligate Orgel (oder Oboe + Violoncello). Ostinato-
   bildungen. **G/F**
6. **Choral** „Von Gott kommt mir ein Freudenschein"
   Mel. „Wie schön leuchtet der Morgenstern"
   Schlichter Chorsatz, mit obligater Violine (+ Querflöte); C-Dur-Fassung:
   ohne Querflöte.
   (Streicher; B.c. + Fagott.) **G/F**
7. **Chorsatz** „Erschallet, ihr Lieder, erklinget, ihr Saiten" **D/C**
   = Satz 1 (Wiederholung nur in der D-Dur-Fassung vorgeschrieben).

173 Erhöhtes Fleisch und Blut

2. Pfingsttag. – EZ: vermutlich 1724, WA: um 1728 und 1731.
Parodie der Kantate 173a.
Textdichter unbekannt; Leipziger Kirchenmusik 1731.
BG XXXV (Dörffel 1888); NBA I/14 (Dürr 1962/1963).
Lit.: 52, 69, 71.

Solo: Sopran, Alt, Tenor, Baß. – Chor.
Querflöte I, II; Streicher; B.c. – AD: 17 Min.

1. **Rezitativ** „Erhöhtes Fleisch und Blut"
   Ausinstrumentiertes Secco: Streicher; B.c. **Tenor** (*d–a'*).   **D–D**
   = Kantate 173a, Satz 1 (Sopran).
2. **Arie** „Ein geheiligtes Gemüte"
   Streichersatz (+ Querflöten); B.c. **Tenor** (*d–a'*).
   Zweiteilige Form (mit Ritornellabrundung).   **D**
   = Kantate 173a, Satz 2 (Sopran).
3. **Arie** „Gott will, o ihr Menschenkinder"
   Streichersatz; B.c., ohne Ritornellumrahmung. **Alt** (*h–e''*).
   Freies Da-capo.   **h**
   = Kantate 173a, Satz 3 (Baß).
4. **Arie** (Duett) „So hat Gott die Welt geliebt"
   Orchestersatz: Querflöte I, II; Streicher; B.c. Menuett-Charakter.
   Sopran (*e'–a''*), **Baß** (*d–e'*). Strophenform: 1. Strophe: Baß; 2. Strophe:
   Sopran; 3. Strophe: Baß + Sopran.   **G–D–A**
   = Kantate 173a, Satz 4.
5. **Rezitativ** (Duett) „Unendlichster, den man doch Vater nennt"
   Secco – Arioso (imitatorisch). **Sopran** (*fis'–h''*), **Tenor** (*e–g'*), B.c. **fis–h**
   = Kantate 173a, Satz 5 (Sopran – Baß).
6. **Chorsatz** „Rühre, Höchster, unsern Geist"
   Liedartig-homophoner Satz (Vokalisierung eines instrumentalen Tanz-
   satzes: A – A + Chor – B C – B C + Chor).
   Querflöte I, II; Streicher; B.c.   **D**
   = Kantate 173a, Satz 8 (Duett).

173a Durchlauchtster Leopold
(Serenada)

Glückwunschkantate zum Geburtstag (10. 12.) des Fürsten Leopold von Anhalt-Köthen.
EZ: vermutlich letzte Köthener Jahre.
Urbild der Kantate 173.
Textdichter unbekannt.
BG XXXIV (Waldersee 1887); NBA I/35 (Dürr 1963/1964).
Lit.: 52, 69, 71.

Solo: Sopran, Baß.
Querflöte I, II, Fagott; Streicher; B.c. – AD: 23 Min.

1. **Rezitativ** „Durchlauchtster Leopold"
   Ausinstrumentiertes Secco: Streicher; B.c. **Sopran** (*d'–a''*).   **D–D**
   = Kantate 173, Satz 1 (Tenor).

2. **Arie** „Güldner Sonnen frohe Stunden"
Streichersatz (+ Querflöte I, II); B. c. **Sopran** (*d'–a''*).
Zweiteilige Form (mit Ritornellabrundung). **D**
= Kantate 173, Satz 2 (Tenor).

3. **Arie** „Leopolds Vortrefflichkeiten"
Streichersatz, ohne Ritornellumrahmung. **Baß** (*H–g'*). Freies Da-capo. **h**
= Kantate 173, Satz 3 (Alt).

4. **Arie** (Duett) „Unter seinem Purpursaum"
Orchestersatz: Querflöte I, II; Streicher; B. c. Menuett-Charakter.
Sopran (*e'–a''*), **Baß** (*d–e'*). Strophenform: 1. Strophe: Baß; 2. Strophe:
Sopran; 3. Strophe: Baß + Sopran. **G–D–A**
= Kantate 173, Satz 4.

5. **Rezitativ** (Duett) „Durchlauchtigster, den Anhalt Vater nennt"
Secco – Arioso (imitatorisch). **Sopran** (*fis'–h''*), **Baß** (*H–g'*). **fis–h**
= Kantate 173, Satz 5 (Sopran – Tenor).

6. **Arie** „So schau dies holden Tages Licht"
Streichersatz (+ Querflöte I, II); B. c. **Sopran** (*d'–a''*). Freies Da-capo. **D**

7. **Arie** „Dein Name gleich der Sonnen geh"
Triosatz: Violoncello + Fagott, **Baß** (*cis–fis'*), B. c. Reihung achttaktiger
Ostinatoperioden. **A**
Parodie: Kantate 175, Satz 4 (Tenor).

8. **Chor** (Duett) „Nimm auch, großer Fürst, uns auf"
Liedartig-homophoner Satz (Vokalisierung eines instr. Tanzsatzes:
A – A vok. – B C – B C vok.). **Sopran** (*e'–h''*), **Baß** (*A–g'*). Querflöte I
+ II; Streicher; B. c. **D**
= Kantate 173, Satz 6 (zum vierstimmigen Chor erweitert).

174 Ich liebe den Höchsten von ganzem Gemüte

2. Pfingsttag. – EZ: 1729 (originales Datum).
Text: Picander III (Jg. 1728/29) und Vierte Auflage; 5. Martin Schalling 1571.
BG XXXV (Dörffel 1888); NBA I/14 (Mendel 1962/1963).
Lit.: 71.

Solo: Alt, Tenor, Baß. – Chor (nur Schlußchoral).
Horn I, II (*G*)[1]; Oboe I, II, Oboe da caccia[2]; Streicher (dreigeteilt); B. c.
(+ Fagott). – AD: 23 Min.

[1] „Corno da caccia"
[2] „Taille" (*g–dis''*)

1. **Sinfonia**
   Großangelegter Konzertsatz.
   Gesamtinstrumentarium. **G**
   = Brandenburgisches Konzert Nr. 3 (BWV 1048), Satz 1, erweitert durch 6 Bläser.
2. **Arie** „Ich liebe den Höchsten von ganzem Gemüte"
   Quartettsatz: Oboe I, II, **Alt** (*cis'–e''*), B. c. Da-capo-Form. **D**
3. **Rezitativ** „O Liebe, welcher keine gleicht"
   Ausinstrumentiertes Secco: Violinen, Bratschen; B. c.
   Tenor (*e–gis'*). **h–h**
4. **Arie** „Greifet zu, faßt das Heil"
   Triosatz: Violinen + Bratschen, **Baß** (*G–e'*), B. c. Freies Da-capo. **G**
5. **Choral** „Herzlich lieb hab ich dich"
   Schlichter Chorsatz (+ Oboe I, II, Oboe da caccia; Violinen, Bratschen;
   B. c.). **D**

175 Er rufet seinen Schafen mit Namen

3. Pfingsttag. – EZ: 1725, WA: um 1730.
Text: Ziegler I (mit Änderungen Bachs); 1. Johannes 10,3; 5. Johannes 10,6; 7. Johann
Rist 1651 (O Gottes Geist, mein Trost und Rat).
BG XXXV (Dörffel 1888); NBA I/14 (Dürr 1962/1963); Taschenpartitur Bärenreiter
(Dürr 1963).

Solo: Alt, Tenor, Baß. – Chor (nur Schlußchoral).
Trompete I, II (*D*); Blockflöte I–III (*a'–g'''*, *a'–e'''*, *g'–cis'''*); Violoncello
piccolo[1], Streicher; B. c. – AD: 18 Min.

1. **Rezitativ** „Er rufet seinen Schafen mit Namen"
   Motivgeprägtes Accompagnato: Blockflöte I–III; B. c.
   Tenor (*fis–g'*). **G–G**
2. **Arie** „Komm, leite mich"
   Bläsersatz: Blockflöte I–III; B. c. **Alt** (*h–e''*). Freies Da-capo. **e**
3. **Rezitativ** „Wo find ich dich?"
   Secco. **Tenor** (*f–a'*). **a–C**
4. **Arie** „Es dünket mich, ich seh dich kommen"
   Triosatz: Violoncello piccolo, **Tenor** (*e–a'*), B. c.
   Reihung achttaktiger Ostinatoperioden. **C**
   Urbild: Kantate 173 a, Satz 7 (erweitert).
5. **Rezitativ** „Sie vernahmen aber nicht"
   Secco. **Alt** (*dis'–d''*) – Ausinstrumentiertes Secco und Accompagnato:
   Streicher; B. c. **Baß** (*H–d'*). **a–D**

[1] Umfang: *Fis–a'* (= Viola pomposa).

6. Arie „Öffnet euch, ihr beiden Ohren"
Quartettsatz: Trompete I, II, **Baß** ($A-e'$), B.c. Da-capo-Form.   **D**

7. Choral „Nun, werter Geist, ich folge dir"
Mel. „Komm, heiliger Geist, Herre Gott"
Schlichter Chorsatz; Flöten teilweise selbständig.
(Blockflöte I–III; Streicher; B.c.).   **G**
Vgl. Kantate 59, Satz 3.

176 Es ist ein trotzig und verzagt Ding

Trinitatis. — EZ: 1725.
Text: Ziegler I (mit Änderungen Bachs); 1. nach Jeremia 17,9; 6. Paul Gerhardt 1653
(Was alle Weisheit in der Welt).
BG XXXV (Dörffel 1888); Taschenpartitur Eulenburg (Schering 1934), rev. Hänssler
(Horn 1961); NBA I/15 (Freeman 1967/1968).
Lit.: 56, 66^{II}.

Solo: Sopran, Alt, Baß. — Chor.
Oboe I, II, Oboe da caccia[1]; Streicher; B.c. — AD: 13 Min.

1. **Chorsatz** „Es ist ein trotzig und verzagt Ding"
   Chorfuge mit teilweise obligaten Instrumentalstimmen.
   Gesamtinstrumentarium.   **c**

2. **Rezitativ** „Ich meine, recht verzagt"
   Secco. **Alt** ($b-d''$).   **g–g**

3. **Arie** „Dein sonst hell beliebter Schein"
   Streichersatz; B.c. **Sopran** ($d'-a''$). Gavotte-Charakter.
   Zweiteilige Form (mit Ritornellabrundung).   **B**

4. **Rezitativ** „So wundre dich, o Meister, nicht"
   Secco – Arioso. **Baß** ($A-es'$).   **F–g**

5. **Arie** „Ermuntert euch, furchtsam und schüchterne Sinne"
   Triosatz: 2 Oboen + Oboe da caccia, **Alt** ($b-es''$), B.c.
   Vokalpart dreigliedrig, Ritornellumrahmung.   **Es**

6. **Choral** „Auf daß wir also allzugleich"
   Mel. „Christ unser Herr zum Jordan kam"
   Schlichter Chorsatz (+ Gesamtinstrumentarium).   **f–c²**

[1] „Taille"
[2] dorisch-äolisch

177 Ich ruf zu dir, Herr Jesu Christ

4. Sonntag nach Trinitatis. – EZ: 1732 (autographes Datum), WA: nach 1735.
Text: Johann Agricola 1529 (?).
BG XXXV (Dörffel 1888); NBA I/17.
Lit.: 44, 55, 66^{II}, 66^{IV}.

Solo: Sopran, Alt, Tenor. – Chor.
Oboe I, II, Oboe da caccia, Fagott; Streicher; B.c. – AD: 28 Min.

*1. **Choralchorsatz** *Vers 1* „Ich ruf zu dir, Herr Jesu Christ"
Selbständiger Orchestersatz mit konzertierender Violine (Ritornellumrahmung, Zeilenzwischenspiele). C.f. Sopran; imitatorischer Nebenstimmensatz oder Choralzeilenfugierung. Chor und Orchester ohne thematische Beziehung.
Oboe I, II; konzertante Violine, Streicher; B.c. ⎤   g

2. **Arie** *Vers 2* „Ich bitt noch mehr, o Herre Gott"
Continuosatz. **Alt** (*b–es''*). Ostinatobildungen. Form: A A B (Ritornellumrahmung).   c

3. **Arie** *Vers 3* „Verleih, daß ich aus Herzensgrund"
Triosatz: Oboe da caccia, **Sopran** (*c'–g''*), B.c.
Form: A B B' (Ritornellumrahmung).   Es

4. **Arie** *Vers 4* „Laß mich kein Lust noch Furcht von dir"
Quartettsatz: Violine (solo), Fagott, **Tenor** (*d–as'*), B.c.
Form: A A' B B' (Ritornellumrahmung).   B

*5. **Choral** *Vers 5* „Ich lieg im Streit und widerstreb"
Schlichter Chorsatz (+ Oboe I, II; Streicher; B.c. + Fagott).   g

178 Wo Gott der Herr nicht bei uns hält

8. Sonntag nach Trinitatis. – EZ: 1724.
Text: 1., 2., 4., 5., 7. Justus Jonas 1524 (nach Psalm 124); 3. und 6. Umdichtung eines unbekannten Verfassers.
BG XXXV (Dörffel 1888) und Nachtrag BG XLI, S. 204; NBA I/18 (Dürr 1966).
Lit.: 44, 66^{III}.

Solo: Alt, Tenor, Baß. – Chor.
Horn (*C*)[1]; Oboe I, II, Oboe d'amore I, II; Streicher; B.c. – AD: 23 Min.

[1] Nur C.f.-Verstärkung in 1. und 7.

*1. **Choralchorsatz** „Wo Gott der Herr nicht bei uns hält"
Selbständiger Orchestersatz (Ritornellumrahmung, Zeilenzwischen-
spiele). Akkordlicher Choralsatz oder C.f. (Sopran+ Horn) imitatorisch
unterbaut.
Oboe I, II; Streicher; B.c.   a
*2. **Choral + Rezitativ** „Was Menschenkraft und -witz anfäht"
Choralarioso (Continuosatz) und Secco alternierend (Choraltropierung).
Alt (*c'–d''*). Choralzeilenthematik im B.c.   C–e
3. **Arie** „Gleichwie die wilden Meereswellen"
Triosatz: Violinen, **Baß** (*G–e'*), B.c.
Form: A B B' (mit Ritornellabrundung).   G
*4. **Choralbearbeitung** „Sie stellen uns wie Ketzern nach"
Quartettsatz: Oboe d'amore I, II, **Tenor** C.f. (*a–fis'*), B.c.
Choralmotivik in den Instrumentalstimmen.   h
*5. **Choral + Rezitativ** „Aufsperren sie den Rachen weit"
Schlichter Chorsatz, zeilenmäßig von Rezitativen durchsetzt (Choral-
tropierung): **Baß, Tenor, Alt.** Choral und Rezitativ über ostinater
B.c.-Figur.   h
6. **Arie** „Schweig, schweig nur, taumelnde Vernunft"
Streichersatz; B.c. **Tenor** (*e–a'*). Freies Da-capo.   e
*7. **Choral** „Die Feind sind all in deiner Hand" (2 Strophen)
Schlichter Chorsatz (+Instrumentarium wie 1.).   a

179 Siehe zu, daß deine Gottesfurcht nicht Heuchelei sei

11. Sonntag nach Trinitatis. – EZ: 1723.
Textdichter unbekannt; 1. Sirach 1,34; 6. Christoph Tietze 1663.
BG XXXV (Dörffel 1888); NBA I/20.
Lit.: 44.

Solo: Sopran, Tenor, Baß. – Chor.
Oboe I, II, Oboe da caccia I, II; Streicher; B.c. – AD: 19 Min.

1. **Chorsatz** „Siehe zu, daß deine Gottesfurcht nicht Heuchelei sei"
Motettischer Satz (Streicher duplierend); B.c. (teilweise selbständig).
Chorfuge.   G
Parodie: Messe *G*-Dur (BWV 236), Kyrie.
2. **Rezitativ** „Das heutge Christentum"
Secco. **Tenor** (*d–a'*).   e–h
3. **Arie** „Falscher Heuchler Ebenbild"
Streichersatz+ Oboen (ausinstrumentierter Triosatz); B.c. **Tenor** (*e–a'*).

Zweiteilige Form (mit Ritornellabrundung). e
Parodie (erweitert): Messe G-Dur (BWV 236), Quoniam (Triosatz!).

4. **Rezitativ** „Wer so von innen wie von außen ist"
Secco mit ariosem Ausklang. **Baß** (*H–e'*). **G–C**

5. **Arie** „Liebster Gott, erbarme dich"
Quartettsatz: Oboe da caccia I, II, **Sopran** (*h–as''*), B.c.
Freies Da-capo. **a**
Parodie: Messe A-Dur (BWV 234), Qui tollis (Umarbeitung der Singstimme und
Uminstrumentierung, *h*-Moll).

6. **Choral** „Ich armer Mensch, ich armer Sünder"
Mel. „Wer nur den lieben Gott läßt walten"
Schlichter Chorsatz (+Oboe I, II; Streicher; B.c.). **a**

180 Schmücke dich, o liebe Seele

20. Sonntag nach Trinitatis. – EZ: 1724.
Text: 1., 3., 7. Johann Franck 1653; 2., 4.–6. Umdichtung eines unbekanntenVerfassers.
BG XXXV (Dörffel 1888); NBA I/25.
Lit.: 44, 66^{IV}.

Solo: Sopran, Alt, Tenor, Baß. – Chor.
Blockflöte I, II (*f'–g'''*), Querflöte, Oboe, Oboe da caccia; Violoncello
piccolo[1], Streicher; B.c. – AD: 28 Min.

*1. **Choralchorsatz** „Schmücke dich, o liebe Seele"
Selbständiger Orchestersatz (Ritornellumrahmung, Zeilenzwischen-
spiele). C.f. Sopran, imitatorisch unterbaut. Chor und Orchester ohne
thematische Beziehung.
Blockflöte I, II, Oboe, Oboe da caccia; Streicher; B.c. **F**

2. **Arie** „Ermuntre dich: dein Heiland klopft"
Triosatz: Querflöte, **Tenor** (*d–a'*), B.c. Da-capo-Form. **C**

*3. **Rezitativ + Choralbearbeitung** „Wie teuer sind des heilgen Mahles
Gaben" – „Ach, wie hungert mein Gemüte"
Secco–Triosatz: Violoncello piccolo, **Sopran** (*d'–a''*) C.f. verziert,
B.c. **a–F**

4. **Rezitativ** „Mein Herz fühlt in sich Furcht und Freude"
Ausinstrumentiertes Secco und Accompagnato: Blockflöte I, II; B.c.
Alt (*b–es''*). **B–B**

5. **Arie** „Lebens Sonne, Licht der Sinnen"
Orchestersatz (wie 1.). **Sopran** (*d'–g''*). Da-capo-Form. **B**

---

[1] Umfang: *c–h'* (= Viola pomposa).

(*) 6. **Rezitativ** „Herr, laß an mir dein treues Lieben"
Secco mit ariosem Ausklang (Choralzitat). **Baß** (*c–e'*).   **F–F**
*7. **Choral** „Jesu, wahres Brot des Lebens"
Schlichter Chorsatz; B.c. (ohne Angabe duplierender Instrumente).   **F**

181 Leichtgesinnte Flattergeister

Sexagesimae. – EZ: 1724 (im Schlußsatz möglicherweise auf eine frühere Komposition zurückgehend), WA: nach 1735.
Textdichter unbekannt.
BG XXXVII (Dörffel 1891); NBA I/7 (Neumann 1956/1957).
Lit.: 20.

Solo: Sopran, Alt, Tenor, Baß. – Chor.
Hohe Trompete (*D*); Querflöte, Oboe[1]; Streicher; B.c. – AD: 14 Min.

1. **Arie** „Leichtgesinnte Flattergeister"
Orchestersatz: Querflöte, Oboe; Streicher; B.c. **Baß** (*A–e'*).
Form: A B A′ B′ (mit Ritornellabrundung).   e

2. **Rezitativ** „O unglückselger Stand"
Secco – Arioso – B.c.-Accompagnato. **Alt** (*h–dis''*).   e–h

3. **Arie** „Der schädlichen Dornen unendliche Zahl"
Triosatz: Violine, **Tenor** (*c–a'*), B.c. (Violine verschollen).
Hälftige Form.   h

4. **Rezitativ** „Von diesen wird die Kraft erstickt"
Secco. **Sopran** (*d'–a''*).   D–D

5. **Chorsatz** „Laß, Höchster, uns zu allen Zeiten"
Da-capo-Form:
A: Fugenartiger Chorsatz. Permutationsblöcke mit imitatorischen Zwischengruppen. Orchesterritornellumrahmung. Solochor – Tuttichor (?).
(Duplierendes Orchester.)
B: Chorisches Duett. Sopran – Alt mit B.c.-Begleitung.
Gesamtinstrumentarium.   D

182 Himmelskönig, sei willkommen

Palmarum, später Mariae Verkündigung. – EZ: 1714 (*B-Dur*), WA: 1724 und um 1728 (*G-Dur*).
Text: wahrscheinlich Salomo Franck; 3. Psalm 40,8–9; 7. Paul Stockmann 1633 (Jesu Leiden, Pein und Tod).
BG XXXVII (Dörffel 1891); Taschenpartitur Eulenburg (Schering 1931); NBA I/8.
Lit.: 15, 32, 56.

[1] Erstfassung ohne Holzbläser.

Solo: Alt, Tenor, Baß. – Chor.
Blockflöte (*e'–fis'''*)[1]; Streicher (geteilte Bratschen); B.c. – AD: 30 Min.

1. **Sonata** (Grave, Adagio)
   Fünfstimmiger Satz (ausinstrumentierter Triosatz): Blockflöte; Violine
   (concertante), Violine (di ripieno), Bratsche I, II; B.c.   **G**
2. **Chorsatz** „Himmelskönig, sei willkommen"
   Da-capo-Form:
   A: Chorfuge (Permutationsform) mit thematischer Einbeziehung von
   Instrumenten; Kanonentwicklung in Quintpaaren, mit homophonem
   Abschluß.   **G–G**
   B: Zwei vokal-instrumentale Kanonkomplexe (in *e* und *D*), mit instru-
   mentalen Zwischensätzen (Thema A!).   **(e–h)**
   Instrumente teilweise obligat. Solochor – Tuttichor (?).
   Blockflöte; Violine, Bratsche I, II, Violoncello; B.c.
3. **Rezitativ** „Siehe, ich komme, im Buch ist von mir geschrieben"
   Secco – Arioso. **Baß** (*G–h*).   **C–C**
4. **Arie** „Starkes Lieben, das dich, großer Gottessohn"
   Streichersatz (ausinstrumentierter Triosatz); B.c. **Baß** (*E–c'*).
   Freies Da-capo.   **C**
5. **Arie** „Leget euch dem Heiland unter"
   Triosatz: Blockflöte, **Alt** (*a–d''*), B.c.
   Da-capo-Form (Largo, Andante, Largo).   **e**
6. **Arie** „Jesu, laß durch Wohl und Weh"
   Continuosatz. **Tenor** (*d–g'*). Freies Da-capo. Ostinatobildungen.   **h**
7. **Choralchorsatz** „Jesu, deine Passion"
   Mel. „Jesu Kreuz, Leiden und Pein"
   Geschlossener motettischer Satz (duplierendes Orchester). Choralzeilen-
   fugierung. C.f. Sopran (+Blockflöte, Violine).
   Instrumentarium wie 2.   **G**
8. **Chorsatz** „So lasset uns gehen in Salem der Freuden"
   Da-capo-Form:
   A: Chorfuge mit thematischer Einbeziehung von Instrumenten (Per-
   mutationsform) und kanonischem und akkordlichem Anhang. Um-
   rahmung durch fugische Ritornelle.
   B: Zwei instrumental-vokale Doppelkanonkomplexe (in *fis* und *h*)
   zwischen homophonen Chorpartien. Solochor – Tuttichor (?).
   Instrumentarium wie 2.   **G**

---

[1] Ursprünglich eine kleine Terz höher (*g'–a'''*) notiert, Umfang spätere Fassung: *fis'–fis'''*.

183 Sie werden euch in den Bann tun II

Exaudi. – EZ: 1725.
Text: Ziegler I; 1. Johannes 16,2; 5. Paul Gerhardt 1653 (Zeuch ein zu deinen Toren).
BG XXXVII (Dörffel 1891); NBA I/12 (Dürr 1960).
Lit.: 55.

Solo: Sopran, Alt, Tenor, Baß. – Chor (nur Schlußchoral).
Oboe d'amore I, II, Oboe da caccia I, II; Violoncello piccolo[1], Streicher;
B.c. – AD: 15 Min.

1. **Rezitativ** „Sie werden euch in den Bann tun"
   Ausinstrumentiertes Secco: Oboe d'amore I, II, Oboe da caccia I, II;
   B.c. **Baß** (*H–d'*). a–e
2. **Arie** „Ich fürchte nicht des Todes Schrecken"
   Triosatz: Violoncello piccolo, **Tenor** (*e–h'*), B.c. Da-capo-Form. e
3. **Rezitativ** „Ich bin bereit, mein Blut und armes Leben"
   Motivgeprägtes Accompagnato: Oboe d'amore I, II, Oboe da caccia I, II;
   Streicher; B.c. **Alt** (*d'–e''*). G–C
4. **Arie** „Höchster Tröster, heilger Geist"
   Orchestersatz: Oboe da caccia I, II; Streicher; B.c. **Sopran** (*d'–a''*).
   Zweiteilige Form (mit Ritornellabrundung). C
5. **Choral** „Du bist ein Geist, der lehret"
   Mel. „Helft mir Gotts Güte preisen"
   Schlichter Chorsatz (+Instrumentarium wie 1.). a

184 Erwünschtes Freudenlicht

3. Pfingsttag. – EZ: 1724, aber auf die Köthener Kantate 184a zurückgehend; WA:
1731.
Textdichter unbekannt; Leipziger Kirchenmusik 1731; 5. Anarg von Wildenfels 1527 (?).
BG XXXVII (Dörffel 1891); NBA I/14 (Dürr 1962/1963).
Lit.: 55, 66[VI], 69.

Solo: Sopran, Alt, Tenor. – Chor.
Querflöte I, II[2]; Streicher; B.c. – AD: 25 Min.

1. **Rezitativ** „Erwünschtes Freudenlicht"
   Motivgeprägtes Accompagnato: Flöte I, II; B.c., mit Arioso-Teil (Con-
   tinuosatz). **Tenor** (*cis–a'*). G–G

---

[1] Umfang: *G–c''* (= Viola pomposa).
[2] In der Urform Blockflöten?

2. **Arie** (Duett) „Gesegnete Christen, glückselige Herde"
Orchestersatz: Gesamtinstrumentarium. **Sopran** ($e'-a''$), **Alt** ($h-e''$).
Liedmäßige Zweistimmigkeit vorherrschend. Da-capo-Form.
Tanzcharakter, ausgedehnte Instrumentalteile.   **G**

3. **Rezitativ** „So freut euch, ihr auserwählten Seelen"
Secco mit ariosem Ausklang. **Tenor** ($d-a'$).   **C–D**

4. **Arie** „Glück und Segen sind bereit"
Triosatz: Violine (solo), **Tenor** ($d-a'$), B. c.
Freies Da-capo. Polonaisen-Charakter.   **h**

5. **Choral** „Herr, ich hoff je, du werdest die in keiner Not verlassen"
Mel. „O Herre Gott, dein göttlich Wort"
Schlichter Chorsatz (+ Gesamtinstrumentarium).   **D**

6. **Chorsatz** „Guter Hirte, Trost der Deinen"
Gavotte-Charakter. Da-capo-Form:
A: Vokalisierung eines instrumentalen Tanzsatzes (A – A + Chor –
B – B + Chor).
Parodie: Kantate 213, Satz 13, A.
B: Ausgedehnte Duettentwicklung (Sopran, Baß) mit knappen glie-
dernden Zwischenspielen. Hälftige Satzanlage mit Stimmtausch.
Solochor – Tuttichor (?).
Gesamtinstrumentarium.   **G**

184a

Glückwunschkantate zum Neujahrstag für das Fürstenhaus von Anhalt-Köthen (?).
EZ: 1722/23 (?).
Urbild der Kantate 184; nach Köthener Instrumentalstimmen aus Kantate 184 teilweise
rekonstruierbar. Vgl. Kantate XXIII.
Text unbekannt.
NBA I/14, Krit. Bericht (Dürr 1963), I/35, Krit. Bericht (Dürr 1964).
Lit.: 66[VI], 69.

1. **Rezitativ** wie Kantate 184, Satz 1.   **G–G**

2. **Arie** (Duett) wie Kantate 184, Satz 2, aber Sopran, Baß.   **G**

3. **Rezitativ** wie Kantate 184, Satz 3, aber Sopran.   **C–D**

4. **Arie** wie Kantate 184, Satz 4, aber Sopran.   **h**

5. **Rezitativ** Baß (?).   **G**

6. **Chor** (Duett) wie Kantate 184, Satz 6, aber nur Sopran, Baß.   **G**

185 Barmherziges Herze der ewigen Liebe

4. Sonntag nach Trinitatis. – EZ: 1715 (autographes Datum), WA: 1723 (g-Moll).
Text: Salomo Franck 1715; 6. Johann Agricola 1529.
BG XXXVII (Dörffel 1891); NBA I/17.
Lit.: 15.

Solo: Sopran, Alt, Tenor, Baß. – Chor (nur Schlußchoral).
Oboe (Trompete¹); Streicher; B. c. (+Fagott). – AD: 16 Min.

*1. **Choralbearbeitung** (Duett + instr. C. f.) „Barmherziges Herze der
ewigen Liebe"
Quartettsatz: Oboe (Trompete) C. f., **Sopran** (*his–gis''*), **Tenor** (*His–a'*),
B. c.   **fis**

2. **Rezitativ** „Ihr Herzen, die ihr euch"
Ausinstrumentiertes Secco: Streicher; B. c. – Arioso: Continuosatz.
Kanonbildungen. **Alt** (*a–cis''*).   **A–E**

3. **Arie** „Sei bemüht in dieser Zeit"
Orchestersatz (ausinstrumentierter Triosatz): Oboe; Streicher; B. c.
(+Fagott). **Alt** (*a–cis''*). Vokalpart dreigliedrig, Ritornellumrahmung. **A**

4. **Rezitativ** „Die Eigenliebe schmeichelt sich"
Secco. **Baß** (*A–cis'*); B. c. (+Fagott).   **D–h**

5. **Arie** „Das ist der Christen Kunst"
Continuosatz (+Fagott)². **Baß** (*Fis–cis'*), imitatorisch-duetthaft (kon-
zertierend).   **h**

*6. **Choral** „Ich ruf zu dir, Herr Jesu Christ"
Schlichter Chorsatz, obligate Violine.
(Gesamtinstrumentarium.)   **fis**

186 Ärgre dich, o Seele, nicht

7. Sonntag nach Trinitatis. – EZ: 1723.
Neufassung (mit beträchtlicher Erweiterung) der Kantate 186a.
Text: 1., 3., 5., 8., 10. Salomo Franck 1717; 6. Paul Speratus 1524; Verfasser der anderen
Texte unbekannt.
BG XXXVII (Dörffel 1891); NBA I/18 (Dürr 1966).
Lit.: 15, 45, 55.

Solo: Sopran, Alt, Tenor, Baß. – Chor.
Oboe I, II, Oboe da caccia; Streicher; B. c. (+Fagott). – AD: 40 Min.

¹ In der Leipziger Fassung Trompete („Clarino") in g-Moll (= Zugtrompete?).
² In der Leipziger Fassung + Streicher.

Erster Teil

1. **Chorsatz** „Ärgre dich, o Seele, nicht"
Orchestereinleitung und Zwischenspiele.
Fugische Entwicklungen (Dominanz des Instrumentalsatzes) mit akkordlichen (A-cappella-) Chorabschnitten rondoartig alternierend (ABABA).
Streicher (+ Oboe I, II, Oboe da caccia[1]); B. c. (+ Fagott). **g**
= Kantate 186a, Satz 1.

2. **Rezitativ** „Die Knechtsgestalt, die Not, der Mangel"
Secco mit ariosem Ausklang. **Baß** ($B-d'$). **c–g**

3. **Arie** „Bist du, der mir helfen soll"
Continuosatz. **Baß** ($G-es'$). Vokalpart viergliedrig (Ostinatobildungen).
= Kantate 186a, Satz 2. **B**

4. **Rezitativ** „Ach, daß ein Christ so sehr"
Secco – Arioso. **Tenor** ($d-a'$). **g–B**

5. **Arie** „Mein Heiland läßt sich merken"
Triosatz: Oboe I + Violinen, **Tenor** ($d-g'$), B. c.
Zweiteilige Form (mit Ritornellabrundung). **d**
= Kantate 186a, Satz 3.

6. **Choralchorsatz** „Ob sichs anließ, als wollt er nicht"
Mel. „Es ist das Heil uns kommen her"
Selbständiger Orchestersatz (Ritornellumrahmung, Zeilenzwischenspiele). C. f. Sopran, akkordlich oder imitatorisch unterbaut. Chor und Orchester ohne thematische Beziehung.
Oboe I, II; Streicher; B. c. **F**

Zweiter Teil

7. **Rezitativ** „Es ist die Welt die große Wüstenei"
Ausinstrumentiertes Secco: Streicher; B. c., mit ariosem Ausklang (motivgeprägte Begleitung). **Baß** ($B-es'$). **Es–B**

8. **Arie** „Die Armen will der Herr umarmen"
Triosatz: Violinen, **Sopran** ($d'-g''$), B. c.
Zweiteilige Form (mit Ritornellabrundung). **g**
= Kantate 186a, Satz 4.

9. **Rezitativ** „Nun mag die Welt mit ihrer Lust vergehen"
Secco mit ariosen Teilstücken. **Alt** ($b-d''$). **c–Es**

[1] „Taille": $c-es''$ (= + Viola).

10. **Arie** (Duett) „Laß, Seele, kein Leiden"
Orchestersatz: Oboe I, II, Oboe da caccia; Streicher; B.c. **Sopran**
(*d'−as''*), **Alt** (*g−d''*). Liedmäßige Parallelführung neben polyphoner
Gestaltung der Singstimmen (Kanonbildungen) mit knappen instru-
mentalen Zwischensätzen. Ritornellumrahmung. Gigue-Charakter. c
= Kantate 186a, Satz 5.
11. **Choral** „Die Hoffnung wart' der rechten Zeit"[1] F
= Satz 6.

186a Ärgre dich, o Seele, nicht

3. Advent. − EZ: 1716.
Urform der Kantate 186; Musik nur in der Leipziger Umarbeitung erhalten. Rekonstruk-
tion von Hellmann (Hänssler 1963) unter Beibehaltung der Leipziger Tonartenordnung.
Text: Salomo Franck 1717; 6. Ludwig Helmbold 1563.
NBA I/1, Krit. Bericht (Dürr 1955). − AD: 20 Min.

1. **Chorsatz** „Ärgre dich, o Seele, nicht" g
= Kantate 186, Satz 1.
2. **Arie** „Bist du, der da kommen soll" B
= Kantate 186, Satz 3.
3. **Arie** „Messias läßt sich merken" d
= Kantate 186, Satz 5 (Viola).
Vgl. auch die Rekonstruktion von A. Dürr, NBA I/1, Krit. Bericht (Oboe da caccia).
4. **Arie** „Die Armen will der Herr umarmen" g
= Kantate 186, Satz 8.
5. **Arie** (Duett) „Laß, Seele, kein Leiden" c
= Kantate 186, Satz 10.
6. **Choral** „Darum ob ich schon dulde" c
Mel. „Von Gott will ich nicht lassen"
(= Kantate 73, Satz 5?).

187 Es wartet alles auf dich

7. Sonntag nach Trinitatis. − EZ: 1726, WA: nach 1740.
Textdichter unbekannt; 1. Psalm 104,27−28; 4. Matthäus 6,31−32; 7. Erfurt 1563.
BG XXXVII (Dörffel 1891); NBA I/18 (Treitler 1966).
Lit.: 49, 52, 66[II].

Solo: Sopran, Alt, Baß. − Chor.
Oboe I, II; Streicher; B.c. − AD: 25 Min.

[1] Hinzufügung nach inzwischen verschollenen Quellen (vgl. BJ 1906, S. 133 f.).

Erster Teil

1. **Chorsatz** „Es wartet alles auf dich"
Einleitungssinfonia und Zwischensätze. Dreiteilige Form: (ABA').
A: Freipolyphoner Chorsatz (mit Kanonbildungen), Orchestersatz teilweise dominant (Choreinbau).
B: Chorfuge (3 Durchführungen), mit thematischer Einbeziehung von Instrumenten (Oboen) und teilweise obligaten Orchesterstimmen.
A': (verkürzt). Choreinbau.
Gesamtinstrumentarium. **g**
Parodie: Messe g-Moll (BWV 235), Cum sancto spiritu (ohne Instrumentaleinleitung).
2. **Rezitativ** „Was Kreaturen hält"
Secco. **Baß** (*A–es'*). **B–g**
3. **Arie** „Du Herr, du krönst allein das Jahr mit deinem Gut"
Streichersatz (+Oboe); B.c. **Alt** (*b–es''*). Freies Da-capo. **B**
Parodie: Messe g-Moll (BWV 235), Domine Fili unigenite (erweitert).

Zweiter Teil

4. **Arie** „Darum sollt ihr nicht sorgen"
Triosatz: Violinen, **Baß** (*G–es'*), B.c. Vokalpart dreigliedrig, Ritornellumrahmung. **g**
Parodie: Messe g-Moll (BWV 235), Gratias (erweitert).
5. **Arie** „Gott versorget alles Leben"
Triosatz: Oboe, **Sopran** (*d'–as''*), B.c. Zweiteilig (Adagio: **c**; un poco Allegro: $^3/_8$) mit Ritornellabrundung. **Es**
Parodie (erweitert): Messe g-Moll (BWV 235), Qui tollis und Quoniam (Tenor).
6. **Rezitativ** „Halt ich nur fest an ihm"
Ausinstrumentiertes Secco: Streicher; B.c. **Sopran** (*d'–g''*). **c–B**
7. **Choral** „Gott hat die Erde zugericht" (2 Strophen)
Mel. „Singen wir aus Herzensgrund"
Schlichter Chorsatz (+Gesamtinstrumentarium). **g**

188 Ich habe meine Zuversicht

21. Sonntag nach Trinitatis. – EZ: um 1728.
Echtheitszweifel unbegründet.
Text: Picander III (Jg. 1728/29) und Vierte Auflage; 6. Lübeck vor 1603.
BG XXXVII (Dörffel 1891); NBA I/25.
Lit.: 12, 46, 50, 62.

Solo: Sopran, Alt, Tenor, Baß. – Chor (nur Schlußchoral).
Oboe I, II, Oboe da caccia[1]; obligate Orgel; Streicher; B.c. – AD: 29 Min.

1. **Sinfonia**
   Konzertsatz für Orgel und Orchester.
   Gesamtinstrumentarium. **d**
   = Klavierkonzert *d*-Moll (BWV 1052), Satz 3. Gemeinsame Urform: verschollenes
   Violinkonzert *d*-Moll (Bearbeitung eines Violinkonzerts unbekannter Herkunft).

2. **Arie** „Ich habe meine Zuversicht"
   Orchestersatz: Oboe; Streicher; B.c. **Tenor** (*c–a'*). Da-capo-Form. **F**

3. **Rezitativ** „Gott meint es gut mit jedermann"
   Secco – Arioso. **Baß** (*c–es'*). **C–C**

4. **Arie** „Unerforschlich ist die Weise"
   Triosatz: Obligate Orgel, **Alt** (*c'–e''*), Violoncello. Freies Da-capo. **e**

5. **Rezitativ** „Die Macht der Welt verlieret sich"
   Accompagnato: Streicher; B.c. **Sopran** (*e'–f''*). **C–a**

6. **Choral** „Auf meinen lieben Gott"
   Schlichter Chorsatz; B.c. (ohne Angabe duplierender Instrumente). **a**

190 Singet dem Herrn ein neues Lied!

Neujahr. – EZ: 1724.
Nur fragmentarisch erhalten. Urbild der Kantate 190a.
Textdichter unbekannt (Picander?); 1. Psalm 149,1; 150,4; 150,6; 7. Johannes Herman
1593.
BG XXXVII (Dörffel 1891); NBA I/4 (Neumann 1965/1964); Rekonstruktion von
Reinhart, Zürich 1948.
Lit.: 55, 69.

Solo: Alt, Tenor, Baß. – Chor.
Trompete I–III (*D*), Pauken; Oboe I–III, Oboe d'amore, Fagott; Strei-
cher[2]; B.c. – AD: 19 Min.

*1. **Chorsatz** „Singet dem Herrn ein neues Lied!"
   Mit Einleitungssinfonia und Zwischensätzen. Vielgliedrige Form.
   Knappe homorhythmische oder freipolyphone Chorabschnitte, Choral-
   zitat (Chorunisono „Herr Gott, dich loben wir"), Chorfuge (Permuta-
   tionsform). Obligater Orchesterpart.
   (Trompete I–III, Pauken; Oboe I–III); Streicher; (B.c.). **D**
   = Kantate 190a, Satz 1.

---

[1] „Taille" (*f–e''*)
[2] Von Satz 1 und 2 nur Violine I, II erhalten.

*2. Choral + Rezitativ „Herr Gott, dich loben wir"
Schlichter Chorsatz (Tedeum), durch Secco zeilenmäßig unterbrochen
(Choraltropierung): **Baß** (*A–d'*), **Tenor** (*eis–fis'*), **Alt** (*h–e''*).
(Instrumentarium wie 1.) **mixolyd. / h–A**
= Kantate 190a, Satz 2.

3. **Arie** „Lobe, Zion, deinen Gott"
Streichersatz; B.c. **Alt** (*h–e''*). Knapper tanzartiger Satz (Entlehnung?).
= Kantate 190a, Satz 3. **A**

4. **Rezitativ** „Es wünsche sich die Welt"
Secco mit ariosem Ausklang. **Baß** (*A–e'*). **fis–A**

5. **Arie** (Duett) „Jesus soll mein alles sein"
Quartettsatz: Oboe d'amore, **Tenor** (*e–a'*), **Baß** (*A–d'*), B.c.
Zweiteilige Form (mit Ritornellabrundung). **D**
= Kantate 190a, Satz 5.

6. **Rezitativ** „Nun, Jesus gebe, daß mit dem neuen Jahr"
Ausinstrumentiertes Secco: Streicher; B.c. **Tenor** (*e–h'*). **h–A**

7. **Choral** „Laß uns das Jahr vollbringen"
Mel. „Jesu, nun sei gepreiset"
Schlichter Chorsatz; obligater Trompetenchor als Zeilenendsteigerung.
Trompete I–III, Pauken; Oboe I–III; Streicher; B.c. **D**

190a Singet dem Herrn ein neues Lied!

Zweihundertjahrfeier der Augsburger Konfession. — EZ: 1730.
Umarbeitung der Kantate 190, nur teilweise rekonstruierbar.
Text: Picander III und Vierte Auflage; Sicul, Annales Lipsienses, Sectio XXXVIII, 1731;
1. Psalm 149,1; 150,4; 150,6; 7. Martin Luther 1524 (Es woll uns Gott genädig sein).

1. **Chorsatz** „Singet dem Herrn ein neues Lied!"
= Kantate 190, Satz 1.

2. **Choral + Rezitativ** „Herr Gott, dich loben wir"
= Kantate 190, Satz 2 (rezitativische Teile neu komponiert).

3. **Arie** „Lobe, Zion, deinen Gott"
= Kantate 190, Satz 3.

4. **Rezitativ** „Herr, wenn dein Evangelium"
Musik unbekannt.

Nach der Predigt[1]:

5. **Arie** „Selig sind wir durch das Wort"
= Kantate 190, Satz 5.

---

[1] Diese Gliederung nur bei Sicul.

6. **Rezitativ** „Nun, Gott, dir opfern wir"
Musik unbekannt.

7. **Choral** „Es danke Gott und lobe dich"
Mel. „Es woll uns Gott genädig sein"

191 Gloria in excelsis Deo

1. Weihnachtstag. – EZ: nach 1740.
Lateinische Festmusik, entlehnt aus dem Gloria der Messe *h*-Moll (BWV 232).
BG XLI (Dörffel 1894); NBA I/2 (Dürr 1957).
Lit.: 52.

Solo: Sopran, Tenor. – Chor (fünfstimmig).
Trompete I–III (*D*), Pauken; Querflöte I, II, Oboe I, II; Streicher; B.c. –
AD: 17 Min.

Erster Teil

1. **Chorsatz** „Gloria in excelsis Deo"
Einleitungssinfonia und Zwischensätze. Zweiteilige Form:
A: ($^3/_8$) Freipolyphoner Chorsatz mit imitatorischen und akkordlichen
Abschnitten. Instrumentalentwicklung teilweise dominant (Choreinbau).
B: (**c**) Chorfuge (Permutationsform) in drei Durchführungen mit (vo-
kal-instrumentaler) Wechselchorgestaltung in den Zwischensätzen.
(Vorbereitende Durchführung des Fugenkopfmotivs im vorangestellten
Chorkomplex.)
Gesamtinstrumentarium. **D**
= Messe *h*-Moll, Gloria.

Zweiter Teil

2. **Arie** (Duett) „Gloria Patri et Filio et Spiritui sancto"
Orchestersatz: Querflöten; Streicher; B.c. **Sopran** (*cis'–g''*), **Tenor**
(*c–a'*). **G**
= Messe *h*-Moll, Domine Deus (gekürzt).

3. **Chorsatz** „Sicut erat in principio"
Mit Instrumentalzwischensätzen. Zwei Fugenexpositionen zwischen
akkordlich-freipolyphonen Chorpartien als Einbau in Instrumentalsatz.
Gesamtinstrumentarium. **D**
= Messe *h*-Moll, Cum sancto spiritu (erweitert).

192 Nun danket alle Gott

Ohne Bestimmung (Reformationsfest?). – EZ: 1730.
Unvollständig erhalten.
Text: Martin Rinckart 1636.
BG XLI (Dörffel 1894); NBA I/34. — Lit.: 55.

Solo: Sopran, Baß. – Chor[1].
Querflöte I, II, Oboe I, II[2]; Streicher; B.c. – AD: 15 Min.

*1. **Choralchorsatz** *Vers 1* „Nun danket alle Gott"
Selbständiger Orchestersatz (Ritornellumrahmung, Zeilenzwischen-
spiele). C.f. Sopran, imitatorisch unterbaut. Daneben frei erfundene
Chorabschnitte akkordlichen und imitatorischen Charakters.
Gesamtinstrumentarium.   G
2. **Arie** (Duett) *Vers 2* „Der ewig reiche Gott"
Streichersatz (+ Querflöte, Oboe); B.c. **Sopran** ($d'-a''$), **Baß** ($A-d'$).
Mit Choralanklängen. Form: A A (entgegen Textgliederung a b).   D
*3. **Choralchorsatz** *Vers 3* „Lob, Ehr und Preis sei Gott"
Ritornellumrahmung, Zeilenzwischenspiele. C.f. Sopran, freipolyphone
Gegenstimmen. Orchester und Chor ohne thematische Beziehung.
Gesamtinstrumentarium.   G

193 Ihr Tore (Pforten) zu Zion

Ratswechsel. – EZ: um 1727, aber wahrscheinlich auf eine Köthener Gelegenheitskantate
zurückgehend, die auch für Kantate 193a als Vorlage gedient hat.
Kantate nur unvollständig erhalten.
Textdichter unbekannt.
BG XLI (Dörffel 1894); NBA I/32.
Lit.: 53, 55, 65, 69.

Solo: Sopran, Alt. – Chor (Tenor, Baß fehlt).
Oboe I, II; Streicher (B.c. und vermutlich Blechbläser fehlen). –
AD: 16 Min.

1. **Chorsatz** „Ihr Tore (Pforten) zu Zion"
Instrumentaleinleitung und Zwischensätze (unvollständig, s. o.).
Freies Da-capo. Oboe I, II; Streicher; (B.c. fehlt).   D
Vgl. Kantate 193a, Satz 1.

[1] Tenorstimme fehlt.
[2] Flöte II und Oboe II bis *a* herab (= + Violine II).

2. **Rezitativ** „Der Hüter Israel entschläft noch schlummert nicht"
Secco. (B. c. fehlt). **Sopran** (*d'–g''*).   h–e

3. **Arie** „Gott, wir danken deiner Güte"
Orchestersatz: Oboe; Streicher; (B. c. fehlt). **Sopran** (*cis'–g''*).
Da-capo-Form.   e
Vgl. Kantate 193a, Satz 7.

4. **Rezitativ** „O Leipziger Jerusalem"
Secco (B. c. fehlt). **Alt** (*cis'–e''*).   h–G

5. **Arie** „Sende, Herr, den Segen ein"
Triosatz: Oboe[1], **Alt** (*d'–e''*), (B. c. fehlt).
Zweigliedrige Form (mit Ritornellabrundung).   G
Vgl. Kantate 193a, Satz 9.

6. **Rezitativ** (verlorengegangen).

7. **Chorsatz** „Ihr Tore (Pforten) zu Zion"   D
= Wiederholung von Satz 1.

193a Ihr Häuser des Himmels, ihr scheinenden Lichter
(Dramma per Musica)

Glückwunschkantate zum Namenstag (3. 8.) Augusts II. – EZ: 1727.
Text: Picander II und Vierte Auflage, außerdem Präsentexemplar: Providentia, Fama,
Salus, Pietas.
Komposition verschollen, aber Musik zu drei Arien offenbar in der Ratswechselkantate
BWV 193 erhalten. Parodiebeziehung wahrscheinlich über eine Köthener Urform.
NBA I/36, Krit. Bericht (Neumann 1962).
Lit.: 65, 69.

1. **Arie** (Chor) Der Rat der Götter: „Ihr Häuser des Himmels, ihr schei-
nenden Lichter"
Vgl. Kantate 193, Satz 1.

2. **(Rezitativ)** Providentia: „Preiswürdigster August, du Schmuck der
Welt"

3. **Arie** (Providentia) „Nenne deinen August: Gott!"

4. **(Rezitativ)** Fama: „O! schöner Tag, o! schöne Blicke"

5. **Arie** (Duett) Fama: { „Ich will } rühmen, { ich will } sagen"
         Providentia: { „Du sollst }   { du sollst }

---

[1] Umfang: *a–a''* (= Oboe d'amore?).

6. **(Rezitativ)** Providentia, Fama, Salus: „So wie Augustus nicht"

7. **Arie** (Salus) „Herr! so groß als dein Erhöhen"
Vgl. Kantate 193, Satz 3.

8. **(Rezitativ)** Pietas: „Wie bin ich doch ergötzt"

9. **Arie** (Pietas) „Sachsen, komm zum Opferherd!"
Vgl. Kantate 193, Satz 5.

10. **(Rezitativ)** (Pietas) „Doch wozu wollen wir viel Tempel bauen?"

11. **Arie + Chor** Pietas: „Himmel, erhöre das betende Land", (Chor:) „Amen! Amen! Amen!"

194 Höchsterwünschtes Freudenfest

Kirch- und Orgelweihe in Störmthal (2. 11. 1723), später Trinitatis.—EZ: 1723, WA(U): 1724, 1726 und 1731.
Umarbeitung einer weltlichen Kantate der Köthener Zeit (194a). Suitencharakter.
Textdichter unbekannt; Leipziger Kirchenmusik 1731 (nur Teil I); 6. Johann Heermann 1630 (Treuer Gott, ich muß dir klagen); 12. Paul Gerhardt 1647 (Wach auf, mein Herz, und singe).
BG XXIX (Waldersee 1881); NBA I/15, Krit. Bericht (Dürr 1968).
Lit.: 55.

Solo: Sopran, Tenor, Baß. – Chor.
Oboe I–III; Streicher; B.c. (+ Fagott). – AD: 39 Min.

Erster Teil

1. **Chorsatz** „Höchsterwünschtes Freudenfest"
Orchestersatzumrahmung, Choreinbau in Mittelteil einer Französischen Ouvertüre (kurzer Chorabschluß im letzten Grave).
Gesamtinstrumentarium. **B**
Vgl. Kantate 194a, Satz 1.

2. **Rezitativ** „Unendlich großer Gott"
Secco. **Baß** (c–g'). **B–B**

3. **Arie** „Was des Höchsten Glanz erfüllt"
Orchestersatz: Oboe; Streicher; B.c. **Baß** (d–g').
Da-capo-ähnliche Abrundung. Tanzcharakter. **B**
Vgl. Kantate 194a, Satz 3.

4. **Rezitativ** „Wie könnte dir, du höchstes Angesicht"
Secco. **Sopran** (es'–as''). **g–Es**

5. **Arie** „Hilf, Gott, daß es uns gelingt"
   Streichersatz; B. c. **Sopran** $(f'-b'')$.
   Da-capo-Form. Gavotte-Charakter.   **Es**
   Vgl. Kantate 194a, Satz 5.

6. **Choral** „Heilger Geist ins Himmels Throne" (2 Strophen)
   Mel. „Freu dich sehr, o meine Seele"
   Schlichter Chorsatz, mit selbständig geführter 3. Oboe.
   (Oboe I–III; Streicher; B. c.)   **B**

Zweiter Teil

7. **Rezitativ** „Ihr Heiligen, erfreuet euch"
   Secco. **Tenor** $(es-a')$.   **F–c**

8. **Arie** „Des Höchsten Gegenwart allein"
   Continuosatz. **Tenor** $(e-a')$.
   Da-capo-Form. Gigue-Charakter.   **g**
   Vgl. Kantate 194a, Satz 7.

9. **Rezitativ** (Dialog) „Kann wohl ein Mensch zu Gott"
   Secco mit duettischem Arioso-Ausklang. **Baß** $(c-f')$, **Sopran** $(d'-b'')$.
                                                                     B–F

10. **Arie** (Duett) „O wie wohl ist uns geschehn"
    Quintettsatz: Oboe I, II, **Sopran** $(e'-b'')$, **Baß** $(c-g')$, B. c.
    Da-capo-Form. Menuett-Charakter.   **F**
    Vgl. Kantate 194a, Satz 9.

11. **Rezitativ** „Wohlan demnach, du heilige Gemeine"
    Secco. **Baß** $(c-g')$.   **B–B**

12. **Choral** „Sprich Ja zu meinen Taten" (2 Strophen)
    Mel. „Nun laßt uns Gott, dem Herren"
    Schlichter Chorsatz (3. Oboe teilweise selbständig).
    (Instrumentarium wie 6.)   **B**

194a

Glückwunschkantate für das Fürstenhaus von Anhalt-Köthen (?). – EZ: vor 1723.
Aus Köthener Instrumentalstimmen teilweise rekonstruierbar. Urbild von Kantate 194
(ohne Choräle). – Text unbekannt.
NBA I/35, Krit. Bericht (Dürr 1964).

1. **Arie** wie Kantate 194, Satz 1.   **B**

2. **Rezitativ** Musik nicht erhalten.

3. **Arie** wie Kantate 194, Satz 3 (aber Querflöte I, II statt Oboe).   **B**
4. **Rezitativ** Musik nicht erhalten.
5. **Arie** wie Kantate 194, Satz 5.   **Es**
6. **Rezitativ** Musik nicht erhalten.
7. **Arie** wie Kantate 194, Satz 8.   **g**
8. **Rezitativ** Musik nicht erhalten.
9. **Arie** wie Kantate 194, Satz 10.   **F**
10. **Rezitativ** Musik nicht erhalten.
11. **Arie** Oboe I–III; Streicher; B.c.   **B**
    Menuett-Charakter. Eigene Komposition fragmentarisch erhalten (ohne Singstimmen und B.c.).

195 Dem Gerechten muß das Licht immer wieder aufgehen

Trauung. – EZ: nach 1737, möglicherweise erst 1741, WA(U): nach 1747/48.
Textdichter unbekannt; 1. Psalm 97,11–12; 6. Paul Gerhardt 1647.
BG XIII,1 (Rust 1864); NBA I/33 (Hudson 1957/1958).
Lit.: 55, 68.

Solo: Sopran, Baß. – Chor.
Trompete I–III (*D*), Pauken; Horn I, II (*G*); Querflöte I, II, Oboe I, II, Oboe d'amore I, II; Streicher; B.c. – AD: 16 Min.

Erster Teil (vor der Trauung)

1. **Chorsatz** „Dem Gerechten muß das Licht immer wieder aufgehen"
    Mit Einleitungssinfonia. Doppelchor (Solo – Tutti). Zweiteilige Form:
    2 selbständige Chorfugen (**C**; $^6/_8$) mit thematischer Einbeziehung von
    Instrumenten. Wechselchorgestaltung. Orchesterpart teilweise obligat
    oder dominant (Choreinbau).
    Trompete I–III, Pauken; Oboe I, II (+ Querflöte I, II);
    Streicher; B.c.   **D–A–D**
2. **Rezitativ** „Dem Freudenlicht gerechter Frommen"
    B.c.-Accompagnato. **Baß** (*H–e'*).   **h–G**
3. **Arie** „Rühmet Gottes Güt und Treu"
    Streichersatz (+ Querflöte I, II, Oboe d'amore I, II); B.c. **Baß** (*G–e'*).
    Freies Da-capo.   **G**
4. **Rezitativ** „Wohlan, so knüpfet denn ein Band"
    Accompagnato: Querflöte I, II, Oboe d'amore I, II; B.c.
    Sopran (*d'–a''*).   **e–D**

5. **Chorsatz** „Wir kommen, deine Heiligkeit"
Mit Einleitungssinfonia und Ritornellen. Da-capo-Form. Solochor –
Tuttichor alternierend; meist homophoner Satz. Obligater und im
Hauptteil dominanter Orchesterpart (Choreinbau).
Instrumentarium wie 1.   **D**

Zweiter Teil (nach der Trauung)[1]

6. **Choral** „Nun danket all und bringet Ehr"
Mel. „Lobt Gott, ihr Christen alle gleich"
Schlichter vierstimmiger Chorsatz mit obligatem 2. Horn.
(Horn I, II, Pauken; Querflöte I+II; Streicher + 2 Oboen; B.c.)   **G**

196 Der Herr denket an uns

Trauung. – EZ: wahrscheinlich 1708 für die Hochzeit Joh.Lorenz Staubers mit Regina
Wedemann, der Tante Maria Barbara Bachs (5. 6.).
Text: Psalm 115,12–15.
BG XIII,1 (Rust 1864); NBA I/33 (Hudson 1957/1958).
Lit.: 15.

Solo: Sopran, Tenor, Baß. – Chor.
Streicher; B.c. – AD: 14 Min.

1. **Sinfonia**
Streichersatz (imitatorisch); B.c. Rundgeschlossene Form.   **C**
2. **Chorsatz** „Der Herr denket an uns"
Dreiteilige Form (A B A′, verkürztes Da-capo). Chorfuge (Permutations-
form), mit thematischer Einbeziehung des Orchesters, umrahmt von
knappen, imitatorischen Chorabschnitten.
Streicher; B.c.   **C**
3. **Arie** „Er segnet, die den Herrn fürchten"
Triosatz: Violinen, **Sopran** (*a–f′*), B.c. Da-capo-Form.   **a**

---

[1] Ein der Originalpartitur beigehefteter Textbogen, der eine frühere Fassung der Kan-
tate überliefert, sieht im 2.Teil folgende Sätze vor:
6. Arie „Auf und rühmt des Höchsten Güte"
Vermutliches Urbild: Kantate 30a, Satz 5.
7. Rezitativ „Hochedles Paar, du bist nunmehr verbunden"
8. Chor „Höchster, schenke diesem Paar"
Vermutliches Urbild: Kantate 30a, Satz 1.

4. **Arie** (Duett) „Der Herr segne euch"
Streichersatz; B.c. (meist nur Continuobegleitung mit Orchesterritor-
nellen). **Tenor** (*fis–g'*), **Baß** (*c–h*). Vielgliedriger Vokalpart mit Ritor-
nellzwischenschaltungen.   **C**

5. **Chorsatz** „Ihr seid die Gesegneten des Herrn"
Zweiteilige Form:
A: Knappe, meist homophone Chorabschnitte mit instrumentalen
Zwischensätzen. Obligates Orchester.
B: Fugischer Chorsatz (Stimmpaare!) mit thematischer Einbeziehung
der Orchesterstimmen.
Streicher; B.c.   **C**

197 Gott ist unsre Zuversicht

Trauung. – EZ: um 1742.
Teilweise auf Kantate 197a zurückgehend.
Textdichter unbekannt; 5. Martin Luther 1524; 10. nach Georg Neumark 1657.
BG XIII,1 (Rust 1864); NBA I/33 (Hudson 1957/1958).
Lit.: 16, 52, 68.

Solo: Sopran, Alt, Baß. – Chor.
Trompete I–III (*D*), Pauken; Oboe I, II, Oboe d'amore I, II, Fagott;
Streicher; B.c. – AD: 20 Min.

Erster Teil (vor der Trauung)

1. **Chorsatz** „Gott ist unsre Zuversicht"
Mit Einleitungssinfonia. Da-capo-Form:
A: Akkordlicher und freipolyphoner Chorpart mit fugischem Vorbau.
Teilweise Dominanz des Instrumentalsatzes (Choreinbau).
B: Akkordliche und polyphonierende Chorabschnitte mit obligatem
Instrumentalpart und gliederndem Zwischenspiel (Fugenthematik aus
A). Hälftige Satzanlage.
Trompete I–III, Pauken; Oboe I, II; Streicher; B.c.   **D**

2. **Rezitativ** „Gott ist und bleibt der beste Sorger"
Secco mit ariosem Ausklang. **Baß** (*His–e'*).   **A–A**

3. **Arie** „Schläfert allen Sorgenkummer"
Orchestersatz: Oboe d'amore; Streicher; B.c. **Alt** (*a–e''*).
Freies Da-capo: $^3/_4$; **c**; $^3/_4$ (Strophenform entspricht BWV 249a,
Satz 6).   **A**

4. **Rezitativ** „Drum folget Gott und seinem Triebe"
Ausinstrumentiertes Secco: Streicher; B.c. **Baß** (*cis–e'*). **fis–A**

5. **Choral** „Du süße Lieb, schenk uns deine Gunst"
Mel. „Nun bitten wir den heiligen Geist"
Schlichter Chorsatz (+ Streicher, Oboen). **A**

Zweiter Teil (nach der Trauung)

6. **Arie** „O du angenehmes Paar"
Quintettsatz: Oboe, Violine I, II, **Baß** (*G–e'*), Fagott (als figürlich erweiterter B.c.). Vokalpart viergliedrig (A A′A″A‴). **G**
= Kantate 197a, Satz 4 (Alt).

7. **Rezitativ** „So wie es Gott mit dir getreu und väterlich"
Secco – Arioso. **Sopran** (*d′–a″*). **C–C**

8. **Arie** „Vergnügen und Lust"
Quintettsatz (ausinstrumentierter Triosatz): Violine (solo), Oboe (d'amore) I, II[1], **Sopran** (*d′–a″*), B.c. Freies Da-capo. **G**
= Kantate 197a, Satz 6 (Baß).

9. **Rezitativ** „Und dieser frohe Lebenslauf"
Ausinstrumentiertes Secco: Oboe I, II; Streicher; B.c. **Baß** (*A–e'*).
D–fis

10. **Choral** „So wandelt froh auf Gottes Wegen"
Mel. „Wer nur den lieben Gott läßt walten"
Schlichter Chorsatz; B.c. (ohne Angabe duplierender Instrumente). **h**

197a Ehre sei Gott in der Höhe

1. Weihnachtstag. – EZ: um 1728.
Nur als Torso erhalten (1. Hälfte fehlt). Teilweise Vorlage für Kantate 197.
Text: Picander III (Jg. 1728/29) und Vierte Auflage; 1. Lukas 2,14; 7. Kaspar Ziegler
1697 (Ich freue mich in dir).
BG XLI (Dörffel 1894); NBA I/2 (Dürr 1957).
Lit.: 16, 52, 68.

Solo: Alt, Baß. – Chor (nur Schlußchoral).
Querflöte I, II, Oboe d'amore; Violoncello (oder Fagott), Streicher; B.c.

1. **Chorsatz** „Ehre sei Gott in der Höhe"
2. **Arie** „Erzählet, ihr Himmel, die Ehre Gottes"
3. **Rezitativ** „O Liebe, der kein Lieben gleich"

[1] „Oboe I, II"; aber bis *a* herab.

4. **Arie** „O du angenehmer Schatz"
Quartettsatz: Querflöte I, II, **Alt,** Violoncello (oder Fagott); B.c.
(fehlt). Torso, nur die letzten 19 Takte vorhanden. Rekonstruktion von
Hellmann (Hänssler 1964). **G**
= Kantate 197, Satz 6 (Baß).

5. **Rezitativ** „Das Kind ist mein, und ich bin sein"
Secco. Baß (*Ais–e'*). **e–A**

6. **Arie** „Ich lasse dich nicht"
Triosatz: Oboe d'amore, **Baß** (*A–e'*), B.c. Freies Da-capo. **D**
= Kantate 197, Satz 8 (Sopran).

7. **Choral** „Wohlan! so will ich mich"
Mel. „O Gott, du frommer Gott"
Schlichter Chorsatz (ohne Angabe duplierender Instrumente). **D**

198 Laß, Fürstin, laß noch einen Strahl

Trauerode. – EZ: 1727.
Zum Trauerakt für die Kurfürstin Christiane Eberhardine in der Universitätskirche
(17. 10.). Teilweise Urbild der verlorenen Markus-Passion (BWV 247).
Text: Gottsched; gedruckt als Präsentbogen; außerdem in: Sicul, Das Thränende Leip-
zig 1727, in: Sicul, Annales Lipsienses, Sectio XXXI, 1730, und in: Oden Der Deut-
schen Gesellschafft, Leipzig 1728.
Umdichtungen von W. Rust (BG XIII, 3), F. Hüffer (Allgemeine musikalische Zeitung,
Leipzig (1866), W. Voigt (Breitkopf & Härtel 1918), H. Burte (Die Musik 27. Jg.).
BG XIII,3 (Rust 1865); NBA I/38 (Neumann 1960).
Lit.: 34, 47, 52, 55.

Solo: Sopran, Alt, Tenor, Baß. – Chor.
Querflöte I, II, Oboe (d'amore) I, II[1]; Viola da gamba I, II, Laute I, II,
Streicher; B.c. (Orgel + Cembalo). – AD: 29 Min.

Erster Teil

1. **Chorsatz** „Laß, Fürstin, laß noch einen Strahl"
Orchestereinleitung und Zwischensätze. Akkordlicher (figürlich aufge-
lockerter) Chorsatz mit Dominanz der Instrumentalentwicklung (Chor-
einbau). Hälftige Satzanlage.

[1] „Oboe"; aber Umfang *a–h''*: wohl durchgängig Oboe d'amore.

Querflöte I, II, Oboe d'amore I, II; Streicher + Gambe I, II; B.c.
(+ 2 Lauten).   **h**
= Markus-Passion, Nr. 1 „Geh, Jesu, geh zu deiner Pein"; vgl. Trauermusik
(BWV 244a), Satz 1.

2. **Rezitativ** „Dein Sachsen, dein bestürztes Meißen"
   Accompagnato: Streicher; B.c. **Sopran** (*d'–gis''*).   **fis–fis**
3. **Arie** „Verstummt, verstummt, ihr holden Saiten"
   Streichersatz; B.c. **Sopran** (*d'–g''*). Freies Da-capo.   **h**
   = Markus-Passion, Nr. 49 „Er kommt, er kommt, er ist vorhanden"
4. **Rezitativ** „Der Glocken bebendes Getön"
   Accompagnato: Querflöte I, II, Oboe I, II; Gambe I, II, Laute I, II,
   Streicher; B.c. **Alt** (*cis'–es''*).   **D–fis**
5. **Arie** „Wie starb die Heldin so vergnügt"
   Quartettsatz: Gambe I, II, **Alt** (*h–e''*), B.c. (+ 2 Lauten).
   Freies Da-capo.   **D**
   = Markus-Passion, Nr. 27 „Mein Heiland, dich vergeß ich nicht"
6. **Rezitativ** „Ihr Leben ließ die Kunst zu sterben"
   Motivgeprägtes Accompagnato: Oboe d'amore I, II; B.c.
   Tenor (*e–a'*).   **G–fis**
7. **Chorsatz** „An dir, du Fürbild großer Frauen"
   Zwei durch thematischen Orchesterzwischensatz getrennte Chorpartien,
   deren jede aus Fugenexposition (Vordersatz) und liedmäßig-akkord-
   licher Weiterführung (Nachsatz) besteht (hälftige Satzanlage).
   Instrumentarium wie 1.   **h**

Zweiter Teil

8. **Arie** „Der Ewigkeit saphirnes Haus"
   Orchestersatz (ausinstrumentierter Quartettsatz): Querflöte, Oboe
   (d'amore); Violine I, II, Gamben + Lauten; B.c. **Tenor** (*d–a'*).
   Zweiteilige Form.   **e**
   = Markus-Passion, Nr. 59 „Mein Tröster ist nicht mehr bei mir"
9. **Rezitativ** „Was Wunder ists? Du bist es wert"
   Secco – Arioso – Ausinstrumentiertes Secco: Querflöte I, II, Oboe I,
   II; B.c. **Baß** (*G–e'*).   **G–h**
10. **Chorsatz** „Doch Königin! du stirbest nicht"
    Orchestersatzumrahmung und knappe Instrumentalzwischengruppen
    (wechselchörig). Akkordlicher Chorsatz (und Chorunisono) mit teil-
    weise obligatem Instrumentalpart.

Instrumentarium wie 1.   **h**

= Markus-Passion, Nr. 132 „Bei deinem Grab und Leichenstein"; vgl. Trauer-
musik (BWV 244a), Satz 7.

199 Mein Herze schwimmt im Blut

11. Sonntag nach Trinitatis. – EZ: 1714, WA(U): 1723.
Text: Lehms 1711; 6. Johann Heermann 1630.
NBG XIII,2 (Martienssen 1912); NBA I/20.
Lit.: 15, 38, 39, 44, 59, 66^{III}, 74.

Solo: Sopran.
Oboe; Streicher; B.c. (+Fagott). – AD: 26 Min.

1. **Rezitativ** „Mein Herze schwimmt im Blut"
   Ausinstrumentiertes Secco: Streicher; B.c. (+Fagott).
   Sopran (*c'–g''*).   **c–c**

2. **Arie** „Stumme Seufzer, stille Klagen"
   Triosatz: Oboe, **Sopran** (*b–g''*), B.c.
   Da-capo-Form. Im Mittelteil Secco-Abschluß.   **c**

3. **Rezitativ** „Doch Gott muß mir genädig sein"
   Ausinstrumentiertes Secco mit ariosen Wendungen: Streicher; B.c.
   (+Fagott). **Sopran** (*es'–g''*).   **B–B**

4. **Arie** „Tief gebückt und voller Reue"
   Streichersatz: B.c. (+Fagott). **Sopran** (*c'–g''*). Da-capo-Form.   **Es**

5. **Rezitativ** „Auf diese Schmerzensreu"
   Secco. **Sopran** (*g'–f''*).   **c–g**

6. **Choralbearbeitung** „Ich, dein betrübtes Kind"
   Mel. „Wo soll ich fliehen hin"
   Triosatz: Bratsche (Viola da gamba), **Sopran** C.f. (*e'–f''*), B.c.
   Choralthematik in der Obligatstimme (vgl. BG XLI, S. 202).   **F**

7. **Rezitativ** „Ich lege mich in diese Wunden"
   Ausinstrumentiertes Secco mit ariosen Wendungen: Streicher; B.c.
   (+Fagott). **Sopran** (*es'–as''*).   **Es–B**

8. **Arie** „Wie freudig ist mein Herz"
   Orchestersatz: Gesamtinstrumentarium. **Sopran** (*es'–g''*).
   Da-capo-Form. Gigue-Charakter.   **B**

200 Bekennen will ich seinen Namen

Mariae Reinigung. – EZ: wahrscheinlich um 1742.
Fragment einer verschollenen Kantate.
Textdichter unbekannt.
Erstausgabe C. F. Peters (Landshoff 1935); NBA I/28.

Solo: Alt.
Violine I, II; B.c. – AD: 5 Min.

Arie „Bekennen will ich seinen Namen"
Quartettsatz: Violine I, II, **Alt** (*cis'–e''*), B.c. Zweiteilige Form.   **E**

b Weltliche Kantaten[1]

201 Geschwinde, ihr wirbelnden Winde
Der Streit zwischen Phoebus und Pan
(Dramma per Musica)

Ohne Bestimmung. – EZ: wahrscheinlich 1729, WA: 1749 (?).
Text: Picander III und Vierte Auflage.
BG XI,2 (Rust 1862); NBA I/40 (Neumann 1969/1970).
Lit.: 34, 52, 55, 61, 71.

Solo: Sopran (Momus), Alt (Mercurius), Tenor I (Tmolus), Tenor II (Midas), Baß I (Phoebus), Baß II (Pan). – Fünfstimmiger Chor (Baß I und II im Einklang oder in Oktaven).
Trompete I–III (*D*), Pauken; Querflöte I, II, Oboe I, II, Oboe d'amore; Streicher; B.c. – AD: 54 Min.

1. **Chorsatz** „Geschwinde, ihr wirbelnden Winde"
   Da-capo-Form:
   A: Akkordlicher Chorsatz mit teilweiser Dominanz der Instrumentalentwicklung (Choreinbau). Orchestersatzumrahmung.
   B: Homophoner Chorpart mit gliederndem Orchesterzwischensatz (Thematik aus A). Instrumentarium teilweise wechselchörig geführt (Chor – Orchester).
   Trompete I–III, Pauken; Querflöte I, II, Oboe I, II; Streicher; B.c.   **D**

2. **Rezitativ** (Dialog) „Und du bist doch so unverschämt und frei"
   Secco. **Baß I** (*cis–e'*), **Baß II** (*A–e'*), **Sopran** (*g–g''*).   **h–G**

3. **Arie** „Patron, das macht der Wind"
   Continuosatz. **Sopran** (*d'–a''*). Da-capo-Form.   **G**

4. **Rezitativ** (Dialog) „Was braucht ihr euch zu zanken"
   Secco. **Alt** (*c'–e''*), **Baß I** (*g–d'*), **Baß II** (*c–d'*).   **e–D**

5. **Arie** „Mit Verlangen drück ich deine zarten Wangen"
   Orchestersatz: Querflöte, Oboe d'amore; Streicher; B.c. **Baß I** (*H–fis'*).
   Da-capo-Form.   **h**

6. **Rezitativ** (Dialog) „Pan, rücke deine Kehle nun"
   Secco. **Sopran** (*a'–g''*), **Baß II** (*e–e'*).   **D–A**

---

[1] Vgl. außerdem die als Parallelstücke den entsprechenden Kirchenkantaten zugeordneten weltlichen Kantaten 30a, 36a, 36b, 36c, 66a, 134a, 173a, 184a, 193a, 194a.

7. **Arie** „Zu Tanze, zu Sprunge, so wackelt das Herz"
Triosatz: Violinen, **Baß II** (*A–e'*), B. c. Da-capo-Form (³/₈; ¢ ; ³/₈).   **A**
Parodie: Kantate 212, Satz 20.

8. **Rezitativ** (Dialog) „Nunmehro Richter her"
Secco. **Alt** (*e'–e''*), **Tenor I** (*d–fis'*).   **A–fis**

9. **Arie** „Phoebus, deine Melodei"
Triosatz: Oboe d'amore, **Tenor I** (*cis–gis'*), B. c. Freies Da-capo.   **fis**

10. **Rezitativ** (Dialog) „Komm, Midas, sage du nun an"
Secco. **Baß II** (*e–e'*), **Tenor II** (*e–a'*).   **A–G**

11. **Arie** „Pan ist Meister, laßt ihn gehn"
Triosatz: Violinen, **Tenor II** (*d–a'*), B. c. Da-capo-Form.   **D**

12. **Rezitativ** (Dialog) „Wie, Midas, bist du toll?"
Secco. **Sopran** (*fis'–fis''*), **Alt** (*e'–e''*), **Tenor I** (*gis–e'*), **Tenor II** (*gis–a'*),
Baß I (*cis–e'*), **Baß II** (*d–d'*).   **h–e**

13. **Arie** „Aufgeblasne Hitze, aber wenig Grütze"
Quartettsatz: Querflöte I, II, **Alt** (*h–e''*), B. c. Da-capo-Form   **e**

14. **Rezitativ** „Du guter Midas, geh nun hin"
Ausinstrumentiertes Secco: Streicher; B. c. **Sopran** (*e'–a''*).   **G–D**

15. **Chorsatz** „Labt das Herz, ihr holden Saiten"
Da-capo-Form:
A: Zwei achttaktige homophone Chorperioden als Vokalisierung der
vorangehenden gleichlautenden Orchestersätze.
B: Imitatorischer und wechselchöriger Satz (mit obligaten Instrumen-
ten).
Instrumentarium wie 1.   **D**
Wahrscheinlich identisch mit Kantate VIII, Satz 9; vgl. auch Kantate VII, Satz 7.

202 Weichet nur, betrübte Schatten

Hochzeitsfeier. — EZ: wahrscheinlich Köthen (nur in Partiturabschrift von Johannes
Ringk, 1730, überliefert).
Textdichter unbekannt.
BG XI,2 (Rust 1862); NBA I/40 (Neumann 1969/1970).
Lit.: 34, 69.

Solo: Sopran.
Oboe; Streicher; B. c. – AD: 23 Min.

1. **Arie** „Weichet nur, betrübte Schatten"
Orchestersatz: Gesamtinstrumentarium. **Sopran** ($d'-a''$).
Da-capo-Form (Adagio – Andante – Adagio). **G**

2. **Rezitativ** „Die Welt wird wieder neu"
Secco mit ariosem Ausklang. **Sopran** ($g'-g''$). **C–C**

3. **Arie** „Phoebus eilt mit schnellen Pferden"
Continuosatz. **Sopran** ($d'-g''$). Da-capo-Form. Ostinato[1]. **C**

4. **Rezitativ** „Drum sucht auch Amor sein Vergnügen"
Secco – Arioso. **Sopran** ($d'-g''$). **a–e**

5. **Arie** „Wenn die Frühlingslüfte streichen"
Triosatz: Violine (solo), **Sopran** ($d'-a''$), B.c.
Zweiteilige Form (mit Ritornellabrundung). **e**

6. **Rezitativ** „Und dieses ist das Glücke"
Secco – Arioso. **Sopran** ($e'-a''$). **D–D**

7. **Arie** „Sich üben im Lieben"
Triosatz: Oboe, **Sopran** ($cis'-g''$), B.c.
Da-capo-Form. Tanzcharakter. **D**

8. **Rezitativ** „So sei das Band der keuschen Liebe"
Secco – Arioso. **Sopran** ($g'-g''$). **G–G**

9. **Arie** („Gavotte") „Sehet in Zufriedenheit"
Knapper, tanzartiger Liedsatz mit Ritornellumrahmung. Form: A A'A,
Mittelteil vokalisiert. **Sopran** ($d'-a''$).
Gesamtinstrumentarium. **G**

203 Amore traditore

Ohne Bestimmung. – EZ: unbekannt.
Echtheit angezweifelt.
Textdichter unbekannt; deutsche Fassung „O Liebe, du Verrätrin" (Gustav Engel).
BG XI,2 (Rust 1862); NBA I/41.
Lit.: 50, 55.

Solo: Baß.
Obligates Cembalo. – AD: 14 Min.

1. **Arie** „Amore traditore"
Continuosatz (Cembalo). **Baß** ($A-e'$). Da-capo-Form. **a**

---

[1] Thematische Verwandtschaft mit Sonate für Violine und Klavier G-Dur (BWV1019),
Schlußsatz.

2. **Rezitativ** „Voglio provar, se posso"
Secco. **Baß** (*H–e'*).   C–G

3. **Arie** „Chi in amore ha nemica la sorte"
Obligates Cembalo. **Baß** (*G–e'*). Da-capo-Form.   C

204 Ich bin in mir vergnügt
(Von der Vergnügsamkeit)

Ohne Bestimmung: – EZ: 1726 oder 1727.
Text: Hunold 1713 (Reihenfolge der Sätze: 7., 2., 3., 4., 5., 6; Satz 1 unter dem Titel
„Der vergnügte Mensch" an anderer Stelle). Erweiterung um Satz 8 sowie Fortset-
zung von Satz 7 durch unbekannten Dichter.
BG XI,2 (Rust 1862); NBA I/40 (Neumann 1969/1970).
Lit.: 52, 55, 60, 70.

Solo: Sopran.
Querflöte, Oboe I, II; Streicher; B.c. – AD: 31 Min.

1. **Rezitativ** „Ich bin in mir vergnügt"
Secco. **Sopran** (*c'–a''*).   B–B

2. **Arie** „Ruhig und in sich zufrieden"
Quartettsatz: Oboe I, II, **Sopran** (*c'–b''*), B.c. Da-capo-Form.   g

3. **Rezitativ** „Ihr Seelen, die ihr außer euch"
Ausinstrumentiertes Secco mit kurzem, ariosem Mittelstück:
Streicher; B.c. **Sopran** (*c'–a''*).   As–F

4. **Arie** „Die Schätzbarkeit der weiten Erden"
Triosatz: Violine (solo), **Sopran** (*c'–b''*), B.c. Freies Da-capo.   F

5. **Rezitativ** „Schwer ist es zwar, viel Eitles zu besitzen"
Secco. **Sopran** (*c'–b''*).   d–d

6. **Arie** „Meine Seele sei vergnügt"
Triosatz: Querflöte, **Sopran** (*c'–b''*), B.c. Freies Da-capo.   d

7. **Rezitativ** „Ein edler Mensch ist Perlenmuscheln gleich"
Secco. – Arioso. **Sopran** (*c'–a''*).   F–B

8. **Arie** „Himmlische Vergnügsamkeit"
Orchestersatz: Querflöte; Streicher (+ Oboe I, II[1]); B.c. **Sopran** (*c'–b''*).
Da-capo-ähnliche Gestaltung (vom Instrumentalpart aus).   B
Parodie: Kantate 216, Satz 3.

[1] Beide Oboen bis *g* herab (= + Violinen).

205 Zerreißet, zersprenget, zertrümmert die Gruft
Der zufriedengestellte Äolus
(Dramma per Musica)

Glückwunschkantate zum Namenstag (3. 8.) des Universitätsprofessors Dr. August Friedrich Müller. – EZ: 1725.
1734 Umarbeitung zur Kantate 205 a.
Text: Picander I und Vierte Auflage; Neudichtung W. Voigt (BJ 1915).
BG XI,2 (Rust 1862); NBA I/38 (Neumann 1960); Taschenpartitur Eulenburg (Schering 1924).
Lit.: 34, 52, 55.

Solo: Sopran (Pallas), Alt (Pomona), Tenor (Zephyrus), Baß (Äolus). – Chor.
Trompete I–III (D), Pauken; Horn I, II (D); Querflöte I, II, Oboe I, II, Oboe d'amore; Viola d'amore, Viola da gamba, Streicher; B.c. –
AD: 41 Min.

1. **Chorsatz** „Zerreißet, zersprenget, zertrümmert die Gruft" (Chor der Winde)
   Einleitungssinfonia und Zwischensätze. Da-capo-Form. Akkordliche und freipolyphone Chorabschnitte. Teilweise Dominanz der Instrumentalentwicklung im Hauptteil (Choreinbau).
   Trompete I–III, Pauken; Horn I, II; Querflöte I, II, Oboe I, II; Streicher; B.c.   D
   = Kantate 205 a, Satz 1.

2. **Rezitativ** „Ja, ja! die Stunden sind nunmehro nah"
   Ausinstrumentiertes Secco – Accompagnato: Instrumentarium wie 1.
   Baß (*A–fis'*).   G–fis
   = Kantate 205 a, Satz 2.

3. **Arie** „Wie will ich lustig lachen"
   Streichersatz (+Oboe I); B.c. **Baß** (*Fis–fis'*).
   Hälftige Form (A B – A + B).   A
   = Kantate 205 a, Satz 3.

4. **Rezitativ** „Gefürcht'ter Äolus"
   Secco. **Tenor** (*dis–fis'*).   cis–h
   = Kantate 205 a, Satz 4.

5. **Arie** „Frische Schatten, meine Freude"
   Quartettsatz: Viola d'amore, Gambe, **Tenor** (*d–a'*), B.c.
   Freies Da-capo.   h
   = Kantate 205 a, Satz 5.

6. **Rezitativ** „Beinahe wirst du mich bewegen"
   Secco. **Baß** (*A–e'*).   **D–D**
   = Kantate 205 a, Satz 6.

7. **Arie** „Können nicht die roten Wangen"
   Triosatz: Oboe d'amore, **Alt** (*h–e''*), B. c.
   Form: A B B' (Ritornellumrahmung).   **fis**
   = Kantate 205 a, Satz 7.

8. **Rezitativ** (Dialog und Duett) „So willst du, grimm'ger Äolus"
   Secco. **Alt** (*dis'–dis''*), **Sopran** (*cis'–gis''*).   **cis–E**

9. **Arie** „Angenehmer Zephyrus"
   Triosatz: Violine (solo), **Sopran** (*e'–a''*), B. c.
   Zweiteilige Form (mit Ritornellabrundung).   **E**
   = Kantate 205 a, Satz 9.
   Parodie: Kantate 171, Satz 4 (erweitert).

10. **Rezitativ** (Dialog) „Mein Äolus, ach! störe nicht die Fröhlichkeiten"
    Secco – Ausinstrumentiertes Secco: Querflöte I, II; B. c. **Sopran**
    (*cis'–a''*), **Baß** (*Ais–fis'*).   **h–D**
    = Kantate 205 a, Satz 10.

11. **Arie** „Zurücke, zurücke, geflügelten Winde"
    Bläsersatz: Trompete I–III, Pauken; Horn I, II; B. c. **Baß** (*A–fis'*).
    Freies Da-capo.   **D**
    = Kantate 205 a, Satz 11.

12. **Rezitativ** „Was Lust! Was Freude! Welch Vergnügen!"
    Arioso (Terzett) – Secco (Dialog) – Arioso (Duett). Continuoritornelle.
    Sopran (*a'–a''*), **Alt** (*d'–e''*), **Tenor** (*d–a'*).   **G–G**

13. **Arie** (Duett) „Zweig und Äste zollen dir"
    Quartettsatz: Querflöte I + II, **Alt** (*c'–e''*), **Tenor** (*d–a'*), B. c.
    Zweiteilige Form (mit Ritornellabrundung).   **G**
    = Kantate 205 a, Satz 13.
    Parodie: Kantate 216, Satz 7 (Sopran – Alt).

14. **Rezitativ** „Ja, ja! ich lad euch selbst zu dieser Feier ein"
    Secco mit ariosem Ausklang. **Sopran** (*fis'–a''*).   **D–D**

15. **Chorsatz** „Vivat! August, August vivat"
    Mit Orchestereinleitung und knappen Zwischenspielen. Erweiterte
    Da-capo-Form (A B A B A). Homophoner Chorliedsatz (Vokalisierung
    eines Instrumentalsatzes?).
    Instrumentarium wie 1.   **D**
    = Kantate 205 a, Satz 15.

205 a Blast Lärmen, ihr Feinde! verstärket die Macht

Huldigungskantate für die Krönungsfeier Augusts III. (17.1.). – EZ: 1734 (Aufführung 19.2.) als Parodie der Kantate 205.
Textdichter unbekannt (Picander?); Originaltextdruck (Kriegsverlust): Tapferkeit, Gerechtigkeit, Gnade, Pallas.
BG XXXIV Vorwort (Waldersee 1887); NBA I/37, Krit. Bericht (Neumann 1961).
Lit.: 25, 35, 52, 55.

1. **Tutti** „Blast Lärmen, ihr Feinde! verstärket die Macht"
   = Kantate 205, Satz 1.

2. **(Rezitativ)** Tapferkeit: „Ja, ja! Nunmehro sind die Zeiten da"
   = Kantate 205, Satz 2.

3. **(Arie)** (Tapferkeit) „Nun blühet das Vergnügen"
   = Kantate 205, Satz 3.

4. **(Rezitativ)** Gerechtigkeit: „Und wie? Hat mein August"
   = Kantate 205, Satz 4.

5. **(Arie)** (Gerechtigkeit) „Herr! Dein Eifer vor die Rechte"
   = Kantate 205, Satz 5.

6. **(Rezitativ)** (Tapferkeit) „Der Untertan ist nun erfreut"
   = Kantate 205, Satz 6.

7. **(Arie)** Gnade: „Laßt uns zum Augusto fliehen"
   = Kantate 205, Satz 7.

8. **(Rezitativ)** Gnade und Pallas: „Der Kur-Hut wird für heute abgelegt"
   Wahrscheinlich Neukomposition.

9. **(Arie)** Pallas: „Großer König unsrer Zeit"
   = Kantate 205, Satz 9.

10. **(Rezitativ)** Pallas und Tapferkeit: „Großmächtigster August"
    = Kantate 205, Satz 10.

11. **(Arie)** (Tapferkeit) „So lebet, ihr Musen! auf Helicons Höhen"
    = Kantate 205, Satz 11.

12. **(Rezitativ)** Gerechtigkeit, Gnade, Pallas: „Ihr Söhne, laßt doch künftig lesen"
    Wahrscheinlich Neukomposition.

13. **(Duett)** Gerechtigkeit und Gnade: „Schwarze Raben werden eher Schwäne haben"
    = Kantate 205, Satz 13.

14. **(Rezitativ)** Pallas: „Wohlan! wir wollen uns mit viel Ergötzen"
    Wahrscheinlich Neukomposition.

15. **Tutti** „Vivat! August, August, vivat"
    = Kantate 205, Satz 15.

206 Schleicht, spielende Wellen, und murmelt gelinde
(Dramma per Musica)

Glückwunschkantate zum Geburtstag (7. 10.), später Namenstag (3. 8.) Augusts III.
EZ: vermutlich bis 1734 zurückreichend, Aufführung wahrscheinlich 1736 (Geburtstag),
WA: 1740 oder später (Namenstag).
Textdichter unbekannt; Umdichtungen von W. Rust und W. Voigt (BJ 1915).
BG XX,2 (Rust 1873); NBA I/36 (Neumann 1963/1962).
Lit.: 25, 55.

Solo: Sopran (Pleiße), Alt (Donau), Tenor (Elbe), Baß (Weichsel). – Chor.
Trompete I–III (D), Pauken; Querflöte I–III, Oboe I, II, Oboe d'amore I,
II; Streicher; B.c. – AD: 43 Min.

1. **Chorsatz** „Schleicht, spielende Wellen, und murmelt gelinde"
   Da-capo-Form:
   A: Akkordlicher und leicht polyphoner Chorsatz mit teilweiser Dominanz der Instrumentalentwicklung (Choreinbau). Gliedernder Zwischensatz und Orchesterritornellumrahmung.
   B: Chorsatzstil wie A. Instrumentarium teils obligat und intermittierend, teils duplierend.
   Trompete I–III, Pauken; Querflöte I–III, Oboe I, II; Streicher; B.c.   D
2. **Rezitativ** „O glückliche Veränderung"
   Secco. **Baß** (*A–e'*).   A–A
3. **Arie** „Schleuß des Janustempels Türen"
   Streichersatz; B.c. **Baß** (*A–e'*). Da-capo-Form.   A
4. **Rezitativ** „So recht! beglückter Weichselstrom"
   Secco – Arioso (Kanonbildungen). **Tenor** (*d–a*).   fis–h
5. **Arie** „Jede Woge meiner Wellen"
   Triosatz: Violine (solo), **Tenor** (*d–a'*), B.c. Da-capo-Form.   h
6. **Rezitativ** „Ich nehm zugleich an deiner Freude teil"
   Secco. **Alt** (*h–e''*).   D–fis
7. **Arie** „Reis von Habsburgs hohem Stamme"
   Quartettsatz: Oboe d'amore I, II, **Alt** (*h–e''*), B.c. Da-capo-Form.   fis
8. **Rezitativ** „Verzeiht, bemooste Häupter starker Ströme"
   Secco. **Sopran** (*d'–a''*).   A–e
9. **Arie** „Hört doch! der sanften Flöten Chor"
   Bläsersatz: Querflöte I–III; B.c. **Sopran** (*d'–a''*). Freies Da-capo.   G
10. **Rezitativ** (Dialog) „Ich muß, ich will gehorsam sein"
    Secco – Ausinstrumentiertes Secco.
    Baß (*dis–c'*), **Tenor** (*fis–g'*), **Alt** (*h–cis''*), **Sopran** (*e'–a''*).   e–D

11. **Chorsatz** „Die himmlische Vorsicht der ewigen Güte"
Erweiterte Da-capo-Form: A B A C A (rondoartig).
A: Zwei viertaktige homophone Chorperioden als Vokalisierung zweier
vorangehender, gleichlautender Orchestersätze.
B: Aufgelockerter (polyphonierender) Chorsatz.
C: Chorduett Sopran – Alt mit Streicherunisono-Grundstimme (ohne
B.c.).
Instrumentarium wie 1.   D

207 Vereinigte Zwietracht der wechselnden Saiten
(Dramma per Musica)

Glückwunschkantate zum Antritt der Professur des Dr. Gottlieb Kortte am 11. 12.1726.
Urbild der Kantate 207a.
Textdichter unbekannt (Picander?).
BG XX,2 (Rust 1873); NBA I/38 (Neumann 1960); Taschenpartitur Bärenreiter (Neumann 1962).
Lit.: 55, 61.

Solo: Sopran (Glück), Alt (Dankbarkeit), Tenor (Fleiß), Baß (Ehre). –
Chor.
Trompete I–III (*D*), Pauken; Querflöte I, II[1], Oboe (d'amore) I, II, Oboe
da caccia[2]; Streicher; B.c. – AD: 32 Min.

1. **Chorsatz** „Vereinigte Zwietracht der wechselnden Saiten"
Akkordlicher und freipolyphoner Chorsatz mit Orchesterritornellumrahmung und Zwischensätzen. Freies Da-capo.
Trompete I–III, Pauken; Querflöte I, II, Oboe (d'amore) I, II, Oboe
da caccia; Streicher; B.c.   D
Entlehnung aus dem Brandenburgischen Konzert Nr. 1 (BWV 1046), Satz 3 (Choreinbau und Uminstrumentierung).
= Kantate 207a, Satz 1.

2. **Rezitativ** „Wen treibt ein edler Trieb"
Secco. **Tenor** (*e–a'*).   h–h

3. **Arie** „Zieht euren Fuß nur nicht zurücke"
Streichersatz (ausinstrumentierter Triosatz?); B.c. **Tenor** (*e–h'*).
Freies Da-capo.   h
= Kantate 207a, Satz 3.

---

[1] Bis *a* herab (= + Oboe d'amore I, II).
[2] „Taille" (*gis–d''*)

4. **Rezitativ** (Dialog) „Dem nur allein soll meine Wohnung"
Secco. **Baß** (*A–e'*), **Sopran** (*d'–g''*).   **G–D**

5. **Arie** (Duett)+ **Ritornell** „Den soll mein Lorbeer schützend decken"
Continuosatz. **Sopran** (*e'–a''*), **Baß** (*A–e'*). Da-capo-Form.
Selbständiger **Ritornellnachsatz**: Trompete I, II; Oboe (d'amore) I, II
+ Oboe da caccia; Streicher; B. c.   **D**
Entlehnung aus dem Brandenburgischen Konzert Nr. 1 (BWV 1046), Trio II.
= Kantate 207a, Satz 5.

6. **Rezitativ** „Es ist kein leeres Wort"
Secco. **Alt** (*h–e''*).   **G–G**

7. **Arie** „Ätzet dieses Angedenken"
Querflöte I, II, Violinen + Bratsche, **Alt** (*h–e''*), B. c. Da-capo-Form. **G**
= Kantate 207a, Satz 7.

8. **Rezitativ** (Dialog) „Ihr Schläfrigen herbei!"
Ausinstrumentiertes Secco: Streicher + Oboe I, II, Oboe da caccia;
B. c. **Tenor** (*e–h'*), **Baß** (*A–e'*), **Sopran** (*d'–g''*), **Alt** (*d'–e''*). **D–D**
= Kantate 207a, Satz 8.

9. **Chorsatz** „Kortte lebe, Kortte blühe"
Da-capo-Form:
A: Zwei 16taktige homophone Chorperioden als Vokalisierung der
nachfolgenden gleichlautenden Instrumentalsätze.
B: Teilweise gelockerter Chorsatz mit obligaten Instrumenten. Zwi-
schenritornell.
Trompete I–III, Pauken; Querflöte I, II, Oboe I, II, Oboe da caccia;
Streicher; B. c.   **D**
= Kantate 207a, Satz 9.

Anhang:

Marsch (wahrscheinlich Aufzugsmusik)
Gesamtinstrumentarium.   **D**
= Kantate 207a, Anhang.

207a Auf, schmetternde Töne der muntern Trompeten
(Dramma per Musica)

Glückwunschkantate zum Namenstag (3. 8.) Augusts III. – EZ: wahrscheinlich 1735 als
Parodie der Kantate 207.
Textdichter unbekannt (Picander?).
BG XX,2 Anh. (Rust 1873) und XXXIV Anh. (Waldersee 1887); NBA I/37 (Neumann
1960/1961). — Lit.: 25, 55.

Solo: Sopran, Alt, Tenor, Baß. – Chor.
Trompete I–III (D), Pauken; Querflöte I, II, Oboe d'amore I, II, Oboe da caccia[1]; Streicher; B.c. – AD: 31 Min.

1. **Chorsatz** „Auf, schmetternde Töne der muntern Trompeten"   D
   = Kantate 207, Satz 1.
2. **Rezitativ** „Die stille Pleiße spielt"
   B.c.-Accompagnato. **Tenor** (d–a').   h–fis
3. **Arie** „Augustus Namenstages Schimmer"   h
   = Kantate 207, Satz 3 (+ Oboe d'amore).
4. **Rezitativ** (Dialog und Duett) „Augustus Wohl ist der treuen Sachsen Wohlergehn"
   Secco mit knappen B.c.-Zwischenspielen.
   Sopran (e'–a''), **Baß** (cis–e').   G–A
5. **Arie** (Duett) „Mich kann die süße Ruhe laben"   D
   = Kantate 207, Satz 5.
6. **Rezitativ** „Augustus schützt die frohen Felder"
   Secco. **Alt** (h–e'').   A–G
7. **Arie** „Preiset, späte Folgezeiten"   G
   = Kantate 207, Satz 7.
8. **Rezitativ** „Ihr Fröhlichen, herbei!"   D–D
   = Kantate 207, Satz 8 (aber Oboe d'amore I, II).
9. **Chorsatz** „August lebe, lebe König"   D
   = Kantate 207, Satz 9 (aber Oboe d'amore I, II).

Anhang:
   Marsch (wahrscheinlich Aufzugsmusik)   D
   = Kantate 207, Anhang.

208 Was mir behagt, ist nur die muntre Jagd!
(Jagdkantate)

Glückwunschkantate zum Geburtstag (23.2.) des Herzogs Christian von Sachsen-Weißenfels.–EZ: wahrscheinlich 1713, WA: vermutlich 1716 zum Geburtstag (19.4.) des Herzogs Ernst August von Sachsen-Weimar, WA(U): 1740 oder 1742 (vgl. Kantate 208a). Als Einleitung möglicherweise Sinfonia F-Dur (BWV 1046a) verwendet.
Text: Salomo Franck, handschriftlicher Textbogen (Frolockender Götter Streit) und 1716.
BG XXIX (Waldersee 1881); NBA I/35 (Dürr 1963/1964); Taschenpartitur Bärenreiter (Dürr 1964). — Lit.: 15, 27, 29, 34, 61, 71.

[1] „Taille"

Solo: Sopran I (Diana), Sopran II (Pales), Tenor (Endymion), Baß (Pan). –
(Chor[1]).
Horn I, II (F)[2]; Blockflöte I, II (a'–g''', f'–es'''), Oboe I, II, Oboe da caccia[3],
Fagott; Streicher; B.c. – AD: 39 Min.

1. **Rezitativ** „Was mir behagt, ist nur die muntre Jagd!"
   Secco – Arioso. **Sopran I** (e'–g'').   **F–B**
2. **Arie** „Jagen ist die Lust der Götter"
   Quartettsatz: Horn I, II, **Sopran I** (c'–g''), B.c. Zweiteilige Form.   **F**
3. **Rezitativ** „Wie? schönste Göttin, wie?"
   Secco – Arioso (kanonische Führung). **Tenor** (c–g').   **d–d**
4. **Arie** „Willst du dich nicht mehr ergötzen"
   Continuosatz. Ostinatobildungen. **Tenor** (cis–g'). Da-capo-Form.   **d**
5. **Rezitativ** (Dialog und Duett) „Ich liebe dich zwar noch"
   Secco – Arioso (imitatorischer Triosatz).
   Sopran I (c'–g''), **Tenor** (c–a'), B.c.   **B–C**
6. **Rezitativ** „Ich, der ich sonst ein Gott"
   Secco. **Baß** (H–d').   **a–G**
7. **Arie** „Ein Fürst ist seines Landes Pan"
   Bläsersatz: Oboe I, II, Oboe da caccia; B.c. **Baß** (A–d'). Starke Domi-
   nanz des Instrumentalsatzes (Ostinatoperioden: C–G–a–e–C).   **C**
   Parodie: Kantate 68, Satz 4 (erweitert).
8. **Rezitativ** „Soll denn der Pales Opfer hier das letzte sein"
   Secco mit ariosem Ausklang. **Sopran II** (e'–f'').   **F–g**
9. **Arie** „Schafe können sicher weiden"
   Quartettsatz: Blockflöte I, II, **Sopran II** (f'–as''), B.c. Da-capo-Form. **B**
10. **Rezitativ** „So stimmt mit ein"
    Secco. **Sopran I** (f'–f'').   **F–F**
11. **Chor** (Quartett) „Lebe, Sonne dieser Erden"
    Mit Instrumentalzwischensätzen. Da-capo-Form:
    A: Chorfuge (Permutationsform), mit duplierendem Orchester und In-
    strumentalnachsatz (fugiert, Chorfugenthema).
    B: Zwei homophone Chorabschnitte (hälftige Anlage), mit Instrumen-
    talzwischensatz. Duplierendes Orchester.
    Horn I, II; Streicher (+ Oboe I, II, Oboe da caccia, Fagott); B.c. (+ Vio-
    lone grosso).   **F**

[1] = Solisten-Quartett (ohne Alt)
[2] „Corno da caccia"
[3] „Taille" (f–d'')

12. **Arie** (Duett) „Entzücket uns beide"
Quartettsatz: Violine (solo), **Sopran I** ($c'-g''$), **Tenor** ($c-as'$), B.c.
(parallelgeführte Gesangsstimmen). Freies Da-capo.   F

13. **Arie** „Weil die wollenreichen Herden"
Continuosatz. **Sopran II** ($e'-g''$). Ostinatobildungen.   F
Parodie: Kantate 68, Satz 2 (erweitert und Gesangspart neu gestaltet). Continuo-
thema der Arie verarbeitet zu einem Instrumentalsatz für Violine, Oboe, B.c.
(BWV 1040).
Vgl. Kantate V, Satz 5.

14. **Arie** „Ihr Felder und Auen"
Continuosatz. Ostinatobildungen. **Baß** ($A-e'$).
Da-capo-Form. Gigue-Charakter.   F

15. **Chor** (Quartett) „Ihr lieblichste Blicke, ihr freudige Stunden" (2. Strophe
„Die Anmut umfange, das Glücke bediene")
Da-capo-Form:
A: Knappe akkordliche Chorabschnitte mit gliedernden Zwischen-
spielen und Orchestersatzumrahmung.
B: Ähnlicher Satzstil wie A, mit längerer polyphoner Entwicklung (Ka-
nonbildungen). Teilweise obligater Instrumentalpart.
Horn I, II; Oboe I, II, Oboe da caccia, Fagott; Streicher; B.c.   F
Parodien: Kantate 149, Satz 1 (erweitert), und Kantate V, Satz 7.

208a Was mir behagt, ist nur die muntre Jagd!

Glückwunschkantate zum Namenstag Augusts III. — EZ: 1740 oder 1742.
Abwandlung der Dichtung Salomo Francks zu Kantate 208. Handschriftlicher Text-
bogen bei deren Partitur (Schreiber und möglicher Verfasser Johann Elias Bach).
NBA I/37, Krit. Bericht (Neumann 1961). — Lit.: 25.

1.–7. wie Kantate 208.
8. **Rezitativ** „Mein Opfer soll gewißlich nicht das letzte sein"
9.–11. wie Kantate 208.
12. **Arie** „Ihr Strahlen der Freuden"
13.–15. wie Kantate 208.

209 Non sa che sia dolore

Abschiedskantate für einen nach Ansbach berufenen Gelehrten (Johann Matthias Ges-
ner?). — EZ: 1729 (?).
Textdichter unbekannt. Deutscher Text „Was Schmerz sei und was Leiden" (Partitur
Breitkopf & Härtel).
BG XXIX (Waldersee 1881); NBA I/41. — Lit.: 13, 14, 50, 53, 55.

Solo: Sopran.
Querflöte; Streicher; B.c. – AD: 24 Min.

1. **Sinfonia**
   Konzertsatz. Da-capo-Form.
   Querflöte; Streicher; B.c.   h
2. **Rezitativ** „Non sa che sia dolore"
   Ausinstrumentiertes Secco: Streicher; B.c. **Sopran** ($e'-g''$).   h–A
3. **Arie** „Parti pur, e con dolore"
   Orchestersatz: Gesamtinstrumentarium. **Sopran** ($d'-a''$).
   Da-capo-Form.   e
4. **Rezitativ** „Tuo saver al tempo"
   Secco. **Sopran** ($e'-g''$).   h–e
5. **Arie** „Ricetti gramezza e pavento"
   Orchestersatz: Gesamtinstrumentarium. **Sopran** ($d'-a''$).
   Da-capo-Form.   G

210 O holder Tag, erwünschte Zeit

Hochzeitsfeier. – EZ: nach 1740.
Parodiebeziehung zu Kantate 210a.
Textdichter unbekannt; Neutextierung von Schlichter (Breitkopf & Härtel 1934).
BG XXIX (Waldersee 1881); NBA I/40 (Neumann 1969/1970).
Lit.: 25, 34, 53, 55.

Solo: Sopran.
Querflöte, Oboe d'amore; Streicher; B.c. – AD: 39 Min.

1. **Rezitativ** „O holder Tag, erwünschte Zeit"
   Ausinstrumentiertes Secco: Streicher; B.c. **Sopran** ($e'-h''$).   A–D
   = Kantate 210a, Satz 1.
2. **Arie** „Spielet, ihr beseelten Lieder"
   Orchestersatz: Oboe d'amore; Streicher; B.c. **Sopran** ($cis'-cis'''$).
   Da-capo-Form.   A
   = Kantate 210a, Satz 2.
3. **Rezitativ** „Doch, haltet ein, ihr muntern Saiten"
   Secco. **Sopran** ($e'-gis''$).   fis–H
4. **Arie** „Ruhet hie, matte Töne"
   Quartettsatz: Oboe d'amore, Violine, **Sopran** ($dis'-a''$), B.c.
   Freies Da-capo.   E
   = Kantate 210a, Satz 4.

5. **Rezitativ** „So glaubt man denn, daß die Musik·verführe"
   Secco. **Sopran** (*d'–h''*). cis–h
6. **Arie** „Schweigt, ihr Flöten, schweigt, ihr Töne"
   Triosatz: Querflöte, **Sopran** (*d'–a''*), B. c.
   Vokalpart viergliedrig (A A'A''A'''). h
   = Kantate 210a, Satz 6.
7. **Rezitativ** „Was Luft? was Grab?"
   Secco. **Sopran** (*cis'–a''*). fis–E
8. **Arie** „Großer Gönner, dein Vergnügen"
   Quintettsatz (ausinstrumentierter Triosatz): Oboe d'amore, Violine I,
   II, **Sopran** (*dis'–a''*), B. c. Zweiteilige Form (mit Ritornellabrundung).
   cis
   = Kantate 210a, Satz 8.
   Mit Kantate 30a, Satz 11 (Tenor), auf gemeinsames Urbild zurückgehend.
9. **Rezitativ** „Hochteurer Mann, so fahre ferner fort"
   Motivgeprägtes Accompagnato: Gesamtinstrumentarium.
   Sopran (*e'–a''*). fis–A
   = Kantate 210a, Satz 9.
10. **Arie** „Seid beglückt, edle beide"
   Orchestersatz: Gesamtinstrumentarium. **Sopran** (*cis'–h''*).
   Da-capo-Form. A
   = Kantate 210a, Satz 10.

210a O angenehme Melodei!

Huldigungskantate für Joachim Friedrich Graf von Flemming und zwei weitere Gelegen-
heiten.
EZ: wahrscheinlich 1738–1740. Parodiebeziehung zu Kantate 210.
Nur Sopranstimme erhalten.
Textdichter unbekannt.
BG XXIX Anh. (Waldersee 1881); NBA I/39.
Lit.: 53, 71.

Solo: Sopran.
(Querflöte, Oboe d'amore; Streicher; B. c.) – AD: 36 Min.

1. **Rezitativ** „O angenehme Melodei!" A–D
   = Kantate 210, Satz 1.
2. **Arie** „Spielet, ihr beseelten Lieder" A
   = Kantate 210, Satz 2.

3. **Rezitativ** „Ihr Sorgen, flieht"
   Secco. **Sopran** (*eis'–a''*).   fis–E
4. **Arie** „Ruhet hie, matte Sinne"   E
   = Kantate 210, Satz 4.
5. **Rezitativ** „Wiewohl, beliebte Musica"
   Secco. **Sopran** (*fis'–a''*).   cis–h
6. **Arie** „Schweigt, ihr Flöten, schweigt, ihr Töne"   h
   = Kantate 210, Satz 6.
7. **Rezitativ** „Doch fasse dich, dein Glanz"
   Secco. **Sopran** (*d'–a''*).   D–A
8. **Arie** „Großer Flemming, alles Wissen"
   („Werte Gönner, alles Wissen")   cis
   = Kantate 210, Satz 8.
9. **Rezitativ** „Erleuchtet Haupt, so bleibe fernerweit" („Geehrte Gönner,
   so bleibet fernerweit")   fis–A
   = Kantate 210, Satz 9 (mit Schlußabänderung).
10. **Arie** „Sei vergnügt, großer Flemming" („Seid vergnügt, werte
    Gönner")   A
    = Kantate 210, Satz 10.

211 Schweigt stille, plaudert nicht
(Kaffeekantate)

Ohne Bestimmung; wahrscheinlich für eine Aufführung des Collegium musicum im „Zimmermannischen Coffee-Haus". – EZ: um 1734/35.
Text: Picander III und Vierte Auflage (Satz 9 und 10 für Komposition ergänzt). Szenische Gestaltung in: H. J. Moser, Ein Bachscher Familientag (NBG XXXII,3).
BG XXIX (Waldersee 1881); NBA I/40 (Neumann 1969/1970); Taschenpartituren Eulenburg (Schering 1925) und Philharmonia (Fischer 1924).
Lit.: 34, 55, 56, 71.
Solo: Sopran (Lieschen), Baß (Schlendrian), Tenor (Erzähler). – (Chor).
Querflöte; Streicher; B. c. (Cembalo). – AD: 27 Min.

1. **Rezitativ** „Schweigt stille, plaudert nicht"
   Secco (mit rhythmisch gestrafftem B. c.). **Tenor** (*d–a'*).   G–D
2. **Arie** „Hat man nicht mit seinen Kindern"
   Streichersatz; B. c. **Baß** (*H–e'*). Freies Da-capo.   D
3. **Rezitativ** (Dialog) „Du böses Kind, du loses Mädchen"
   Secco. **Baß** (*H–cis'*), **Sopran** (*cis'–a''*).   e–fis
4. **Arie** „Ei! wie schmeckt der Coffee süße"
   Triosatz: Querflöte, **Sopran** (*d'–a''*), B. c. Freies Da-capo.   h

5. **Rezitativ** (Dialog) „Wenn du mir nicht den Coffee läßt"
   Secco. **Baß** (*cis–fis'*), **Sopran** (*fis'–a''*).   A–e
6. **Arie** „Mädchen, die von harten Sinnen"
   Continuosatz (mit Ostinatobildungen). **Baß** (*H–e'*).
   Zweiteilige Form (mit Ritornellabrundung).   e
7. **Rezitativ** (Dialog) „Nun folge, was dein Vater spricht"
   Secco. **Baß** (*d–d'*), **Sopran** (*d'–g''*).   C–D
8. **Arie** „Heute noch, lieber Vater, tut es doch"
   Streichersatz; B.c. (+ figürlich umspielendes Cembalo). **Sopran** (*d'–a''*).
   Da-capo-Form.   G
9. **Rezitativ** „Nun geht und sucht der alte Schlendrian"
   Secco. **Tenor** (*e–a'*).   e–e
10. **Chor** (Terzett) „Die Katze läßt das Mausen nicht"
    Meist akkordlich-liedmäßiger Vokalsatz (mit kurzen imitatorischen
    Abschnitten). **Sopran** (*d'–a''*), **Tenor** (*e–a'*), **Baß** (*G–e'*). Erweiterte
    Da-capo-Form (ABAB'A). Tanzcharakter (Bourrée).
    Querflöte; Streicher; B.c.   G

212 Mer hahn en neue Oberkeet

(Cantate burlesque)

Huldigungskantate für Carl Heinrich von Dieskau in Klein-Zschocher am 30. 8. 1742.
Text: Picander V; vgl. H. J. Moser, Ein Bachscher Familientag (NBG XXXII,3).
BG XXIX (Waldersee 1881); kritische Neuausgabe C. F. Peters (Neumann 1952);
Taschenpartitur Eulenburg (Alberti 1953); volkstümliche Bearbeitung (mit Uminstru-
mentation und Textänderungen) Volk und Wissen (Hermann 1950); NBA I/39.
Lit.: 34, 55, 71.

Solo: Sopran, Baß. – (Chor).
Horn (*G* und *D*); Querflöte; Streicher; B.c. – AD: 30 Min.

1. **Ouverture**
   Triosatz: Violine, Bratsche, B.c.
   Flickenouvertüre: Bunte Folge von 7 knappen, tanzartigen Abschnitten
   (Rückbeziehung des letzten auf den ersten).   A
2. **Arie** (Duett) „Mer hahn en neue Oberkeet"
   Kurzer, tanzart. Liedsatz mit Instrumentalanhang. Volkstümliche Zwei-
   stimmigkeit. **Sopran** (*a'–a''*), **Baß** (*A–e'*). Instrumentarium wie 1.   A
3. **Rezitativ** (Dialog) „Nu, Mieke, gib dein Guschel immer her"
   Secco mit Instrumentalzwischen- und -nachsatz (Volksliedzitat).
   Sopran (*fis'–g''*), **Baß** (*d–e'*). Instrumentarium wie 1.   D–A

4. **Arie** „Ach, es schmeckt doch gar zu gut"
Kurzer, tanzartiger Satz, mit Instrumentalanhang. **Sopran** (*gis'–fis''*).
Instrumentarium wie 1.   A

5. **Rezitativ** „Der Herr ist gut: Allein der Schösser"
Secco. **Baß** (*d–e'*).   fis–D

6. **Arie** „Ach, Herr Schösser, geht nicht gar zu schlimm"
Kurzer, tanzartiger Satz, mit knappen Zwischenspielen und Instrumen-
talanhang. **Baß** (*d–e'*).
Instrumentarium wie 1.   D

7. **Rezitativ** „Es bleibt dabei, daß unser Herr der beste sei"
Secco. **Sopran** (*e'–a''*).   A–h

8. **Arie** „Unser trefflicher, lieber Kammerherr"
Kurzer, tanzartiger Satz, Sarabande-Charakter.[1] **Sopran** (*fis'–g''*).
Instrumentarium wie 1.   h

9. **Rezitativ** (Dialog) „Er hilft uns allen, alt und jung"
Secco. **Baß** (*A–e'*), **Sopran** (*g'–g''*).   D–G

10. **Arie** „Das ist galant, es spricht niemand"
Kurzer, tanzartiger Satz, mit großem Instrumentalvorspiel (Triosatz).
Sopran (*d'–g''*).
Instrumentarium wie 1.   G

11. **Rezitativ** „Und unsre gnädge Frau"
Secco. **Baß** (*H–es'*).   e–d

12. **Arie** „Fünfzig Taler bares Geld"
Kurzer, tanzartiger Satz (Mazurka), ohne Ritornelle. **Baß** (*B–es'*).
Instrumentarium wie 1.   B

13. **Rezitativ** „Im Ernst ein Wort"
Secco. **Sopran** (*g'–a''*).   C–D

14. **Arie** „Klein-Zschocher müsse so zart und süße"
Orchestersatz: Querflöte; Streicher; B.c. **Sopran** (*e'–a''*).
Da-capo-Form.   A
Urbild: wahrscheinlich Kantate II, Satz 9.

15. **Rezitativ** „Das ist zu klug vor dich"
Secco. **Baß** (*cis–d'*).   D–e

16. **Arie** „Es nehme zehntausend Dukaten"
Knapper Satz (Volkslied), mit Instrumentalnachsatz. **Baß** (*d–d'*).
Horn (*G*); Violine, Bratsche; B.c.   G
Die Melodie entstammt einem Jägerlied von Tobias Anton Seemann, dem Kapell-
meister des Reichsgrafen von Sporck (vgl. BJ 1936, S. 29).

---

[1] Verwendung der „Folies d'Espagne".

17. **Rezitativ** „Das klingt zu liederlich"
Secco mit einleitendem Arienzitat (Satz 16). **Sopran** (*fis'–g''*). **D–A**

18. **Arie** „Gib, Schöne, viel Söhne"
Knapper volksliedhafter Satz, ohne Ritornelle. **Sopran** (*a'–g''*).
Horn (*D*); Violine, Bratsche ; B. c. **D**

19. **Rezitativ** „Du hast wohl recht"
Secco. **Baß** (*H–e'*). **h–A**

20. **Arie** „Dein Wachstum sei feste"
Triosatz: Violine, **Baß** (*A–e'*), B. c. Da-capo-Form ($^3/_8$; ₵ ; $^3/_8$). **A**
Urbild: Kantate 201, Satz 7.

21. **Rezitativ** (Dialog) „Und damit sei es auch genung"
Secco. **Sopran** (*a'–fis''*), **Baß** (*d–e'*). **A–h**

22. **Arie** „Und daß ihrs alle wißt"
Knapper tanzartiger Liedsatz, ohne Ritornellumrahmung.
Sopran (*fis'–a''*).
Instrumentarium wie 1. **h**

23. **Rezitativ** (Dialog) „Mein Schatz, erraten!"
Secco. **Baß** (*d–e'*), **Sopran** (*d'–f''*). **D–D**

24. **Chor** (Duett) „Wir gehn nun, wo der Tudelsack"
Knapper, tanzartiger Satz, ohne Ritornelle. **Sopran** (*c'–b''*), **Baß** (*B–d'*).
Volkstümliche Zweistimmigkeit.
Instrumentarium wie 1. **F**

213 Laßt uns sorgen, laßt uns wachen
Hercules auf dem Scheidewege
(Dramma per Musica)

Glückwunschkantate zum Geburtstag (5. 9.) des sächsischen Kurprinzen Friedrich Christian. – EZ: 1733.
Wiederverwendet 1734 als Quelle für das Weihnachts-Oratorium.
Text: Picander IV und Vierte Auflage.
BG XXXIV (Waldersee 1887); NBA I/36 (Neumann 1963/1962); Taschenpartitur Bärenreiter (Neumann 1965).
Lit.: 25, 35, 52, 53, 55.

Solo: Sopran (Wollust), Alt (Hercules), Tenor (Tugend); Baß (Mercur). – Chor.
Horn I, II (*F*)[1]; Oboe I, II, Oboe d'amore; Streicher; B. c. – AD: 45 Min.

---

[1] „2 Corni da Caccia"

1. **Chorsatz** „Laßt uns sorgen, laßt uns wachen"
   Orchesterritornellumrahmung und Zwischensätze. Freies Da-capo.
   Akkordliche und freipolyphone Chorabschnitte.
   Horn I, II; Oboe I, II; Streicher; B. c.   **F**
   = Kantate 248^{IV}, Satz 1.

2. **Rezitativ** „Und wo? Wo ist die rechte Bahn"
   Secco. **Alt** ($c'-e''$).   **C–g**

3. **Arie** „Schlafe, mein Liebster, und pflege der Ruh"
   Streichersatz; B. c. **Sopran** ($c'-as''$). Da-capo-Form.   **B**
   = Kantate 248^{II}, Satz 10 (Alt).

4. **Rezitativ** (Dialog) „Auf! folge meiner Bahn"
   Secco. **Sopran** ($e'-g''$), **Tenor** ($fis-a'$).   **F–fis**

5. **Arie** „Treues Echo dieser Orten"
   Triosatz: Oboe d'amore, **Alt** + Echo ($h-e''$), B. c. Form: A B B'.   **A**
   = Kantate 248^{IV}, Satz 4 (Sopran).
   Urbild: möglicherweise Kantate II, Satz 7.

6. **Rezitativ** „Mein hoffnungsvoller Held"
   Secco. **Tenor** ($e-a'$).   **D–a**

7. **Arie** „Auf meinen Flügeln sollst du schweben"
   Quartettsatz: Oboe, Violine, **Tenor** ($d-a'$), B. c.
   Instrumental-vokaler Fugensatz. Da-capo-Form.   **e**
   = Kantate 248^{IV}, Satz 6.

8. **Rezitativ** „Die weiche Wollust locket zwar"
   Secco. **Tenor** ($e-g'$).   **h–d**

9. **Arie** „Ich will dich nicht hören"
   Triosatz: Violine, **Alt** ($h-e''$), B. c. Da-capo-Form.   **a**
   = Kantate 248^{I}, Satz 4.

10. **Rezitativ** (Dialog und Duett) „Geliebte Tugend, du allein"
    Secco. **Alt** ($c'-d''$), **Tenor** ($d-g'$).   **C–F**

11. **Arie** (Duett) „Ich bin deine, du bist meine"
    Quintettsatz: Bratsche I, II, **Alt** ($a-es''$), **Tenor** ($c-a'$), B. c.
    Da-capo-Form.   **F**
    = Kantate 248^{III}, Satz 6 (Sopran – Baß).

12. **Rezitativ** „Schaut, Götter, dieses ist ein Bild"
    Ausinstrumentiertes Secco: Streicher; B. c. **Baß** ($B-e'$).   **B–F**

13. **Chorsatz** „Lust der Völker, Lust der Deinen"
    Erweiterte Da-capo-Form (A B A B A):

A: Homophone Chorperioden als Vokalisierung der vorangehenden gleichlautenden Instrumentalperioden.
Urbild: Kantate 184, Satz 6, A.
B: Baßarioso (Continuosatz).
Instrumentarium wie 1. **F**

214 Tönet, ihr Pauken! Erschallet, Trompeten!
(Dramma per Musica)

Glückwunschkantate zum Geburtstag (8. 12.) der sächsischen Kurfürstin (polnischen Königin) Maria Josepha. – EZ: 1733.
Wiederverwendet 1734 als Quelle für das Weihnachts-Oratorium.
Textdichter unbekannt; Textdruck auf Präsentbogen erhalten.
BG XXXIV (Waldersee 1887); NBA I/36 (Neumann 1963/1962); Taschenpartitur Bärenreiter (Neumann 1963).
Lit.: 25, 35, 53, 55.

Solo: Sopran (Bellona), Alt (Pallas), Tenor (Irene), Baß (Fama). – Chor. Trompete I–III (*D*), Pauken; Querflöte I, II, Oboe I, II, Oboe d'amore; Streicher; B.c. – AD: 27 Min.

1. **Chorsatz** „Tönet, ihr Pauken! Erschallet, Trompeten!"
   Da-capo-Form:
   A: Akkordlicher und imitatorischer Chorpart in hälftiger Satzanlage mit Instrumentaleinleitung und gliederndem Zwischenspiel. Orchesterpart meist dominant (Choreinbau).
   B: Imitatorischer und akkordlicher Chorsatz in zwei durch Orchesterzwischensatz getrennten Komplexen (mit Rückgriff auf die Orchesterthematik von A in der 2. Hälfte).
   Gesamtinstrumentarium. **D**
   = Kantate 248ᴵ, Satz 1.
2. **Rezitativ** „Heut ist der Tag"
   Secco – B.c.-Accompagnato. **Tenor** (*e–a'*). **h–fis**
3. **Arie** „Blast die wohlgegriffnen Flöten"
   Quartettsatz: Querflöte I, II, **Sopran** (*c'–a''*), B.c. Vokalpart dreigliedrig, Ritornellumrahmung. Da-capo-ähnliche Wirkung durch thematische Rückbindung und Ritornellverschränkung. **A**
4. **Rezitativ** „Mein knallendes Metall"
   Secco (teilweise B.c.-Accompagnato). **Sopran** (*e'–a''*). **fis–D**

5. **Arie** „Fromme Musen! meine Glieder"
   Triosatz: Oboe (d'amore)[1], **Alt** (*a–e''*), B.c.
   Zweiteilige Form (mit Ritornellabrundung).   **h**
   = Kantate 248[II], Satz 6 (Querflöte, Tenor).
6. **Rezitativ** „Unsre Königin im Lande"
   Ausinstrumentiertes Secco: Streicher; B.c. **Alt** (*h–e''*).   **fis–D**
7. **Arie** „Kron und Preis gekrönter Damen"
   Orchestersatz: hohe Trompete; Streicher; B.c. **Baß** (*A–e'*).
   Da-capo-Form.   **D**
   = Kantate 248[I], Satz 8.
8. **Rezitativ** „So dringe in das weite Erdenrund"
   Ausinstrumentiertes Secco (mit knappen, fanfarenartigen Zwischen-
   gruppen: Querflöte I+II, Oboe I, II). **Baß** (*A–e'*).   **G–D**
9. **Chorsatz** „Blühet, ihr Linden in Sachsen, wie Zedern"
   Homophoner Liedsatz in Achttaktperiodik und hälftiger Anlage als
   Vokalisierung eines zweiteiligen Instrumentalsatzes; pseudofugischer
   Terrassenvorbau vor jeder Satzhälfte.
   Gesamtinstrumentarium.   **D**
   = Kantate 248[III], Satz 1.

215 Preise dein Glücke, gesegnetes Sachsen
(Dramma per Musica)

Glückwunschkantate zum Jahrestag der Königswahl Augusts III. am 5. 10. 1734.
Text: Johann Christoph Clauder (handschriftlicher Textbogen bei der Partitur und Text-
druck in Riemers Chronik).
BG XXXIV (Waldersee 1887); NBA I/37 (Neumann 1960/1961).
Lit.: 25, 34, 35, 47, 52, 55, 59, 63.

Solo: Sopran, Tenor, Baß. – Doppelchor (achtstimmig).
Trompete I–III (*D*), Pauken; Querflöte I, II, Oboe I, II, Oboe (d'amore) I,
II; Streicher; B.c. (+Fagott). – AD: 37 Min.

1. **Chorsatz** „Preise dein Glücke, gesegnetes Sachsen"
   Da-capo-Form:
   A: Großer achtstimmiger Chorsatz in geschlossener oder wechselchörig
   zerlegter Gestaltung. Homophoner, imitatorisch-fugierter oder frei-
   polyphoner Satzstil (Quartkanonkomplex *h–e–a–d–g–cis–fis–h–e–a*!).
   Instrumentalentwicklung teilweise dominant.

---

[1] Umfang: *a–gis''*.

Orchestersatzumrahmung.

B: Wechselchörig-homophoner Satz in hälftiger Anlage (gliedernder Instrumentalzwischensatz).

Trompete I–III, Pauken; Querflöte I, II, Oboe I, II; Streicher; B.c. (+Fagott). **D**

Urbild: wahrscheinlich Kantate II, Satz 1; auf dieses dürfte auch das Osanna der Messe *h*-Moll (BWV 232) zurückgehen.

2. **Rezitativ** „Wie können wir, großmächtigster August"
Motivgeprägtes Accompagnato: Oboe I, II; B.c. (+Fagott).
Tenor (*e–a'*). **h–D**

3. **Arie** „Freilich trotzt Augustus' Name"
Streichersatz (+Oboe d'amore I+II); B.c. (+Fagott). **Tenor** (*d–h'*).
Da-capo-Form. **G**

4. **Rezitativ** „Was hat dich sonst, Sarmatien, bewogen"
Secco. **Baß** (*A–e'*). **e–A**

5. **Arie** „Rase nur, verwegner Schwarm"
Streichersatz (+Oboe); B.c. (+Fagott). **Baß** (*A–e'*). Da-capo-Form. **A**

6. **Rezitativ** „Ja, ja! Gott ist uns noch mit seiner Hülfe nah"
Motivgeprägtes Accompagnato: Querflöte I, II; B.c. (+Fagott).
Sopran (*d'–a''*). **fis–h**

7. **Arie** „Durch die von Eifer entflammeten Waffen"
Triosatz: Querflöte I + II, **Sopran** + Oboe d'amore (*cis'–a''*), Violinen + Bratsche[1] (ohne B.c.). Zweiteilige Form (mit Ritornellabrundung). **h**
Parodie: Kantate 248[V], Satz 5 (Baß).

8. **Rezitativ** „Laß doch, o teurer Landesvater, zu"
Ausinstrumentiertes Secco, teilweise Accompagnato (Instrumentarium wie 1.). **Tenor** (*d–a'*), **Baß** (*G–e'*), **Sopran** (*d'–a''*). Abschluß: arioses Terzett in polyphonem Satz (B.c.-Begleitung). **D–G**

9. **Chorsatz** „Stifter der Reiche, Beherrscher der Kronen"
Erweiterte Da-capo-Form (A B A B A):
A: Zwei homophone viertaktige Chorperioden als Vokalisierung gleichlautender vorangestellter Instrumentalsätze.
B: Geringfügig aufgelockerter Chorsatz mit teilweise obligaten Instrumenten.
Instrumentarium wie 1. **D**

---

[1] „Violetta" (*g–e''*)

216 Vergnügte Pleißenstadt

Hochzeitsfeier 5. 2. 1728 in Leipzig: Johann Heinrich Wolff – Susanna Regina Hempel.
Nur die zwei Singstimmen erhalten (z. Z. verschollen).
Text: Picander II und Vierte Auflage.
Umarbeitung zu Kantate 216a.
BG XXXIV Vorwort (Waldersee 1887). Kompositorisch frei ergänzt (ohne Berücksichtigung der Parodiebezüge für Satz 3 und 7) durch Georg Schumann und hrsg. von Wolffheim (Schlesinger 1924); hier auch Umdichtung: Ersehnter Freudentag.
NBA I/40 (Neumann 1969/1970).
Lit.: 52, 55, 75.

Solo: Sopran (Neiße), Alt (Pleiße).
(Querflöte; Streicher; B.c.) – AD: 23 Min.

1. **Arie** (Duett) „Vergnügte Pleißenstadt"
   Sopran ($e'-g''$), **Alt** ($c'-e''$). (B.c. und evtl. Obligatinstrument(e).)
   Da-capo-Form.   C
   = Kantate 216a, Satz 1.

2. **Rezitativ** (Dialog) „So angenehm auch mein Revier"
   Sopran ($cis'-fis''$), **Alt** ($d'-e''$). (B.c.)   e–E

3. **Arie** „Angenehme Hempelin"
   Sopran ($cis'-a''$). (Querflöte; Streicher; B.c.)   A
   = Kantate 216a, Satz 3.
   Urbild: Kantate 204, Satz 8.

4. **Rezitativ** „Erspare den Verdruß, beliebter Neißenfluß"
   Alt ($c'-e''$). (B.c.)   A–F

5. **Arie** „Mit Lachen und Scherzen"
   Alt ($c'-es''$). (B.c. und evtl. Obligatinstrument(e).) Da-capo-Form.   F
   = Kantate 216a, Satz 5.

6. **Rezitativ** (Dialog) „Wie lieblich wird sie nun"
   Alt ($h-e''$), **Sopran** ($d'-f''$). (B.c.)   a–G

7. **Arie** (Duett) „Heil und Segen"
   Sopran ($d'-a''$), **Alt** ($c'-e''$). (Querflöte; B.c.)
   Zweiteilige Form (mit Ritornellabrundung).   G
   = Kantate 216a, Satz 7.
   Urbild: Kantate 205, Satz 13 (Alt, Tenor).

216a Erwählte Pleißenstadt

Huldigungskantate für den Rat der Stadt Leipzig. – EZ: nach 1728.
Umdichtung der Kantate 216, Textdichter unbekannt (möglicherweise Picander). Musik
verschollen, nur handschriftliches Textblatt erhalten: Apollo et Mercurius.
BG XXXIV Vorwort (Waldersee 1887); NBA I/39, Krit. Bericht.

1. **Arie** (Duett) Apollo (Tenor), Mercurius (Alt): „Erwählte (Vergnügte)
   Pleißenstadt"
   = Kantate 216, Satz 1.

2. **(Rezitativ)** Apollo (Tenor): „Ihr Städte, die man in der Welt"
   (Neukomposition).

3. **Arie** Mercurius (Alt): „Angenehmes Pleiß-Athen"
   = Kantate 216, Satz 3.

4. **(Rezitativ)** Mercurius (Alt): „Nicht die Gelehrsamkeit allein"
   (Neukomposition).

5. **Arie** Mercurius (Alt): „Mit Lachen und Scherzen"
   = Kantate 216, Satz 5.

6. **(Rezitativ)** Mercurius (Alt), Apollo (Tenor): „Drum ist gewiß"
   (Neukomposition).

7. **Arie** (Duett) Mercurius (Alt), Apollo (Tenor): „Heil und Segen"
   = Kantate 216, Satz 7.

c Trauermusik (244a), Weihnachts-Oratorium (248^{I–VI}) und Oster-Oratorium (249)[1] mit den zugeordneten Huldigungskantaten (249a, 249b)

244a Klagt, Kinder, klagt es aller Welt

Trauermusik für Fürst Leopold von Anhalt-Köthen, aufgeführt am 24. 3. 1729 durch Bach in Köthen. Parodiebeziehungen zu Matthäus-Passion und Kantate 198.
Text: Picander III und Vierte Auflage (gekürzt); Originaltextdruck 1729 (vollständig); handschriftlicher Textbogen (nur Teil 1–3).
BG XX,2 Vorwort (Rust 1873); NBA I/34, Krit. Bericht.
Lit.: 23, 24, 52, 55, 64, 69.

Erster Teil

1. **Arie** (Chorsatz) „Klagt, Kinder, klagt es aller Welt"
   = Kantate 198, Satz 1; vgl. auch Markus-Passion, Nr. 1.
2. **(Rezitativ)** „O Land! bestürztes Land!"
3. **Arie** „Weh und Ach kränkt die Seelen tausendfach"
   = Matthäus-Passion, Nr. 10.
4. **(Rezitativ)** „Wie, wenn der Blitze Grausamkeit"
5. **Arie** „Zage nur, du treues Land"
   = Matthäus-Passion, Nr. 12.
6. **(Rezitativ)** „Ach ja! dein Scheiden geht uns nah"
7. **Arie** (Chorsatz) „Komm wieder, teurer Fürstengeist"
   = Kantate 198, Satz 10; vgl. auch Markus-Passion, Nr. 132.

Zweiter Teil

8. **(Chorsatz)** „Wir haben einen Gott" (Psalm 68, 21)
9. **(Rezitativ)** „Betrübter Anblick, voll Erschrecken"
10. **Arie** „Erhalte mich, Gott, in der Hälfte meiner Tage"
    = Matthäus-Passion, Nr. 47.
11. **(Rezitativ)** „Jedoch der schwache Mensch erzittert nur"
12. **Arie** „Mit Freuden sei die Welt verlassen"
    = Matthäus-Passion, Nr. 58.
13. **(Rezitativ)** „Wohl also dir, du aller Fürsten Zier"
14. = Satz 8 wiederholt („Repetatur Dictum").

Dritter Teil

15. **Arie** „Laß, Leopold, dich nicht begraben"
    = Matthäus-Passion, Nr. 66.

---

[1] Das Himmelfahrts-Oratorium ist als Kantate 11 eingeordnet.

16. **(Rezitativ)** „Wie könnt es möglich sein"
17. **Arie** „Wird auch gleich nach tausend Zähren"
    = Matthäus-Passion, Nr. 29.
18. **(Rezitativ)** „Und, Herr, das ist die Spezerei"
19. **Arie** (2 Chöre: 1. Die Sterblichen, 2. Die Auserwählten) „Geh, Leopold, zu deiner Ruh"
    = Matthäus-Passion, Nr. 26.

Vierter Teil

20. **Arie** „Bleibet nun in euret Ruh"
    = Matthäus-Passion, Nr. 75.
21. **(Rezitativ)** „Und du, betrübtes Fürstenhaus"
22. **Arie** „Hemme dein gequältes Kränken"
    = Matthäus-Passion, Nr. 19.
23. **(Rezitativ)** „Nun scheiden wir"
24. **Arie, Tutti** „Die Augen sehn nach deiner Leiche"
    = Matthäus-Passion, Nr. 78.

248 Weihnachts-Oratorium

1., 2., 3. Weihnachtstag, Neujahr, Sonntag nach Neujahr, Epiphanias. — EZ: 1734.
Textdichter unbekannt (vielleicht Picander); Textdruck Leipzig 1734.
Parodiebeziehungen vor allem zu den weltlichen Kantaten 213, 214, 215.
BG V,2 (Rust 1856); NBA II/6 (Blankenburg, Dürr 1960/1962); Taschenpartituren Eulenburg (Schering 1922) und Edition Peters; Deutscher Verlag für Musik und Bärenreiter (Dürr 1960).
Lit.: 52, 55, 66^V.

248^I Jauchzet, frohlocket, auf, preiset die Tage

1. Weihnachtstag.
2. Lukas 2,1 und 3—6; 5. Paul Gerhardt 1653; 6. Lukas 2,7; 7. Martin Luther 1524; 9. Martin Luther 1535.

Solo: Tenor, Alt, Baß. — Chor.
Trompete I–III (D), Pauken; Querflöte I, II, Oboe I, II, Oboe d'amore I, II; Streicher; B.c. — AD: 28 Min.

1. **Chorsatz** „Jauchzet, frohlocket, auf, preiset die Tage"
   Da-capo-Form:
   A: Akkordlicher und imitatorischer Chorpart in hälftiger Satzanlage mit Instrumentaleinleitung und gliederndem Zwischenspiel. Orchesterpart meist dominant (Choreinbau).

B: Imitatorischer und akkordlicher Chorsatz in zwei durch Orchester-
zwischensatz getrennten Komplexen (Rückgriff auf Instrumentalthe-
matik von A in der 2. Hälfte).
Gesamtinstrumentarium. **D**
Urbild: Kantate 214, Satz 1.

2. **Rezitativ** (Evangelist) „Es begab sich aber zu der Zeit"
Secco. **Tenor** (*dis–a'*). **h–A**

3. **Rezitativ** „Nun wird mein liebster Bräutigam"
Motivgeprägtes Accompagnato: Oboe d'amore I, II; B. c.
Alt (*d'–e''*). **A–E**

4. **Arie** „Bereite dich, Zion, mit zärtlichen Trieben"
Triosatz: Oboe d'amore + Violine I, **Alt** (*h–e''*), B. c. Da-capo-Form. **a**
Urbild: Kantate 213, Satz 9.

5. **Choral** „Wie soll ich dich empfangen"
Mel. „Herzlich tut mich verlangen"
Schlichter Chorsatz (+ Querflöte I, II, Oboe I, II; Streicher; B. c.).
phryg.

6. **Rezitativ** (Evangelist) „Und sie gebar ihren ersten Sohn"
Secco. **Tenor** (*d–a'*). **e–G**

7. **Choral + Rezitativ** „Er ist auf Erden kommen arm"
Mel. „Gelobet seist du, Jesu Christ"
Quartettsatz: Oboe d'amore I, II, **Sopran** (*d'–e''*) C.f., B. c., zeilen-
mäßig mit motivgeprägtem Rezitativ für **Baß** (*cis–e'*) alternierend. **G**

8. **Arie** „Großer Herr, o starker König"
Orchestersatz: hohe Trompete; Querflöte; Streicher; B. c. **Baß** (*A–e'*).
Da-capo-Form. **D**
Urbild: Kantate 214, Satz 7.

9. **Choral** „Ach mein herzliebes Jesulein"
Mel. „Vom Himmel hoch, da komm ich her"
Schlichter Chorsatz mit knappen Zeilenzwischenspielen (Trompeten-
chor). **D**

248ᴵᴵ Und es waren Hirten in derselben Gegend

2. Weihnachtstag.
2. Lukas 2,8–9; 3. Johann Rist 1641; 4. Lukas 2,10–11; 7. Lukas 2,12; 8. Paul Gerhardt
1667 (Schaut, schaut, was ist für Wunder dar); 11. Lukas 2,13; 12. Lukas 2,14; 14. Paul
Gerhardt 1653 (Wir singen dir, Immanuel).

Solo: Alt, Tenor, Baß. – Chor.
Querflöte I, II, Oboe d'amore I, II, Oboe da caccia I, II; Streicher; B.c.–
AD: 33 Min.

1. (10.) **Sinfonia** (Pastorale)
Wechselchörig (Streicher – Oboenchor).
Gesamtinstrumentarium.   **G**

2. (11.) **Rezitativ** (Evangelist) „Und es waren Hirten in derselben
Gegend"
Secco. **Tenor** (*dis–a'*).   **e–h**

3. (12.) **Choral** „Brich an, o schönes Morgenlicht"
Mel. „Ermuntre dich, mein schwacher Geist"
Schlichter Chorsatz (+ Gesamtinstrumentarium).   **G**

4. (13.) **Rezitativ** (Evangelist) „Und der Engel sprach zu ihnen"
Secco. **Tenor** (*a–g'*) – ausinstrumentiertes Secco: Streicher; B.c.
Sopran (*d'–a''*).   **D–h**

5. (14.) **Rezitativ** „Was Gott dem Abraham verheißen"
Ausinstrumentiertes Secco: Oboe d'amore I, II, Oboe da caccia I,
II; B.c. **Baß** (*d–e'*).   **G–e**

6. (15.) **Arie** „Frohe Hirten, eilt, ach eilet"
Triosatz: Querflöte, **Tenor** (*d–a'*), B.c. Zweiteilige Form (mit
Ritornellabrundung).   **e**
Urbild: Kantate 214, Satz 5 (Alt).

7. (16.) **Rezitativ** (Evangelist) „Und das habt zum Zeichen"
Secco. **Tenor** (*d–f'*).   **G–a**

8. (17.) **Choral** „Schaut hin, dort liegt im finstern Stall"
Mel. „Vom Himmel hoch, da komm ich her"
Schlichter Chorsatz (+ Gesamtinstrumentarium).   **C**

9. (18.) **Rezitativ** „So geht denn hin, ihr Hirten, geht"
Ausinstrumentiertes Secco: Oboe d'amore I, II, Oboe da caccia I,
II; B.c. **Baß** (*c–e'*).   **a–G**

10. (19.) **Arie** „Schlafe, mein Liebster, genieße der Ruh"
Streichersatz(+ Oboe d'amore I, II, Oboe da caccia I, II); **Alt**, von
Querflöte oktaviert (*a–e''*).   **G**
Urbild: Kantate 213, Satz 3 (Sopran).

11. (20.) **Rezitativ** (Evangelist) „Und alsobald war da bei dem Engel"
Secco. **Tenor** (*a–a'*).   **D–D**

12. (21.) **Chorsatz** „Ehre sei Gott in der Höhe"
Imitatorisch-kanonischer Satz; Orchester akkordlich stützend oder
duplierend.   **G**

13. (22.) **Rezitativ** „So recht, ihr Engel, jauchzt und singet"
Secco. **Baß** (*d–e'*).   G–G
14. (23.) **Choral** „Wir singen dir in deinem Heer"
Mel. „Vom Himmel hoch, da komm ich her"
Schlichter Chorsatz mit Zeilenzwischenspielen (thematischer Rückgriff auf Einleitungssinfonia).
Gesamtinstrumentarium.   G

248^{III} Herrscher des Himmels, erhöre das Lallen

3. Weihnachtstag.
2. Lukas 2,15a; 3. Lukas 2,15b; 5. Martin Luther 1524; 7. Lukas 2,16–19; 10. Paul Gerhardt 1653 (Fröhlich soll mein Herze springen); 11. Lukas 2,20; 12. Christoph Runge 1653 (Laßt Furcht und Pein).

Solo: Sopran, Alt, Tenor, Baß. – Chor.
Trompete I–III, Pauken; Querflöte I, II, Oboe I, II, Oboe d'amore I, II; Streicher; B.c. – AD: 26 Min.

1. (24.) **Chorsatz** „Herrscher des Himmels, erhöre das Lallen"
Homophoner Liedsatz in Achttaktperiodik und hälftiger Anlage als Vokalisierung eines zweiteiligen Instrumentalsatzes; pseudofugischer Terrassenvorbau vor jeder Satzhälfte.
Gesamtinstrumentarium.   D
Urbild: Kantate 214, Satz 9.

2. (25.) **Rezitativ** (Evangelist) „Und da die Engel von ihnen gen Himmel fuhren"
Secco. **Tenor** (*e–e'*).   E–A

3. (26.) **Chorsatz** „Lasset uns nun gehen gen Bethlehem"
Turbachor, imitatorisch, mit obligater Instrumentalstimme: Querflöte I, II + Violine I (Oboe d'amore I, II, Violine II, Viola, B.c. als Chorstütze).   A–cis

4. (27.) **Rezitativ** „Er hat sein Volk getröst"
Ausinstrumentiertes Secco: Querflöte I, II; B.c. **Baß** (*H–e'*).   cis–A

5. (28.) **Choral** „Dies hat er alles uns getan"
Mel. „Gelobet seist du, Jesu Christ"
Schlichter Chorsatz (+ Querflöte I, II, Oboe I, II; Streicher; B.c.).   A[1]

---

[1] mixolydisch

6. (29.) **Arie** (Duett) „Herr, dein Mitleid, dein Erbarmen"
Quintettsatz: Oboe d'amore I, II, **Sopran** (*cis'–a''*), **Baß** (*A–e'*),
B.c. Imitatorische und schlicht-zweistimmige Satzweise.
Da-capo-Form.   A
Urbild: Kantate 213, Satz 11 (Alt–Tenor).

7. (30.) **Rezitativ** (Evangelist) „Und sie kamen eilend"
Secco. **Tenor** (*d–a'*).   fis–h

8. (31.) **Arie** „Schließe, mein Herze, dies selige Wunder"
Triosatz: Violine (solo), **Alt** (*h-e''*), B.c. Freies Da-capo.   h

9. (32.) **Rezitativ** „Ja, ja, mein Herz soll es bewahren"
Ausinstrumentiertes Secco: Querflöte I, II; B.c. **Alt** (*d'–e''*).
D–G

10. (33.) **Choral** „Ich will dich mit Fleiß bewahren"
Mel. „Warum sollt ich mich denn grämen"
Schlichter Chorsatz (+Instrumentarium wie 5.).   G

11. (34.) **Rezitativ** (Evangelist) „Und die Hirten kehrten wieder um"
Secco. **Tenor** (*fis–g'*).   e–fis (Fis)

12. (35.) **Choral** „Seid froh dieweil"
Mel. „Wir Christenleut hab'n jetzund Freud"
Schlichter Chorsatz (+Instrumentarium wie 5.).   fis

1. (24.) **Chorsatz** „Herrscher des Himmels, erhöre das Lallen"
Wiederholung.   D

248ᴵⱽ Fallt mit Danken, fallt mit Loben

Neujahr.
2. Lukas 2,21; 3. und 5. Johann Rist 1642; 7. Johann Rist 1642 (Hilf, Herr Jesu, laß
gelingen).

Solo: Sopran, Tenor, Baß. – Chor.
Horn I, II (F)[1]; Oboe I, II; Streicher; B.c. – AD: 27 Min.

1. (36.) **Chorsatz** „Fallt mit Danken, fallt mit Loben"
Orchesterritornellumrahmung und Zwischensätze. Akkordliche
und freipolyphone Chorabschnitte. Freies Da-capo.
Gesamtinstrumentarium.   F
Urbild: Kantate 213, Satz 1.

2. (37.) **Rezitativ** (Evangelist) „Und da acht Tage um waren"
Secco. **Tenor** (*g–a'*).   C–a

---

[1] „Corno da caccia"

3. (38.) **Rezitativ + Choral** „Immanuel, o süßes Wort" – „Jesu, du mein liebstes Leben"
Mel.: Eigenschöpfung Bachs (?)
Ausinstrumentiertes Secco – Choralarioso (Duett) –
ausinstrumentiertes Secco: Streicher; B.c.
Baß (*A–es'*), **Sopran** C.f. 1. Hälfte (*e'–f''*).　　　　　　　**d–C**

4. (39.) **Arie** „Flößt, mein Heiland, flößt dein Namen"
Triosatz: Oboe, **Sopran** + Echo (*d'–g''*), B.c. Form: A B B'.　　**C**
Urbild: Kantate 213, Satz 5 (Alt).

5. (40.) **Rezitativ + Choral** „Wohlan, dein Name soll allein" – „Jesu, meine Freud und Wonne" (Fortsetzung von Satz 3)
Mel.: Eigenschöpfung Bachs (?)
Ausinstrumentiertes Secco, mit Choralarioso (Duett) alternierend:
Streicher; B.c. **Baß** (*A–es'*), **Sopran** C.f. 2. Hälfte (*f'–g''*).　**C–F**

6. (41.) **Arie** „Ich will nur dir zu Ehren leben"
Quartettsatz: Violine I, II, **Tenor** (*c–g'*), B.c. Instrumental-vokaler Fugensatz. Da-capo-Form.　　　　　　　　　　　　　　　　**d**
Urbild: Kantate 213, Satz 7.

7. (42.) **Choral** „Jesus richte mein Beginnen"
Mel.: Eigenschöpfung Bachs (?)
Schlichter Chorsatz mit Ritornellumrahmung und Zeilenzwischenspielen.
Gesamtinstrumentarium.　　　　　　　　　　　　　　　　　　**F**

248ᵛ Ehre sei dir, Gott, gesungen

Sonntag nach Neujahr.
2. Matthäus 2,1; 3. Matthäus 2,2; 4. Georg Weissel 1642 (Nun, liebe Seel, nun ist es Zeit); 6. Matthäus 2,3; 8. Matthäus 2,4–6; 11. Johann Franck 1655 (Ihr Gestirn, ihr hohlen Lüfte).

Solo: Sopran, Alt, Tenor, Baß. – Chor.
Oboe d'amore I, II; Streicher; B.c. – AD: 26 Min.

1. (43.) **Chorsatz** „Ehre sei dir, Gott, gesungen"
Da-capo-Form, deren Hauptteil von 2 Chorfugenexpositionen inmitten von Choreinbaupartien (Dominanz des Instrumentalsatzes) gebildet wird.
Gesamtinstrumentarium.　　　　　　　　　　　　　　　　　**A**

2. (44.) **Rezitativ** (Evangelist) „Da Jesus geboren war zu Bethlehem"
Secco. **Tenor** (*e–g'*).　　　　　　　　　　　　　　　**fis–h**

3. (45.) **Chor + Rezitativ** „Wo ist der neugeborne König der Jüden?"
Turbachor, alternierend mit ausinstrumentiertem Secco: Streicher +
Oboe I, II; B. c. **Alt** (*b–e''*).　　　　　　　　　　**h–fis**
Urbild: Markus-Passion, Nr. 114 „Pfui dich, wie fein zerbrichst du den
Tempel" (G. Freiesleben, NZfM, 83. Jg., S. 237f.).

4. (46.) **Choral** „Dein Glanz all Finsternis verzehrt"
Mel. „In dich hab ich gehoffet, Herr"
Schlichter Chorsatz (+ Gesamtinstrumentarium).　　　　　**A**

5. (47.) **Arie** „Erleucht auch meine finstre Sinnen"
Triosatz: Oboe d'amore, **Baß** (*H–e'*), B. c. Freies Da-capo.　**fis**
Urbild: Kantate 215, Satz 7.

6. (48.) **Rezitativ** (Evangelist) „Da das der König Herodes hörte"
Secco. **Tenor** (*e–a'*).　　　　　　　　　　　　　**A–cis**

7. (49.) **Rezitativ** „Warum wollt ihr erschrecken?"
Accompagnato: Streicher; B. c. **Alt** (*b–e''*).　　　　**cis–E**

8. (50.) **Rezitativ** (Evangelist) „Und ließ versammlen alle Hohepriester"
Secco. **Tenor** (*d–a'*).　　　　　　　　　　　　　**E–h**

9. (51.) **Arie** (Terzett) „Ach, wenn wird die Zeit erscheinen"
Dreigliedrige Form (Freies Da-capo). Vokalterzett (A–A') bzw.
Vokalduett (B) mit obligater Violine und B. c. Dialog (Sopran +
Tenor – Alt). **Sopran** (*d'–g''*), **Alt** (*b–e''*), **Tenor** (*d–a'*).　**h**

10. (52.) **Rezitativ** „Mein Liebster herrschet schon"
Ausinstrumentiertes Secco: Oboe d'amore I, II; B. c.
Alt (*cis'–e''*).　　　　　　　　　　　　　　　**fis–A**

11. (53.) **Choral** „Zwar ist solche Herzensstube"
Mel. „Gott des Himmels und der Erden"
Schlichter Chorsatz (+ Gesamtinstrumentarium).　　　　　**A**

248^{VI} Herr, wenn die stolzen Feinde schnauben

Epiphanias.
In den Sätzen 1, 3, 4, 8, 9, 10, 11 Parodie einer verschollenen Kirchenkantate (BWV 248a)
mit vermutlich anderem Text.
2. Matthäus 2,7–8; 5. Matthäus 2,9–11; 6. Paul Gerhardt 1653; 7. Matthäus 2,12;
11. Georg Werner 1648 (Ihr Christen auserkoren).

Solo: Sopran, Alt, Tenor, Baß. – Chor.
Trompete I–III, Pauken; Oboe I, II, Oboe d'amore I, II; Streicher;
B. c. – AD: 25 Min.

1. (54.) **Chorsatz** „Herr, wenn die stolzen Feinde schnauben"
Komplexer Chorsatz mit fugischen, kanonischen und freipoly-
phonen Abschnitten; teilweise Choreinbau in dominanten Instru-
mentalsatz. Freie Da-capo-Form.
Gesamtinstrumentarium.   D
Urbild: vermutlich Kantate VII, Satz 1.

2. (55.) **Rezitativ** (Evangelist – Herodes) „Da berief Herodes die Weisen
heimlich"
Secco. **Tenor** (*e–fis'*), **Baß** (*d–e'*).   A–D

3. (56.) **Rezitativ** „Du Falscher, suche nur den Herrn zu fällen"
Ausinstrumentiertes Secco: Streicher; B.c. **Sopran** (*d'–g''*).   h–A

4. (57.) **Arie** „Nur ein Wink von seinen Händen"
Streichersatz (+Oboe d'amore); B.c. **Sopran** (*cis'–a''*).
Vokalisierung eines instrumentalen Tanzsatzes.
Zweiteilige Form.   A

5. (58.) **Rezitativ** (Evangelist) „Als sie nun den König gehöret hatten"
Secco. **Tenor** (*d–a'*).   fis–G

6. (59.) **Choral** „Ich steh an deiner Krippen hier"
Mel. „Nun freut euch, lieben Christen gmein"
Schlichter Chorsatz (+Oboe I, II; Streicher; B.c.).   G

7. (60.) **Rezitativ** (Evangelist) „Und Gott befahl ihnen im Traum"
Secco. **Tenor** (*dis–a'*).   e–fis

8. (61.) **Rezitativ** „So geht! Genug, mein Schatz"
Ausinstrumentiertes Secco: Oboe d'amore I, II; B.c.
Tenor (*dis–a'*).   fis–h

9. (62.) **Arie** „Nun mögt ihr stolzen Feinde schrecken"
Quartettsatz: Oboe d'amore I, II, **Tenor** (*d–a'*), B.c.
Freies Da-capo.   h

10. (63.) **Rezitativ** „Was will der Höllen Schrecken nun"
Imitatorisches Vokalquartett: **Sopran** (*d'–a''*), **Alt** (*h–e''*), **Tenor**
(*fis–a'*), **Baß** (*A–e'*), B.c.   D

11. (64.) **Choralchorsatz** „Nun seid ihr wohl gerochen"
Mel. „Herzlich tut mich verlangen"
Ritornellumrahmung und Zeilenzwischenspiele. Schlichter Chor-
satz.
Gesamtinstrumentarium.   D

249 Kommt, eilet und laufet, ihr flüchtigen Füße
(Oster-Oratorium)

1. Ostertag. – EZ: 1725, WA: nach 1732 und 1740.
Parodie der Geburtstagskantate BWV 249a.
Textdichter unbekannt (Picander?).
BG XXI,3 (Rust 1874); Neuausgabe Hänssler (Hellmann 1962); NBA II/7. – Lit.: 65.
Solo: Sopran (Maria Jacobi), Alt (Maria Magdalena), Tenor (Petrus), Baß
(Johannes). – Chor.
Trompete I–III (*D*), Pauken; Blockflöte I, II (*g'–e'''*, *g'–d'''*), Querflöte,
Oboe I, II, Oboe d'amore; Streicher; B.c. (+Fagott). – AD: 47 Min.

1. **Sinfonia**
Zweisätzig. A: $^3/_8$ (Allegro), B: $^3/_4$ Adagio.
A: Trompete I–III (*D*), Pauken; Oboe I, II; Streicher; B.c. (+Fagott). **D**
B: Oboe (melodieführend); Streicher; B.c. (+Fagott). **h**
= Kantate 249a, Satz 1.

2. **Arie** (Duett) „Kommt, eilet und laufet, ihr flüchtigen Füße"
Orchestersatz: Instrumentarium wie Satz 1 A.
Tenor (*d–b'*), **Baß** (*A–e'*). Da-capo-Form.
In einer späteren Fassung hat Bach die beiden Eckteile zu einem vier-
stimmigen Chor ergänzt.[1] **D**
Wahrscheinlich Schlußsatz zu der zweisätzigen „Sinfonia", so daß offenbar ein ver-
schollenes Instrumentalkonzert als Vorlage gedient hat.
= Kantate 249a, Satz 2.

3. **Rezitativ** „O kalter Männer Sinn"
Secco. Vokalquartett: **Alt** (*cis'–e''*), **Sopran** (*fis'–g''*), **Tenor** (*g–g'*),
Baß (*dis–cis'*). **h–h**

4. **Arie** „Seele, deine Spezereien"
Triosatz: Querflöte (oder Solovioline), **Sopran** (*cis'–a''*), B.c. (+Fagott).
Da-capo-Form. **h**
= Kantate 249a, Satz 4.

5. **Rezitativ** „Hier ist die Gruft, und hier der Stein"
Secco. Vokalterzett: **Tenor** (*fis–a'*), **Baß** (*A–e'*), **Alt** (*cis'–e''*). **D–h**

6. **Arie** „Sanfte soll mein Todeskummer"
Quartettsatz: Violine I, II (+Blockflöte I, II, oktavierend), **Tenor**
(*cis–a'*), B.c. (+Fagott). Freies Da-capo. **G**
= Kantate 249a, Satz 6.

[1] Die beiden obengenannten Ausgaben bieten einen Kompromiß zwischen der Duettform
(Teil A) und der Chorform (Teil A').

7. **Rezitativ** „Indessen seufzen wir"
Secco – Arioso. Vokalduett: **Sopran** (*fis'–a''*), **Alt** (*h–e''*), B.c. (+Fagott) figürlich. **h–A**

8. **Arie** „Saget, saget mir geschwinde"
Orchestersatz (ausinstrumentierter Triosatz): Oboe d'amore; Streicher;
B.c. (+Fagott). **Alt** (*a–e''*). Da-capo-Form. **A**
= Kantate 249a, Satz 8.

9. **Rezitativ** „Wir sind erfreut"
Secco. **Baß** (*H–e'*). **G–A**

10. **Chor** „Preis und Dank bleibe, Herr, dein Lobgesang"
Zweiteilig (Französische Ouvertüre): A: **c** (Adagio), B: ³/₈ Allegro.
Instrumentarium wie Satz 1 A. **D**
= Kantate 249a, Satz 10.

249a Entfliehet, verschwindet, entweichet, ihr Sorgen
(Schäferkantate)

Glückwunschkantate zum Geburtstag (23. 2.) des Herzogs Christian von Sachsen-Weißenfels. – EZ: 1725, WA(U): 1726 = Umdichtung zu Kantate 249b.
Text: Picander I und Vierte Auflage.
Musik verschollen, aber als Urbild des Oster-Oratoriums (BWV 249) weitgehend rekonstruierbar.
Erstausgabe (mit frei komponierten Rezitativen von Keller) bei Bärenreiter (Smend 1943); NBA I/35, Krit. Bericht (Dürr 1964).
Lit.: 65, 69.

Solo: Sopran (Doris), Alt (Sylvia), Tenor (Menalcas), Baß (Damoetas).
Trompete I–III (*D*), Pauken; Blockflöte I, II (*g'–e'''*, *g'–d'''*), Querflöte,
Oboe I, II, (Oboe d'amore); Streicher; B.c. (+Fagott). – AD: 47 Min.

1. **Sinfonia**
Zweisätzig. A: ³/₈ (Allegro), B: ³/₄ Adagio.
A: Trompete I–III, Pauken; Oboe I, II; Streicher; B.c. (+Fagott). **D**
B: Oboe (melodieführend); Streicher; B.c. (+Fagott). **h**
= Kantate 249, Satz 1.

2. **Arie** (Duett) „Entfliehet, verschwindet, entweichet, ihr Sorgen"
Orchestersatz: Instrumentarium wie 1 A.
Da-capo-Form: A und B = **Tenor** (*d–h'*), **Baß** (*A–e'*); *A'* = **Sopran**
(*d'–h''*), **Alt** (*a–e''*). **D**
Wahrscheinlich Schlußsatz zu den beiden Konzertsätzen der „Sinfonia".
= Kantate 249, Satz 2.

3. **Rezitativ** „Was hör ich da? Wer unterbricht uns hier?"
Secco. Vokalquartett: **Baß** (*e–cis'*), **Tenor** (*cis'–fis'*), **Alt** (*h–e''*), **Sopran** (*fis'–g''*).
h–h

4. **Arie** „Hunderttausend Schmeicheleien"
Triosatz: Querflöte (oder Solovioline), **Sopran** (*cis'–a''*), B. c. (+Fagott).
Da-capo-Form. h
= Kantate 249, Satz 4.

5. **Rezitativ** „Wie aber, schönste Schäferin"
Secco. Vokalquartett: **Baß** (*H–a*), **Sopran** (*e'–g''*), **Tenor** (*e–e'*), **Alt** (*dis'–h'*).
e–e

6. **Arie** „Wieget euch, ihr satten Schafe"
Quartettsatz: Violine I, II (+Blockflöte I, II, oktavierend), **Tenor**
(*cis–a'*), B. c. (+Fagott). Freies Da-capo. G
= Kantate 249, Satz 6

7. **Rezitativ** „Wohlan! Geliebte Schäferinnen"
Secco. Vokalduett: **Baß** (*H–cis'*), **Alt** (*cis'–d''*). C–fis

8. **Arie** „Komm doch, Flora, komm geschwinde"
Orchestersatz (ausinstrumentierter Triosatz): Oboe (d'amore); Strei-
cher; B. c. (+Fagott). **Alt** (*a–e''*). Da-capo-Form. A
= Kantate 249, Satz 8.

9. **Rezitativ** „Was sorgt ihr viel, die Flora zu beschweren?"
Secco. **Baß** (*A—e'*). cis—D

10. **Arie** (Quartett) „Glück und Heil bleibe dein beständig Teil"
Orchestersatz: Instrumentarium wie Satz 1 A. **Sopran** (*cis'–a''*), **Alt**
(*h–d''*), **Tenor** (*eis–a'*), **Baß** (*Fis–e'*).
Zweiteilig (Französische Ouvertüre). A: **c** (Adagio), B: ³/₈ Allegro. D
= Kantate 249, Satz 10.

249 b Verjaget, zerstreuet, zerrüttet, ihr Sterne
Die Feier des Genius
(Dramma per Musica)

Glückwunschkantate zum Geburtstag von Joachim Friedrich Graf von Flemming am
25. 8. 1726.
Text: Picander I: Genius, Mercurius, Melpomene, Minerva. Umdichtung der Kantate
249 a.
NBA I/39, Krit. Bericht.
Lit.: 53, 65.

(1. **Sinfonia**) vgl. Kantate 249a, Satz 1.

2. **Arie** (Duett) Genius, Mercurius (Wiederholung: Minerva, Melpomene):
„Verjaget, zerstreuet, zerrüttet, ihr Sterne"
= Kantate 249a, Satz 2.

3. **Rezitativ** Genius, Mercurius, Minerva, Melpomene: „Was hör ich hier?"
= Kantate 249a, Satz 3.

4. **Arie** Melpomene: „Süße, wundersüße Triebe"
= Kantate 249a, Satz 4.

5. **Rezitativ** Mercurius, Minerva, Melpomene: „Was aber macht uns so erhitzt"
(Vermutlich Neukomposition).

6. **Arie** Mercurius: „Senket euch nur ohne Kummer"
= Kantate 249a, Satz 6.

7. **Rezitativ–Arioso–Rezitativ** Minerva, Melpomene, Genius, Mercurius: „Obschon der Helicon"
(Vermutlich Neukomposition).

8. **Arie** Minerva: „Geht, ihr Wünsche, geht behende"
= Kantate 249a, Satz 8.

9. **Rezitativ** Genius: „Geliebte, was ihr wünscht"
(Vermutlich Neukomposition).

10. **Arie** (Tutti): „Heil und Lust krön unendlich deine Brust"
= Kantate 249a, Satz 10.

2. Nur teilweise erhaltene, verschollene und zweifelhafte Kantaten

a Kantaten, deren Musik verschollen, aber teilweise aus anderen Werken ergänzbar ist

I Auf! süß entzückende Gewalt

Serenade zur Hochzeitsfeier 27. 11. 1725: Peter Hohmann (von Hohenthal) – Christiana Sibylla Mencke.
Bachs Autorschaft durch Parodiebeziehungen zu Kantate 11 belegt.
Text: Gottsched 1730, 1737 und 1751: Die Natur, die Schamhaftigkeit, das Verhängnis, die Tugend, Chor der Nymphen an der Pleiße.
Erstausgabe Satz 5: Bärenreiter (Smend 1950), vgl. Besprechung in Mf IV, 1951, S. 254f. (Dürr).
NBA I/40, Krit. Bericht (Neumann 1970).
Lit.: 67.

1. **(Arie)** Natur: „Auf! süß entzückende Gewalt"

2. **(Rezitativ)** „In allem, was der Bau der Welt"

3. **(Arie)** „Entfernet euch, ihr kalten Herzen"
   Parodie: vermutlich Kantate 11, Satz 4.

4. **(Rezitativ)** Schamhaftigkeit: „Wie das? o gütige Natur!"

5. **(Arie)** „Unschuld, Kleinod reiner Seelen"
   Parodie: Kantate 11, Satz 10 (Ursprüngliche Besetzung: Querflöte I, II, Oboe da caccia I, II).

6. **(Rezitativ)** Tugend: „Du irrest, liebes Kind"

7. **(Arie)** „Folge nur den sanften Trieben"

8. **(Rezitativ)** Natur: „Nun hörst du ja, die Tugend selbst stimmt ein"

9. **(Arie + Rezitativ)**: Natur, Schamhaftigkeit: „Ersticke nicht länger das wallende Wesen"

10. **(Rezitativ)** Schamhaftigkeit, Natur: „Gefährlicher Entschluß"

11. **(Arie)** „Selbst der Höchste schließet Ehen"

12. **(Rezitativ)** Schamhaftigkeit, Verhängnis: „So wird es auch vielleicht geschehen"

13. **Chor** der Nymphen an der Pleiße: „Lebe, neues Paar, vergnügt!"

II Es lebe der König, der Vater im Lande
(BWV Anh. 11)

Glückwunschkantate zum Namenstage Augusts II. am 3. 8. 1732.
Bachs Autorschaft durch Breitkopfs Geschäftsbücher belegt.
Text: Picander IV und Vierte Auflage: Dramma per Musica „Landesliebe, Landes-
glückseligkeit und Landesfürsehung".
NBA I/36, Krit. Bericht (Neumann 1962).
Lit.: 25, 35, 66[V].

1. **Chor** „Es lebe der König, der Vater im Lande"
   Wahrscheinlich Vorlage für Kantate 215, Satz 1, und Messe *h*-Moll (BWV 232), Osanna.
2. **Rezitativ** „August, unsterblicher August"
3. **Arie** „Lobt, ihr Völker, unsre Wonne"
4. **Rezitativ** Landesl.: „Und darum, Herr, versichre dich"
5. **Arie** Landesl.: „Entferne deine holden Blicke"
6. **Arioso-Duett** Landesgl., Landesl.: „Geneigter Himmel, dem bekannt"
7. **Arie** Landesl.: „Frommes Schicksal, wenn ich frage"
   Ähnlichkeit mit Kantate 248[IV], Satz 4 (Echo-Arie), aber abweichender Strophenbau.
8. **Rezitativ** Landesf.: „Getrost, ihr treuen Untertanen"
9. **Arie** „Ich will ihn hegen"
   Parodie: vermutlich Kantate 30a, Satz 7.
10. **Rezitativ** Landesgl., Landesl.: „Wohl mir! mein Wohlergehen"
11. **Arie** „Es lebe der König, der Vater im Lande"

III Froher Tag, verlangte Stunden
(BWV Anh. 18)

Festkantate zur Einweihung der erneuerten Thomasschule am 5. 6. 1732.
Verfasserschaft Bachs belegt durch Originaltextdruck (Breitkopf). Wiederverwendung
der Musik zum Namenstag Augusts III. (3. 8. 1733): „Frohes Volk, vergnügte Sachsen"
(Kantate IV).
Text: Johann Heinrich Winckler.
BG XXXIV, Vorwort (Waldersee 1887); NBA I/39, Krit. Bericht.
Lit.: 21, 25, 42, 52, 53, 66[V].

Erster Teil

1. **Arie** „Froher Tag, verlangte Stunden"
   Parodie: vermutlich Kantate 11, Satz 1.
   = Kantate IV, Satz 1.
2. **(Rezitativ)** „Wir stellen uns jetzt vor"
3. **Arie** „Väter unsrer Lindenstadt"
   = Kantate IV, Satz 3.

4. **(Rezitativ)** „Begierd und Trieb zum Wissen"
5. **Tutti** „So laßt uns durch Reden und Mienen entdecken"
   = Kantate IV, Satz 5.

Zweiter Teil

6. **Arie** „Geist und Herze sind begierig"
   Vermutete Parodiebeziehung zur Messe F-Dur (BWV 233), Domine Deus, wenig
   begründet.
   = Kantate IV, Satz 7.
7. **(Rezitativ)** „So groß ist Wohl und Glück"
8. **Arie** „Doch man ist nicht frei und los"
   = Kantate IV, Satz 9.
9. **(Rezitativ)** „Wenn Weisheit und Verstand"
10. **Tutti** „Ewiges Wesen, das alles erschafft"
    = Kantate IV, Satz 11.

IV Frohes Volk, vergnügte Sachsen
(BWV Anh. 12)

Glückwunschkantate zum Namenstage Augusts III. am 3. 8. 1733.
Umdichtung der Thomasschulkantate (Kantate III).
Text: Picander IV und Vierte Auflage.
NBA I/36, Krit. Bericht (Neumann 1962).
Lit.: 25, 35, 53.

1. **Arie** „Frohes Volk, vergnügte Sachsen"
   Vgl. Kantate III, Satz 1.
2. **(Rezitativ)** „Beglücktes Land, was geht dir ab?"
   (Neukomposition).
3. **Arie** „Holder, angenehmer Schein!"
   Vgl. Kantate III, Satz 3.
4. **(Rezitativ)** „Durchlauchtigster August"
   (Neukomposition).
5. **Tutti** „Wie ruhig, wie sicher ist unser Gedeihen"
   Vgl. Kantate III, Satz 5.
6. **(Rezitativ)** „Herr, unsrer Nachbarn Neid"
   (Neukomposition).
7. **Arie** „Schön und herrlich sproßt die Raute"
   Vgl. Kantate III, Satz 6.
8. **(Rezitativ)** „Beglücktes Land, gepriesne Zeit!"
   (Neukomposition).
9. **Arie** „Labe dich, du fromme Schar"
   Vgl. Kantate III, Satz 8.

10. (**Rezitativ**) „Der Herr, der Fürsten nimmt und gibt"
(Neukomposition).
11. **Tutti** „Großer Erhalter, der alles erschafft"
Vgl. Kantate III, Satz 10.

V Herrscher des Himmels, König der Ehren

Ratswechsel 29. 8. 1740.
Bachs Autorschaft aktenmäßig und durch Parodiebeziehungen belegt.
Text: Nützliche Nachrichten Von Denen Bemühungen derer Gelehrten und andern Begebenheiten in Leipzig, 1740. Textdichter unbekannt.
NBA I/32, Krit. Bericht.
Lit.: 36.

1. **Chor** „Herrscher des Himmels, König der Ehren"
2. **Rezitativ** „Gott, welcher selbst Regenten setzt"
3. **Arie** „Gerechte müssen wie Palmen"
4. **Rezitativ** „Gesegnete, beglückte Stadt"
5. **Arie** „Danke Gott, daß er in Segen"
   Urbild: möglicherweise Kantate 208, Satz 13.
6. **Rezitativ** „So senke doch, o Höchster, Geist und Kraft"
7. **Chor** „Es falle jetzt auf uns dein himmlisches Feuer"
   Urbild: Kantate 208, Satz 15.

VI Ich bin ein Pilgrim auf der Welt

2. Ostertag. – EZ: 1729.
Text: Picander III (Jg. 1728/29) und Vierte Auflage; 6. Kaspar Stolshagen (1550–1594).
Von Bachs Komposition nur ein kurzes Fragment des 4. Satzes in der Originalpartitur
zu Kantate 120a erhalten; vgl. NBA I/33, Krit. Bericht (Hudson 1958), S. 58 f.
Lit.: 19.

1. (**Rezitativ**) „Ich bin ein Pilgrim auf der Welt"
2. **Arie** „Lebe wohl, du Sündenwüste"
3. (**Rezitativ**) „Was sollt ich mich noch lange sehnen"
4. **Arie** „Wenn ich nicht soll Jesum haben"
   Continuosatz. Da-capo-Form. **Baß.** (Nur die letzten 5 Takte des Mittelteils erhalten.)
5. (**Rezitativ**) „Bei Jesu bin ich auch nicht fremde"
6. **Choral** „O süßer Herre Jesu Christ"
   Mel. „Heut triumphieret Gottes Sohn"
   Schlichter Chorsatz, wahrscheinlich identisch mit BWV 342.

VII So kämpfet nur, ihr muntern Töne
(BWV Anh. 10)

Glückwunschkantate zum Geburtstage von Joachim Friedrich Graf von Flemming am 25. 8. 1731. — Bachs Autorschaft durch Parodiebeziehungen belegt.
Text: Picander IV und Vierte Auflage.
NBA I/39, Krit. Bericht.
Lit.: 35, 65.

1. **Arie** „So kämpfet nur, ihr muntern Töne"
   Parodie: vermutlich Kantate 248^{VI}, Satz 1.
2. **(Rezitativ)** „Heut ist ein Tag der Lust"
3. **Arie** „Sei willkommen, frohes Licht"
4. **(Rezitativ)** „Gleichwie ein Fluß"
5. **Arie** „Wie die satten Schafe"
6. **(Rezitativ)** „Laß deine Gnad und Güte"
7. **Arie** „Lebe und grüne, großer Flemming"
   Möglicherweise parodiert aus Kantate 201, Satz 15; vgl. Kantate VIII, Satz 9.

VIII Thomana saß annoch betrübt
(BWV Anh. 19)

Festkantate zur Begrüßung des neuen Thomasrektors, Johann August Ernesti, am 21. 11. 1734.
Text: Johann August Landvoigt.
Originaltextdruck Breitkopfs in Riemers Chronik, ohne Erwähnung Bachs, dessen Komposition aber schon infolge seiner Dienststellung gewiß (vgl. außerdem die Parodiebeziehung in Satz 9).
BG XXXIV, Vorwort (Waldersee 1887); NBA I/39, Krit. Bericht.
Lit.: 25, 52, 55.

1. **Rezitativ** „Thomana saß annoch betrübt"
2. **Arie** „Himmel! und wie lange noch!"
   Vermutete Parodiebeziehung zu Kantate 6, Satz 2, unwahrscheinlich.
3. **Rezitativ** „Der Klageton war noch auf ihrer Zungen"
4. **Arioso (+ Rezitativ)** „Thomana wiederum zu trösten und zu freun" – „So sehr sie dieser Laut zwar rührte"
5. **Arie** „So hat mein Wunsch und Hoffen"
6. **Rezitativ** „Ja, ja, gepriesner Mann"
7. **Arie** „Willkomm, geschätzt geliebter Mann!"
8. **Rezitativ** „Erlaube denn, daß unsre Pflicht"
9. **Chor** „Himmel, streue deinen Segen"
   Möglicherweise parodiert aus Kantate 201, Satz 15; vgl. Kantate VII, Satz 7.

b Kantaten, von denen nur die Texte überliefert sind

IX Dich loben die lieblichen Strahlen der Sonne
(BWV Anh. 6)

Glückwunschkantate zum Neujahrstage 1720 für das Fürstenhaus von Anhalt-Köthen.
Komposition Bachs nicht belegbar, aber auf Grund seiner Dienststellung wahrscheinlich.
Text: Hunold III.
NBA I/35, Krit. Bericht (Dürr 1964).
Lit.: 69, 70.

  1. **Arie** „Dich loben die lieblichen Strahlen der Sonne"
  2. **(Rezitativ)** „Den Augen ist, der Sonnen Glanz zu sehn"
  3. **Arie (+Rezitativ)** „Wie lieblich ist zu Anhalts Wohlergehn" – „Wer nicht des Lichtes Schönheit preist"
  4. **(Rezitativ)** „Die ganze Kreatur"
  5. **Arie** „So strahle holde Fürsten-Sonne"

X Entfernet euch, ihr heitern Sterne
(BWV Anh. 9)

Abendmusik zum Geburtstage Augusts II. am 12. 5. 1727.
Verfasserschaft Bachs belegt durch Sicul, Das Frohlockende Leipzig, 1727; Annales
Lipsienses, Sectio XXIX, 1728; Hof- und Staats-Calender 1728.
Text: Christian Friedrich Haupt; Originaltextdruck: Philuris, Apollo, Mars, Harmonia.
BG XXXIV, Vorwort (Waldersee 1887); NBA I/36, Krit. Bericht (Neumann 1962).
Lit.: 55.

  1. **Arie, Tutti** „Entfernet euch, ihr heitern Sterne"
  2. **Rezitativ** Philuris: „Großmächtigster August"
  3. **Arie** Philuris: „Die Quellen pflegt man ja zu krönen"
  4. **Arioso** „Laß, mächtigster August, laß großer König, zu"
  5. **Rezitativ** Apollo: „Dies große Fest ließ vor den Jahr"
  6. **Arie** Apollo: „Augustens Gegenwart, Augustens Lust-Revier"
  7. **(Rezitativ)** „Voraus da dieses Fest"
  8. **Duett** Philuris, Apollo: „Seid zu tausendmal willkommen"
  9. **(Rezitativ)** Apollo, Mars, Philuris: „Ich selbsten bin entzückt und weiß nicht, wie mir ist"
10. **Arie** Mars: „Helden, die wie Caesar fechten"

11. **(Rezitativ)** Mars, Harmonia: „Entweichet, weil noch seine Langmut währt"

12. **Arie** Harmonia: „Soll des Landes Segen wachsen"

13. **(Rezitativ)** „Drum lasse noch zuletzt mit meinen süßen Chören"

14. **Arie, Tutti** „So lebe denn das Königliche Haus"

XI Gott, gib dein Gerichte dem Könige
(BWV Anh. 3)

Ratswechsel 1730.
Text: Picander III und Vierte Auflage (ohne Nennung Bachs, dessen Komposition aber auf Grund seiner Amtspflicht kaum bezweifelbar); 1. Psalm 72,1–2; 3. und 5. Paul Gerhardt 1647 (Wach auf, mein Herz, und singe), frei verändert.
NBA I/32, Krit. Bericht.
Lit.: 53, 55.

1. **(Arioso)** „Gott, gib dein Gerichte dem Könige"
2. **Arie** „Höchster, zeige dein Gerichte"
3. **(Rezitativ + Choral)** „Herr Zebaoth, du bist getreu" – „Sprich Ja zu seinen Taten"
4. **Arie** „Wir schauen, wir bauen"
5. **(Rezitativ + Choral)** „Darum verleih, daß unser Regiment geruhig sei" – „Mit Segen uns beschütte"

XII Heut ist gewiß ein guter Tag
(BWV Anh. 7)

Glückwunschkantate zum Geburtstage (10. 12.) des Fürsten Leopold von Anhalt-Köthen.
EZ: wahrscheinlich 1720.
Komposition Bachs nicht belegbar, aber auf Grund seiner Dienststellung wahrscheinlich.
Text: Hunold III; Schäfergespräch: Sylvia, Phillis, Thyrsis.
NBA I/35, Krit. Bericht (Dürr 1964).
Lit.: 69, 70.

1. **(Rezitativ)** Sylvia, Phillis: „Heut ist gewiß ein guter Tag"
2. **Arie** Sylvia: „Ein vergnügt und ruhig Leben" – Phillis: „Unsers Herzens liebste Weide"
3. **(Rezitativ)** Sylvia, Phillis: „Du redest recht"
4. **Arie** Phillis: „Jagen ist ein groß Ergötzen"
5. **(Rezitativ)** Thyrsis, Phillis, Sylvia: „Ihr singt von Jagen und von Lust?"

6. **Arie** (Terzett) „Auf! $\left\{\begin{array}{l}\text{lobet}\\\text{danket}\end{array}\right\}$ dem $\left\{\begin{array}{l}\text{gütigsten}\\\text{herrlichsten}\end{array}\right\}$ Gott"

7. **(Rezitativ)** Thyrsis, Phillis, Sylvia: „So schenket nach dem Leiden"
8. **Arie** Sylvia: „Der Himmel lachet mit Vergnügen"
9. **(Rezitativ)** Thyrsis, Phillis, Sylvia: „Denn wird es wohl um unsre Hütten stehen"
10. **Arie** Tutti: „Schönster Tag, beliebte Stunden"

XIII Lobet den Herrn, alle seine Heerscharen
(BWV Anh. 5)

Festkantate zum Geburtstage des Fürsten Leopold von Anhalt-Köthen am 10. 12. 171
„bey gehaltenem Gottes-Dienste".
Text: Hunold II, ohne Erwähnung Bachs; dessen Komposition aber infolge seiner Dienststellung höchstwahrscheinlich.
NBA I/35, Krit. Bericht (Dürr 1964).
Lit.: 69, 70.

1. **Chor** „Lobet den Herrn, alle seine Heerscharen" (Psalm 103, 21)
2. **Rezitativ** „Mein Leben kommt aus deiner Hand"
3. **Arie** „Ich lebe, Herr! mein Herz soll dich erheben"
4. **Rezitativ** „Was nutzte mir ein zeitlich Lebensgut"
5. **Arie** „Herr, laß meine Seele leben"
6. **Rezitativ** „Herr, dein Gericht"
7. **Arie** „Herrsche du selber mit Gnaden von oben"

XIV Sein Segen fließt daher wie ein Strom
(BWV Anh. 14)

Zur Trauung von Christoph Friedrich Lösner und Johanna Elisabeth Scherling am 12. 2. 1725 in Leipzig.
Textdichter unbekannt.
Bachs Autorschaft verbürgt durch Textdruck, Leipzig 1725 (Bachhaus Eisenach); Musik verschollen.
NBA I/33, Krit. Bericht (Hudson 1958).

Vor der Trauung

1. **(Arioso)** „Sein Segen fließt daher wie ein Strom"
2. **Rezitativ** „Des Himmels Fenster öffnen sich"
3. **Arie** „Wohl dir, da zur erwünschten Stunde"

Nach der Trauung

4. **Arioso** „Ein Mara weicht von dir mit allen Bitterkeiten"
5. **(Rezitativ)** „So stelle dich, glücklich vereinigt Paar"
6. **Arie** „So tritt in dieses Paradies"

XV Willkommen! Ihr herrschenden Götter der Erden!
(BWV Anh. 13)

Huldigungskantate für das Königspaar und auf die bevorstehende Vermählung (9. 5.)
der Prinzessin Maria Amalia mit Karl IV. von Sizilien, aufgeführt am 28. 4. 1738.
Komposition Bachs belegt durch Honorarquittung vom 5. 5. 1738.
Text: Gottsched (Präsenttextdruck in Riemers Chronik und den Universitätsakten erhalten).
BG XXXIV Vorwort (Waldersee 1887); NBA I/37, Krit. Bericht (Neumann 1961).
Lit.: 25, 35, 47.

1. **Arie** „Willkommen! Ihr herrschenden Götter der Erden!"
2. **(Rezitativ)** „Großmächtigster August"
3. **Arie** „Fürsten sind die Lust der Erden"
4. **(Rezitativ)** „Dies Bild zeigt sich an dir"
5. **Arie** „Sanfte Stille! süße Fülle"
6. **(Rezitativ)** „Doch was erschallt für eine Freudenpost"
7. **Arioso** „Wohlan, Prinzessin! zweifle nicht"
8. **(Rezitativ)** „Der warme Südenwind"
9. **Arie** „Auf! teureste Enkelin mächtigster Kaiser!"

XVIa Wünschet Jerusalem Glück
(BWV Anh. 4)

Ratswechsel 1727; WA: 1741.
Text: Picander II und Vierte Auflage; Textdruck in: Nützliche Nachrichten von denen
Bemühungen derer Gelehrten und andern Begebenheiten in Leipzig, 1741 (hier an vorletzter Stelle ein zusätzliches Rezitativ „Herr, weihe selbst das Regiment"); 6. Martin
Luther 1531.
NBA I/32, Krit. Bericht.
Lit.: 55.

1. **(Chorsatz?)** „Wünschet Jerusalem Glück" (Psalm 122, 6–7)
2. **Arie** „Rühm und lobe, sing und preise"
3. **(Rezitativ)** „Gott Lob! Der Herr hat viel an uns getan"

4. **Arioso** „Der Höchste steh uns ferner bei"
5. **Arie** „Herrscher aller Seraphinen"
6. **Choral** „Verleih uns Frieden gnädiglich"

XVIb Wünschet Jerusalem Glück
(BWV Anh. 4)

Zur 200-Jahrfeier der Augsburger Konfession 1730. Neufassung der gleichnamigen Ratswechselkantate 1727.
Text: Picander III und Vierte Auflage; Sicul, Annales Lipsienses, Sectio XXXVIII, 1731 (hier zweiteilig: 1.−2./3.−6.); 6. Strophe 1 nach Melanchthons „Vespera iam venit", deutsch 1575, Strophe 2 Freiberg 1602.
Lit.: 55.

1. **(Chorsatz?)** „Wünschet Jerusalem Glück" (Psalm 122, 6−7)
2. **Arie** „Rühm und lobe, sing und preise"
3. **(Rezitativ)** „Hier ist des Herren Tempel"
4. **Arie** „Herr, erhöre, was wir bitten"
5. **Rezitativ** „Gib, Herr, dein Wort den frommen Christen"
6. **Choral** „Ach bleib bei uns, Herr Jesu Christ" (2 Strophen)

c Kantaten, deren Musik und Text verschollen sind

XVII Gesegnet ist die Zuversicht
(BWV Anh. 1)

7. Sonntag nach Trinitatis. Belegt durch Breitkopfs Verzeichnis 1770: „2 Flauti, 2 Viol., Viola, S.A.T.B. e Fondamento"; möglicherweise Werk Telemanns (vgl. Dürrs Ausgabe, Bärenreiter 1954).
Text: vielleicht identisch mit Neumeister III.
NBA I/18, Krit. Bericht (Dürr 1966).
Lit.: 17, 44.

XVIII Ihr wallenden Wolken

Neujahrskantate.
Beleg: Forkels Nachlaßverzeichnis 1819.
NBA I/4, Krit. Bericht (Neumann 1964).

XIX Meine Seele soll Gott loben
(BWV 223)

Wahrscheinlich Mühlhäuser Zeit. Ehemals in Ph. Spittas Besitz (vgl. Spitta, Johann Sebastian Bach, Bd. I, Leipzig 1873, S. 339f.).
NBA I/34, Krit. Bericht.

XX Mein Gott, nimm die gerechte Seele
(BWV Anh. 17)

Trauerkantate „à 2 Oboi d'amore, 2 Violini, Viola, Fagott oblig., 4 Voci, Fondam".
Beleg: Breitkopfs Verzeichnis 1761.
NBA I/34, Krit. Bericht.
Lit.: 44.

XXI Siehe, der Hüter Israel
(BWV Anh. 15)

Promotionskantate „à 3 Tromb., Tymp., 2 Oboi, 3 Violini, Viola, 4 Voci, Cembalo".
Beleg: Breitkopfs Verzeichnis 1761. Wahrscheinlich für Paulinerkirche am 27. 4. 1724.
NBA I/34, Krit. Bericht.
Lit.: 44, 54, 55.

XXII Geburtstagskantate

Für den Anhalt-Zerbster Fürsten Johann August, am 29. 7. (9. 8. nach dem neuen Kalender) 1722.
Beleg: Kammerrechnung.
Lit.: H. Wäschke, Eine noch unbekannte Komposition J. S. Bachs, in: SIMG X, 1909, S. 633 f.

XXIII Glückwunschkantate
(BWV Anh. 8)

Zum Neujahrstag 1723 für das Fürstenhaus von Anhalt-Köthen. Möglicherweise identisch mit Kantate 184a.
Beleg: Titelseite des Textdrucks im Bachhaus Eisenach.
NBA I/35, Krit. Bericht (Dürr 1964).

XXIV Zweite Mühlhäuser Ratswechselkantate 1709

Beleg: Honorarrechnung.
NBA I/32, Krit. Bericht.
Lit.: E. Brinkmann, Mühlhäuser Geschichtsblätter 1932, S. 294ff.; G. Kinsky, Die Originalausgaben der Werke J. S. Bachs, 1937, S. 17 f.

d Kantaten, für die Bachs Autorschaft nur vermutet wurde

XXV Auf! zum Scherzen, auf! zur Lust

Geburtstagskantate 15. 8. 1726.
Text: Picander II; Auf den Geburtstag Hrn. J. W. C. D. Dialog: Mercurius, Astraea
und Chor der Grazien.
Vermutete Parodiebeziehung des Schlußsatzes zu Kantate 11, Satz 1, nicht stichhaltig.
Lit.: 21, 67.

XXVI Murmelt nur, ihr heitern Bäche

Serenade zur Berufung des Leipziger Juristen Dr. Johann Florens Rivinus an die Universi-
tät am 9. 6. 1723.
Text: Acta Lipsiensium Academica 1723; Vogel, Continuation derer Leipzigischen
Jahrbücher von Anno 1714 bis 1728 (Manuskript); Sicul, Annales Lipsienses, Sectio XX,
1726 (Druck).
Lit.: C. v. Winterfeld, Der evangelische Kirchengesang, Bd. III, 1847, S. 262.

XXVII Schließt die Gruft! ihr Trauerglocken
(BWV Anh. 16)

Trauerkantate für die Merseburger Herzogin Hedwig-Eleonora, 9. 11. 1735.
Text: Balthasar Hoffmann.
Lit.: 25, 59.

e Incerta: Quellenmäßig belegte Entwürfe oder Planungen Bachs, die wahrscheinlich fallengelassen oder in anderer Form realisiert wurden

XXVIII Kirchenkantate

„Dom. 6. post Trinit: Concerto à 4 Voci e 4 stromenti"; autographer Umschlagtitel zu einer Handschrift mit Kompositionen C. Ph. E. Bachs (P 1130).

XXIX Kirchenkantate
(BWV Anh. 2)

(sechstaktiger Entwurf) „J. J. Concerto Dominica 19 post Trinitatis à 4 Voci. 1 Violino Conc: 2 Violini, Viola e Cont. di Bach"; autographer Kopftitel auf der Rückseite der Partitur zu Motette BWV 226 (P 36).

XXX Kirchenkantate

J. J. Concerto à 4 Voci, 3 Trombe, Tamburi, 2 Hautb:, Violino Conc:, 2 Violini, Violae Cont."; autographer Kopftitel im Partiturfragment (P 614) einer Sinfonia D-Dur (BWV 1045), die wahrscheinlich als Eröffnungssatz der Kantate vorgesehen war.

XXXI Kirchenkantate

(vierzehntaktiger, wieder gestrichener Entwurf) „JJ Festo Michaelis Concerto à 4 Voci. 3 Trombe Tamburi. 2 Hautb. 2 Violini Viola e Cont. Basso". In Takt 14 Basso-Einsatz mit Textwort „Man", also wahrscheinlich textgleich mit Kantate 149. Als umgedrehte Seite enthalten im Partiturautograph der Kantate 201 (P 175, Bl. 12ᵛ).

XXXII Kirchenkantate

(siebentaktiger Entwurf) „Concerto Doica Quasimodogeniti, J. J.", im Partiturautograph der Kantate 103 (P 122).

XXXIII Kirchenkantate

(sechstaktiger Entwurf) „J. J. Doica Exaudi, Sie werden euch in den Bann tun", im Partiturautograph der Kantate 79 (P 89)

3. Ausgeschiedene Kantaten

15 Denn du wirst meine Seele nicht in der Hölle lassen

1. Ostertag. Textdichter unbekannt. Komponist: Johann Ludwig Bach.
BG II (Hauptmann 1852).
Lit.: 15, 27, 41, 49.

53 Schlage doch, gewünschte Stunde

Trauerkantate. Text: Salomo Franck? Komponist: Georg Melchior Hoffmann.
BG XII,2 (Rust 1863).
Lit.: 15, 44; BJ 1955, S. 15 (K. Anton).

141 Das ist je gewißlich wahr

3. Advent. Text: Helbig 1720. Komponist: G. Ph. Telemann.
BG XXX (Waldersee 1884).
Lit.: 15, 17, 44, 50, 71.

142 Uns ist ein Kind geboren

1. Weihnachtstag. Text: Neumeister III, 1711. Komponist: Johann Kuhnau (?).
BG XXX (Waldersee 1884).
Lit.: 15, 48, 50, 54.

160 Ich weiß, daß mein Erlöser lebt

1. Ostertag. Text: Neumeister I, 1700. Komponist: G. Ph. Telemann.
BG XXXII (Naumann 1886).
Lit.: 15, 17, 54.

189 Meine Seele rühmt und preist

Mariae Heimsuchung (?). Textdichter unbekannt. Komponist: Wahrscheinlich
Georg Melchior Hoffmann.
BG XXXVII (Dörffel 1891).
Lit.: 15, 17, 18.

217 Gedenke, Herr, wie es uns gehet

1. Sonntag nach Epiphanias. Textdichter unbekannt. Komponist?
BG XLI (Dörffel 1894).
Lit.: 44.

218 Gott der Hoffnung erfülle euch

1. Pfingsttag. Text: Neumeister 1718. Komponist: G. Ph. Telemann.
BG XLI (Dörffel 1894).
Lit.: 17, 44, 54.

219 Siehe, es hat überwunden der Löwe

Michaelistag. Textdichter unbekannt. Komponist: G. Ph. Telemann.
BG XLI (Dörffel 1894).
Lit.: 17.

220 Lobt ihn mit Herz und Munde

Johannistag. Textdichter unbekannt. Komponist?
BG XLI (Dörffel 1894).
Lit.: 44.

221 Wer sucht die Pracht, wer wünscht den Glanz

Textdichter unbekannt. Komponist ?

222 Mein Odem ist schwach

Textdichter unbekannt. Komponist: Johann Ernst Bach.
Lit.: K. Geiringer, Die Musikerfamilie Bach, 1958, S. 509.

Übersichten und Querschnitte

1. Chronologie der Kantaten[1]

Mühlhausen 1707–1708: (4), 71, 106, 131, 196, XIX

Weimar 1708–1717: (4), 12, 18, 21, 31, 54, 61, 63, 70a, 80a, 132, 147a, 150, 152, 155, 161, 162, 163, 165, 172, 182, 185, 186a, 199, 208, XXIV

Köthen 1717–1723: (22), (23), 66a, 134a, 173a, 184a, 194a, 202, IX, XII, XIII, XXII, XXIII

Leipzig 1723–1727: 1, 2, 3, 5, 6, 7, 8, 10, 13, 16, 17, 19, 20, (22), (23), 24, 25, 26, 27, 28, 32, 33, (34a), 35, 36a, 36c, 37, 38, 39, 40, 41, 42, 43, 44, 45, 46, 47, 48, 49, 52, 55, 56, 57, 58, 59, 60, 62, 64, 65, 66, 67, 68, 69a, 70, 72, 73, 74, 75, 76, 77, 78, 79, 80, 81, 82, 83, 84, 85, 86, 87, 88, 89, 90, 91, 92, 93, 94, 95, 96, 98, 99, 101, 102, 103, 104, 105, 107, 108, 109, 110, 111, 113, 114, 115, 116, 119, 121, 122, 123, 124, 125, 126, 127, 128, 129, 130, 133, 134, 135, 136, 137, 138, 139, 144, 147, 148, 151, 153, 154, 157, 158?, 164, 166, 167, 168, 169, 170, 173, 175, 176, 178, 179, 180, 181, 183, 184, 186, 187, 190, 193, 193a, 194, 198, 204, 205, 207, 249, 249a, 249b, I, X, XIV, XVIa, XXI, XXV, XXVI

Leipzig 1728–1735: 9, 11, 14, 29, (34a), 36, 36b, 51, 97, 100, 112, 117, 120, 120a, 120b, 140, 143?, 145, 149, 156, 159, 171, 174, 177, 188, 190a, 192, 197a, 201, 205a, (206), 207a, 209?, 211, 213, 214, 215, 216, 216a, 244a, 248$^{I–VI}$, II, III, IV, VI, VII, VIII, XI, XVIb, XXVII

Leipzig nach 1735: 30, 30a, 34, 69, 118, 146, 191, 195, 197, 200, (206), 208a, 210, 210a, 212, V, XV

Unbestimmt: 50, 203, 209

2. Ordnung der Kantaten nach ihrem Verwendungszweck[2]

1. Advent: 36, 61, 62
2. Advent: 70a
3. Advent: 186a
4. Advent: 132, 147a
1. Weihnachtstag: 63, 91, 110, 191, 197a, 248^{I}
2. Weihnachtstag: 40, 57, 121, 248^{II}
3. Weihnachtstag: 64, 133, 151, 248^{III}

Sonntag nach Weihnachten: 28, 122, 152

Neujahr: 16, 41, 143, 171, 190, 248^{IV}

Sonntag nach Neujahr: 58, 153, 248^{V}

Epiphanias: 65, 123, 248^{VI}

[1] Die in Klammern gesetzten Nummern bezeichnen Kantaten, die auf der Grenze zweier Perioden stehen bzw. einer dieser Perioden nicht eindeutig zuzuweisen sind. Zur genaueren Datierung der einzelnen Kantaten vgl. im Literaturverzeichnis besonders die unter Nr. 1 und 2 angeführten Arbeiten von Georg von Dadelsen und Alfred Dürr.

[2] Die in Klammern eingeschlossenen Nummern weisen auf eine doppelte Verwendungsmöglichkeit hin.

3. Die Textdichter der Kantaten

4. Die Choralbearbeitungsformen in den Kantaten

a Solistische Choralbearbeitungen

(einschließlich der Sätze, in denen die Ausführung des C.f. dem einstimmigen Solochor obliegt):

Choralduo (vok. C.f.+B.c.): 44, 114

Choraltrio (vok. C.f.+Instr.+B.c.): 4, 6, 95, 113, 137, 140, 143, 166, 180, 199

Choralquattuor (vok. C.f.+ 2 Instr. + B.c.): 36, 51, 85, 86, 92, 106, 178

Orchesterbegleiteter Choral: 13

Arie + vok. C.f.: 49, 58, 60, 71, 80, 106, 131, 156, 158, 159

Arie + instr. C.f.: 12, 19, 31, 101, 106, 137, 143, 161

Duett + vok. C.f.: 122

Duett + instr. C.f.: 10, 93, 163, 172, 185

Freie Choralbearbeitungsformen: 4, 36, 37

Rezitativ + instr. C.f.: 5, 23, 38, 70, 122

Choral (solistisch)+ Rezitativtropierung: 83, 91, 92, 93, 94, 101, 113, 125, 126, 178, 248^{I}, 248^{IV}

b Chorische Choralbearbeitungen:

Choralchorsatz, instr. C.f.: 14, 25, 48, 77, 80, 127, (135), (138)

Choralchorsatz, vok. C.f.: 1, 2, 3, 4, 5, 7, 8, 9, 10, 11, 16, 20, 21, 22, 23, 24, 26, 27, 28, 33, 38, 41, 61, 62, 68, 73, 75, 78, 80, 91, 92, 93, 94, 95, 96, 97, 98, 99, 100, 101, 106, 107, 109, 111, 112, 113, 114, 115, 116, 117, 118, 121, 122, 123, 124, 125, 126, 127, 128, 129, 130, 133, 135, 137, 138, 139, 140, 143, 147, 167, 177, 178, 180, 182, 186, 192, 248^{VI}

Schlichter Choralsatz: 2, 3, 4, 5, 6, 7, 8, 9, 10, 11, 13, 14, 16, 17, 18, 20, 25, 26, 27, 28, 30, 32, 33, 36, 37, 38, 39, 40, 42, 43, 44, 45, 47, 48, 55, 56, 57, 60, 62, 64, 65, 66, 67, 70, 72, 73, 74, 77, 78, 80, 81, 83, 84, 85, 86, 87, 88, 89, 90, 92, 93, 94, 96, 99, 101, 102, 103, 104, 108, 110, 111, 113, 114, 115, 116, 117, 119, 120, 121, 122, 123, 124, 125, 126, 127, (132), 133, 135, 139, 140, 144, 145, 146, 148, 151, 153, 154, 155, 156, 157, 158, 159, 162, 163, 164, 165, 166, 168, 169, 174, 176, 177, 178, 179, 180, 183, 184, 187, 188, 197, 197a, 248^{I}, 248^{II}, 248^{III}, 248^{V}, 248^{VI}

Schlichter Choralsatz mit obligaten Instrumenten: 1, 12, 19, 29, 31, 52, 59, 69, 69a, 70, 79, 91, 95, 97, 112, 120a, 128, 130, 136, 137, 149, 161, 172, 175, 185, 190, 194, 195

Schlichter Choralsatz mit Zwischenspielen (und teilweise obligaten Instrumenten): 41, 46, 76, 79, 105, 171, 248^{I}, 248^{II}, 248^{IV}

Schlichter Choralsatz mit Rezitativtropierung: 3, 18, 92, 178, 190

c Instrumentale Choralbearbeitung:

75

5. Die Choralmelodien der Kantaten

Valet will ich dir geben: 95
Vater unser im Himmelreich: 90,
101, 102
Verleih uns Frieden gnädiglich: 42,
126, XVIa
Vom Himmel hoch, da komm ich
her: 248^I, 248^{II}
Von Gott will ich nicht lassen: 11,
73, 107, 186a

Wachet auf, ruft uns die Stimme:
140
Wär Gott nicht mit uns diese Zeit:
14
Warum betrübst du dich, mein
Herz: 47, 138
Warum sollt ich mich denn grämen:
248^{III}
Was Gott tut, das ist wohlgetan: 12,
69a, 75, 98, 99, 100, 144
Was mein Gott will, das g'scheh
allzeit: 65, 72, 92, 103, 111, 144
Welt, ade! ich bin dein müde: 27,
158
Wenn mein Stündlein vorhanden
ist: 31, 95
Wer nur den lieben Gott läßt wal-
ten: 21, 27, 84, 88, 93, 166, 179,
197
Werde munter, mein Gemüte: 55,
146, 147, 154
Wie schön leuchtet der Morgen-
stern: 1, 36, 37, 49, 61, 172
Wir Christenleut hab'n jetzund
Freud: 40, 110, 248^{III}
Wo Gott, der Herr, nicht bei uns
hält: 73, 114, 178
Wo soll ich fliehen hin: 163, 199

6. Die selbständigen Instrumentalsätze in den Kantaten

4, 12, 18, 21, 29, 31, 35, 42, 49, 52,
75, 76, 106, 120a, 146, 150, 152, 156,
169, 174, 182, 188, 196, 207, 207a,
(208, 208a), 209, 212, 248^{II}, 249,
249a, 249b

7. Die freien Chorsätze in den Kantaten

6, 11, 12, (16), 17, 19, 21, (22), 23,
24, 29, 30, 30a, 31, 34, 34a, 36, 36a,
36b, 36c, 37, 39, 40, 43, (44), 45, 46,
47, 50, 63, 64, 65, 66, 67, 68, 69, 69a,
70, 70a, 71, 72, 74, 75, 76, 79, 102,
103, 104, 105, 106, 108, 109, 110,
119, 120, 120a, 131, 134, 134a, 136,
143, 144, 145, 146, 147, 147a, 148,
149, 150, 161, 171, 172, 173, 176,
179, 181, 182, 184, 186, 186a, 187,
190, 190a, 191, 193, 194, 195, 196,
197, 198, 201, 205, 206, 207, 207a,
208, 208a, 213, 214, 215, 248^I, 248^{II},
248^{III}, 248^{IV}, 248^V, 248^{VI}, 249

8. Die Solokantaten und reinen Chorkantaten

Solokantaten (in Klammern beige-
fügt sind die Kantaten, in denen
der Chor lediglich für die schlichte
Schlußchoralform benötigt wird,
die wiederum in den Soloquartett-

Kantaten unter Umständen soli-
stisch dargestellt werden kann):
Sopran: 51, (52), (84), 199, 202, 204,
209, 210, 210a
Alt: 35, 54, (169), 170, 200
Tenor: (55)
Baß: (56), 82, (158), 203
Sopran, Alt: 216
Sopran, Baß: (32), 49, (57), 58, (59),
152, 173a, 212
Alt, Baß: (197a)
Tenor, Baß: (157)
Sopran, Alt, Baß: (89)
Sopran, Tenor, Baß: 211
Alt, Tenor, Baß: (60), (81), (83),
(87), (90), (153), (154), (156), (159),
(166), (174), (175)
Sopran, Alt, Tenor, Baß: (13), (42),
(80a), (85), (86), (88), (132), (151),
(155), (162), (163), (164), (165),
(167), (168), (183), (185), (188),
249a
Sopran I, II, Tenor, Baß: 208

Reine Chorkantaten: 50, 118

9. Die choralfreien
Kirchenkantaten

34, 35, 50, 54, 63, 82, 134, 150, 152,
170, 173, 181, 191, 193, 196, 198,
200, 249

10. Die reinen
Choraltextkantaten

4, 97, 100, 107, 112, 117, 118, 129,
137, 177, 192

11. Das Instrumentarium
der Kantaten[1]

Flauto traverso: 8, 9, 11, 26, 30, 30a,
34, 34a, 36b, 45, 55, 67, 78, 79,
(82), 94, 96, 99, 100, 101, 102, 103,
107, 110, 113, 114, 115, 117, 123,
125, 129, 130, 145, 146, 151, 157,
164, 170, 172, 173, 173a, 180, 181,
184, 191, 192, 195, 197a, 198, 201,
204, 205, 206, 207, 207a, 209,
210, (210a), 211, 212, 214, 215,
(216), 248^I, 248^{II}, 248^{III}, 249, 249a
Flauto (dolce): 13, 18, 25, 39, 46, 65,
69a, 71, 81, 106, 119, 122, 127,
152, 161, 175, 180, 182, 208, 249,
249a
Flauto piccolo: 96, 103
Oboe: 2, 5, 6, 10, 11, 12, 13, 14, 16,
19, 20, 21, 22, 23, 24, 25, 26, 27,
28, 29, 30, 30a, 31, 32, 33, 34, 34a,
35, 38, 39, 40, 41, 42, 43, 44, 45,
47, 48, 50, 52, 55, 56, 57, 58, 62,
63, 66, 68, 69, 69a, 70, 71, 72, 73,
74, 75, 76, 77, 78, 79, 80, 82, 83,
84, 85, 87, 89, 91, 93, 94, 95, 96,
97, 98, 101, 102, 104, 105, 109,
110, 111, 113, 114, 117, 118, 119,
120a, 122, 125, 126, 127, 128, 129,
130, 131, 132, 134, 134a, 135, 136,
137, 140, 144, 146, 147, 148, 149,
152, 154, 156, 157, 158, 159, 164,

[1] Das Streicher-Grundgerüst (Violine I,
II, Viola, Violoncello, Violone) ist in
dieser Übersicht nicht mit aufgeführt;
desgleichen bleiben die Kantaten des
2. Hauptteils (Nr. I bis XXXIII) unbe-
rücksichtigt.

166, 167, 169, 171, 172, 174, 176, 177, 178, 179, 180, 181, 185, 186, 187, 188, 190, 191, 192, 193, 194, 195, 197, 198, 199, 201, 202, 204, 205, 206, 208, 213, 214, 215, 248^{I}, 248^{III}, 248^{IV}, 248^{VI}, 249, 249a

Oboe d'amore: 3, 7, 8, 9, 17, 19, 24, 30, 30a, 36, 36b, 36c, 37, 49, 55, 60, 64, 67, 69, 75, 76, 80, 81, 86, 88, 92, 94, 95, 99, 100, 103, 104, 107, 108, 110, 112, 113, 115, 116, 117, 120, 120a, 121, 123, 124, 125, 128, 129, 133, 136, 138, 139, 144, 145, 146, 147, 151, 154, 157, 168, (169), 170, 172, 178, 183, 190, 195, 197, 197a, 198, 201, 205, 206, 207, 207a, 210, (210a), 213, 214, 215, 248^{I}, 248^{II}, 248^{III}, 248^{V}, 248^{VI}, 249, 249a

Oboe da caccia (Taille): 1, 6, 13, 16, 19, 27, 28, 31, 35, 46, 56, 57, 58, 65, 68, 69a, 74, 80, 82, 87, 88, 98, 101, 104, 110, 118, 119, 122, 128, 140, 146, 147, 167, 169, 174, 176, 177, 179, 180, 183, 186, 186a, 188, 207, 207a, 208, 248^{II}

Fagotto (sofern nicht bloßer B.c.-Bestandteil): 21, 42, 66, 71, 131, 143, 149, 150, 155, 173a, 177, 197, 208

Corno: 1, 3, 8, 26, 27, 40, 52, 60, 62, 65, 67, 68, 73, 78, 79, 83, 88, 91, 95, 96, 99, 105, 112, 114, 115, 116, 124, 125, 128, 136, 140, 178, 195, 205, 212

Corno da caccia: 14, 16, 89, 100, 107, 109, 143, 174, 208, 213, 248^{IV}

Corno da tirarsi: 46, 67, 162

Cornetto: 4, 23, 25, 28, 64, 68, 101, 118, 121, 133, 135

Lituus: 118

Tromba: 5, 10, 11, 12, 19, 20, 21, 29, (30), 30a, 31, 34, 34a, 41, 43, 48, 50, 51, 59, 63, 66, 69, 69a, 70, 71, 74, 75, 76, (80), 90, 103, 110, 119, 120, 120a, 126, 127, 128, 129, 130, 137, 145, 147, 148, 149, 171, 172, 175, 181, 185, 190, 191, 195, 197, 201, 205, 206, 207, 207a, 214, 215, 248^{I}, 248^{III}, 248^{VI}, 249, 249a

Tromba da tirarsi: 5, 20, 46, 77, 124
Clarino: 24, 48, 63, 167
Trombone: 2, 3, 4, 21, 23, 25, 28, 38, 64, 68, 96, 101, 118, 121, 135

Timpani (Tamburi): 11, 19, 21, 29, 30, 30a, 31, 34, 34a, 41, 43, 50, 59, 63, 69, 69a, 71, 74, 79, (80), 91, 100, 110, 119, 120, 120a, 129, 130, 137, 143, 149, 171, 172, 190, 191, 195, 197, 201, 205, 206, 207, 207a, 214, 215, 248^{I}, 248^{III}, 248^{VI}, 249, 249a

Violino piccolo: 96, 140

Violoncello piccolo: 6, 41, 49, 68, 85, 115, 175, 180, 183

Violetta: 16, 157, 215

Viola d'amore: 36c, 152, 205

Viola da gamba: 76, 106, 152, 198, 199, 205

Liuto: 198

Cembalo obbligato: 203, 211

Organo obbligato: 27, 29, 35, 47, 49, 63, 71, 73, 80, 120a, 146, 161, 169, 170, 172, 188

12. Die Arien nach Stimmgattungen[1]

Sopran:

Ach, es schmeckt doch gar zu gut
(212)
Alleluja (51)
Angenehme Hempelin (216)
Angenehmer Zephyrus (205)
Auch mit gedämpften, schwachen
Stimmen (36, 36c)

Bereite dir, Jesu, noch jetzo die
Bahn (147)
Bereitet die Wege, bereitet die Bahn
(132)
Bete aber auch dabei (115)
Blast die wohlgegriffnen Flöten
(214)

Das ist galant (212)
Dein sonst hell beliebter Schein (176)
Die Armen will der Herr umarmen
(186)
Die Schätzbarkeit der weiten Erden
(204)
Die Seele ruht in Jesu Händen (127)
Doch bin und bleibe ich vergnügt
(150)
Durch die von Eifer entflammeten
Waffen (215)

[1] Mit Ausschluß der solistischen Choralbearbeitungen und der komplexen Ariengebilde, die durch Einbau von Chorpartien oder Rezitativen über die Darstellungsmöglichkeiten der angegebenen Solopartien hinausgehen; desgleichen sind die Arien des 2. Hauptteils (Nr. I bis XXXIII) nicht berücksichtigt.

Ei! wie schmeckt der Coffee süße
(211)
Eilt, ihr Stunden, kommt herbei (30)
Eilt, ihr Stunden, wie ihr wollt (30a)
Er richt's zu seinen Ehren (107)
Er segnet, die den Herrn fürchten
(196)
Erfüllet, ihr himmlischen, göttlichen
Flammen (1)
Es halt es mit der blinden Welt (94)
Es ist und bleibt der Christen Trost
(44)

Flößt, mein Heiland, flößt dein Namen (248^{IV})

Gedenk an uns mit deiner Liebe (29)
Gelobet sei der Herr, mein Gott
(129)
Genügsamkeit ist ein Schatz in diesem Leben (144)
Gerechter Gott, ach, rechnest du
(89)
Gib, Schöne, viel Söhne (212)
Gott schickt uns Mahanaim zu (19)
Gott versorget alles Leben (187)
Gott, wir danken deiner Güte (193)
Gottes Engel weichen nie (149)
Gottlob! nun geht das Jahr zu Ende
(28)
Großer Flemming, alles Wissen
(210a)
Großer Gönner, dein Vergnügen
(210)
Güldner Sonnen frohe Stunden
(173a)

Heil und Segen soll und muß (120)
Herr, deine Güte reicht so weit (17)

Herr, der du stark und mächtig bist (10)
Heute noch, lieber Vater, tut es doch (211)
Hilf, Gott, daß es uns gelingt (194)
Himmlische Vergnügsamkeit (204)
Höchster, mache deine Güte (51)
Höchster Tröster, heilger Geist (183)
Höchster, was ich habe (39)
Hört doch! der sanften Flöten Chor (206)
Hört, ihr Augen, auf zu weinen (98)
Hört, ihr Völker, Gottes Stimme (76)
Hunderttausend Schmeicheleien (249a)

Ich bin herrlich, ich bin schön (49)
Ich bin vergnügt in meinem Leiden (58)
Ich bin vergnügt mit meinem Glücke (84)
Ich ende behende mein irdisches Leben (57)
Ich esse mit Freuden mein weniges Brot (84)
Ich halt es mit dem lieben Gott (52)
Ich nehme mein Leiden mit Freuden auf mich (75)
Ich säe meine Zähren (146)
Ich will auf den Herren schaun (93)
Ich wünschte mir den Tod (57)
Ihm hab ich mich ergeben (97)
Immerhin, immerhin (52)

Jagen ist die Lust der Götter (208)
Jauchzet Gott in allen Landen (51)
Jesu, Brunnquell aller Gnaden (162)
Jesu, deine Gnadenblicke (11)

Jesus soll mein erstes Wort (171)

Klein-Zschocher müsse so zart (212)
Komm in mein Herzenshaus (80)
Komm, komm, mein Herze (74)

Laß uns, o höchster Gott, das Jahr vollbringen (41)
Laßt der Spötter Zungen schmähen (70)
Lebens Sonne, Licht der Sinnen (180)
Leit, o Gott, durch deine Liebe (120a)
Liebster Gott, erbarme dich (179)
Liebster Jesu, mein Verlangen (32)

Mein gläubiges Herze (68)
Mein Gott, ich liebe dich von Herzen (77)
Mein Jesus hat nunmehr (43)
Mein Jesus will es tun (72)
Mein Seelenschatz ist Gottes Wort (18)
Meine Seele sei vergnügt (204)
Meinem Hirten bleib ich treu (92)
Mit zarten und vergnügten Trieben (36b)

Nur ein Wink von seinen Händen (248^{VI})

Öffne dich, mein ganzes Herze (61)
Öffne meinen schlechten Liedern (25)
O heilges Geist- und Wasserbad (165)

Parti pur, e con dolore (209)
Patron, das macht der Wind (201)
Phoebus eilt mit schnellen Pferden (202)

Wohl euch, ihr auserwählten Seelen
(34)
Wo zwei und drei versammlet sind
(42)

Zum reinen Wasser er mich weist
(112)

Tenor:

Ach, schlage doch bald, selge Stunde
(95)
Ach, senke doch den Geist (73)
Ach, ziehe die Seele mit Seilen der
Liebe (95)
Adam muß in uns verwesen (31)
Auch die harte Kreuzesreise (123)
Auf, Gläubige, singet (134)
Auf meinen Flügeln sollst du schwe-
ben (213)
Auf, Sterbliche, lasset ein Jauchzen
ertönen (134a)
Augustus Namenstages Schimmer
(207a)
Aus Gottes milden Vaterhänden
(36b)

Bäche von gesalznen Zähren (21)
Bewundert, o Menschen, dies große
Geheimnis (62)

Christenkinder, freuet euch (40)

Das Blut, so meine Schuld durch-
streicht (78)
Der Ewigkeit saphirnes Haus (198)
Der Glaube ist das Pfand der Liebe
(37)
Der schädlichen Dornen unendliche
Zahl (181)

Des Höchsten Gegenwart allein (194)
Des Vaters Stimme ließ sich hören
(7)
Die Liebe führt mit sanften Schritten
(36c)
Die Liebe zieht mit sanften Schritten
(36)
Die schäumenden Wellen von Belials
Bächen (81)
Die Welt kann ihre Lust und Freud
(94)
Drum ich mich ihm ergebe (107)
Durchs Feuer wird das Silber rein (2)

Eile, Herz, voll Freudigkeit (83)
Ein geheiligtes Gemüte (173)
Erbarme dich, laß die Tränen dich
erweichen (55)
Erfreue dich, Seele, erfreue dich,
Herze (21)
Ergieße dich reichlich, du göttliche
Quelle (5)
Erholet euch, betrübte Sinnen (103)
Ermuntre dich: dein Heiland klopft
(180)
Erschrecke doch, du allzu sichre
Seele (102)
Erschüttre dich nur nicht, verzagte
Seele (99)
Es dünket mich, ich seh dich kom-
men (175)
Es reißet euch ein schrecklich Ende
(90)
Ewigkeit, du machst mir bange (20)

Falscher Heuchler Ebenbild (179)
Freilich trotzt Augustus' Name (215)
Frische Schatten, meine Freude (205)
Frohe Hirten, eilt, ach eilet (248^{II})

Ich gehe hin und komme wieder zu euch (74)
Ich habe genung (82)
Ich lasse dich nicht (197a)
Ich will den Kreuzstab gerne tragen (56)
Ich will dich halten (30a)
Ich will nun hassen (30)
Ich will von Jesu Wundern singen (147)
Ihr Felder und Auen (208)
In der Welt habt ihr Angst (87)

Ja, ja, ich halte Jesum feste (157)
Ja, ja, ich kann die Feinde schlagen (57)
Jesu, beuge doch mein Herze (47)
Jesus ist ein Schild der Seinen (42)
Johannis freudenvolles Springen (121)

Kraft und Stärke sei gesungen (149)
Kron und Preis gekrönter Damen (214)

Laß mein Herz die Münze sein (163)
Laß, o Welt, mich aus Verachtung (123)
Lasset dem Höchsten ein Danklied erschallen (66)
Leichtgesinnte Flattergeister (181)
Leopolds Vortrefflichkeiten (173a)

Mädchen, die von harten Sinnen (211)
Mein Erlöser und Erhalter (69, 69a)
Mein Herze glaubt und liebt (75)
Meinen Jesum laß ich nicht (98)
Merke, mein Herze, beständig nur dies (145)

Merkt und hört, ihr Menschenkinder (7)
Mit Verlangen drück ich deine zarten Wangen (201)

Nichts ist es spat und frühe (97)
Nun du wirst mein Gewissen stillen (78)

O du angenehmes Paar (197)
O Menschen, die ihr täglich sündigt (122)
Öffnet euch, ihr beiden Ohren (175)

Rase nur, verwegner Schwarm (215)
Rühmet Gottes Güt und Treu (195)

Schleuß des Janustempels Türen (206)
Schlummert ein, ihr matten Augen (82)
Schweig, aufgetürmtes Meer (81)
Selig ist der Mann (57)
Seligster Erquickungstag (70)
Siehe, ich will viel Fischer aussenden (88)
So löschet im Eifer der rächende Richter (90)
Starkes Lieben, das dich, großer Gottessohn (182)
Streite, siege, starker Held (62)
Stürze zu Boden, schwülstige Stolze (126)

Tag und Nacht ist dein (71)
Tritt auf die Glaubensbahn (152)
Tue Rechnung! Donnerwort (168)

Verachtest du den Reichtum seiner Gnade (102)
Verstumme, Höllenheer (5)

Wacht auf, ihr Adern und ihr Glie-
der (110)
Wacht auf, wacht auf, verlornen
Schafe (20)
Wahrlich, wahrlich, ich sage euch
(86)
Was des Höchsten Glanz erfüllt
(194)
Was Gott tut, das ist wohlgetan
(100)
Was soll ich aus dir machen,
Ephraim? (89)
Weicht, all ihr Übeltäter (135)
Wenn einstens die Posaunen schallen
(127)
Wenn ich nicht soll Jesum haben
(VI)
Wenn Trost und Hülf ermangeln
muß (117)
Wer bist du? Frage dein Gewissen
(132)
Wie will ich lustig lachen (205)
Willkommen im Heil (30a)
Willkommen, werter Schatz (36)
Wisset ihr nicht, daß ich sein muß
(154)
Wo gehest du hin? (166)
Wohlzutun und mitzuteilen (39)

Zu Tanze, zu Sprunge (201)
Zurücke, zurücke, geflügelten
Winde (205)

Sopran, Alt:

Ach Herr, mein Gott, vergib mirs
doch (113)

Beruft Gott selbst, so muß der Segen
(88)

Die Armut, so Gott auf sich nimmt
(91)
Du wahrer Gott und Davids Sohn
(23)
Entfliehet, verschwindet, entwei-
chet, ihr Sorgen (249a)
Entziehe dich eilends, mein Herze,
der Welt (124)

Gedenk an Jesu bittern Tod (101)
Gesegnete Christen, glückselige
Herde (184)
Gottes Wort, das trüget nicht (167)

Heil und Segen (216)
Herr, du siehst statt guter Werke (9)
Herz, zerreiß des Mammons Kette
(168)

Ich wollte dir, o Gott (163)

Laß, Seele, kein Leiden (186)

Vergnügte Pleißenstadt (216)

Wenn des Kreuzes Bitterkeiten (99)
Wenn Sorgen auf mich dringen (3)
Wir eilen mit schwachen, doch em-
sigen Schritten (78)

Sopran, Tenor:

Du bereitest vor mir einen Tisch
(112)

Ehre sei Gott in der Höhe (110)
Entzücket uns beide (208)

Gloria Patri et Filio (191)

Ich lebe, mein Herze (145)

Verzage nicht, o Häuflein klein (42)

Sopran, Baß:

Den soll mein Lorbeer schützend
decken (207)
Der ewig reiche Gott (192)

Gott, ach Gott, verlaß die Deinen
nimmermehr! (79)
Gott, du hast es wohl gefüget (63)

Händen, die sich nicht verschließen
(164)
Hat er es denn beschlossen (97)
Herr, dein Mitleid, dein Erbarmen
(248III)

Komm, mein Jesu, und erquicke
(21)

Lobe den Herren, der künstlich und
fein dich bereitet (137)

Mein Freund ist mein (140)
Mer hahn en neue Oberkeet (212)
Mich kann die süße Ruhe laben
(207a)

Nimm auch, großer Fürst, uns auf
(173a)
Nun verschwinden alle Plagen (32)

O wie wohl ist uns geschehn (194)

So hat Gott die Welt geliebt (173)

Unter seinem Purpursaum (173a)

Wann kommst du, mein Heil? (140)
Wer mich liebet, der wird mein
Wort halten (59)

Wie soll ich dich, Liebster der See-
len, umfassen? (152)
Wir gehn nun, wo der Tudelsack
(212)

Alt, Tenor:

Du mußt glauben, du mußt hoffen
(155)

Es streiten, es prangen (134a)

Gott hat uns im heurigen Jahre (28)

Herr, fange an und sprich den Segen
(120a)

Ich bin deine, du bist meine (213)
Ich fürchte zwar nicht des Grabes
Finsternissen (66)

In meinem Gott bin ich erfreut (162)

Mein letztes Lager will mich
schrecken (60)

O Menschenkind, hör auf geschwind
(20)

Ruft und fleht den Himmel an (63)

Seid wachsam, ihr heiligen Wächter
(149)
Sein Allmacht zu ergründen (128)
So geh ich mit beherzten Schritten
(111)

Was Gott tut, das ist wohlgetan
(100)
Wie selig sind doch die (80)
Wir danken und preisen (134)
Wohl mir, Jesus ist gefunden (154)

Zweig und Äste zollen dir (205)

Tenor, Baß:

Der Herr segne euch (196)

Ein unbegreiflich Licht (125)
Entfliehet, verschwindet, entwei-
chet, ihr Sorgen (249a)

Gott, der du die Liebe heißt (33)

Ich lasse dich nicht (157)

Jesus soll mein alles sein (190)

Kommt, eilet und laufet (249)

Sie werden euch in den Bann tun (44)

Uns treffen zwar der Sünden Flecken
(136)

Wie will ich mich freuen (146)

Sopran, Alt, Tenor:

Ach, wenn wird die Zeit erscheinen
(248^{V})

Sopran, Alt, Baß:

Wenn meine Trübsal als mit Ketten
(38)

Sopran, Tenor, Baß:

Ach, wir bekennen unsre Schuld
(116)

Die Katze läßt das Mausen nicht
(211)

Alt, Tenor, Baß:

Zedern müssen von den Winden
(150)

Sopran, Alt, Tenor, Baß:

Entfliehet, verschwindet, entwei-
chet, ihr Sorgen (249a)

Glück und Heil bleibe dein bestän-
dig Teil (249a)

Kommt, eilet und laufet, ihr flüchti-
gen Füße (249)

13. Die Arien mit 1 oder 2 obligaten Instrumenten[1]

Querflöte:

Sopran: 36b, 100, 204, 210, 210a,
211, 249, 249a
Alt: 45, 79, 94, 103
Tenor: 55, 78, 96, 99, 102, 107, 113,
114, 130, 180, 248^{II}
Baß: 123
Alt + Tenor: 205

2 Querflöten:

Sopran: 214
Alt: 164, 201
Tenor: 110

Blockflöte:

Sopran: 18 (+ Viola), 39
Alt: 103, 119, 182
Baß: 106

[1] Mit Ausschluß der reinen Choralbe-
arbeitungen und der im 2. Hauptteil
(Nr. I–XXXIII) aufgeführten Kantaten-
arien. In mehreren Fällen ist chorische
Besetzung des obligaten Instrumental-
parts (besonders bei Violinen!) vorge-
schrieben.

2 Blockflöten:

Sopran: 208
Alt: 46
Tenor: 249, 249a (+Violinen)

Oboe:

Sopran: 21, 89, 93, 98, 187, 199, 202, 248^{IV}
Alt: 12, 22, 44, 48, 79, 102
Tenor: 73
Baß: 56, 152
Sopran + Baß: 63, 140

2 Oboen:

Sopran: 77, 97, 204
Alt: 43, 109, 174, 176 (+Oboe da caccia)
Tenor: 38, 126, 135
Baß: 14
Sopran + Alt: 23
Sopran + Baß: 137, 194
Tenor + Baß: 33, 44

Oboe d'amore:

Sopran: 75, 94, 144
Alt: 64, 100, 110, 112, 116, 129, 136, 147, 151, 193, 205, 213, 214, 248^{I} (+Violine I)
Tenor: 8, 36, 36b, 36c, 88, 121, 157, 168, 201
Baß: 197a, 248^{V}
Alt + Tenor: 128
Tenor + Baß: 190

2 Oboi d'amore:

Sopran: 19, 107
Alt: 133, 154, 206
Tenor: 24, 104, 117, 123, 248^{VI}
Baß: 113

Sopran + Alt: 3 (+Violinen), 88 (+Violinen)
Sopran + Baß: 248^{III}

Oboe da caccia:

Sopran: 1, 74, 177
Alt: 6, 27 (+obligate Orgel)
Tenor: 16, 186a
Sopran + Alt: 167

2 Oboi da caccia:

Sopran: 179
Alt: 87
Tenor: 119
Baß: 65

Fagott:

Baß: 173a (+Violoncello)
Alt + Tenor: 149, 155

Trompete:

Alt: 77
Baß: 43

2 Trompeten:

Baß: 175

2 Hörner:

Sopran: 208

Violine:

Sopran: 30, 30a, 36, 47, 57, 58, 76, 147, 150, 171, 186, 196, 202, 204, 205, 249, 249a
Alt: 2, 11, 24 (+Viola), 75, 86, 103, 132, 146, 213, 248^{III}
Tenor: 9, 29, 36b, 37, 43, 61 (+Viola), 85 (+Viola), 97, 101, 108, 139, 148, 165, 172 (+Viola), 181, 184, 186 (+Oboe), 201, 206

Baß: 13 (+Blockflöte), 32, 59, 98, 117, 174 (+Viola), 178, 187, 201, 212

Sopran + Alt: 91
Sopran + Tenor: 145, 208
Sopran + Baß: 79, 164 (+Querflöte, Oboe)
Alt + Tenor: 66
Tenor + Baß: 136
Sopran + Alt + Tenor: 248^V

2 Violinen:

Sopran: 17, 52
Alt: 72, 200
Tenor: 7, 171, 248^{IV}, 249, 249a (+ 2 Blockflöten)
Baß: 12, 42
Tenor + Baß: 125

Violino piccolo:

Sopran + Baß: 140

Viola:

Sopran: 18
Alt: 6
Tenor: 5, 16

2 Violen:

Alt + Tenor: 213

Viola d'amore:

Sopran: 36c

2 Viole da gamba:

Alt: 198 (+ 2 Lauten)

Violoncello piccolo:

Sopran: 68
Alt: 85
Tenor: 41, 175, 183

2 Violoncelli:

Baß: 163

Obligates Cembalo:

Baß: 203

Obligate Orgel:

Sopran: 47
Alt: 29, 35, 169, 170, 188
Baß: 49

Violine und Viola:

Alt: 54

Violine und Querflöte:

Sopran: 129
Tenor: 26
Baß: 157

Violine und Oboe:

Sopran: 84
Alt: 39, 69, 156
Tenor: 166, 213
Baß: 47

Violine und Oboe d'amore:

Sopran: 210, 210a
Baß: 139
Alt + Tenor: 60

Violine und Oboe da caccia:

Alt + Tenor: 80, 80a

Violine und Fagott:

Tenor: 177

Viola d'amore und Blockflöte:

Sopran: 152

Viola d'amore und Viola da gamba:

Tenor: 205

Violoncello piccolo und Querflöte:

Sopran: 115

Violoncello piccolo und Oboe
d'amore:

Sopran: 49

Viola da gamba und Oboe
d'amore:

Alt: 76

Querflöte und Oboe d'amore:
Alt: 125
Sopran + Alt: 9, 99

Querflöte und Oboe da caccia:
Sopran + Alt: 101

Blockflöte und Oboe da caccia:
Tenor: 69a

Oboe da caccia und obligate
Orgel:
Alt: 27

14. Die Continuo-Arien

Sopran: 51, 61, 80, 80a, 162, 201,
202, 208
Alt: 70, 89, 106, 134a, 165, 177
Tenor: 21, 76, 107, 147, 182, 194,
208
Baß: 3, 7, 10, 25, 31, 39, 62, 74, 81,
88, 92, 94, 97, 111, 122, 126, 129,
132, 149, 153, 154, 185, 186, 203,
208, 211
Sopran + Alt: 78, 113, 124, 168
Sopran + Tenor: 42, 110
Sopran + Baß: 21, 97, 207, 207a
Alt + Tenor: 20, 28, 100, 162
Sopran + Alt + Baß: 38
Sopran + Tenor + Baß: 116
Alt + Tenor + Baß: 150

15. Die Parodien und Entsprechungen

1. Kantate – Kantate

Kantate 11,	Satz 1	– Kantate III,	Satz 1	– Kantate IV, Satz 1
Kantate 11,	Satz 4	– Kantate I,	Satz 3	
Kantate 11,	Satz 10	– Kantate I,	Satz 5	
Kantate 12,	Satz 7	– Kantate 69a,	Satz 6	
Kantate 29,	Satz 1	– Kantate 120a,	Satz 4	
Kantate 30,	Satz 1	– Kantate 30a,	Satz 1	– Kantate 195, Satz 8 (frühere Fassung)
Kantate 30,	Satz 3	– Kantate 30a,	Satz 3	
Kantate 30,	Satz 5	– Kantate 30a,	Satz 5	– Kantate 195, Satz 6 (frühere Fassung)
Kantate 30,	Satz 8	– Kantate 30a,	Satz 7	– (Kantate II, Satz 9)
Kantate 30,	Satz 9	– Kantate 30a,	Satz 8	
Kantate 30,	Satz 10	– Kantate 30a,	Satz 9	
Kantate 30,	Satz 12	– Kantate 30a,	Satz 13	
		Kantate 30a,	Satz 11	– Kantate 210, Satz 8
Kantate 34,	Satz 1	– Kantate 34a,	Satz 1	

Kantate 34,	Satz 3	– Kantate 34a, Satz 5		
Kantate 34,	Satz 5	– Kantate 34a, Satz 4		
Kantate 36,	Satz 1	– Kantate 36b, Satz 1	– Kantate 36c, Satz 1	
Kantate 36,	Satz 3	– Kantate 36b, Satz 3	– Kantate 36c, Satz 3	
Kantate 36,	Satz 5	– Kantate 36b, Satz 5	– Kantate 36c, Satz 5	
Kantate 36,	Satz 7	– Kantate 36b, Satz 7	– Kantate 36c, Satz 7	
		Kantate 36b, Satz 8	– Kantate 36c, Satz 9	
Kantate 41,	Satz 6	– Kantate 171, Satz 6		
Kantate 59,	Satz 1	– Kantate 74, Satz 1		
Kantate 59,	Satz 3	– Kantate 175, Satz 7		
Kantate 59,	Satz 4	– Kantate 74, Satz 2		
Kantate 64,	Satz 2 (Variante)	– Kantate 91, Satz 6		
Kantate 64,	Satz 4 (Variante)	– Kantate 94, Satz 8		
Kantate 66,	Satz 1	– Kantate 66a, Satz 8		
Kantate 66,	Satz 2	– Kantate 66a, Satz 1		
Kantate 66,	Satz 3	– Kantate 66a, Satz 2		
Kantate 66,	Satz 4	– Kantate 66a, Satz 3		
Kantate 66,	Satz 5	– Kantate 66a, Satz 4		
Kantate 68,	Satz 2	– Kantate 208, Satz 13	– Kantate V, Satz 5	
Kantate 68,	Satz 4	– Kantate 208, Satz 7		
Kantate 69,	Satz 1	– Kantate 69a, Satz 1		
Kantate 69,	Satz 3	– Kantate 69a, Satz 3		
Kantate 69,	Satz 5	– Kantate 69a, Satz 5		
		Kantate 69a, Satz 6	– Kantate 12, Satz 7	
Kantate 70,	Satz 1	– Kantate 70a, Satz 1		
Kantate 70,	Satz 3	– Kantate 70a, Satz 2		
Kantate 70,	Satz 5	– Kantate 70a, Satz 3		
Kantate 70,	Satz 8	– Kantate 70a, Satz 4		
Kantate 70,	Satz 10	– Kantate 70a, Satz 5		
Kantate 70,	Satz 11	– Kantate 70a, Satz 6		
Kantate 74,	Satz 1	– Kantate 59, Satz 1		
Kantate 74,	Satz 2	– Kantate 59, Satz 4		
Kantate 75,	Satz 7	– Kantate 100, Satz 6		
Kantate 80,	Satz 2	– Kantate 80a, Satz 1		
Kantate 80,	Satz 3	– Kantate 80a, Satz 2		
Kantate 80,	Satz 4	– Kantate 80a, Satz 3		
Kantate 80,	Satz 6	– Kantate 80a, Satz 4		
Kantate 80,	Satz 7	– Kantate 80a, Satz 5		
Kantate 91,	Satz 6	– Kantate 64, Satz 2 (Variante)		

Kantate 94,	Satz 8	– Kantate 64,	Satz 4 (Variante)			
Kantate 99,	Satz 1	– Kantate 100,	Satz 1			
Kantate 100,	Satz 1	– Kantate 99,	Satz 1			
Kantate 100,	Satz 6	– Kantate 75,	Satz 7			
Kantate 120,	Satz 1	– Kantate 120a,	Satz 6	– Kantate 120b,	Satz 1	
Kantate 120,	Satz 2	– Kantate 120a,	Satz 1	– Kantate 120b,	Satz 2	
Kantate 120,	Satz 4	– Kantate 120a,	Satz 3	– Kantate 120b,	Satz 4	
		Kantate 120a,	Satz 4	– Kantate 29,	Satz 1	
		Kantate 120a,	Satz 8	– Kantate 137,	Satz 5	
Kantate 132,	Satz 6	– Kantate 164,	Satz 6			
Kantate 134,	Satz 1	– Kantate 134a,	Satz 1			
Kantate 134,	Satz 2	– Kantate 134a,	Satz 2			
Kantate 134, (Erstfassung)	Satz 3	– Kantate 134a,	Satz 3			
Kantate 134,	Satz 4	– Kantate 134a,	Satz 4			
Kantate 134, (Erstfassung)	Satz 5	– Kantate 134a,	Satz 7			
Kantate 134,	Satz 6	– Kantate 134a,	Satz 8			
Kantate 137,	Satz 5	– Kantate 120a,	Satz 8			
Kantate 147,	Satz 1	– Kantate 147a,	Satz 1			
Kantate 147,	Satz 3	– Kantate 147a,	Satz 2			
Kantate 147,	Satz 5	– Kantate 147a,	Satz 4			
Kantate 147,	Satz 7	– Kantate 147a,	Satz 3			
Kantate 149,	Satz 1	– Kantate 208,	Satz 15	– Kantate V,	Satz 7	
Kantate 164,	Satz 6	– Kantate 132,	Satz 6			
Kantate 171,	Satz 4	– Kantate 205,	Satz 9			
Kantate 171,	Satz 6	– Kantate 41,	Satz 6			
Kantate 173,	Satz 1	– Kantate 173a,	Satz 1			
Kantate 173,	Satz 2	– Kantate 173a,	Satz 2			
Kantate 173,	Satz 3	– Kantate 173a,	Satz 3			
Kantate 173,	Satz 4	– Kantate 173a,	Satz 4			
Kantate 173,	Satz 5	– Kantate 173a,	Satz 5			
Kantate 173,	Satz 6	– Kantate 173a,	Satz 8			
		Kantate 173a,	Satz 7	– Kantate 175,	Satz 4	
Kantate 175,	Satz 4	– Kantate 173a,	Satz 7			
Kantate 175,	Satz 7	– Kantate 59,	Satz 3			
Kantate 184,	Satz 1	– Kantate 184a,	Satz 1			
Kantate 184,	Satz 2	– Kantate 184a,	Satz 2			
Kantate 184,	Satz 3	– Kantate 184a,	Satz 3			

Kantate 184,	Satz	4	– Kantate 184a,	Satz	4		
Kantate 184,	Satz	6	– Kantate 184a,	Satz	6		
Kantate 184,	Satz	6, A	– Kantate 213,	Satz	13, A		
Kantate 186,	Satz	1	– Kantate 186a,	Satz	1		
Kantate 186,	Satz	3	– Kantate 186a,	Satz	2		
Kantate 186,	Satz	5	– Kantate 186a,	Satz	3		
Kantate 186,	Satz	8	– Kantate 186a,	Satz	4		
Kantate 186,	Satz	10	– Kantate 186a,	Satz	5		
Kantate 190,	Satz	1	– Kantate 190a,	Satz	1		
Kantate 190,	Satz	2	– Kantate 190a,	Satz	2		
Kantate 190,	Satz	3	– Kantate 190a,	Satz	3		
Kantate 190,	Satz	5	– Kantate 190a,	Satz	5		
Kantate 193,	Satz	1	– Kantate 193a,	Satz	1		
Kantate 193,	Satz	3	– Kantate 193a,	Satz	7		
Kantate 193,	Satz	5	– Kantate 193a,	Satz	9		
Kantate 194,	Satz	1	– Kantate 194a,	Satz	1		
Kantate 194,	Satz	3	– Kantate 194a,	Satz	3		
Kantate 194,	Satz	5	– Kantate 194a,	Satz	5		
Kantate 194,	Satz	8	– Kantate 194a,	Satz	7		
Kantate 194,	Satz	10	– Kantate 194a,	Satz	9		
Kantate 195,	Satz	6	– Kantate 30a,	Satz	5		
(frühere Fassung)							
Kantate 195,	Satz	8	– Kantate 30a,	Satz	1		
(frühere Fassung)							
Kantate 197,	Satz	6	– Kantate 197a,	Satz	4		
Kantate 197,	Satz	8	– Kantate 197a,	Satz	6		
Kantate 198,	Satz	1	– Kantate 244a,	Satz	1		
Kantate 198,	Satz	10	– Kantate 244a,	Satz	7		
Kantate 201,	Satz	7	– Kantate 212,	Satz	20		
Kantate 201,	Satz	15	– Kantate VII,	Satz	7	– Kantate VIII,	Satz 9
Kantate 204,	Satz	8	– Kantate 216,	Satz	3		
Kantate 205,	Satz	1	– Kantate 205a,	Satz	1		
Kantate 205,	Satz	2	– Kantate 205a,	Satz	2		
Kantate 205,	Satz	3	– Kantate 205a,	Satz	3		
Kantate 205,	Satz	4	– Kantate 205a,	Satz	4		
Kantate 205,	Satz	5	– Kantate 205a,	Satz	5		
Kantate 205,	Satz	6	– Kantate 205a,	Satz	6		
Kantate 205,	Satz	7	– Kantate 205a,	Satz	7		
Kantate 205,	Satz	9	– Kantate 205a,	Satz	9	– Kantate 171,	Satz 4

Kantate 205,	Satz 10	– Kantate 205a,	Satz 10
Kantate 205,	Satz 11	– Kantate 205a,	Satz 11
Kantate 205,	Satz 13	– Kantate 205a,	Satz 13 – Kantate 216, Satz 7
Kantate 205,	Satz 15	– Kantate 205a,	Satz 15
Kantate 207,	Satz 1	– Kantate 207a,	Satz 1
Kantate 207,	Satz 3	– Kantate 207a,	Satz 3
Kantate 207,	Satz 5	– Kantate 207a,	Satz 5
Kantate 207,	Satz 7	– Kantate 207a,	Satz 7
Kantate 207,	Satz 8	– Kantate 207a,	Satz 8
Kantate 207,	Satz 9	– Kantate 207a,	Satz 9
Kantate 207,	Marsch	– Kantate 207a,	Marsch
Kantate 208,	Satz 7	– Kantate 68,	Satz 4
Kantate 208,	Satz 13	– Kantate 68,	Satz 2 – Kantate V, Satz 5
Kantate 208,	Satz 15	– Kantate 149,	Satz 1 – Kantate V, Satz 7
Kantate 210,	Satz 1	– Kantate 210a,	Satz 1
Kantate 210,	Satz 2	– Kantate 210a,	Satz 2
Kantate 210,	Satz 4	– Kantate 210a,	Satz 4
Kantate 210,	Satz 6	– Kantate 210a,	Satz 6
Kantate 210,	Satz 8	– Kantate 210a,	Satz 8 – Kantate 30a, Satz 11
Kantate 210,	Satz 9	– Kantate 210a,	Satz 9
Kantate 210,	Satz 10	– Kantate 210a,	Satz 10
Kantate 212,	Satz 14	– Kantate II,	Satz 9
Kantate 212,	Satz 20	– Kantate 201,	Satz 7
Kantate 213,	Satz 1	– Kantate 248^{IV},	Satz 1
Kantate 213,	Satz 3	– Kantate 248^{II},	Satz 10
Kantate 213,	Satz 5	– Kantate 248^{IV},	Satz 4 – Kantate II, Satz 7
Kantate 213,	Satz 7	– Kantate 248^{IV},	Satz 6
Kantate 213,	Satz 9	– Kantate 248^{I},	Satz 4
Kantate 213,	Satz 11	– Kantate 248^{III},	Satz 6
Kantate 213,	Satz 13, A	– Kantate 184,	Satz 6, A
Kantate 214,	Satz 1	– Kantate 248^{I},	Satz 1
Kantate 214,	Satz 5	– Kantate 248^{II},	Satz 6
Kantate 214,	Satz 7	– Kantate 248^{I},	Satz 8
Kantate 214,	Satz 9	– Kantate 248^{III},	Satz 1
Kantate 215,	Satz 1	– Kantate II,	Satz 1
Kantate 215,	Satz 7	– Kantate 248^{V},	Satz 5
Kantate 216,	Satz 1	– Kantate 216a,	Satz 1
Kantate 216,	Satz 3	– Kantate 216a,	Satz 3 – Kantate 204, Satz 8
Kantate 216,	Satz 5	– Kantate 216a,	Satz 5

Kantate 216,	Satz 7	– Kantate 216a,	Satz 7	– Kantate 205, Satz 13				

Kantate 216, Satz 7 – Kantate 216a, Satz 7 – Kantate 205, Satz 13
Kantate 244a, Satz 1 – Kantate 198, Satz 1
Kantate 244a, Satz 7 – Kantate 198, Satz 10
Kantate 248$^\text{I}$, Satz 1 – Kantate 214, Satz 1
Kantate 248$^\text{I}$, Satz 4 – Kantate 213, Satz 9
Kantate 248$^\text{I}$, Satz 8 – Kantate 214, Satz 7
Kantate 248$^\text{II}$, Satz 6 – Kantate 214, Satz 5
Kantate 248$^\text{II}$, Satz 10 – Kantate 213, Satz 3
Kantate 248$^\text{III}$, Satz 1 – Kantate 214, Satz 9
Kantate 248$^\text{III}$, Satz 6 – Kantate 213, Satz 11
Kantate 248$^\text{IV}$, Satz 1 – Kantate 213, Satz 1
Kantate 248$^\text{IV}$, Satz 4 – Kantate 213, Satz 5 – Kantate II, Satz 7
Kantate 248$^\text{IV}$, Satz 6 – Kantate 213, Satz 7
Kantate 248$^\text{V}$, Satz 5 – Kantate 215, Satz 7
Kantate 248$^\text{VI}$, Satz 1 – Kantate 248a, Satz 1 – Kantate VII, Satz 1 (?)
Kantate 248$^\text{VI}$, Satz 3 – Kantate 248a, Satz 2
Kantate 248$^\text{VI}$, Satz 4 – Kantate 248a, Satz 3
Kantate 248$^\text{VI}$, Satz 8 – Kantate 248a, Satz 4
Kantate 248$^\text{VI}$, Satz 9 – Kantate 248a, Satz 5
Kantate 248$^\text{VI}$, Satz 10 – Kantate 248a, Satz 6
Kantate 248$^\text{VI}$, Satz 11 – Kantate 248a, Satz 7
Kantate 249, Satz 1 – Kantate 249a, Satz 1 – Kantate 249b, Satz 1
Kantate 249, Satz 2 – Kantate 249a, Satz 2 – Kantate 249b, Satz 2
Kantate 249a, Satz 3 – Kantate 249b, Satz 3
Kantate 249, Satz 4 – Kantate 249a, Satz 4 – Kantate 249b, Satz 4
Kantate 249, Satz 6 – Kantate 249a, Satz 6 – Kantate 249b, Satz 6
Kantate 249, Satz 8 – Kantate 249a, Satz 8 – Kantate 249b, Satz 8
Kantate 249, Satz 10 – Kantate 249a, Satz 10 – Kantate 249b, Satz 10
Kantate I, Satz 3 – Kantate 11, Satz 4
Kantate I, Satz 5 – Kantate 11, Satz 10
Kantate II, Satz 1 – Kantate 215, Satz 1
Kantate II, Satz 7 – Kantate 213, Satz 5 – Kantate 248$^\text{IV}$, Satz 4
Kantate II, Satz 9 – (Kantate 30a, Satz 7) – Kantate 212, Satz 14
Kantate III, Satz 1 – Kantate IV, Satz 1 – Kantate 11, Satz 1
Kantate III, Satz 3 – Kantate IV, Satz 3
Kantate III, Satz 5 – Kantate IV, Satz 5
Kantate III, Satz 6 – Kantate IV, Satz 7
Kantate III, Satz 8 – Kantate IV, Satz 9
Kantate III, Satz 10 – Kantate IV, Satz 11

Kantate	V,	Satz	5	– Kantate 208,	Satz 13
Kantate	V,	Satz	7	– Kantate 208,	Satz 15
Kantate	VII,	Satz	1	– Kantate 248ᵛᴵ, Satz 1	
Kantate	VII,	Satz	7	– Kantate 201,	Satz 15
Kantate	VIII,	Satz	9	– Kantate 201,	Satz 15

2. Messen, Magnificat, Passionen – Kantate

Messe h-Moll (BWV 232)

Gloria	– Kantate 191, Satz 1
Gratias und Dona nobis pacem	– Kantate 29, Satz 2
Domine Deus	– Kantate 191, Satz 2
Qui tollis	– Kantate 46, Satz 1
Cum sancto spiritu	– Kantate 191, Satz 3
Patrem omnipotentem	– Kantate 171, Satz 1
Crucifixus	– Kantate 12, Satz 2, A
Et expecto	– Kantate 120, Satz 2 – Kantate 120a, Satz 1
Osanna	– Kantate II, Satz 1 – Kantate 215, Satz 1
Agnus Dei	– Kantate 11, Satz 4

Messe F-Dur (BWV 233)

Qui tollis	– Kantate 102, Satz 3
Quoniam	– Kantate 102, Satz 5
Cum sancto spiritu	– Kantate 40, Satz 1
Domine Deus	– Kantate III, Satz 6

Messe A-Dur (BWV 234)

Gloria	– Kantate 67, Satz 6
Qui tollis	– Kantate 179, Satz 5
Quoniam	– Kantate 79, Satz 2
In gloria Dei patris	– Kantate 136, Satz 1

Messe g-Moll (BWV 235)

Kyrie	– Kantate 102, Satz 1
Gloria	– Kantate 72, Satz 1
Gratias	– Kantate 187, Satz 4
Domine Fili unigenite	– Kantate 187, Satz 3
Qui tollis und Quoniam	– Kantate 187, Satz 5
Cum sancto spiritu	– Kantate 187, Satz 1

Messe G-Dur (BWV 236)

Kyrie	– Kantate 179, Satz 1

Gloria	– Kantate 79, Satz 1
Gratias	– Kantate 138, Satz 5
Domine Deus	– Kantate 79, Satz 5
Quoniam	– Kantate 179, Satz 3
Cum sancto spiritu	– Kantate 17, Satz 1

Magnificat *Es*-Dur (BWV 243a)

Virga Jesse floruit   – Kantate 110, Satz 5

Matthäus-Passion (BWV 244)

Nr. 10	– Kantate 244a, Satz 3
Nr. 12	– Kantate 244a, Satz 5
Nr. 19	– Kantate 244a, Satz 22
Nr. 26	– Kantate 244a, Satz 19
Nr. 29	– Kantate 244a, Satz 17
Nr. 47	– Kantate 244a, Satz 10
Nr. 58	– Kantate 244a, Satz 12
Nr. 66	– Kantate 244a, Satz 15
Nr. 75	– Kantate 244a, Satz 20
Nr. 78	– Kantate 244a, Satz 24

Markus-Passion (BWV 247)

Nr. 1	– Kantate 198, Satz 1 – Kantate 244a, Satz 1
Nr. 27	– Kantate 198, Satz 5
Nr. 49	– Kantate 198, Satz 3
Nr. 53	– Kantate 54, Satz 1
Nr. 59	– Kantate 198, Satz 8
Nr. 114	– Kantate 248^V, Satz 3
Nr. 132	– Kantate 198, Satz 10 – Kantate 244a, Satz 7

3. Instrumentalwerk – Kantate

Schübler-Orgelchoräle (BWV 645–650)

Nr. 1	– Kantate 140, Satz 4
Nr. 3	– Kantate 93, Satz 4
Nr. 4	– Kantate 10, Satz 5
Nr. 5	– Kantate 6, Satz 3
Nr. 6	– Kantate 137, Satz 2

Orgelsonate Nr. 4 (BWV 528)

Satz 1   – Kantate 76, Satz 8

Orgelfuge *g*-Moll (BWV 131a) – Kantate 131, Satz 5, B

Orgeltrio g-Moll (BWV 584)   – Kantate 166,   Satz   2

Brandenburgische Konzerte
Nr. 1 (BWV 1046), Satz 1   – Kantate 52,   Satz   1
Nr. 1 (BWV 1046), Satz 3   – Kantate 207,   Satz   1
Nr. 1 (BWV 1046), Trio II   – Kantate 207,   Satz   5
Nr. 3 (BWV 1048), Satz 1   – Kantate 174,   Satz   1

Klavierkonzert d-Moll (BWV 1052)
Satz 1   – Kantate 146,   Satz   1
Satz 2   – Kantate 146,   Satz   2
Satz 3   – Kantate 188,   Satz   1

Klavierkonzert E-Dur (BWV 1053)
Satz 1   – Kantate 169,   Satz   1
Satz 2   – Kantate 169,   Satz   5
Satz 3   – Kantate 49,   Satz   1

Klavierkonzert f-Moll (BWV 1056)
Satz 2   – Kantate 156,   Satz   1

Klavierkonzert d-Moll (BWV 1059)
Satz 1   – Kantate 35,   Satz   1
Satz 2   – Kantate 35,   Satz   2
Satz 3   – Kantate 35,   Satz   5

Verschollenes Instrumentalkonzert D-Dur
Satz 1 + 2   – Kantate 249, 249a, Satz   1
Satz 3   – Kantate 249, 249a, Satz   2

Verschollenes Violinkonzert (?)
Satz 2   – Kantate 120,   Satz   1

4. Orchestersuite D-Dur (BWV 1069)
Ouvertüre   – Kantate 110,   Satz   1

Violinpartita E-Dur (BWV 1006)
Preludio   – Kantate 29,   Satz   1 – Kantate 120a, Satz 4

Sonatensatz G-Dur für Violine und Klavier (BWV 1019a) – Kantate 120,   Satz 4

4. Verschiedenes

Klavierbüchlein für Anna Magdalena Bach 1725

Nr. 34 + 38   – Kantate 82,   Satz 2 + 3
Motette „Sei Lob und Preis mit Ehren" (BWV 231) – Kantate 28,   Satz 2

16. Die Quellenlage der Kantaten

Angeführt sind nur die wichtigsten Quellen. Dabei werden für die Fundorte folgende Abkürzungen verwendet:

B = Berlin, Deutsche Staatsbibliothek
Ch = Berlin-Charlottenburg, Hochschule für Musik
L = Leipzig, Musikbibliothek der Stadt Leipzig, Thomasschule, Bach-Archiv
M = Marburg, Staatsbibliothek (Auslagerung von B), jetzt Berlin-Dahlem
T = Tübingen, Universitätsbibliothek (Auslagerung von B), jetzt Berlin-Dahlem
N = z. Z. nicht verfügbar
Pr = Privatbesitz

Bei den Signaturen bedeutet: P = Partitur, St = Stimme(n), Am = Amalienbibliothek, Thom = Thomasschule, Einklammerung = unvollständige Handschrift.

BWV	Originalpartitur	Originalstimmen	Abschriften 18. Jh.
1	–	St Thom L	–
2	P Rudorff Pr	St Thom L	(P 571) M, (P Am 38) B, P Grimma
3	P Hauser Pr	St Thom L, (St 157) M	St 157 M
4	–	St Thom L	–
5	P Rudorff Pr	St Thom L	P Am 43,5 B, P 171 M
6	P 44 T	St 7 B	–
7	–	St Thom L, 1 St Pr	–
8	–	St Thom L, St Brüssel	P 963 M
9	P Washington	St Thom L, (St) Wien, (St) Pr	2 St Köthen, 1 St Eisenach, P 46 M, P 199 M
10	P Washington	St Thom L	–
11	P 44 T	St 356 N	–
12	P 44 T	(St 109) M	–
13	P 45 B	St 69 B	–
14	P 879 B	St Thom L, St 398 B	–
16	P 45 B	St 44 B	P 100 M, P Am 102 T
17	P 45 B	St 101 M	–
18	–	St 34 B	–
19	P 45 B	St 25 a M	St 25 b M, P Am 9 T, (P 78) M
20	P Rudorff Pr	St Thom L	–
21	–	St 354 B	–
22	P 119 B	–	P 46 M, P Am 44,1 B
23	P 69 T	St 16 B	(P 70) B
24	P 44 T	St 19 M	–

BWV	Originalpartitur	Originalstimmen	Abschriften 18. Jh.
25	–	St 376 M	P 1022 M, P Am 15 T
26	P 47 B	St Thom L	–
27	P 164 T	St 105 M	–
28	P 92 B	St 37 M	–
29	P 166 B	St 106 M	P Am 540 B
30	P 44 T	St 31 B	–
30a	P 43 B		
31	–	St 14 N	–
32	P 126 B	St 67 B	–
33	P Pr	St Thom L	P 1023 M
34	P Am 39 B	–	
34a	–	(St 73) B	–
35	P 86 M	St 32 B	St 470 M, P Am 542 B
36	P 45 B	St 82 M	(P Am 106) T
36b	–	(St 15) B	
36c	P 43 B	–	P 1024 M
37	–	St 100 M	–
38	–	St Thom L	P Am 13 u. 16 T, (P Am 38) B, P 57 M, (P 571) M, P 1025 M
39	P 62 B	St 8 M	–
40	P 63 B	St 11 M	–
41	(P 874) T	St Thom L, (St 394) M	St 394 M, P 1026 M
42	P 55 B	St 3 B	P Am 32 B, P Ch
43	P 44 T	St 36 B	–
44	P 148 B	St 86 M	–
45	P 80 B	St 26 M	–
46	–	St 78 M	–
47	P 163 B	St 104 B	P Am 35 B
48	P 109 B	St 53 B	(P 291) M
49	P 111 B	St 55 B	P Am 539 B
50	–	–	P 136 M, P Am 23 u. 84 B, P Ch
51	P 104 B	St 49 M	P 48 M, P Ch
52	P 85 T	St 30 M	
54	–	–	P Brüssel
55	P 105 T	St 50 M	–
56	P 118 T	St 58 M	–
57	P 144 B	St 83 M	–

BWV	Originalpartitur	Originalstimmen	Abschriften 18. Jh.
58	P 866 T	St Thom L, (St 389) M	–
59	P 161 T	St 102 M	P 162 M
60	–	St 74 M	–
61	P 45 B	–	–
62	P 877 M	St Thom L	P Am 44,10 B, P 1027 M, (St 397) M
63	–	St 9 T	
64	–	St 84 M	P Am 44,11 B, P Am 104 T
65	P 147 B	–	–
66	P 73 B	–	–
67	P 95 B	St 40 M	–
68	–	St Thom L	–
69	–	St 68 B	–
70	–	St 95 M	–
71	P 45 B	St 377 B, Erstdr. 1708 B	–
72	P 54 B	St 2 B, 1 St Eisenach, 2 St Ch	P 48 M
73	–	St 45 M	P 664 M, St 381 M, P Am 40 B
74	–	St 103 M	–
75	P 66 T	–	–
76	P 67 B	St 13b M	P Am 44,8 B
77	P 68 T	–	–
78	–	St Thom L	P 962 M
79	P 89 B	St 35 M	P 46 M
80	–	–	(P 72) M, P 177 M, (P Am 596) B, P Washington
81	P 120 B	St 59 B	–
82	P 114 M	St 54 B	–
83	–	St 21 M	–
84	P 108 B	St 52 M	–
85	P 106 B	St 51 B	–
86	P 157 B	–	–
87	P 61 B	St 6 B	–
88	P 145 M	St 85 M	–
89	–	St 99 M	–
90	P 83 B	–	–
91	P 869 T	St Thom L	(P Am 36) B, St 392 M

BWV	Originalpartitur	Originalstimmen	Abschriften 18. Jh.
92	P 873 M	St Thom L	(P Am 44,2) B
93	–	St Thom L	–
94	P 47 B	St Thom L	P 960 M, P 1028 M, St 383 M
95	–	St 10 M	–
96	P 179 B	St Thom L	(P Am 43,6) B
97	P New York	St 64 B	(St 385) M, P 1029 M
98	P 160 M	St 98 M	–
99	P 647 N	St Thom L	P 1030 M
100	P 159 B	St 97 T	–
101	–	St Thom L	(P Am 20) T, P Am 22 B, (P 830) M, P 951 M, P 1031 M
102	P 97 B	(St 41) B	P 48 M, (P 98) M, St Ch
103	P 122 B	St 63 M	–
104	–	St 17 M	–
105	P 99 B	–	St 42 M, P 48 M, (P Am 37) B
106	–	–	P Am 43,3 B, P 1018 M
107	–	St Thom L	–
108	P 82 B	St 28 M	–
109	P 112 B	St 56 B	–
110	P 153 B	St 92 B	–
111	P 880 N	(St 399) M	–
112	P Pr	St Thom L	P 1033 M
113	P Rudorff Pr	–	P 961 M, P 1034 M
114	P Rudorff Pr	St Thom L	P 964 M, P 1035 M
115	P Cambridge	–	–
116	P Paris	St Thom L, 1 St Marie-mont	P Am 44,7 B
117	P M	–	–
118	2 P Pr	–	–
119	P 878 T	–	–
120	P 871 N	–	–
120a	(P 670) M	St 43 B	–
121	P 867 N	St Thom L, (P 867) N, (St 390) M	–
122	P 868 M	St Thom L, (St 391) M	–
123	P 875 N	St Thom L, (St 395) T	–
124	P 876 T	St Thom L, (St 396) M	P Am 44,4 B

BWV	Originalpartitur	Originalstimmen	Abschriften 18. Jh.
125	–	St Thom L, St 384a M	P 1032 M, St 384b M
126	–	St Thom L	P 1038 M
127	P 872 T	St Thom L, (St 393) M	–
128	P Pr	(P 892) T, St 158 M	–
129	–	St Thom L	P 950 M, P 957 M, St 159 M
130	P Pr	verstreute Einzel-St	P 101 M
131	P Pr	–	P Frankfurt a. M.
132	P 60 T	(St 5) M	–
133	P 1215 B	St Thom L, (St 387) M	P 1039 M, P Am 44,6 B, St 387 M
134	P 44 T	St 18 B	–
134a	(P) Paris,	St 18 B	–
	(P 1138) B		
135	P L	–	–
136	(P) bei St 20 M	St 20 M	–
137	–	St Thom L	(P) L, P 1040 M, P 1142 M,
			St 382 M
138	P 158 T	–	–
139	–	St Thom L	–
140	–	St Thom L	(P 1141) M, P Oxford
143	–	–	–
144	P 134 B	–	P Am 20 T, P Am 595 B, P 37 M
145	–	–	–
146	–	–	P 48 M, P Am 538 B
147	P 102 T	St 46 M	–
148	–	–	P 46 M
149	–	–	P 1043 M, St 632 M
150	–	–	P 1044 M
151	P Coburg	St 89 B, 4 St Coburg	–
152	P 45 B	–	–
153	–	St 79 M	P Am 44,9 B
154	(P 130) B	St 70 B	P Am 44,5 B
155	P 129 B	–	–
156	–	St Thom L	–
157	–	–	P 1046 M, St 386 M
158	–	–	(P 1047) M, St 634 M
159	–	–	(P 1048) M, St 633 M
161	–	–	P 124 M, St 469 M

BWV	Originalpartitur	Originalstimmen	Abschriften 18. Jh.
162	–	St 1 M	–
163	P 137 T	–	(St 471) M
164	P 121 T	St 60 B	–
165	–	–	P Am 105 T
166	–	St 108 M	–
167	–	St 61 M	P 46 M, St Pr?, P Am 8 T
168	P 152 B	(St 457) T, St Rudorff Pr, 1 St Cambridge	St 90 M, P Ch
169	P 93 M	St 38 M	(P Am 33) B, (St 38) M
170	P 154 M	St 94 M	(P Rudorff) L, P Am 34 B
171	P Pr	–	P Am 11 T
172	–	St 23 B, (St Rudorff) L	P 76 M, P Am 43,10 B
173	P 74 M	–	–
173 a	P 42 B	–	–
174	P 115 T	(St 57) T, (St 456) M, verstreute Einzel-St	–
175	P 75 B	St 22 M	–
176	P 81 B	St Rudorff Pr, 1 St Pr	P 48 M, St 27 M
177	P 116 B	St Thom L	P 958 M, P 1049 M
178	–	St Thom + Rudorff L, 1 St Pr	P 1050 M, (St 388) M, P959 M, (St 596) B, M, T, P 46 M
179	P 146 T	(St 348) M	P Am 43,7 B
180	P Pr	–	P 46 M, (P 480) M, P 1051 M P Am 43,1 B
181	–	St 66 M	–
182	P 103 T	St 47, 47a B	–
183	P 149 B	St 87 M	–
184	P 77 T	St 24 M	–
185	P 59 T	St 4 B	–
186	P 53 M	(1 St) L	–
187	P 84 B	(St 29) M, (St Rudorff) Pr, (St) Ch	–
188	(P 972) B, andere Partiturteile verstreut	–	–
190	(P 127) T	(St 88) M	–
191	P 870 = P 1145 B	–	–

BWV	Originalpartitur	Originalstimmen	Abschriften 18. Jh.
192	–	St 71 M	–
193	–	St 62 M	–
194	P 43 B	St 48 M, (St 346) M	P Crimmitschau
195	P 65 B	St 12 M	–
196	–	–	P Am 103 T
197	P 91 B	–	–
197a	(P) New York	–	–
198	P 41 B	–	–
199	P Kopenhagen, (P 1162) B	(St 459) M, 1 St Wien	–
200	(P) Pr	–	–
201	P 175 M	St 33a M	St 33b M, P Eisenach, P 176 M
202	–	–	P Rudorff L
203	–	–	–
204	P 107 B	–	P Ch
205	P 173 B	–	–
206	P 42 B	St 80 B	P 49 M, P Eisenach, St Ch
207	P 174 T	St 93 M	–
207a	–	(St 347) M	–
208	P 42 B	–	–
209	–	–	P 135 M
210	–	St 76 B	P 138 M
210a	–	(St 72) N	–
211	P 141 B	St Wien	P 1053 M, St 81 M, St 635 M
212	P 167 T	–	P 168 M, St 107 M, P Am 28 B, P Am 29 B
213	P 125 B	St 65 B	–
214	P 41 B	(St 91) B	–
215	P 139 B	St 77 B	–
216	–	(St) Pr?	–
216a	P 613 (Text) B	–	–
248	P 32 M	St 112 M	P 33 M, P Paris
249	P 34 T	St 355 T	(P 35) M

17. Die Kantatenbände der alten und der neuen Gesamtausgabe

1. Johann Sebastian Bachs Werke, hrsg. von der Bach-Gesellschaft zu Leipzig (Leipzig 1851–1899)

Jg. I (1–10)	Moritz Hauptmann	1851
Jg. II (11–20)	Moritz Hauptmann	1852
Jg. V, 1 (21–30, Anh. 30a)	Wilhelm Rust	1855
Jg. V, 2 (248)	Wilhelm Rust	1856
Jg. VII (31–40)	Wilhelm Rust	1857
Jg. X (41–50)	Wilhelm Rust	1860
Jg. XI, 2 (201–205)	Wilhelm Rust	1862
Jg. XII, 2 (51–60)	Wilhelm Rust	1863
Jg. XIII, 1 (195–197)	Wilhelm Rust	1864
Jg. XIII, 3 (198)	Wilhelm Rust	1865
Jg. XVI (61–70, Anh. 69a)	Wilhelm Rust	1868
Jg. XVIII (71–80)	Wilhelm Rust	1870
Jg. XX, 1 (81–90)	Wilhelm Rust	1872
Jg. XX, 2 (206, 207, Anh. 207a)	Wilhelm Rust	1873
Jg. XXI, 3 (249)	Wilhelm Rust	1874
Jg. XXII (91–100)	Wilhelm Rust	1875
Jg. XXIII (101–110)	Wilhelm Rust	1876
Jg. XXIV (111–120)	Alfred Dörffel	1876
Jg. XXVI (121–130)	Alfred Dörffel	1878
Jg. XXVIII (131–140, Anh. 134a)	Wilhelm Rust	1881
Jg. XXIX (208–210, 194, 211, 212, Anh. 134a, 210a)	Paul Graf Waldersee	1881
Jg. XXX (141–150)	Paul Graf Waldersee	1884
Jg. XXXII (151–160)	Ernst Naumann	1886
Jg. XXXIII (161–170)	Franz Wüllner	1887
Jg. XXXIV (173a, 36c, 36b, 213–215, Anh. 30a, 207a)	Paul Graf Waldersee	1887
Jg. XXXV (171–180)	Alfred Dörffel	1888
Jg. XXXVII (181–190)	Alfred Dörffel	1891
Jg. XLI (191–193, 197a, 34a, 120a)	Alfred Dörffel	1894
Jg. XLIV (Faksimilia aus 71, 61, 208, 173a, 12, 23, 105, 65, 82, 198, 29, 201, 211, 248^I, 248^{II}, 6, 212)	Hermann Kretzschmar	1895

2. Johann Sebastian Bach. Neue Ausgabe sämtlicher Werke, hrsg. vom Johann-Sebastian-Bach-Institut Göttingen und vom Bach-Archiv Leipzig (Leipzig und Kassel 1954ff.)

Bisher erschienene Bände[1]

Serie I

Bd. 1 (61, 36, 62, *70a*, *186a*, 132, *147a*)	Alfred Dürr, Werner Neumann	1954/1955
Bd. 10 (66, 6, 134, 145, 158)	Alfred Dürr	1955/1956
Bd. 7 (144, 84, 92, 18, 181, 126)	Werner Neumann	1956/1957
Bd. 2 (63, 197a, 110, 91, 191)	Alfred Dürr	1957
Bd. 33 (196, *XIV*, 34a, 120a, 197, 195)	Frederick Hudson	1957/1958
Bd. 21 (77, 33, 164, 25, 78, 17)	Werner Neumann	1958/1959
Bd. 13 (172, 59, 74, 34)	Dietrich Kilian	1959/1960
Bd. 12 (166, 108, 86, 87, 37, 128, 43, 44, 183)	Alfred Dürr	1960
Bd. 38 (205, 207, 198, 36b)	Werner Neumann	1960
Bd. 37 (*205a*, 207a, 215, *208a*, *XV*)	Werner Neumann	1960/1961
Bd. 14 (173, 68, 174, 184, 175)	Alfred Dürr, Arthur Mendel	1962/1963
Bd. 36 (*X*, *193a*, *II*, *IV*, 213, 214, 206)	Werner Neumann	1963/1962
Bd. 35 (208, *249a*, *66a*, 134a, *IX*, *XII*, *XXIII*, 173a, *184a*, *194a*, *36a*)	Alfred Dürr	1963/1964
Bd. 4 (190, 41, 16, 171, 143, *XVIII*, 153, 58)	Werner Neumann	1965/1964
Bd. 18 (54, 186, 107, 187, *XVII*, 136, 178, 45)	Alfred Dürr, Leo Treitler	1966

[1] Durch kursive Nummern bezeichnete Kantaten sind nur im Kritischen Bericht des betreffenden Bandes beschrieben. Bei doppelten Jahresangaben bedeutet die zweite Jahreszahl das Erscheinungsjahr des Kritischen Berichts.

Bd. 15 (165, *194*, 176, 129, Alfred Dürr, Robert Freeman,
75, 20, 39)   James Webster   1967/1968
Bd. 27 (60, 26, 90, 116, 70,
140)   Alfred Dürr   1968
Bd. 40 (202, *I*, 216, 210,
204, 201, 211)   Werner Neumann   1969/1970

Serie II

Bd. 6 (248)   Walter Blankenburg, Alfred Dürr 1966

Serie III

Bd. 1 (118)   Konrad Ameln   1966

Alphabetisches Verzeichnis der Kantatentitel

¹ Aus dem Bachschen Werkbestand ausgeschiedene Kantaten sind durch [] gekennzeichnet.